Ein neues DRSC?

Europäische Hochschulschriften
Publications Universitaires Européennes
European University Studies

Reihe V
Volks- und Betriebswirtschaft

Série V Series V
Sciences économiques, gestion d'entreprise
Economics and Management

Bd./Vol. 3098

PETER LANG
Frankfurt am Main · Berlin · Bern · Bruxelles · New York · Oxford · Wien

Carsten Buchholz

Ein neues DRSC?

Zur Weiterführung der Zuständigkeiten des DRSC als privatverbandliches Gremium für den handelsrechtlichen Einzelabschluss

PETER LANG
Europäischer Verlag der Wissenschaften

Bibliografische Information Der Deutschen Bibliothek
Die Deutsche Bibliothek verzeichnet diese Publikation in der Deutschen Nationalbibliografie; detaillierte bibliografische Daten sind im Internet über <http://dnb.ddb.de> abrufbar.

Zugl.: Berlin, Freie Univ., Diss., 2004

D 188
ISSN 0531-7339
ISBN 3-631-53180-X

www.peterlang.de

Vorwort

Die vorliegende Arbeit wurde im Sommersemester 2004 vom Fachbereich Wirtschaftswissenschaft der Freien Universität Berlin als Dissertation angenommen. Sie entstand während meiner Zeit als wissenschaftlicher Mitarbeiter am Institut für Betriebswirtschaftliche Prüfungs- und Steuerlehre.

Ich möchte an dieser Stelle all jenen danken, die mich bei der Erstellung der Dissertation unterstützten. Dies gilt in erster Linie für meinen Doktorvater und verehrten akademischen Lehrer Prof. Dr. Hans Deppe für seine entscheidenden Anregungen zu meiner Arbeit und seine gelebte Humanitas. Er vermittelte mir während meines Studiums und meiner Assistenz ein grundlegendes GoB-Verständnis und damit den Zugang zu den deutschen handelsrechtlichen Bilanzierungsregeln.

Großen Dank schulde ich meinem Zweitgutachter Prof. Dr. Eberhard Schult nicht nur für die schnelle Erstellung des Gutachtens, sondern vor allem auch für die mir gewährten zeitlichen Freiräume während meiner Assistenz, ohne die eine zügige Fertigstellung der Arbeit kaum möglich gewesen wäre.

Allen Mitarbeitern unseres Institutes danke ich für die freundliche und kollegiale Arbeitsatmosphäre, die sich nicht nur positiv auf die vorliegende Arbeit, sondern auch auf meine fünfjährige Tätigkeit an den Lehrstühlen auswirkte. Besonders danken möchte ich Herrn Dipl-Kfm. StB Kay Blaufus für seine Anregungen und die stets sehr gute Zusammenarbeit.

Frau Liesel Knorr, Generalsekretärin des DRSC und Herr Bernd Hartlieb, Leiter der Stabsabteilung Technik des Deutschen Instituts für Normung danke ich für ihre Gesprächsbereitschaft.

Die finanzielle und ideelle Unterstützung meiner Eltern hat mir während der langen Erstellung dieser Arbeit sehr geholfen. Mein Vater hat darüber hinaus die äußerst mühevolle Aufgabe des Korrekturlesens übernommen. Und schließlich danke ich meinem Freund Kai für sein Verständnis während der Endphase der Promotion.

Berlin, im Juli 2004 — Carsten Buchholz

Inhaltsverzeichnis

Abkürzungsverzeichnis

a.A.	anderer Ansicht
AAS	Acta Apostolicae Sedis (Zeitschrift)
ABl. EG	Amtsblatt der Europäischen Gemeinschaften
Abs.	Absatz
ABR	Accounting and Business Research (Zeitschrift)
AcP	Archiv für die civilistische Praxis (Zeitschrift)
AfP	Archiv für Presserecht (Zeitschrift)
AG	Die Aktiengesellschaft (Zeitschrift)
AH	Accounting Horizon (Zeitschrift)
AICPA	American Institute of Certified Public Accountants
AK-GG	Kommentar zum Grundgesetz für die Bundesrepublik Deutschland, Reihe Alternativkommentare
AktG	Aktiengesetz
Anm.	Anmerkung
ÄöR	Archiv des öffentlichen Rechts (Zeitschrift)
Art.	Artikel
BB	Betriebsberater (Zeitschrift)
Bd.	Band
BDI	Bundesverband der Deutschen Industrie
BFH	Bundesfinanzhof
BFHE	Entscheidungen des Bundesfinanzhofs
BFH/NV	Sammlung amtlich nicht veröffentlicher Entscheidungen des Bundesfinanzhofs
BFuP	Zeitschrift für betriebswirtschaftliche Forschung und Praxis
BGBl.	Bundesgesetzblatt
BGH	Bundesgerichtshof
BiRiLiG	Bilanzrichtliniengesetz
BImSchG	Bundesimmissionsschutzgesetz
BimSchVO	Bundesimmissionsschutzverordnung
BK-GG	Bonner Kommentar zum Grundgesetz
BMJ	Bundesministerium der Justiz

BT-Drs.	Drucksache des Deutschen Bundestages
BVerfG	Bundesverfassungsgericht
BVerfGE	Entscheidungen des Bundesverfassungsgerichts
DB	Der Betrieb (Zeitschrift)
ders.	derselbe
DIHT	Deutscher Industrie- und Handelstag
DIN	Deutsches Institut für Normung
DIN-Mitt.	DIN-Mitteilungen und Elektronorm (Zeitschrift)
DGB	Deutscher Gewerkschaftsbund
DÖV	Die Öffentliche Verwaltung (Zeitschrift)
DSD	Der Grüne Punkt – Duales System Deutschland AG
DRS	Deutscher Rechnungslegungs Standard
DRSC	Deutsches Rechnungslegungs Standards Committee e.V.
DStJG	Veröffentlichungen der Deutschen Steuerjuristischen Gesellschaft e.V.
DStR	Deutsches Steuerrecht
DStZ	Deutsche Steuerzeitung (Zeitschrift)
DRS	Deutscher Rechnungslegungs Standard
DVBl.	Deutsches Verwaltungsblatt (Zeitschrift)
EAR	European Accounting Research (Zeitschrift)
E-DRS	Entwurf eines Deutschen Rechnungslegungs-Standards
EEA	Einheitliche Europäische Akte 1986
EFG	Entscheidungen der Finanzgerichte
EGV	Vertrag zur Gründung der Europäischen Gemeinschaft
endg.	endgültig
EnWG	Energiewirtschaftsgesetz
EStG	Einkommensteuergesetz
et al.	et alii
EU	Europäische Union
EuGH	Europäischer Gerichtshof
EUGrZ	Europäische Grundrechte Zeitschrift
EuR	Europarecht (Zeitschrift)

EuZW	Europäische Zeitschrift für das Wirtschaftsrecht
EvSL	Evangelisches Soziallexikon
EvStL	Evangelisches Staatslexikon
EWG	Europäische Wirtschaftsgemeinschaft
FAF	Financial Accounting Foundation
FASB	Financial Accounting Standards Board
FG	Finanzgericht
FR	Finanzrundschau (Zeitschrift)
FS	Festschrift
GewA	Gewerbearchiv (Zeitschrift)
GG	Grundgesetz für die Bundesrepublik Deutschland
GmbH	Gesellschaft mit beschränkter Haftung
GmbHR	GmbH-Rundschau (Zeitschrift)
GmS-OGB	Gemeinsamer Senat der Obersten Gerichte des Bundes
GRUR	Gewerblicher Rechtsschutz und Urheberrecht (Zeitschrift)
GuV	Gewinn- und Verlustrechnung
HbStR	Handbuch des Staatsrechts
HGB	Handelsgesetzbuch
H/H/R	Herrmann/Heuer/Raupach (EStG-Kommentar)
h.M.	herrschende Meinung
IAS	International Accounting Standard
IASB	International Accounting Standard Board
IJA	The International Journal of Accounting (Zeitschrift)
IStR	Internationales Steuerrecht (Zeitschrift)
JbFfSt	Jahrbuch der Fachanwälte für Steuerrecht
JbStVW	Jahrbuch zur Staats- und Verwaltungswissenschaft
J/P	Jarass/Pieroth, Kommentar zum Grundgesetz
JoA	Journal of Accountancy
JURA	JURA – Juristische Ausbildung (Zeitschrift)

JuS	Juristische Schulung (Zeitschrift)
JZ	Juristenzeitung (Zeitschrift)
KAN	Kommission Arbeitsschutz und Normung
KapAEG	Gesetz zur Verbesserung der Wettbewerbsfähigkeit deutscher Konzerne an Kapitalmärkten und zur Erleichterung der Aufnahme von Gesellschafterdarlehen (Kapitalaufnahmeerleichterungsgesetz)
KG	Kommanditgesellschaft
KG	Kammergericht Berlin
KonTraG	Gesetz zur Kontrolle und Transparenz im Unternehmensbereich
KoR	Kapitalmarktorientierte Rechnungslegung (Zeitschrift)
KÖSDI	Kölner Steuerdialog (Zeitschrift)
KO	Konkursordnung
KU	Koordinationsstelle Umweltschutz
M/D	Maunz-Düring, Kommentar zum Grundgesetz
M/K/S	v. Mangoldt/Klein/Starck, Kommentar zum Grundgesetz
m.w.N.	mit weiteren Nachweisen
NVwZ-RR	Neue Zeitschrift für Verwaltungsrecht, Rechtsprechungs-Report
NZG	Neue Zeitschrift für Gesellschaftsrecht
OECD	Organisation for Economic Co-operation and Development
OLG	Oberlandesgericht
ÖZS	Österreichische Zeitschrift für Soziologie
passim.	an verschiedenen Stellen im angegebenen Werk
RIW	Recht der internationalen Wirtschaft (Zeitschrift)
rk	rechtskräftig
Rn.	Randnummer
Rz.	Randziffer

SAG	Die Schweizerische Aktiengesellschaft (Zeitschrift)
SEC	Securities and Exchange Commission
Slg.	Amtliche Sammlung
sog.	so genannte
StBJb	Steuerberater-Jahrbuch
StL	Staatslexikon
st. Rspr.	ständige Rechtsprechung
StuW	Steuern und Wirtschaft (Zeitschrift)
StVj	Steuerliche Vierteljahresschrift (Zeitschrift)
StVO	Straßenverkehrsordnung
TA	Technische Anleitung
TVG	Tarifvertragsgesetz
Tz.	Textziffer
UGB	Umweltgesetzbuch
US-GAAP	United States Generally Accepted Accounting Standards
UTR	Umwelt- und Technikrecht (Schriftenreihe)
VerpackV	Verpackungsverordnung v. 21.8.1998 (BGBl. I, S. 2379)
VerwA	Verwaltungsarchiv (Zeitschrift)
vgl.	vergleiche
VVDStRL	Veröffentlichungen der Vereinigung Deutscher Staatsrechtslehrer
WiVerw	Wirtschaft und Verwaltung (Zeitschrift)
WM	Zeitschrift für Wirtschafts- und Bankrecht
WPg	Die Wirtschaftsprüfung (Zeitschrift)
ZfB	Zeitschrift für Betriebswirtschaft
ZfbF	Schalenbachs Zeitschrift für betriebswirtschaftliche Forschung
ZG	Zeitschrift für Gesetzgebung
ZGR	Zeitschrift für Unternehmens- und Gesellschaftsrecht
ZHR	Zeitschrift für das gesamte Handelsrecht und Wirtschaftsrecht

ZIP	Zeitschrift für Wirtschaftsrecht
ZUR	Zeitschrift für Umweltrecht
ZLR	Zeitschrift für das gesamte Lebensmittelrecht
ZParl	Zeitschrift für Parlamentsfragen
ZZP	Zeitschrift für Zivilprozess

Einleitung

Im Rechnungslegungsrecht sind zurzeit auf nationaler und europäischer Ebene verschiedene Entwicklungslinien auszumachen, die in nächster Zukunft zum einen die Bedeutung privatverbandlich entwickelter Rechnungslegungsstandards steigen lassen und zum anderen das bisherige System der handelsrechtlichen Rechnungslegung mit seiner Unterteilung in Einzel- und Konzernabschluss maßgeblich verändern werden.

Die Europäische Union hat die Notwendigkeit erkannt, die Wettbewerbschancen kapitalmarktorientierter Unternehmen auf den weltweiten Kapitalmärkten durch eine internationale Ausrichtung ihrer Konzernberichtspflichten zu erhöhen. Ab dem Jahr 2005 werden diese Unternehmen ihren Konzernabschluss zwingend nach den durch ein spezielles Verfahren in das europäische Recht zu übernehmenden IAS aufzustellen haben. Damit werden die Konzernabschlüsse innerhalb der Union faktisch nach von Privaten entwickelten Standards aufzustellen sein.

Für den deutschen Konzernabschluss wurde bereits vor einigen Jahren die Bedeutung einer international ausgerichteten Ausgestaltung der Berichtspflicht erkannt und mit dem KAEG die Möglichkeit einer alternativen Anwendung ohne staatlichen Einfluss entstandener internationaler Regelwerke zugelassen. Der Gedanke einer privaten Entwicklung von Rechnungslegungsstandards gewann aber auch innerhalb der HGB-Konzernrechnungslegung durch die mit dem KonTraG in § 342 HGB eingeführte Zulassung einer privaten Standardisierung entscheidend an Bedeutung. Mithilfe des darauf gegründeten DRSC und der gesetzlichen Vermutungsanordnung besteht erstmals die Möglichkeit einer wirkungsvollen und mit einem hohen Grad an Allgemeinverbindlichkeit versehenen privatverbandlichen Standardisierung für ein Teilgebiet der deutschen Rechnungslegung. Beide Novellierungen sind dabei als neue Impulse für eine bereits lang andauernde Diskussion über eine staatsunabhängige Normierung der Rechnungslegung zu betrachten.

Allerdings sind die Aufgaben des DRSC auf die Konzernberichterstattung beschränkt, die Entwicklung der den Einzelabschluss betreffenden GoB obliegt de lege lata im Ergebnis weiter dem Bundesfinanzhof.

Diese Arbeit versteht sich dabei als Beitrag zu einer intensiver werdenden Diskussion zu den Möglichkeiten einer privatverbandlichen Fortentwicklung der Rechnungslegungsstandards für den handelsrechtlichen Einzelabschluss. Der Ansatzpunkt für diese de lege ferenda-Überlegungen ist dabei in grundsätzlichen Überlegungen zur Verstärkung partizipativer Elemente und zur freiheitsgewährenden grundgesetzlichen Ordnung zu finden. Überlegungen zur Standardisierung der öffentlichen Rechnungslegung sind nicht Bestandteil der Arbeit.

I

Die internationale Harmonisierung der Rechnungslegung ist aufgrund der fortschreitenden Globalisierung der Wirtschaftsabläufe in den letzten Jahrzehnten immer stärker in den Blickpunkt des betriebswirtschaftlichen und juristischen Interesses gerückt. Im Vordergrund steht dabei die Kompatibilität der Jahresabschlussinhalte, die als eine Grundvoraussetzung für die Funktionsfähigkeit der weltweiten Kapitalmärkte angesehen wird. Neben diesen materiellen Aspekten der Harmonisierung der Rechnungslegung dürfen aber auch die Auswirkungen der Internationalisierung auf die Art der Ermittlung von Rechnungslegungsstandards nicht übersehen werden. Hier konkurriert die deutsche Tradition einer meist nur generalklauselartigen staatlichen Normierung der Rechnungslegung mit den detaillierten privatverbandlichen Standardsammlungen der US-GAAP und der IAS.

Das Rechnungslegungsrecht in der Bundesrepublik Deutschland ist trotz der Verabschiedung des BiRiLiG 1985 nur grob gesetzlich kodifiziert, unbestimmte Rechtsbegriffe und Generalklauseln umschreiben die Zielvorstellungen, die der Gesetzgeber mit dem Jahresabschluss verband. Zur Ausgestaltung dieser Begriffe dienen dabei Stellungnahmen der Wissenschaft, der Wirtschaft und des Berufsstandes der Wirtschaftsprüfer, während die Letztentscheidung über die GoB den Gerichten obliegt. Dies entspricht dem Charakter der GoB als Rechtsnormen. In der vorliegenden Arbeit wird die Frage diskutiert, ob, bei formaler Aufrechterhaltung der richterlichen Kompetenzen, die Fortentwicklung der Rechnungslegungsstandards für den Einzelabschluss weitgehend in die Obhut eines privatverbandlichen Gremiums gelegt und insofern den internationalen Vorbildern gefolgt werden kann. Dabei treffen die aus dem internationalen Vergleich heraus entstehenden Forderungen nach einer privatverbandlichen Standardisierung auf ein Gemeinwesen, dem in immer stärkerem Ausmaß die Grenzen staatlicher Steuerung bewusst werden und das beginnt, sich an den ursprünglichen Ideen der grundgesetzlichen Ordnung mit ihrem Vorrang der privaten Wirtschafts- und Sozialgestaltung neu zu orientieren.

Dabei ist eine selbstregulatorische Standardisierung in Deutschland nicht unbekannt. Mit dem Deutschen Institut für Normung (DIN) besteht im Technikrecht bereits seit langer Zeit ein privatverbandliches Normierungsgremium. Daher liegt es nahe, sowohl die organisatorischen Regelungen des DIN auf ihre Tauglichkeit für die Standardisierung der Rechnungslegung zu überprüfen als auch die rechtliche Wirkung der DIN-Normen im Zusammenwirken von privaten Normen und staatlichem Gestaltungsanspruch darzustellen. Eine Übertragung dieser Gedanken auf ein zukünftiges privatverbandliches Rechnungslegungsgremium mit Zuständigkeiten für den Einzelabschluss setzt aber eine Übereinstimmung beider Gremien hinsichtlich des Charakters ihrer Standardisierungsprozesse voraus. In der Literatur wird diese Bedingung jedoch zumeist übersehen oder nicht hinterfragt.

Im Rechnungslegungsrecht wurde durch das KonTraG eine Grundsatzentscheidung zugunsten einer privatverbandlichen Normierung und damit zu einer Teilung der Verantwortung zwischen Staat und Gesellschaft getroffen.

Durch den neu eingeführten § 342 HGB eröffnete sich die Möglichkeit, mit einem privaten Verband für einen Teilbereich der deutschen Rechnungslegung eine selbstregulatorische Standardisierung vertraglich zu vereinbaren. Als Reaktion hierauf gründete sich 1998 das Deutsche Rechnungslegungs Standardisierung Committee (DRSC). Obwohl die Arbeit des DRSC an vielen Stellen Erwähnung findet, steht nicht dessen auf den Konzernabschluss begrenzte Standardisierungsarbeit im Mittelpunkt sondern vielmehr de lege ferenda-Untersuchungen zur privatverbandlichen Standardisierung für den Einzelabschluss. Während die bisherigen privaten Kompetenzen hinsichtlich des Konzernabschlusses unproblematisch erscheinen, unterliegt die Standardisierung des Einzelabschlusses aufgrund seiner direkten rechtlichen Wirkungen und der damit verbundenen Sensibilitäten höheren demokratietheoretischen Anforderungen. Nicht untersucht wird dabei, ob eine privatverbandliche Standardisierung der Vorschriften über den handelsrechtlichen Jahresabschluss mit dem Prinzip der Maßgeblichkeit rechtlich vereinbar wäre.

Die Betrachtung rechtlicher Aspekte, wie sie bei der Untersuchung der Aufgaben eines privaten Akteurs zur Gewinnung von Rechnungslegungsstandards unvermeidbar sind, stellt sich als unmittelbare Folge einer Aufgabenbetrachtung der betriebswirtschaftlichen Steuerlehre dar: Sie vereint als wirtschaftswissenschaftliche Disziplin betriebswirtschaftliche Überlegungen mit dem rechtlichen Rahmen, den die bestehende Rechtsordnung vorgibt und sollte daher in besonderer Weise eine Scharnierfunktion zwischen der Betriebswirtschaft und der Rechtswissenschaft übernehmen. Leider wird in beiden Disziplinen der wechselseitige Austausch nicht immer mit der notwendigen Intensität gepflegt. Die juristischen Untersuchungen der Aussichten privatverbandlicher Standardisierungsergebnisse, mit einem den staatlichen Gesetzen angenäherten Grad an Allgemeinverbindlichkeit ausgestattet zu werden, und der europarechtlichen Einwirkungsmöglichkeiten auf den handelsrechtlichen Einzelabschluss und die steuerliche Gewinnermittlung sind aber für eine umfassende Untersuchung einer privaten Fortentwicklung der Rechnungslegung unentbehrlich.

II

Zur Trennung der demokratie- und organisationstheoretischen Voraussetzungen einer staatlich veranlassten gesellschaftlichen Selbstregulierung für den handelsrechtlichen Einzelabschluss von den Überlegungen zur ihrer rechtlichen Umsetzung sowie von der Frage der Einflussnahme des Europäischen Gerichtshofs bei der Fortentwicklung der Rechnungslegung gliedert sich die Arbeit in vier Teile.

Die bereits bestehende Einbettung des deutschen Rechnungslegungsrechts in die europäische Rechtsordnung wird durch die verpflichtende Anwendung der übernommenen IAS für den Konzernabschluss an Dynamik gewinnen. Zu Beginn der Arbeit werden die EU-Verordnung und die bestehenden Mitgliedstaatenwahlrechte zur Ausdehnung der IAS-Anwendung über die Konzernabschlüsse der kapitalmarktorientierten Unternehmen hinaus vorgestellt.

Sowohl der materielle Gehalt, als auch die Form der Rechnungslegungsnormierung und die Bedeutung privater Akteure im Ermittlungsprozess differieren zwischen den nationalen und supranationalen Rechnungslegungssystemen. Diese Unterschiede stellen sich als Folgen einer abweichenden historisch begründeten Ausprägung der für die Rechnungslegung relevanten Umweltfaktoren dar. Das Verständnis der Gründe für abweichende Standardisierungen nach Form und Inhalt ist bedeutsam hinsichtlich der Übernahme von Regelungen, die der eigenen nationalen Unternehmensumwelt fremd sind. Abschließend werden die in der EU-Verordnung enthaltenen Mitgliedstaatenwahlrechte einer Bewertung unterzogen. Als Ergebnis des ersten Teils stellt sich der Hauptgegenstand der Arbeit dar: Untersucht werden die Voraussetzungen und rechtlichen Umsetzungsmöglichkeiten einer selbstregulatorischen Entwicklung von Rechnungslegungsstandards für den deutschen handelsrechtlichen Einzelabschluss.

Ein weitgehender staatlicher Verzicht auf die bislang durch eigene Organe übernommene Festlegung der Rechnungslegung würde einer Aufgabe der staatlichen Erfüllungskompetenz für die zu regelnde Materie gleichkommen. Eine Grundvoraussetzung eines solchen staatlichen Rückzuges ist es aber, dass die fragliche öffentliche Aufgabe von einem anderen gemeinwohlorientierten Aufgabenträger übernommen werden kann. Hinter dieser Feststellung stehen drei bedeutsame Annahmen: Sie leugnet zum einen ein staatliches Gemeinwohlmonopol und setzt eine Möglichkeit zur Teilung der Gemeinwohlverantwortlichkeit zwischen dem Staat und privaten Akteuren voraus. Zusätzlich steht dies unter den Bedingungen, dass bei der Erfüllung öffentlicher Aufgaben durch private Aufgabenträger die gemeinwohlförderlichen Aspekte überwiegen können und dass ein kompetenter Aufgabenträger für die Standardisierungsarbeiten zur Verfügung steht. Damit sind die Problemkreise umschrieben, die den zweiten Teil der Arbeit ausgestalten.

Die Frage der Etablierung einer privatverbandlichen Standardisierung der Rechnungslegung für den handelsrechtlichen Einzelabschluss kann jedoch nicht bei den organisationstheoretischen Überlegungen enden. Vielmehr ist die Erweiterung um die Dimension der geltenden Rechtsordnung notwendig. Der Grad der rechtlichen Verbindlichkeit, der den Standards zugemessen werden kann, hat nicht nur Auswirkungen auf die Normloyalität und damit auf die Interpretationskompetenz des Gremiums, sondern sie wirkt auch auf die mit der Standardisierung verbundenen binnenverbandlichen Abläufe zurück. Hinzu kommt, dass jede Form der privaten Standardisierung, unabhängig von dem zu regelnden Rechtsgebiet, nur dann als tatsächliche rechtliche Gestaltungsalternative für einen mit den Grenzen seines Handelns konfrontierten Staat zur Verfügung steht, wenn im Vorfeld allen Beteiligen, also dem Gesetzgeber, der Judikative und den von der Standardisierung Betroffenen, auch deren rechtliche Folgen deutlich sind.

Zu den hier zu bedenkenden Dimensionen der Rechtsordnung ist auch die dem Staat zukommende Verantwortung für den sozialen Interessenausgleich innerhalb der Gesellschaft zu zählen. Der Staat kann sich in der Bundesrepublik Deutschland auch mittels Privatisierung der ehemals von ihm selbst erfüllten öffentlichen Aufgaben nicht dauerhaft seiner Verantwortung entziehen. Dieser Ansatz verändert zwar die Betrachtungsrichtung, indem erneut der eigentlich zu entlastende Staat betrachtet wird, er wird aber einzig den grundgesetzlichen Anforderungen gerecht. Im Mittelpunkt der Überlegungen zur Ausgestaltung des Standardisierungsprozesses steht die verbleibende formelle und materielle Verantwortung des Staates, deren Wahrnehmung eine privatverbandliche Regulierung der Rechnungslegung erst als rechtliche Gestaltungsalternative erscheinen lässt.

Der abschließende Teil der Arbeit, der erneut die europäische Perspektive der Rechnungslegung aufgreift, verlässt die bisher vorherrschende Betrachtung einer privatverbandlichen Regulierung der Rechnungslegung, ist aber ergänzend im unmittelbaren Zusammenhang mit ihr zu sehen. Die Frage der Kompetenzen des Europäischen Gerichtshofes zur Fortentwicklung der handels- und steuerrechtlichen Rechnungslegung hat nicht nur Auswirkungen auf die materielle Grundlage der Arbeit einer selbstregulatorischen Standardisierung, sondern berührt grundlegend die Frage der Erkenntnisquellen jeder Fortentwicklung der Rechnungslegung und behält somit auch für den Fall, dass der Aufgabenbereich des privaten Standardisierers nicht auf den Einzelabschluss ausgedehnt wird und damit die bisherige deutsche GoB-Gewinnung durch die finanzgerichtliche Rechtsprechung fortbesteht, ihre Gültigkeit.

Die Ausführungen zur Bedeutung des EuGH sind daher als allgemeine Untersuchung des europarechtlichen Einflusses auf die deutschen Einzelabschlussvorschriften zu sehen. Dabei bieten die Art der Umsetzung der 4. EG-Bilanzrichtlinie durch das Bilanzrichtliniengesetz und das Maßgeblichkeitsprinzip jeweils die Anknüpfungspunkte für die zu untersuchende Notwendigkeit, handels- und steuerbilanzielle Streitfragen der europäischen Instanz vorzulegen.

Dabei ist es notwendig, die möglichen Konsequenzen dieser Untersuchung deutlich zu bezeichnen: Gewänne der EuGH durch Vorabentscheidungsersuchen über die von der Richtlinie direkt betroffenen Kapitalgesellschaften hinaus Einfluss auf die Einzelabschlusserstellung, wäre einerseits mit der Abschaffung des Maßgeblichkeitsprinzips zu rechnen, um die souveräne Gestaltung der Steuerbemessungsgrundlagen durch die nationale Legislative zu erhalten. Daneben wäre aber auch die handelsrechtliche Bilanzierung des Einzelabschlusses aller Gesellschaftsformen fortan an der 4. EG-Richtlinie zu messen.

1. Teil: Die Stellung der nationalen Rechnungslegung im internationalen Rahmen

Kapitel A: Die neue Strategie der EU in der Rechnungslegung

I. Die Anwendung der IAS für den Konzernabschluss kapitalmarktorientierter Unternehmen ab 2005

Nachdem der Europäische Rat während seiner Beratungen am 23. und 24. Mai 2000 in Lissabon die Bedeutung eines effizienten und transparenten Kapitalmarktes für die Förderung der Wirtschaft und der Beschäftigung in der Union bekräftigte, legte die EU-Kommission schon kurz danach eine Mitteilung an den Rat und das Europäische Parlament unter dem Titel *„Rechnungslegungsstrategie der EU: Künftiges Vorgehen"* vor[1]. Konsequent wird dort der Weg beschritten, der mit einer ähnlichen Mitteilung aus dem Jahr 1995 begann[2] und der vorsieht, börsennotierten EU-Unternehmen zur Erhöhnung der Vergleichbarkeit ihrer konsolidierten Abschlüsse im internationalen Wettbewerb die Anwendung internationalen Standards vorzuschreiben. Dabei will die Kommission weiterhin die Entscheidung über die bevorzugten Rechnungslegungsstandards nicht dem Markt überlassen, sondern entschied, sich zukünftig aufgrund der internationalen Perspektive des IASC an dessen Regelwerk und nicht an den für den US-Binnenmarkt geschaffenen US-GAAP zu orientieren[3].

Mit der gemeinsamen Verordnung von Rat und Europäischem Parlament vom 27. Mai 2002 haben diese Bemühungen eine erste konkrete rechtliche Konsequenz[4] gefunden: Ab dem 1. Januar 2005 müssen Gesellschaften der EU-Mitgliedstaaten, deren Wertpapiere innerhalb der Union am geregelten Markt gehandelt werden, ihre konsolidierten Abschlüsse nach jenen IAS aufstellen, die die EU in einem speziellen Verfahren für anwendbar erklärt hat. Darüber hinaus wird es den Mitgliedstaaten ausdrücklich gestattet, die Anwendung die-

1 *EU-Kommission*, Rechnungslegungsstrategie der EU, KOM (2000) 359 endg.

2 *EU-Kommission*, Harmonisierung, KOM (95) 508 endg.

3 nach Aussage der *EU-Kommission*, Rechnungslegungsstrategie der EU, KOM (2000) 359 endg., S. 6, zeigten empirische Untersuchungen, dass im Jahr 1998 210 EU-Unternehmen ihre Abschlüsse auf den IAS und 235 Unternehmen auf den US-GAAP aufbauten; zustimmend bezüglich der Bevorzugung der IAS, da allein sie auf internationaler Ebene die notwendigen Partizipations- und Einflussmöglichkeiten bieten *Arbeitskreis Externe Unternehmensrechnung der Schmalenbach-Gesellschaft*, Zukunft der Rechnungslegung, DB 2001, S. 160, These 4; unberücksichtigt bleibt dabei aber die geplante personelle Zusammensetzung des IASB. Von den 14 fachkundigen Mitgliedern entstammen nur drei Kontinentaleuropa, die Mehrheit der Sitze werden entfällt auf angloamerikanische Staaten. Hinzu kommt die Dominanz von Wirtschaftsprüfern und Abschlussaufstellern. Siehe hierzu kritisch *Euler*, Paradigmenwechsel, BB 2002, S. 875, 876; ebenso rechnet *Niehus*, Zukunft der Standards, DB 2001, 53, 56 damit, dass die wenigen kontinentaleuropäischen Board-Mitglieder häufig überstimmt werden; dagegen scheint *Böcking*, IAS für Konzern- und Einzelabschluss?, WPg 2001, S. 1433, 1440 diese Stimmrechtsverteilung wohl zu übersehen, wenn er behauptet, eine aktive und damit einflussreiche Mitarbeit des DRSC im IASC sei möglich

4 Europäische *Union*, Anwendung internationaler Rechnungslegungsstandards, PE-CONS 3626/02; zum Zeitablauf siehe eingehend *Göthel*, Europäisches Bilanzrecht, DB 2001, S. 2057

ser übernommenen IAS auch für die Jahresabschlüsse börsennotierter Gesellschaften und auf die Jahresabschlüsse und/oder Konzernabschlüsse anderer Gesellschaften vorzuschreiben oder zu gestatten.

II. Das Komitologie-Verfahren zur Rezeption der IAS in das europäische Recht

Eine dynamische Verweisung auf bestehende privatverbandliche IAS einbezüglich ihrer Veränderungen zur rechtlichen Grundlage der Aufstellung konsolidierter Abschlüsse kapitalmarktorientierter Unternehmen innerhalb der Union zu machen, hätte ähnliche rechtliche Probleme erzeugt, wie sie für das deutsche Recht in der vorliegenden Arbeit bezüglich privater Rechnungslegungsstandards diskutiert werden[5]. Da gleichzeitig aufgrund der langen Verfahrensdauer die Übernahme der IAS mithilfe eines ordentlichen Richtlinienverfahrens den Ansprüchen an eine flexible Rechnungslegung nicht gerecht werden kann, entschieden sich Parlament und Rat, für die Transformation der IAS in das EU-Recht ein spezielles Anerkennungsverfahren (*endorsement mechanism*) einzuführen.

Die Übernahme der IAS in europäisches Recht vollzieht sich damit in zwei Stufen[6]: Mit der genannten Verordnung von Parlament und Rat ist in einem ersten Schritt die grundsätzliche rechtliche Verpflichtung zur Befolgung der übernommenen IAS bei der Aufstellung konsolidierter Abschlüsse börsennotierter Gesellschaften ab 2005 normiert. Zwingend notwendig wird nun in einer zweiten Stufe die Rezeption einzelner bereits bestehender IAS bzw. deren veränderter Versionen sein, da die privaten Standards ohne eine solche besondere Übernahmeentscheidung der Union für die Konzernabschlussersteller ein rechtliches *nullum* darstellen würden.

Rechtstechnisch liegt in diesem Verfahren keine Verweisung, sondern die Inkorporation privatverbandlicher Standards in das Gemeinschaftsrecht vor. Hiergegen lassen sich weder gemeinschaftsrechtliche noch, hier allerdings nicht anwendbare[7], nationale Bedenken feststellen[8]. Gemeinschaftsrechtlich

---

[5] so auch der Hinweis von *Euler*, Paradigmenwechsel, BB 2002, S. 875, 876; auch *Heintzen*, EU-Verordnungsentwurf, BB 2001, S. 825, 827 sieht durch den *„Filter"* des Komitologie-Verfahrens die Gefahr einer Dynamik in der Verweisung gebannt. Dabei könne sich diese Annahmeentscheidung aus demokratischen und rechtsstaatlichen Gründen nur auf jeweils bestehende Standards beziehen. Deshalb sei auch die ausdrückliche Einbeziehung späterer Änderungen der IAS und künftiger Standards in die Reichweite der Verordnung gemäß Art. 2 (PE-CONS 3626/02) aufgrund der positiven Übernahmeentscheidung der Union unschädlich. Zumindest unglücklich daher aber die Benennung bei *Heintzen*, Verfassungsrechtliche Anforderungen, KoR 2001, S. 150, 153 der geplanten IAS-Übernahme als *„Verweisungsmodell"*. Siehe zur Diskussion für das deutsche Recht Kapitel H III.2.b) (**Der dynamische Verweis als Rechtssetzungsinstrument**) S. 127

[6] dies beschreibt auch *Ernst*, EU-Verordnungsentwurf, BB 2001, S. 823

[7] das BVerfG hat deutlich gemacht, dass abgeleitetes Gemeinschaftsrecht weder an den allgemeinen Maßstäben des Grundgesetzes noch an den spezielleren Grundrechten zu messen sei, solange auf Gemeinschaftsebene durch die Rechtsprechung des EuGH eine gleichwertige Rechtskontrolle anhand des Unionsgemeinschaftsrechts gewährleistet sei, siehe hier *BVerfG v. 22.10.86* (Solange II), BVerfGE 73, S. 339, 387

[8] damit unterscheidet sich das von Parlament und Rat normierte Verfahren von der Verweisung in § 292a HGB, die eine befreiende Wirkung von Konzernabschlüssen vorsieht, die nach den jeweils

steht für diesen Vorgang das so genannte *Komitologie-Verfahren* zur Verfügung.

Bei diesem Instrument der innergemeinschaftlichen Rechtssetzung legt die EU-Kommission gemäß Art. 202 EGV im Rahmen des so genannten *Regelungsverfahren* einem beratenden Regelungsausschuss, der sich aus Vertretern der Mitgliedstaaten zusammensetzt, ihren Handlungsentwurf, hier also die Transformation einzelner IAS, vor. Der Ausschuss kann dabei die geplante Maßnahme nur mit qualifizierter Mehrheit ablehnen. Kommt es zu einer solchen Mehrheit gegen den Kommissionsentwurf oder verzichtet der Ausschuss auf eine eigene Stellungnahme, unterbreitet die Kommission ihren Vorschlag dem Europäischen Rat. Zur vorläufig endgültigen Blockade des Vorschlages muss sich der Rat wiederum mit qualifizierter Mehrheit innerhalb einer Frist von maximal drei Monaten gegen die Maßnahme entscheiden. Die Kommission kann in einem solchen Fall ihren Vorschlag abändern[9] bzw. erneut vorlegen[10].

Wichtig für die aus diesem Verfahren resultierende starke Stellung der EU-Kommission gegenüber dem Rat ist das Quorum der qualifizierten Mehrheit:

---

geltenden IAS aufgestellt wurden. Zur Diskussion über die Verfassungskonformität von § 292a HGB siehe **befürwortend** *Heintzen*, Verfassungsmäßigkeit, DB 1999, S. 1050, 1051, da das HGB nicht die Anwendung fremden Rechts dynamisch ermögliche, sondern im Rahmen der deutschen Rechtsordnung auf die Aufstellung eines Konzernabschlusses verzichte; *ders.*, Verfassungsrechtliche Anforderungen, KoR 2001, S. 150, 151; **ablehnend** dagegen vor allem *Kirchhof*, Gesetzgebung und private Regelsetzung, ZGR 2000, S. 681, 685, da § 292a HGB nicht von der Pflicht zur Aufstellung eines Konzernabschlusses befreie, sondern allein den Pflichteninhalt modifiziere und damit dynamisch auf internationales Recht verweise; dem vorsichtig zustimmend *Ekkenga*, Neuordnung des Europäischen Bilanzrechts, BB 2001, S. 2362, 2366; ähnlich wohl aufgrund der Dynamik der Verweisung *Euler*, Paradigmenwechsel, BB 2002, S. 875, 876; *Hommelhoff*, Deutscher Konzernabschluss, FS Odersky, S. 779, 790; *Budde/Steuber*, Rechnungslegung nach dem HGB, FS Baetge, S. 3, 7 haben erhebliche Bedenken hinsichtlich der Gleichbehandlung aller Kaufleute; grundsätzlich gegen den geplanten *endorsement mechanism* spricht sich dagegen der *Arbeitskreis Externe Unternehmensrechnung der Schmalenbach-Gesellschaft*, Die Zukunft der Rechnungslegung, DB 2001, S. 160, 161, These 5 aus. Demnach sollte allen zukünftigen IAS die EU-Konformität unterstellt und aufgrund der drohenden Gefahr des Entsehens separater EU-IAS auf diese nachträgliche Würdigung der IAS verzichtet werden. Das Problem der dynamischen Verweisung wird dabei ignoriert. Die mit einer dynamischen Verweisung verbundenen Probleme sowohl im Rahmen des deutschen Grundgesetzes als auch bezüglich der europäischen Rechtsordnung ignoriert dagegen ebenfalls *Niehus*, Zukunft der Standards, DB 2001, S. 53, 56, wenn er den endorsement-mechanism als Vorgang bezeichnet, der allein dazu dienen soll, die Illusion der Eigenständigkeit der EU aufrecht zu erhalten

9 eine solche *Änderung* des ursprünglichen Vorschlages käme im Falle der IAS-Übernahme wohl nicht in Frage, da es gerade um die originale Rezeption der internationalen Standards geht. Würde der Rat die Übernahme eines IAS ablehnen, würde nur eine erneute Einbringung des ursprünglichen Vorschlages die internationale Vergleichbarkeit erhalten. Die Schaffung *„europäischer IAS"* sollte in jedem Falle vermieden werden. Daher muss sich auch die Möglichkeit der Ablehnung speziell neuer IAS seitens der Kommission in der Praxis noch bewähren. Gemäß Art. 3 der Verordnung können IAS u.a. nur übernommen werden, sofern sie *„dem europäischen öffentlichen Interesse entsprechen"*. Diese vage Formulierung kritisiert zu Recht auch *Göthel*, Europäisches Bilanzrecht, DB 2001, S. 2057, 2061

10 siehe hierzu *EU-Rat*, Beschluss v. 28.6.99 (Komitologie), § 5 Abs. 6; nach *Heintzen*, EU-Verordnungsentwurf, BB 2001, S. 825, 828 war in einem Vorentwurf der Verordnung eine Frist von nur zwei Monaten vorgesehen. Auch diese kurze Frist sah er bereits als konform mit dem Unionsverfassungsrecht an

Sowohl im Regelungsausschuss als auch im Europäischen Rat kann ein Vorschlag der Kommission nur mit einer Mehrheit von mind. 71,3 % der Ratsstimmen abgelehnt werden[11].

Für den Fall, dass sich die Kommission mit ihrem Handlungsempfehlung durchsetzen kann und die vorgeschlagenen IAS Bestandteil der europäischen Gemeinschaftsrechtsordnung geworden sind, sollen diese als Kommissionsverordnung im Volltext in allen Amtssprachen der Union veröffentlicht werden[12].

III. Das Mitgliedstaatenwahlrecht zur Ausweitung der IAS-Anwendung

Wie bereits erwähnt, geht die EU-Verordnung zur Anwendung internationaler Rechnungslegungsstandards über die verpflichtenden Passagen zu den konsolidierten Abschlüssen börsennotierter Unternehmen hinaus. Im Rahmen von Mitgliedstaatenwahlrechten wird den einzelnen Staaten gemäß Art. 5 der Verordnung sowohl die Möglichkeit eingeräumt, börsennotierten Gesellschaften für die Aufstellung ihrer Jahresabschlüsse und allen sonstigen Gesellschaften für die Aufstellung ihrer konsolidierten Abschlüsse und/oder ihrer Jahresabschlüsse die Anwendung der übernommen internationalen Standards zu gestatten oder vorzuschreiben.

Zum heutigen Zeitpunkt ist es noch offen, wie die Bundesrepublik dieses Wahlrecht ausüben wird. Mit Sicherheit wird dabei das Verhalten der übrigen Mitgliedstaaten nicht ohne Beachtung bleiben[13]. Dabei sind die Konsequenzen in jedem Fall weitreichend: Entweder der Gesetzgeber entschließt sich, durch Nichtausnutzung der Wahlrechte zur Ausdehnung der IAS auf die Einzelabschlüsse die bislang trotz der Befreiungsmöglichkeit des § 292a HGB noch immer bestehende Einheit von Konzern- und Einzelabschluss aufzugeben, oder er ist zu umfangreichen Änderungen der gesellschafts- und steuerlichen Folgen des Einzelabschlusses gezwungen.

---

11 siehe detailliert zur Berechnung der qualifizierten Mehrheit insbesondere nach der EU-Erweiterung *Beutler/Bieber/Piphorn/Streitl*, Europäische Union, S. 160-161 und zur Rechtsgrundlage nach der Erweiterung der Union *Europäische Union*, Vertrag von Nizza, Schlusserklärung zur Erweiterung der Union, S. 247 sowie *Fischer*, Vertrag von Nizza, Anm. 17 zu Art 3 der Schlusserklärung zur Erweiterung der Union; detailliert zum neuen Komitologie-Verfahren siehe *Mensching*. Der neue Komitologie-Beschluss, EuZW 2000, S. 268, 270; *Hauschild*, Das neue Komitologie-Verfahren, ZG 1999, S. 248, 250; *Hix* in: Schwarze, EU-Kommentar, Anm. 17 zu Art. 202

12 diese Volltext-Veröffentlichung in allen Amtssprachen war im ursprünglichen Verordnungsentwurf nicht vorgesehen und stieß aufgrund eines vermuteten Verstoßes gegen Art. 254 Abs. 2 EGV auf allgemeine Ablehnung, siehe hierzu nur *Ekkenga*, Neuordnung des Europäischen Bilanzrechts, BB 2001, S. 2362, 2369; *Heintzen*, EU-Verordnungsentwurf, BB 2001, S. 825, 828; eine Übersetzung der übernommenen Standards hält *Schulze-Osterloh*, Gesellschaftsrecht im Banne der Globalisierung, ZIP 2001, S. 1433, 1439 jedoch für überflüssig, da eine Interpretation der übernommenen IAS deren Rechtscharakter und dem Ziel einer internationalen Vergleichbarkeit widersprechen würde

13 in diesem Sinne vermutet auch *Niehus*, Zukunft der Standards, DB 2001, S. 53, 55, dass die Bundesrepublik ihr Verhalten mit den übrigen Mitgliedstaaten abstimmen wird

Im weiteren Verlauf werden diesen Paradigmenwechseln in der deutschen handelsrechtlichen Rechnungslegung Vorschläge formuliert werden, wobei jedoch der Bogen bewusst weit gespannt und zuerst auf das Wesen einer Rechtsangleichung und die Gründe für eine unterschiedliche Entwicklungen in der nationalen und supranationalen Rechnungslegung eingegangen werden soll.

Kapitel B: Harmonisierung und Standardisierung: Begriffsbestimmungen

Die zunehmende Globalisierung der weltweiten Wirtschaftsbeziehungen ruft auf allen für den wirtschaftlichen Austausch bedeutenden Gebieten Harmonisierungstendenzen hervor. Im Bereich der Rechnungslegung ist es dabei das Ziel, die Vergleichbarkeit der nationalen Rechnungslegungssysteme und damit der auf ihnen basierenden Jahresabschlüsse zu erhöhen.

Über die Ziele des Jahresabschlusses besteht international keine Übereinstimmung. So tritt neben die nach angelsächsischen Rechnungslegungs-Systemen deutlich dominierende Informationsfunktion in Deutschland gleichberechtigt der bilanzielle Gläubigerschutz durch die kapital erhaltenden Bilanzierungs-und Bewertungsregeln. Ebenso weichen die Auffassungen über die schützenswerten Adressaten des Jahresabschlusses voneinander ab.

Im Rahmen einer internationalen Harmonisierung der Rechnungslegung steht aufgrund der eindeutigen Ausrichtung der bedeutenden internationalen Finanzmärkte die Vergleichbarkeit der durch den Jahresabschluss gebotenen Informationen im Vordergrund, die durch eine Dokumentation der Geschäftsvorfälle des Berichtszeitraums durch Bilanz, Gewinn-und Verlustrechnung sowie weiterer Nebenrechnungen erfolgt.

Die Notwendigkeit von Standards sei dabei am Beispiel der Adressaten des deutschen Jahresabschlusses verdeutlicht:

Die heute in Deutschland vorherrschende Bilanztheorie sieht die Unternehmung als eine Koalition verschiedener Partner an, die nicht durch eine gemeinsame Zielfunktion zusammengehalten werden, sondern die vielmehr ihre Entscheidungen zum Eintritt oder zum Verbleib in der Unternehmung vom Grad der Befriedigung ihrer eigenen Zielvorstellungen abhängig machen. Um jedoch diese Entscheidungen über Eintritt und Verbleib treffen zu können, sind die Koalitionäre auf Informationen über die Unternehmung angewiesen, die ihnen, sofern andere Daten nicht zur Verfügung stehen, durch den externen Jahresabschluss geliefert werden. Anhand dieser Daten sollten sie die Erreichung ihrer Ziele überprüfen und ihr Handeln danach ausrichten können. Es liegt dabei auf der Hand, dass die jeweils betrachtete Gruppe im Rahmen ihrer Entscheidungen bezüglich der als Alternativen in Betracht kommenden verschiedenen Unternehmen einheitliche Standards zur Beurteilung bevorzugen wird. Dies gilt im deutschen Bereich nicht für nationale Gläubiger, sondern selbstverständlich in viel stärkerem Maße für internationale Kapitalanleger.

Zur Ermöglichung der Vergleichbarkeit von Berichtswerken unterschiedlicher Absender sind daher Standards unverzichtbar. Daher ist es zu Beginn der eingehenden Auseinandersetzung mit einer privatverbandlichen Standardisierung der Rechnungslegung in Deutschland notwendig, den von der anzugleichenden Materie unabhängigen Charakter von Standards sowie die Begriffe *„Stan-*

dardisierung" und „*Harmonisierung*" in ihren Übereinstimmungen und Abweichungen darzustellen.

I. Der Standard: Wesen und Wirkung

Allgemein ausgedrückt können Standards als nicht-marktlicher Koordinationsmechanismus zur Senkung von Transaktionskosten sowohl auf Anbieter- als auch auf Nachfragerseite bezeichnet werden[14]. Damit kommt ihnen eine wichtige Funktion in den Beziehungen zwischen Anbietern und Käufern zu: Sie schaffen Märkte, auf denen durch die Überführung individuellen Erfahrenswissens in abstrakte Regeln die Notwendigkeit entfällt, sich auf bewährte und vertraute Austauschpartner verlassen zu müssen. Damit werden aber sowohl kurzfristige Austauschbeziehungen möglich als auch aufgrund der möglichen Substituierbarkeit der Austauschpartner Abhängigkeiten vermindert.

Hierbei werden zwei Grundformen unterschieden: Zum einen proprietäre Standards oder Spezifikationen, die von dem standardsetzenden Unternehmen wie rechtlich gesicherte Rechte und Patente eingesetzt werden; sie sind damit einzeltransaktionsabhängig, anderen Anbietern ist der Einsatz dieser Regeln erst nach Genehmigung und Abgeltung gestattet. Der andere Typus sind die einzeltransaktionsunabhängigen offenen Standards, bei denen die Verfügungsrechte an dem in ihnen kumuliertem Wissen öffentlich zugänglich sind. Ziel der Standardanbieter ist hier die möglichst breite Anwendung der Regeln. Als Beispiel für offene Standards sind die DIN-Normen anzuführen, deren Bezug zwar kostenpflichtig ist, deren Einsatz jedoch jedem Anwender frei steht.

Allen Standards gemeinsam ist die Eigenschaft, Produktdifferenzierungen zu vermindern und die wettbewerbsfördernde Transparenz qualitativer Unterschiede für den Nachfrager und für Konkurrenten zu ermöglichen. Die Steigerung von Effizienz und Wohlfahrt ist dabei umso weitreichender, je größer die Gruppe der Standardanwender wird. Für die Bestimmung dieser Menge ist aber das Zustandekommen der Standards von großer Bedeutung. Dabei erweisen sich insbesondere verhandelte Standards für eine breite Akzeptanz als förderlich: Zum einen sind sie als „*offene Standards*" jedermann zur Nutzung freigestellt, zum anderen impliziert ihr Aushandeln, eine breite Beteiligung am Verhandlungsprozess vorausgesetzt, bereits bei ihrer Veröffentlichung eine hohe Akzeptanz unter den Marktteilnehmern[15].

Die Verwendung von „*Standards*" allein lässt noch keine Feststellung über den Grad der Vereinheitlichung zu, da damit keine Aussage über die Eindeutigkeit der Standards verbunden werden kann. Aus diesem Grund ist bei Aussagen über die wohlfahrtssteigernde Wirkung von Standards das mit ihnen verbundene Ziel zu umschreiben: *Harmonisierung* oder *Standardisierung*.

---

[14] so die Definition nach *Storz*, Standards und Kommunikation, S. 1

[15] dies betont auch *Storz*, Standards und Kommunikation, S. 3

II. Die Harmonisierung eines Rechtsgebietes: Fortbestehen von Unterschieden

Eine allgemein gültige Definition des Begriffs „*Harmonisierung*“ ist trotz seiner vielfältigen Verwendung im Zuge der Debatte über internationale Rechnungslegungsdifferenzen noch nicht gelungen[16]. *Parker* beschreibt den Harmonisierungsbegriff als „*the process of increasing the compatibility of accounting practices by setting bounds to their degree of variation.*“[17]. Hieraus abgeleitet kann Harmonisierung als ein Vorgang bezeichnet werden, bei dem durch eine gegenseitige Aufgabe und Übernahme von Standards eine Reduzierung der Unterschiede in der Rechnungslegung der beteiligten Staaten erreicht wird. Verbliebene Unterschiede sollen dabei möglichst widerspruchsfrei sein.

Erschwerend kommt bei der Begriffsbeschreibung hinzu, dass im Gegensatz zur Standardisierung weder ein objektives Kriterium zur Zielerreichung vorhanden ist, noch der Zeitpunkt der Zielerreichung exakt bestimmbar ist. Beide Kriterien hängen vom angestrebten Grad der Harmonie, also von einer Definition des erwünschten Umfanges und der Tiefe der Harmonisierung und damit von einer Übereinkunft über Anzahl und Gewicht der als akzeptabel erscheinenden fortbestehenden Unterschiede ab[18].

Bei der Harmonisierung lassen sich mit *Tay/Parker* zwei Ebenen unterscheiden: Die Harmonisierung von Rechnungslegungs*vorschriften*, festgelegt im Gesetz oder in privatverbandlichen Standards, wird hiernach als „*de jure harmonization*“, die Angleichung der eigentlichen Rechnungslegungs*praktiken* der Unternehmen als „*de facto harmonization*“ bezeichnet[19].

---

16 dies muss auch *Pellens*, Internationale Rechnungslegung, S. 385 feststellen

17 *Parker*, Harmonization, S. 144; bei *Choi/Mueller*, International Accounting, S. 257 wird als Ziel genannt: „*different standards ... should not logically conflict*“; *van der Tas*, Measuring Harmonisation, ABR 1988, S. 157 bemerkt: „*Harmonisation is a coordination, a tuning of two or more objects.*“; im Zwei-Länder-Fall vollzieht sich die Harmonisierung, indem durch Aufgabe bestimmter Rechnungslegungspraktiken bei der Behandlung einer Jahresabschlussposition durch einen der beiden Staaten oder durch Übernahme einer Drittstaatenlösung durch beide Länder die Anzahl der bestehenden Rechnungslegungsunterschiede reduziert werden. Hierbei kommt es also zu einem Transfer von Rechnungslegungspraktiken. Siehe hierzu die Abbildung bei *Rost*, Harmonisierung, S. 21

18 so *Auer*, International harmonisierte Rechnungslegungsstandards, S. 27; ebenso *Wagenhofer*, IAS, S. 12; allerdings auch mit dem Einwand, dass bei der „*Standardisierung*“ zwar die Harmonisierungsgrundlage festgelegt und der Maßstab entwickelt ist, jedoch einheitliche Rechtssysteme aufgrund des unterschiedlichen sozio-kulturellen Umfeldes keine einheitliche Rechtsanwendung garantieren können; *van der Tas*, Harmonization and Standardization, ABACUS, September 1992, S. 211, 213; *Fitzgerald*, International harmonization, IJA, Fall 1981, S. 21, 31: „*In fact, harmonization does not mean uniformity or 'singing in unison'*“

19 die Untersuchungen dieser Arbeit beschränken sich dabei auf die „*de jure harmonization*“, wenn auch als Schlussfolgerung einer Untersuchung von sechs Studien zur Messung der der Harmonisierung von Jahresabschlüssen von Unternehmen verschiedener Länder *Tay/Parker*, Harmonization and Standardization, ABACUS, March 1990, S. 71, 83 zu dem Schluss kommen, dass sich die weitere Forschung auf die „*de facto harmonization*“ konzentrieren sollte; anders dagegen aus neuerer Zeit *Garrido/León/Zorio*, Measurement, IJA 2002, S. 1, 3, da weitere Fortschritte bei der formalen Harmonisierung eine materielle Angleichung in den konkret angewandten Praktiken der Unternehmen quasi implizieren; eine weitere Unterscheidung nimmt *van der Tas* , Measuring Harmonisation; ABR 1988, S. 157, 158, vor. Er differenziert in „*material harmonisation*“ bei der „*harmonisation of financial reporting practices*“ und in „*formal harmonisation*“ bei der „*harmonisation of the provisions concerning financial reporting*“. In einem weiteren Schritt bezieht er beide

III. Die Standardisierung eines Rechtsgebietes: Eliminierung der Unterschiede

Trotz der weitverbreiteten begrifflichen Gleichsetzung sind „*Harmonisierung*" und „*Standardisierung*" für methodische Zwecke zu trennen. Beide Begriffe haben zwar die Überwindung von Rechnungslegungsunterschieden zum Ziel, sie sind jedoch nicht identisch zu verwenden[20]. Im Gegensatz zur „*Standardisierung*", bei der die Entwicklung einheitlicher, uniformer Rechnungslegungsstandards zur Eliminierung aller Rechnungslegungsunterschiede angestrebt wird[21], verbleiben nach der „*Harmonisierung*" der Rechnungslegungssysteme verschiedener Länder auch weiterhin Alternativen bei der Jahresabschlusserstellung, die jedoch aufgrund ihrer gegenseitigen Kompatibilität dem Gesamtzweck der Harmonisierung nicht entgegenlaufen dürfen und somit, wohl insbesondere auch aufgrund der häufig vorhandenen praktischen Nicht-Erreichbarkeit standardisierter Rechnungslegungsnormen, akzeptabel sind[22].

IV. Schlussfolgerung für die Rechnungslegung: Standardisierung nur als langfristiger Prozess denkbar

Wie im nächsten Kapitel der Arbeit gezeigt werden wird, standen und stehen einer erfolgreichen und durchsetzbaren Standardisierung der Rechnungslegung im hier verstandenen Sinne die historischen nationalen Entwicklungen entgegen.

Als Folge hieraus beinhaltete beispielsweise die 4. EG-Bilanzrichtlinie eine Reihe von Mitgliedstaatenwahlrechten, durch deren Gewährung eine vollständige Vereinheitlichung der Rechnungslegung innerhalb der Gemeinschaft nicht zu erreichen war.

Doch nicht allein nationale Besonderheiten verhindern kurzfristig die Durchsetzung einer Standardisierung der Rechnungslegung. Rechnungslegungsnormen stellen keine eindeutigen technischen Anweisungen dar, sondern sie sind Abbildungsregeln für wirtschaftliche Vorgänge, die ihren Anwendern

Begriffe auf nochmals zwei unterschiedliche Objekte. Eine Unterteilung der Angleichungsbemühungen in eine Harmonisierung der Berichterstattungspraktiken (disclosure practices) und eine Harmonisierung der Bilanzierungs- und Bewertungspraktiken (measurement practices) erscheint ihm zur leichteren Unterscheidung der internationalen Aktivitäten praktikabel; siehe auch *ders.*, Harmonization and Standardization, ABACUS, September 1992, S. 211, 212

20 *Nobes/Parker*, Comparative International Accounting, S. 117; zur unscharfen Trennung beider Begriffe siehe auch *Hopwood*, Angleichung der Vorschriften, S.44, 45; eine Trennung halten *Blake/Amat*, European Accounting, S. 5 jedoch für überflüssig

21 *Rost*, Harmonisierungsprozess, S. 22; *Choi/Mueller* International Accounting, S. 257, „*a single standard or rule is applied to all situations.*"

22 *Choi/Mueller*, International Accounting, S. 257; *Buhleier/Helmschrott*, Harmonisierung der Rechnungslegung, DStR 1996, S. 354; siehe auch *Arpan/Radebaugh*, International Accounting, S. 344: "*In a strict sense, standardization seeks to eliminate such differences by developing uniform standards, whereas harmonization seeks to lessen but not to eliminate the differences, and to make differences more reconciable with each other.*"; deutlich auch *Parker*, Harmonization, S. 144: „*standardization is [...] the process which leads to uniformity of accounting records and financial standards.*"; siehe hierzu auch die Abbildung bei *Pellens*, Internationale Rechnungslegung, S. 387

Spielräume überlassen müssen. Auch nach Einführung identischer Rechnungslegungsstandards in einer Gruppe von Staaten mit weitgehend ähnlichen Rechtstraditionen, wie beispielsweise den west-kontinentalen Staaten in der EU, wird die Auslegung der Standards aufgrund der heimischen Rechnungslegungskultur zumindest für eine Übergangszeit unterschiedlich sein[23].

Ohne Vorgriff auf die Ausführungen zu den die Rechnungslegung beeinflussenden Umweltfaktoren kann bereits jetzt festgestellt werden, dass sich eine *„Standardisierung"* der Rechnungslegungsvorschriften aufgrund der nationalen Differenzen in den Unternehmensumwelten als schwierig erweisen würde. Daher verfolgten sowohl die EU als auch die Vereinten Nationen in der Vergangenheit ausdrücklich das Ziel der *„Harmonisierung"* der Rechnungslegung[24].

Vor diesem Hintergrund kann auch die bereits vorgestellte neue Strategie der EU in der Rechnungslegung nicht als grundlegender Wechsel hinsichtlich der damit zu erreichenden Ziele bezüglich der Begriffe *„Harmonisierung"* und *„Standardisierung"* bezeichnet werden. Zwar zeichnen sie die IAS aufgrund ihrer höheren Detaildichte bezüglich der geregelten Materie und der immer geringer werdenden ausdrücklichen Wahlrechte durch eine höhere formale Gleichförmigkeit aus, aufgrund ihrer Bewertungsabhängigkeit bei der konkreten Abschlusserstellung werden aber auch sie dem Zustand der *„Standardisierung"* nicht gerecht.

Festzuhalten bleibt daher, dass für den Bereich der Rechnungslegung eine standardisierte Aufstellung von Jahresabschlüssen durch eine Gruppe von Unternehmen nur am Ende einer langfristigen Entwicklung möglich erscheint. Die hierfür insbesondere notwendigen Übereinstimmungen in den relevanten Umweltfaktoren sollen im kommenden Kapitel dargestellt werden. Zu wiederholen bleibt abschließend, dass sowohl eine *„Harmonisierung"* als auch eine *„Standardisierung"* der Rechnungslegung nur mithilfe von Standards erfolgen kann, deren Entwicklung daher im Mittelpunkt der weiteren Untersuchung steht[25].

---

23 *D'Illiers*, Gegenseitige Anerkennung, S. 42; da selbst innerhalb eines Landes und somit bei gleicher Rechnungslegungskultur nicht alle abzubildenden Vorgänge gleich behandelt werden siehe bereits an dieser Stelle die Warnung von *Lanfermann*, Entwicklungen, BFuP 1992, S. 441, 453, der vor einer kasuistischen Harmonisierung warnt, die keine einheitliche Handhabung der Regeln garantieren könne. Gleichzeitig sei auch hier bereits auf die Rolle des EuGH verwiesen, dem die Überwachung einer einheitlichen Auslegung des Gemeinschaftsrechts obliegt; ebenso *Grund*, Internationale Entwicklung, DB 1996, S. 1293, 1295; deutlich im hier verstandenen Sinne auch *EuGH v. 7.1.03* (BIAO), DB 2003, S. 181, 183, wonach die 4. EG-Richtlinie nur allgemeine Grundsätze aufstellen konnte, die durch den Erlass nationaler Regelungen durchgeführt werden müssen, die aufgrund der der Buchführungspraxis in den Mitgliedstaaten unterschiedlich sein können

24 *Kommission der Europäischen Gemeinschaften*, Rechnungslegungsstrategien für die Zukunft; *Groh*, Bilanzrecht, DStR 1996, S. 1206; *Küting*, Die phasengleiche Dividendenvereinnahmung, DStR 1996, S. 1947; für die UN siehe *Ruffing*, Anstrengungen der Vereinten Nationen, S. 29, 30. Danach sei es das Ziel der UN gewesen, eher Vergleichbarkeit als Gleichförmigkeit zu erreichen.

25 Die Begriffe *„Harmonisierung"* und *„Standardisierung"* beschreiben Prozesse, währenddessen ihre Ziele *„Harmonie"* und *„Uniformität"* Zustandsbeschreibungen sind. Alle Studien zur Messung der Angleichungsfortschritte beziehen sich aus Vereinfachungsgründen auf diese Zustände. Zu den Möglichkeiten, Annäherungen in der Rechnungslegung zu messen siehe für ältere Arbeiten die Aufsatzsammlung bei *Nobes*, International Harmonization of Accounting, Part I, S. 3-89 und aus neuerer Zeit die Bibliographie bei *Garrido/León/Zorio*, Measurement, IJA 2002, S. 1, 3-4

Kapitel C: Die weltweiten Rechnungslegungssysteme: Gründe für die Unterschiede in ihrer Herleitung und ihren Inhalten

Zwischen den weltweit existierenden nationalen und supranationalen Rechnungslegungssystemen sind sowohl in der Art ihrer Herleitung und ihrer formalen Struktur, als auch in ihrem Inhalt erhebliche Differenzen zu beobachten. Dabei stehen sich detaillierte, privatverbandlich entwickelte Standards des angelsächsischen Raumes, die die Informationsfunktion des Jahresabschlusses in den Mittelpunkt stellen und gesetzliche Generalklauseln und unbestimmte Rechtsbegriffe der meisten kontinentaleuropäischen Staaten gegenüber, die beispielsweise in Deutschland den Jahresabschluss als Vielzweckinstrument begreifen, der keine Adressatengruppe einseitig bevorzugen soll.

Im Folgenden stehen die Ursachen dieser Differenzen im Mittelpunkt, wobei historische Entwicklungslinien aufgezeigt werden sollen, die sowohl die Art der Normierung der Rechnungslegung als auch ihren materiellen Inhalt erklären helfen sollen. Dabei ist festzustellen, dass sich die Fragen nach dem Detaillierungsgrad der Normierung, ihrem staatlichen oder privaten Ursprung und der Bedeutung gesetzlicher Regelungen als eine unmittelbare Folge des nationalen Rechtssystems beantworten lassen, während die Gründe für die materiellen Unterschiede in der wirtschaftlichen Entwicklung einer Volkswirtschaft zu finden sind.

Die Ausgestaltung der Rechnungslegung ist jedoch nicht nur von den bestehenden rechtlichen Rahmenbedingungen und den wirtschaftlichen Verhältnissen abhängig, sondern auch im hohen Maße von der allgemeinen Kultur eines Landes. Im Gegensatz zur angelsächsischen Welt wird dieser Aspekt in Deutschland häufig zu unrecht vernachlässigt[26], er ist aber gerade bei systemvergleichenden Überlegungen von großer Bedeutung.

Kultur im hier verstandenen Sinne geht dabei über die gebräuchliche Bezeichnung eines Zustandes der Verfeinerung des Geistes hinaus, sie wird hier verstanden als *„kollektive Programmierung des Geistes, die die Mitglieder einer Gruppe oder Kategorie von Menschen von einer anderen unterscheidet.“*[27] Diese gesellschaftliche Prägung entstand durch die historischen Entwicklungen und die religiösen Vorstellungen eines Kulturkreises und ist innerhalb der Bevölkerung trotz Säkularisierung und der fortschreitenden Entfremdung zur eigenen Tradition zum großen Teil noch immer tief verwurzelt. Im Rahmen der fortschreitenden Harmonisierung der weltweiten Rechnungslegungssysteme

---

26 so muss auch der Hinweis von *Pellens*, Internationale Rechnungslegung, S. 22, dass *„die geschichtlichen und kulturellen Einflüsse auf das jeweilige nationale Rechnungslegungssystem [...] im internationalen Vergleich bislang wenig beachtet worden [sind].“* auf die deutschsprachige Literatur bezogen werden. So fehlt jüngst in der sehr umfangreichen Darstellung der internationalen Untersuchungen zu den Gründen nationaler Differenzen bei *Auer*, International harmonisierte Rechnungslegungsstandards, S. 44ff. jeder Hinweis auf kulturelle Einflüsse

27 diese Definition findet sich bei *Hofstede*, Lokales Denken, globales Handeln, S. 4; ähnlich auch *Perera*, Impact of Culture, IJA 1989, S. 42, 43

erhöhte sich vor allem in der angelsächsischen Forschung die Aufmerksamkeit für die Gefährdung des angestrebten Ziels der Angleichung bislang differierender Rechnungslegungspraktiken speziell durch den Einfluss unterschiedlicher kultureller Faktoren[28].

Nachfolgend sollen als Vorbemerkung zu den weiteren Untersuchungen die wichtigsten der in der Literatur untersuchten Elemente kurz dargestellt werden, da sie sowohl auf die Art der Standardermittlung als auch auf den Inhalt der Jahresabschlüsse einwirken. Hierzu gehören der Grad des Vertrauens der Menschen untereinander, der Zeitbegriff einer Gesellschaft, die Bedeutung von Zahlen und der Geometrie und die Wertschätzung des Unternehmertums[29].

Die Höhe des gegenseitigen *Vertrauens* innerhalb einer Gesellschaft hat einen entscheidenden Einfluss auf die Aussagefähigkeit von Jahresabschlüssen. Eine Gesellschaft, die vom Misstrauen unter ihren Mitgliedern geprägt ist, wird auch in der Rechnungslegung versuchen, die entscheidenden Informationen über das rechenschaftspflichtige Unternehmen zu verbergen[30]. Detaillierte und aussagefähige Jahresabschlüsse können in diesen Ländern nur durch starke Regierungen mit entsprechenden Sanktionsmöglichkeiten durchgesetzt werden.

Ein weiteres wichtiges Kriterium ist der *Zeitbegriff* einer Gesellschaft. Dort, wo die Menschen eher längerfristig in die Zukunft blicken, wird die Bilanz einen höheren Stellenwert genießen als in Gesellschaften, in denen eine kurzfristige Denkweise vorherrscht[31]. Hier wird sich das Hauptaugenmerk eher auf die

---

28 Die Basis aller Untersuchungen und Ansätze der letzten 15 Jahre bildet dabei die grundlegende Arbeit von *Hofstede*, Lokales Denken, globales Handeln (engl.: „Culture´s Consequences") zu den Dimensionen nationaler Kulturen. Siehe beispielhaft dazu *Perera*, Impact of Culture, IJA 1989, S. 42; *Bloom/Naciri*, Standard Setting and Cultures, IJA 1989, S. 70 mit einem Vergleich mehrerer westlicher Staaten; *Riahi-Belkaoui/Picur*, Cultural Determinism, IJA 1991, S. 118 mit einer Untersuchung der Einstellungen von Managern und Partnern sechs großer internationaler WP-Gesellschaften; *Fechner/Kilgore*, Influence of Cultural Factors, IJA 1994, S. 265; zuletzt *MacArthur*, Influence of Cultural Factors, IJA 1996, S. 213 mit einer Überprüfung der von Hofstede vorgenommenen Ländereinteilungen bezüglich der kulturellen Dimensionen mithilfe der zu E 32 des IASC abgegebenen Unternehmensstellungnahmen.

29 siehe hierzu ausführlich *Radebaugh/Gray*, International Accounting, S. 67-76; eine ähnliche Einteilung nehmen auch *Arpan/AlHashim*, Dimensions of Accounting, S. 5 vor; in einer weiteren Studie unter Angehörigen großer internationaler Wirtschaftsprüfungsgesellschaften kommen *Riahi-Belkaoui/Picur*, Cultural Determinism, IJA 1991, S. 118, 126 zu dem Schluss, dass sich die Berufsangehörigen aufgrund ihrer differierenden kulturellen Prägung in ihren Vorstellungen von Rechnungslegungs-Konzepten unterscheiden

30 *Arpan/Radebaugh*, International Accounting, S. 17 bringen dies auf die einfache Formel: „*The greater the level of secrecy or distrust to outsiders, the lower the level of disclosure.*"

31 *Belkouli/Kahl/Pyrad*, Information Needs of Financial Analysts, IJA spring 1977, S. 19, 27 bemerken hierzu als Ergebnis der kulturellen Unterschiede: „*Europeans [are] more interested in balance sheet informations while North Americans tend to be more concerned about the income statement.*" Die noch heute feststellbaren Unterschiede in der Einstellung gegenüber der Zeit sind wiederum eine Folge der divergierenden historischen Entwicklung der Gesellschaften in Kontinentaleuropa und in den USA: Die Vereinigten Staaten können erst auf eine zweihundertjährige Geschichte zurückblicken, die zu einem überwiegenden Teil durch Einwanderung, das Erobern des Westens und ständige Mobilität geprägt wurde. Dies brachte eine eher kurzfristige Sichtweise mit

Gewinn- und Verlustrechnung richten, Quartalsberichte befriedigen den Wunsch nach schnellen Entscheidungshilfen.

Die Rechnungslegung des europäischen Kulturkreises versucht, die Wirklichkeit der Unternehmen durch *Zahlen* und deren geometrische Anordnung wiederzugeben. Das hierbei vorausgesetzte Vertrauen in diese Instrumente ist nun aber nicht weltweit anzutreffen und vor allem auch Ergebnis einer religiösen Prägung. Besonders deutlich wird dies in den Gottesbildern des Mittelalters, des Zeitalters also, indem die Buchführung in Europa ihre Anfänge fand. Typisch für diese Zeit sind Darstellungen des so genannten *„deus geometra“*[32], auf denen Gott die Welt mit dem Zirkel aus dem Chaos erschafft, abgeleitet aus dem Bibelwort: *„Du aber hast alles nach Maß, Zahl und Gewicht geordnet“*.[33]

Weltweite Unterschiede lassen sich auch in der *Wertschätzung des Unternehmertums* und in den Auffassungen über die Aufgaben des Unternehmens in der Gesellschaft ausmachen. So wurden beispielsweise die USA in dieser Hinsicht entscheidend durch die protestantische Ethik der ersten Einwanderungswellen beeinflusst. Das individuelle Streben nach geschäftlichem Erfolg wurde weit verbreitet als gottgefällig angesehen, während ein berufliches Scheitern als Zeichen für ein durch individuelles Fehlverhalten ausgelöstes Abwenden Gottes aufgefasst wurde. Als unmittelbare Folge dieser Entwicklung sind staatliche Interventionen in die wirtschaftlichen Abläufe und die Sozialsysteme in dem in Europa üblichen Ausmaß unbekannt, wogegen der einzelvertraglichen Übereinkunft und der individuellen Vorsorge ein großes Gewicht beigemessen wird.

Unternehmensphilosophisch folgen die USA und Großbritannien dem Konzept der *„Eigner-Theorie“*, nach der der Jahresabschluss vor allem die Aufgabe der Berichterstattung über den Umgang des Managements mit dem ihm anvertrauten Kapital der Eigner hat. Die Rechnungslegung ist daher vor allem eine Vermögens- und Einkommensrechnung für die Eigner[34].

In diesen unternehmensphilosophischen Überlegungen unterscheiden sich die europäischen Staaten, wohl auch eine Folge der historischen Konfrontation mit dem Sozialismus, die Europa entscheidend prägte. So wird nach der in Deutschland dominierenden Koalitionstheorie bei der Bestimmung der Zielträ-

---

sich. Die Menschen in Kontinentaleuropa hingegen sind eher bodenständig geprägt, noch heute gehört ein Wohnortwechsel über eine weite Distanz mehr zum Leben in den USA als in Deutschland.; *Arpan/AlHashim*, Dimensions of Accountaing, S. 6 verweisen darauf, dass Fragen der Bewertung durch ihre direkten Auswirkungen auf die Höhe des Einkommens in den USA einen höheren Stellenwert genießen als in Kontinentaleuropa

32 siehe hierzu ausführlich *Großfeld*, Bilanzziele und kulturelles Umfeld, WPg 1994, S. 795, 799; *ders.*, Vergleichendes Bilanzrecht, AG 1995, S. 112, 115

33 Buch der Weisheit 11,20; vgl. auch Markus-Evangelium 1, 15 *„Die Zeit ist erfüllt, das Reich Gottes ist nahe.“*; vgl. auch Psalm 90, 2 und die ersten Worte des Buches Genesis: *„Am Anfang schuf Gott Himmel und Erde“*

34 siehe hierzu *Coenenberg*, Jahresabschluss, S. 742; sichtbar wird diese Ausrichtung der Rechnungslegung in der Angabe eines Gewinns pro Aktie (earning per share) und eines Eigenkapitalspiegels; so auch *Rost*, Harmonisierungsprozess, S. 104

ger des Jahresabschlusses von einem Unternehmenskonzept ausgegangen, das sämtliche an der Unternehmung beteiligten Personen umfasst[35]. Durch die Vorstellung des Unternehmens als Interessenkoalition der an ihm Beteiligten gewinnt der soziale Aspekt der Rechnungslegung im Jahresabschluss eine viel stärkere Bedeutung. Anders als in den USA verstehen die deutschen Unternehmensführungen ihre Aufgabe weiterhin weniger in der kurzfristigen Erfolgssteigerung, als vielmehr in der Gewährleistung des Unternehmensfortbestandes und kontinuierlicher Dividendenzahlungen.

I. Die Art der Entwicklung von Rechnungslegungsstandards als Folge der nationalen Rechtssysteme - case law versus code law

Die Erscheinungsformen der Rechnungslegung hinsichtlich des Detaillierungsgrades der Vorschriften, deren staatlicher oder privater Ursprung und die Bedeutung gesetzlicher Regelungen sind als unmittelbare Folgen der nationalen Rechtssysteme erklärbar[36]. Trotz vielfältiger Entwicklungen, beispielsweise durch den EG-Beitritt Großbritanniens, die Auswirkungen der Weltwirtschaftskrise auf die Rechnungslegung in den USA und die wachsende Bedeutung privater Initiativen in Deutschland, kann das Rechtssystem einer Volkswirtschaft noch immer zur Erklärung der Unterschiede herangezogen werden. Im Mittelpunkt der Betrachtungen steht zum einen die Intensität der Verrechtlichung der Beziehungen zwischen Staat und Bürgern bzw. unter den Bürgern, zum anderen auch der Rechtssetzungsprozess einer Gesellschaft, d.h. die Schaffung von Rechtsnormen durch den Gesetzgeber, die Judikative oder durch Rechtssetzungsakte außerstaatlicher Institutionen.

Weltweit lassen sich dabei mit dem angelsächsischen und dem kontinentaleuropäischen Rechtssystem zwei Grundordnungen ausmachen, die über die kolonialen Beziehungen der Ursprungsstaaten auf allen Kontinenten Nachahmer fanden.

---

[35] siehe hierfür nur *Coenenberg*, Jahresabschluss, S. 745: *„Sie [die Koalitionstheorie] rückt von der traditionellen Konzeption der Unternehmung als einer konfliktfreien Wirtschaftseinheit, repräsentiert durch den Eigentümer, den Manager oder durch eine fiktive "Unternehmung an sich"*, ab und betrachtet die Unternehmung als Instrument der Zielrealisation sämtlicher an der Unternehmung beteiligten Personen"; siehe dagegen als Beispiel für die US-amerikanische Sichtweise *Kieso/Weygardt*, Intermediate Acccounting, S. 3, *„Markets, free enterprise, and competition – not a committee of social engineers - determine whether a business is to be successful and thrive."*

[36] in der Literatur wird dieser wichtige Unterscheidung zwischen der Art der Standardentwicklung und ihrer Struktur sowie dem materiellen Inhalt der Rechnungslegung häufig übersehen, so ist der Einwand von *Burggraaff*, Political Dimensions, S.1, 2, zu erklären wonach weniger die differierenden Rechtssysteme als vielmehr die unterschiedlichen Zielvorstellungen über die Aufgaben des Jahresabschlusses und über den Kreis der zu berücksichtigenden Jahresabschluss-Nutzer ursächlich für die bestehenden weltweiten Unterschiede sind; pauschal kritisch gegenüber dem Einfluss des Rechtssystems auch *Solomons*, Synthesis, S. 174, 175 und zustimmend *Born*, Rechnungslegung international, S. 4; *Rost*, Harmonisierungsprozess, S. 89

1. Das angelsächsische Rechtssystem: *case law countries*

In den diesem Rechtskreis angehörenden Staaten, vor allem Großbritannien, die USA, Irland, Australien, Kanada, Neuseeland und Indien gelten gesetzliche Normen nicht als primäre Rechtsquelle. Vielmehr dominiert hier die Idee, dass der Staat selbst nur die Rahmenbedingungen für Konfliktlösungen vorgeben sollte, während die konkreten Vertragsgestaltungen den Vertragspartnern überlassen bleiben[37]. Dieser Vorgang wird als „*non legalistic approach*" bezeichnet. Der Staat konfrontiert Bürger und Unternehmen nur mit Handlungsverboten („*thou shalt nots*"), jedoch kaum mit Handlungsgeboten und zeichnet ihnen hierdurch eine Grenzlinie auf, deren Überschreiten den Schritt in illegale Handlungsweisen bedeuten würde. Diesseits dieser Grenzlinie bestehen jedoch weite Spielräume für Rechtsanwender und Gerichte zur eigenständigen Rechtsanwendung und Rechtsfortbildung[38]. Die durch diesen Ansatz nur begrenzt vorhandenen Gesetzesregelungen werden durch die Rechtsprechung in Einzelfällen (*case law*) interpretiert, wobei die Entscheidungen mehr an Präzedenzfällen denn an den gesetzlichen Normen orientiert sind. Kann die Übertragbarkeit eines Urteils auf den vorliegenden Sachverhalt festgestellt werden, besteht eine Bindung des Gerichts. Damit erlangt die heranzuziehende Vorentscheidung eine über den Einzelfall hinausgehende bindende Wirkung und stellt somit die eigentliche Rechtsquelle dar[39]. Im Falle mangelnder Übertragbarkeit muss berücksichtigt werden, dass die Gerichte der grammatikalischen Auslegung deutlich den Vorrang geben, während der in der deutschen Auslegungstradition höherrangige teleologische Normzusammenhang von geringem Interesse ist.[40] Daneben entwickelte sich im Laufe der Zeit eine auf Selbstregulierung ausgerichtete politische Kultur, die sich auch im Prozess der Rechtssetzung wiederfinden lässt.

Aus der starken *case*-Orientierung und der großen Bedeutung des Normwortlautes folgt sowohl für den Fall, dass der Gesetzgeber eigenständige Regelungen treffen will, als auch für die Aufstellung privatverbandlicher Standards,

---

37 siehe hierfür beispielsweise *Nobes*, Classification, S. 4; *Pellens*, Internationale Rechnungslegung, S. 23; *Rost*, Harmonisierungsprozess, S. 86. Als ein Beispiel für die Übertragung der Vertragsgestaltung auf die privaten Akteure sei die Gewährleistung des Gläubigerschutzes durch den Jahresabschluss genannt. Während dieser Schutz als eine der zentralen Aufgaben der deutschen Rechnungslegung verstanden wird, überlässt der Staat in den USA den Beteiligten am Wirtschaftsprozess die Risikominimierung. Diese bedienen sich hierfür in der Regel vertraglicher Gestaltungen in ihren Kreditverträgen, durch die die Bilanzierungsmethoden korrigiert werden. Die hiernach dem einzelnen Gläubiger offen zulegenden Informationen haben starke Ähnlichkeit mit dem deutschen Jahresabschluss.

38 *Mueller/Gernon/Meek*, Accounting, S. 13; *Nobes*, Classification, S. 4; zur historischen Entwicklung siehe vor allem auch *Achleitner*, Normierung, S. 65-70, 86-89, insbesondere auch zur Entwicklung in Großbritannien, die maßgeblich vom EG-Beitritt des Landes und der die Gemeinschaft prägenden kontinentaleuropäischen Rechtstradition beeinflusst wurde

39 zu Einzelheiten siehe *Hayn*, Internationale Rechnungslegung, S. 25

40 siehe hierzu *Schulze-Osterloh*, Gesellschaftsrecht im Banne der Globalisierung, ZIP 2001, S. 1433, 1438; *ders.* Jahresabschluss, Abschlussprüfung und Publizität, ZHR 1986, S. 532, 541; *Heintzen*, Verfassungsrechtliche Anforderungen, KoR 2001, S. 150, 151; siehe dagegen für das deutsche Recht *Larenz/Canaris*, Methodenlehre der Rechtswissenschaft, S. 164: „*Sofern der mögliche Wortsinn und der Bedeutungszusammenhang des Gesetzes Raum für verschiedene Auslegungen lassen, ist diejenige Auslegung vorzuziehen, die der Regelungsabsicht des Gesetzgebers und dem Zweck der betreffenden Norm am ehesten gerecht wird.*"

dass das System für den Fall einer Standardisierung jeden Normgeber zwingt, sehr detaillierte Regelungen zu treffen, um unerwünschte Rechtsfortbildungen seitens der Gerichte zu vermeiden. Gleichzeitig darf auch beispielsweise in den USA aufgrund des besonderen Haftungsrechts das Interesse des Berufsstandes der Wirtschaftsprüfer an solchen eindeutigen, d.h. gerichtsfesten Einzelfallregelungen nicht übersehen werden[41].

Der hier beschriebene Weg wurde auch in der Rechnungslegung beschritten. Während in Kontinentaleuropa die gesetzliche Normierung der Rechnungslegung bereits am Ende des 19. Jahrhunderts begann, gab in den USA erst der Börsenzusammenbruch von 1929 den Anstoß zu staatlichen Regelungen im Bereich der Rechnungslegung. Ähnlich auch die Entwicklung in Großbritannien. Hier existierten bis zum *Company Act 1985*, mit dem erstmals ein Gesetz zur Rechnungslegung erlassen wurde, nur wenige systematische Normen[42]. Große Bedeutung haben dagegen aber so genannte *„conceptual frameworks“*, die den Beteiligten Anhaltspunkte für die konkrete Ausgestaltung der Rechnungslegung geben[43]. Zur Ausfüllung des vom Gesetzgeber bewusst offen gelassenen Rahmeninhaltes dienen neben der Rechtsprechung vor allem die Stellungnahmen der Berufsangehörigen, der Universitäten, der Börsen und der Wirtschaft.

2. Das kontinentaleuropäische Rechtssystem: *code law countries*

Die Länder dieses Rechtskreises wie die Bundesrepublik Deutschland, Frankreich, Italien, die Schweiz und die Länder der iberischen Halbinsel verfolgen dagegen ein entgegengesetztes Konzept. Gemeinsam wurden diese Staaten durch das römische *jus civile* geprägt, dass durch die europäischen Universitäten seit dem 12. Jahrhundert weiterentwickelt und verbreitet wurde[44]. Auch hier ist die Vertragsfreiheit durch den Staat grundsätzlich gewährleistet, jedoch durch vielfältige gesetzlich fixierte Standardverträge eingeschränkt. Diese ge-

---

[41] unterstützt vom System der *„contingent fee“*, d.h. der erfolgsabhängigen Honorarberechnung der Rechtsanwälte und der Möglichkeit der Gruppenklage haben die Schadensersatzprozesse in den letzten Jahren deutlich zugenommen. Nutznießer dieser Entwicklung sind jedoch nur in den seltensten Fällen die klagenden Aktionäre. Da der größte Teil der Verfahren im Vergleichswege beendet wird, erhalten die Kläger nach Abzug des meist 30%igen Erfolgshonorars für die Anwälte nur 5-20% des geltend gemachten Schadens. Für den Berufsstand ergeben sich hieraus erhebliche Konsequenzen. Da die Wirtschaftsprüfer als *„deep pockets“* angesehen werden und somit berechtigte Hoffnungen auf die Befriedigung der Forderungen bestehen, stellen sie ein bevorzugtes Klageobjekt gerade auch der unbeteiligten *„professional plaintiffs“* dar. In einer Untersuchung für das Jahr 1991 ergaben sich Ausgaben für Verteidigung und Streitbeilegung durch Vergleich in Höhe von US-$ 477 Mio, oder fast 9% des Gesamtumsatzes. Dass die Berufsangehörigen zur Minimierung dieser Risiken auf möglichst umfangreiche und detaillierte Einzelvorschriften drängen, ist nur verständlich. Zum Haftungsrecht in den USA siehe speziell *O'Malley*, Legal Liability, AH 1993, S. 82-87; *Schoenfeld*, Rechnungslegung in den USA, ZfB 1981, S. 290, 292; *Pratt/Behr*, Entwicklung von Grundsätzen, SAG 1983, S. 72, 73; *Ruhnke*, Internationale Einflüsse, KoR 2002, S. 155

[42] der Company Act 1844 überließ die Ausgestaltung der Rechnungslegung noch weitgehend den Jahresabschlusserstellern; etwas ungenau daher *Born*, Rechnungslegung international, S. 4

[43] Die Notwendigkeit eines solchen Rahmens wird daher in Bezug auf die internationale Harmonisierung der Rechnungslegung von angelsächsischen Autoren häufig gefordert

[44] siehe hierzu *Nobes/Parker*, International Accounting, S. 12

setzlichen Regelungen enthalten umfangreiche standardisierte Vertragspflichten und –rechte, die in der Regel nur teilweise abänderbar sind. In der Rechtsordnung der Staaten, die diesem „*legalistic approach*" in der Rechtsfindung folgen, haben Gesetze den Charakter von Handlungsanweisungen („*thou shalts*"), die die von Bürgern und Unternehmen seitens des Staates und der Gesellschaft erwarteten Verhaltensweisen zum Ausdruck bringen.[45]

Auch auf dem Gebiet des Gesellschaftsrechts zeigt sich dieses Vorgehen. Die einschlägigen gesetzlichen Normen enthalten auch hier Standardisierungen, die den Beteiligten nur in engen Grenzen bei der Ausnutzung von Wahlrechten einen eigenen Handlungsspielraum zugestehen, während die Konkretisierung unbestimmter Rechtsbegriffe den Gerichten überlassen wird. Anders als in den *case law countries* spielen dabei aber nicht Präjudizien, sondern das zugrunde gelegte System der Rechnungslegung die wichtigste Rolle bei der Fallentscheidung. Der Einfluss interessierter Kreise auf die Rechnungslegung ist in einem solchen System naturgemäß auf den parlamentarischen Gesetzgebungsweg und die Diskussion in der Fachöffentlichkeit beschränkt.

Der Jahresabschluss stellt in diesem System ein Risikokoordinierungsinstrument für sämtliche Unternehmensbeteiligte dar. Aus den in ihm abgebildeten Daten werden unmittelbare Rechtsfolgen, wie der den Anteilseignern zustehende Erfolgsanteil oder die Unternehmensauflösung bei Gefährdung der Fremdkapitaltilgung, abgeleitet.[46]

Durch die Gewinnung der Normen über die Legislative ist das Rechnungswesen dabei naturgemäß weniger stark Änderungen ausgeliefert; so kam es in Deutschland im 20. Jahrhundert nur zu zwei großen Aktienrechtsreformen. Diese Kontinuität ist jedoch gleichzeitig auch Hindernis für ein schnelles Reagieren auf neue Anforderungen an die Rechnungslegung[47].

II. Die materiellen Unterschiede: Das Rechnungslegungsrecht als Folge der nationalen Unternehmensumwelt

Erklärungsversuche zu den bestehenden materiellen Unterschieden der Rechnungslegungssysteme müssen an mehreren Parametern ansetzen. Dabei bestehen in der Literatur verschiedene Aufstellungen relevanter Umweltfaktoren, denen ein Einwirken auf die Herausbildung der nationalen Rechnungslegung zugeschrieben wird[48]. Im Nachfolgenden sollen die wichtigsten Einflussfaktoren kurz vorgestellt werden, zum einen, da ihre Kenntnis das Verständnis für bestehende Unterschiede erhöht, zum anderen aber auch, um Mahnungen vor vorschneller und unkritischer Übernahme kulturfremder Stan-

---

45 wiederum *Mueller/Gernon/Meek*, Accounting, S. 13

46 siehe zu den gläubigerschützenden Ausschüttungssperren in allen Gesellschaftsformen *Bitz/Schneeloch/Wittstock*, Jahresabschluss, S. 33

47 diesen Aspekt als maßgeblichen Nachteil des kontinentaleuropäischen Ansatzes betont vor allem *Born*, Rechnungslegung international, S. 4, insbesondere auch die vermeintliche Inkompetenz von Politikern und Ministerialbürokratie

48 die meisten dieser Arbeiten entstammen älterer Zeit, daher noch heute aktuell die Zusammenfassungen bei *Rost*, Harmonisierungsprozess, S. 81-84

dards, beispielsweise hinsichtlich der Mitgliedstaatenwahlrechte in der EU-Verordnung, argumentativ zu unterstützen[49].

Die vielfach beschriebenen Unterschiede beispielsweise zwischen der Rechnungslegung nach HGB und den angelsächsischen Standards zeigen, dass sich der materielle Inhalt der Vorschriften zur Bilanzerstellung im Zeitablauf nicht homogen entwickelte. Daher ist zu unterstellen, dass das nationale Rechnungslegungssystem nicht als isolierte und damit leicht zu beeinflussende technische Größe missverstanden werden darf, sondern dass es vielmehr als Teil eines sozialen Gesamtsystems ein Entwicklungsergebnis darstellt, das jeweils von den institutionellen Gegebenheiten und Gepflogenheiten, den sozio-ökonomischen Umständen und der speziellen Kultur der hervorbringenden Gesellschaft geprägt ist[50]. Dabei bildeten sich die Zielrichtungen nationaler Rechnungslegungssysteme im Laufe der Entwicklung einer Volkswirtschaft heraus und stabilisierten sich über Generationen hinweg. Unterschiedliche Unternehmensumwelten schufen heterogene nationale Vorstellungen über Aufgaben, Inhalte, Bestandteile und rechtliche Folgen von Jahresabschlüssen, die ihrerseits zu heterogenen Rechnungslegungsnormen führten[51]. So wie sich die Nationen in ihrer Geschichte, ihrem wirtschaftlichen und politischen System und ihren meist von religiösen Überzeugungen geprägten Wertvorstellungen unterscheiden, so entwickelten sich auch unterschiedliche Erwartungen an ein System der Rechnungslegung. Das Rechnungswesen stellt damit eine Reaktion auf die Umweltfaktoren dar. Dabei wird aber nicht nur die Rechnungslegung von den Umweltbedingungen geprägt, auch die Umwelt selbst, also die Gesamtheit der sozio-ökonomischen Verhältnisse eines Landes, wird von dem bestehenden System der Rechenschaft der Unternehmen beeinflusst[52].

---

49 Stellungnahmen wie bei *Born*, Rechnungslegung international, S. 4 sind leider weit verbreitet: *„Die besten Rechnungslegungsnormen haben die Länder mit Common Law.“* Die Qualität von Rechnungslegungsnormen ist ausschließlich für das Umfeld und die Aufgaben bewertbar, für die sie geschaffen oder die ihnen zwischenzeitlich zugewiesen wurden. Ähnlich wie hier auch *Auer*, International harmonisierte Rechnungslegungsstandards, S. 58, demnach Harmonisierungsbestrebungen nur dann erfolgreich sind, wenn der unterschiedliche Einfluss der darzustellenden Umweltfaktoren auf die beteiligten Länder berücksichtigt wird

50 so *Glaum*, Internationalisierung der deutschen Rechnungslegung, KoR 2001, S. 124, 125; *Hopwood*, Angleichung der Vorschriften, S. 44, 48; auch *Auer*, International harmonisierte Rechnungslegungsstandards, S. 44; *Kieso/Weygardt*, Intermediate Accounting, S. 2
Dabei belegen Studien, dass Ähnlichkeiten in den Unternehmensumwelten auch materielle Übereinstimmungen in der Rechnungslegung bewirken, siehe hierzu *Mueller/Gernon/Meek* Accounting , S. 15: *„If we accept the idea that accounting is influenced by it´s environment, then it is logical to expect accounting similarities among countries with similar environment.“* siehe zu den Klassifizierungsstudien ausführlich *Auer*, International harmonisierte Rechnungs-legungsstandards, S. 30-43

51 *Chetkovich*, Establishing Financial Accounting Standards, IJA, fall 1972, S. 99, 106 formuliert: *„As a result, in each country accounting should develop in a manner relevant to the society in which it exists.“*; ähnlich auch *Bloom/Naciri*, Standard Setting and Cultures, IJA 1989, S. 70, 71: *„The particular standard-setting process in each country is a function of the economic, political, and social environment, i.e., the country´s culture and traditions“*. Dies verhindert natürlich nicht, dass Volkswirtschaften mit völlig diametraler Unternehmensumwelt in vielen Fällen übereinstimmende Rechnungslegungspraktiken entwickelten.

52 Diesen Zusammenhang drückt *Gilling*, Accounting and social change, IJA, spring 1976, S. 59, 68 passend aus: *"It [accounting] is a practice-oriented subject performed by humans to fulfil human needs."*; *Zaß*, Bilanzkultur, Der langfristige Kredit, 1997, S. 190, betont, dass die Bilanzkultur eines

1. Die Eigentums- und Kapitalmarktstrukturen – Rahmenbedingungen für die wirtschaftliche Entwicklung

Die relevanten Umweltfaktoren unterliegen, wie bereits hinsichtlich der Rechtssysteme gezeigt, ständigen Veränderungen. Dies gilt auch für die Eigentums- und Kapitalmarktstrukturen der einzelnen Volkswirtschaften, deren Einfluss auf die Rechnungslegungssysteme wohl als äußerst umfassend bezeichnet werden muss[53]. Sowohl die Struktur der Eignergruppe, bei fortschreitender Trennung von rechtlichem Eigentum und wirtschaftlicher Verfügungsmacht, als auch die Art der vornehmlichen Unternehmensfinanzierung haben einen unmittelbaren Einfluss auf die Art der Rechenschaftslegung. Nachfolgend stehen die Quellen der Unternehmensfinanzierung, die Streuung der Eigentumsrechte an den Unternehmen, die Enge der Beziehungen zwischen Unternehmen und ihren Kapitalgebern und der Entwicklungsstand der nationalen Kapitalmärkte im Vordergrund.

a) Die historische Entwicklung der Unternehmensfinanzierung

Die Staaten des europäischen Kontinents auf der einen, sowie Großbritannien und Nordamerika auf der anderen Seite haben eine unterschiedliche historische wirtschaftliche Entwicklung erlebt.

In Großbritannien als führender Seehandelsnation des 17. und 18. Jahrhunderts und als Ursprungsland der industriellen Revolution bestand frühzeitig eine starke Nachfrage nach privatem Risikokapital zur Finanzierung der Handelsreisen und der technischen Erfindungen[54]. Gleichzeitig entstanden durch den weltweiten Handel und die großen Produktivitätssteigerungen durch technische Innovationen große private Vermögen, die zur Unternehmensfinanzierung bereitstanden. In den USA wurde in den Zeiten der Besiedelung des Westens im 19. Jahrhundert der Eisenbahnbau als wichtigste Voraussetzung für die Überwindung der für die damaligen Verhältnisse großen Entfernungen

Landes sowohl Reflex als auch Impuls der individuellen nationalen ökonomischen Entwicklung sei; so auch *Gray*, Global Challenge, IJA 1989, S. 291, 293; zur Einflussnahme der Umweltfaktoren auf die Rechnungslegungssysteme siehe auch *Fitzgerald*, International harmonization, IJA, fall 1981, S. 21: „*These principles should reflect the economic and social environment of seperate nations and regions.*"; für *Bloom/Naciri*, Standard Setting and Culture, IJA 1989, S. 70, 71 ist der Standard-Setzungs-Prozess eine Funktion der ökonomischen, politischen und sozialen Entwicklung eines Landes; ebenfalls *Mueller/Gernon/Meek* Accounting, S. 9; vgl. auch Lanfermann, Entwicklungen, BFuP 1992, S. 441, 443.
Bei aller Betonung der Unterschiede der Rechnungslegungssysteme, die bislang weltweit entwickelt wurden und die eine Antwort auf die spezifischen Bedürfnisse und Anforderungen der nationalen Volkswirtschaften darstellen, darf jedoch der gemeinsame Ursprung dieser Systeme nicht in Vergessenheit geraten, die sämtlich auf der ersten Arbeit zur doppelten Buchführung von Luca Pacioli im Jahr 1494 beruhen. Dieser Hinweis ist bereits in der ersten bekannten Arbeit zum Vergleich der international bestehenden Rechnungslegungssysteme aus dem Jahr 1911 von *Hatfield*, Variations in Accounting Practices, Journal of Accounting Research 1966, S. 169, 170 enthalten; zustimmend auch *Großfeld*, Vergleichendes Bilanzrecht, AG 1995, S. 112, 115

53 siehe hierzu *Arpan/Al Hashim*, Dimensions of Accounting, S. 8: „Perhaps the greatest of all environmental characteristics that influence accounting is a nation's economic condition."

54 in Preußen hingegen ermöglichte erst das Allgemeine Preußische Landrecht die Auszahlung des Periodengewinnes, siehe hierzu *Ruffert*, Rechnungslegungs-Praxis, Sparkasse 1996, S. 166

ebenfalls privat finanziert. Die Gruppe der Investoren und Kreditoren bestand dabei in beiden Ländern vor allem aus dem anwachsenden Mittelstand, der den Unternehmen in einer großen Anzahl von Einzel-Geldgebern gegenüberstand[55]. So unterschiedlich die Entwicklung in Großbritannien und den USA auch war, sie glich sich aber in der direkten Investoren-Finanzierung risikoreicher Unternehmungen ohne die Einschaltung des Bankwesens. Dieser Weg der Unternehmensfinanzierung war jedoch darauf angewiesen, den Geldgebern schnelle Erfolge vorweisen zu können, dies bedeutete beispielsweise, dass die Bildung stiller Reserven als hinderlich betrachtet wurde[56].

Die große Bedeutung der Fremdfinanzierung einerseits und die hohe Zahl der Anteilseigner andererseits führten zu konkreten Auswirkungen auf die Art und Weise der Rechenschaftslegung. Das Bedürfnis der Eigner nach wirksamer Kontrolle des Managements ließ sich dabei aus praktischen Gründen nur über ein ausgeprägtes Berichtswesen befriedigen. So lässt sich erklären, dass die angelsächsischen Jahresabschlüsse noch heute vornehmlich der Information der Investoren dienen.

In den vornehmlich agrarisch und absolutistisch geprägten Staaten des Kontinents dagegen entwickelte sich, von Italien ausgehend, ein florierendes Bankensystem, dessen Hauptschuldner die Herrscherhäuser zur Finanzierung ihrer Hofhaltung und der häufigen Kriege waren. Während der einsetzenden industriellen Entwicklung waren es dann wiederum vor allem die Bankhäuser, die den Kapitalbedarf der Unternehmen deckten. Grob skizziert standen also in der reinen Anzahl deutlich weniger Geldgeber zur Unternehmensfinanzierung bereit, als in den angelsächsischen Ländern. Dies hatte auch Auswirkungen auf die Rechnungslegung. Aufgrund des in ihnen akkumulierten Kapitals waren die Banken zu höheren Ausleihungen in der Lage als die privaten Investoren. Hierdurch entstanden schnell Abhängigkeiten, die den Banken die Durchsetzung bilanzunabhängiger Informationsrechte ermöglichte[57]. Die Bilanz als Rechenschaftsinstrument errang damit nie eine ausschließliche Bedeutung als Instrument des Investorenschutzes.

b) Die Bedeutung der Börsen für die Unternehmensfinanzierung

Die hier skizzierten Unterschiede in der historischen Entwicklung der Unternehmensfinanzierung wirken bis heute fort. So sind bei der Betrachtung der Aktienmärkte in den USA und Großbritannien im Vergleich zu den Staaten des europäischen Kontinents erhebliche Divergenzen zu beobachten.

---

55 hierzu grundlegend *Mueller/Gernon/Meek*, Accounting, S. 12; ähnlich *Born*, Rechnungslegung international, S. 5

56 siehe ausführlich *Großfeld*, Bilanzziele und kulturelles Umfeld, WPg 1994, S. 795, 797; auch *Perera*, Impact of Culture, IJA 1989, S. 42, 50

57 so auch *Arpan/Radebaugh*, International Accounting, S. 22; *Achleitner*, Normierungen, S. 38 spricht in diesem Zusammenhang von *„Informations-Sonderrechten"*; vgl. auch *Streim*, Entwicklungen, BFuP 1992, S. 441, 451

Die Gründe für die im Vergleich geringere Bedeutung des Wertpapiermarktes zur Unternehmensfinanzierung in Deutschland sind in der Inflation der zwanziger Jahre und den Folgen des 2. Weltkrieges zu suchen, die Unternehmens- und Privatvermögen weitgehend dezimierten, so dass deutschen Unternehmen zur Finanzierung des Wiederaufbaus vor allem die Innenfinanzierung als Kapitalquelle zur Verfügung stand[58]. Dieses wirkt bis heute fort. Von den 3 Millionen umsatzsteuerpflichtigen deutschen Unternehmen wurden Mitte der neunziger Jahre nur 3.900 in der Rechtsform einer AG geführt, jedoch nur ein Sechstel hiervon wurden auch an den deutschen Wertpapierbörsen gehandelt und sind somit zur Eigenkapital-Beschaffung an Börsen in der Lage[59].

Doch die Anzahl der emittierten Aktien allein ist kein hinreichender Beleg für unterschiedliche Kapitalmarktstrukturen. Hinzukommen muss auch ein entsprechend aufnahmefähiges Anlegerpublikum. In diesem Punkt ergibt sich ein weiterer entscheidender Unterschied zwischen den angelsächsischen Ländern und Kontinentaleuropa: Während in Ersteren ein besonders hoher Anteil institutioneller Investoren und wenig Festbesitz zu verzeichnen ist, zeichnen sich die kontinentalen Länder eher durch langfristige Beteiligungen von Großaktionären, Banken, Versicherungen und noch immer Familien aus[60].

58 dies bemerkten auch *Lutter*, Im Mahlstrom der Interessen, NJW 1996, S. 1945

59 *Deutsche Bundesbank*, Die Aktie als Finanzierungs- und Anlageinstrument, Monatsbericht Januar 1997, S. 27, 29

60 Überholt ist die Beobachtung von *Baetge*, Harmonisierung der Rechnungslegung, S. 109, 110, wonach 70% der Aktien in den USA von Privathaushalten gehalten würden. Steigt der institutionelle Anteil weiter und werden dann auch die bislang noch auf Streubesitz ausgerichteten Anlagestrategien verändert, wird diese Anlegergruppe zunehmend intern über die benötigten Unternehmensdaten verfügen. Die weitreichenden Offenlegungsverpflichtungen, die den in den USA notierten Unternehmen seitens der SEC auferlegt werden, könnten dann ihren Sinn verfehlen. Die SEC wollte durch ihre hohen Anforderungen gerade die Interessen der Kleinanleger stärken, um deren Informationsnachteile gegenüber den großen Institutionen abzubauen. Es ist somit die Frage zu stellen, ob die strengen marktregulierenden US-amerikanischen Richtlinien überhaupt noch zeitgemäß sind. *Hanks*, Globalization of World Financial Markets, S. 1, 10 bemerkt hierzu: *„that is regulating a market that no longer exists.“*; anders glauben dagegen *Nobes/Parker*, International Accounting, S. 13, die diese Entwicklung bestätigen, dass institutionelle Investoren ihren Einfluss zugunsten einer anlegerfreundlichen Rechnungslegung einsetzen werden, obgleich ihnen andere Informationskanäle offen stehen

Abb. 1: Aktienbesitz im internationalen Vergleich, Stand Ende 1995 *Deutsche Bundesbank*, Die Aktie als Finanzierungs- und Anlageinstrument, Monatsbericht Januar 1997, S. 27, 29

Eigentumsanteile am Aktienvolumen	**USA**	**GB**	**D**
Private Haushalte	36,4	29,6	14,6
Unternehmen	15,0	4,1	42,1
Öffentliche Haushalte	0,0	0,2	4,3
Nicht finanzielle Sektoren	51,4	33,9	61,0
Banken	0,2	2,3	10,3
Versicherungen und Pensionsfonds	31,3	39,7	12,4
Investmentfonds	13,0	10,4	7,6
Finanzielle Sektoren	44,5	52,4	30,3
Übrige Welt	4,2	13,7	8,7
Insgesamt	100,0	100,0	100,0

c) Der Einfluss der sozialen Sicherungssysteme

Eine der bedeutsamsten Gründe für den im Vergleich zur Bundesrepublik Deutschland hohen Stellenwert der privaten Anteilseigner in den USA ist in der unterschiedlichen Ausgestaltung der sozialen Sicherungssysteme zu sehen. In Deutschland wurde bislang die Alterssicherung im Wesentlichen über die beitragsfinanzierte Rentenversicherung und die betrieblich vereinbarten Zusatzrenten gewährleistet, hinzu kam die private Vorsorge, im überwiegenden Maße durch Lebensversicherungen. Aktienfonds kam bislang eine eher geringe Bedeutung zu. Deutsche Aktionäre betrachten ihr Engagement noch immer überwiegend als Dauerbesitz und sind eher an der langfristigen Unternehmenserhaltung und stetigen Dividendenzahlung als an kurzfristigen Kurssteigerungen interessiert[61]. Dabei ist das Rechnungslegungsrecht weitaus weniger ausschüttungsorientiert. Hier steht vielmehr die langfristige Erhaltung des Unternehmens im Vordergrund. Während zum Beispiel der Vorstand einer deutschen AG von seinem Recht, den Aktionären einen erheblichen Teil des Gewinns zu entziehen, regen Gebrauch macht, ist es nach dem Recht einzelner US-Bundesstaaten der Unternehmensleitung sogar möglich, trotz Nominalkapitalaufzehrung weiterhin Dividenden zu zahlen.[62]

Abb. 2: Entwicklung der Anteilsverhältnisse an deutschen Aktiengesellschaften *Deutsche Bundesbank*, Zur Bedeutung der Aktie als Finanzierungsinstrument, Monatsbericht Oktober 1991, S. 22, 28

Anteilseigner	**1960**	**1970**	**1980**	**1985**	**1990**
Haushalte	27	28	19	18	17
Unternehmen	44	41	45	43	42
Öffentl. Haushalte	14	11	10	9	5
Ausland	6	8	11	13	14
Banken	6	7	9	8	10
Versicherungen/ Pensionskassen	3	4	6	9	12

61 hierzu *Biener*, Spannungsfeld, StBJb 1995/96, S. 29, 34

62 *Augustin*, Ausschüttungspolitik, RIW 1994, S. 659 berichtet dies beispielsweise für die Staaten Kalifornien und Delavare; siehe hierzu auch *Mandler*, Harmonisierung der Rechnungslegung, ZfB 1996, S. 715, 724; im Gegensatz zum ex-ante orientierten Schutzansatz des deutschen Handelsrechts, der durch die Begrenzung der Ausschüttung auf einen vorsichtig ermittelten Gewinn abstellt, sind die US-amerikanischen Begrenzungsvorschriften ex-post ausgerichtet und sehen eine umfangreiche Durchgriffs- und Organhaftung für unternehmensgefährdende Ausschüttungen vor, detailliert hierzu *Watrin*, Thesen zur künftigen Regulierung der Rechnungslegung, DB 2001, S. 933, 936-938.
Doch diese einseitige Ausrichtung auf kurzfristige Wertsteigerungen der Anteile über höhere Börsenkurse wird in den USA selbst auch zunehmend kritisch betrachtet. Haupttenor der Bedenken ist dabei eine mögliche Schwächung der Wettbewerbsfähigkeit der US-amerikanischen Wirtschaft durch die Konzentration auf die *shareholders*, da die im Zuge der Globalisierung der Wirtschaft immer entscheidender werdenden langfristigen Investitionen vernachlässigt werden. So kämen beispielsweise besonders die zukunftsorientierten Bereiche *„research and development*", *„training*" und *„supplier relations*" im internationalen Vergleich zu kurz; siehe hierzu *Porter*, Capital Disadvantage, Harvard Business Review, Sept/Oct. 1992, S. 64, 66; auch *Jensen*, Takeovers, Journal of Economic Perspectives, winter 1988, S. 21, 25; ebenso *Großfeld*, Bilanzziele und kulturelles Umfeld, WPg 1994, S. 795, 799 mit dem Beispiel des Wettlaufs bei der Halbleiterentwicklung zwischen Japan und den USA, bei dem Japan aufgrund der langfristig ausgerichteten Sichtweise der Unternehmensleitungen Vorteile errang; vgl. auch *Zaß*, Bilanzkultur, Der langfristige Kredit 1997, S. 190, 193

In den USA dagegen dienen vor allem die individuelle Kapitalanlage und Pensionsfonds zur Sicherung der Altersversorgung. Diese Fonds sind dabei bei ihren Investitionen nicht auf Kontrolle oder Mitbestimmung in den von ihnen finanzierten Unternehmen bedacht. Vielmehr sind sie ebenso wie die privaten Anleger ausschließlich an der kurzfristigen Wertsteigerung und den Erträgen ihrer Beteiligungen interessiert[63]. Zur Risikominimierung halten sie dabei oftmals nur kleine Anteile an einer Vielzahl von Unternehmen. Trotz der Höhe der von ihnen verwalteten Fonds besitzen sie bislang intern nicht über die Machtposition, die ihren Interessen dienenden Informationen zu erhalten, da sie durch die geringen Anteile und die kurzfristige Anlagestrategie von der Unternehmensleitung nicht als wichtige Adressaten der Unternehmenskommunikation angesehen werden[64]. Sie sind daher auf den Jahresabschluss als Informationsmedium angewiesen. Dies dürfte einen weiteren Grund für die Investor-Orientiertheit angelsächsischer Jahresabschlüsse darstellen[65].

Der breite und flexible Kapitalmarkt der USA begünstigt daneben durch den hohen Kapitalumschlag das Auftreten neuer Rechnungslegungsprobleme, die im Sinne der Anteilseignerinteressen schnell, und wie gezeigt sehr detailliert, gelöst werden müssen.

d) Der Einfluss des Hausbanken-Systems in Deutschland

In Deutschland dagegen war in der Vergangenheit der Anteil privater Anleger auf den Aktienmärkten bislang im internationalen Vergleich gering, wenn auch die Aktie als Anlagemöglichkeit in den letzten Jahren zwischenzeitlich einen deutlichen Popularitätsschub erlebte. Dagegen üben hier die Banken einen erheblichen Einfluss auf die Unternehmen aus. Der Hauptgrund hierfür ist im deutschen Hausbankensystem zu sehen, durch das die als Universalbanken tätigen Kreditinstitute über die Kreditbeziehungen den nötigen Einfluss erlangen, um die ihnen dienenden Unternehmensinformationen zu erhalten. Der Einfluss der Banken in den USA ist dagegen beschränkt, verteuert doch das Trennbankensystem die Kreditbeziehungen, so dass die Unternehmen ihren Finanzbedarf überwiegend über die Kapitalmärkte decken.[66] Hinzu kommt in Deutschland neben dem erheblichen Anteilsbesitz der Banken die Möglichkeit

---

[63] hiervon berichten beispielsweise *Bormann*, Internationale Harmonisierung, RIW 1996, Standardisierung, 35, 41; *Hayn*, Internationale Rechnungslegung, S. 32

[64] *Porter*, Capital Disadvantage, Harvard Business Review, Sept/Oct 1992, S. 65, 70; während 1960 Aktien im Durchschnitt noch sechs Jahre gehalten wurden, ist dieser Zeitraum 1992 auf zwei Jahre gesunken; siehe auch *Zaß*, Bilanzkultur, Der langfristige Kredit 1997, S. 190; detailliert beschreibt auch *Hayn*, Internationale Rechnungslegung, S. 33 diese Entwicklung

[65] siehe hierzu deutlich *Arpan/Radebaugh*, International Accounting, S.21; diese Entwicklung wird aber in der angelsächsischen Literatur auch kritisch gesehen. So sprechen *Choi/Mueller*, International Accounting, S. 41 bezüglich der investorfreundlichen Ausrichtung von *„sunshine accounting standards"* und berichten von Aktivitäten des AICPA, kleineren Unternehmen mit überschaubarer Eigentümerstruktur für bestimmte finanzielle Transaktionen spezielle Standards anzubieten

[66] siehe zu der unterschiedlichen Rolle der Banken in den USA und Deutschland beispielsweise *Arpan/Radebaugh*, International Accounting, S. 22; *Zaß*, Bilanzkultur, Der langfristige Kredit 1997, S. 190; *Biener*, Rechnungslegungsempfehlungen, BFuP 1993, S. 345, 351; *Mandler*, Harmonisierung der Rechnungslegung, ZfB, 1996, S. 715, 719 sieht auch die starke Konkurrenz innerhalb des Bankgewerbes als ursächlich für die günstigere Bankenfinanzierung in Deutschland an

des Depotstimmrechts auf der Hauptversammlung, wodurch die Kreditinstitute über die ihnen direkt zuzurechnenden Anteile hinaus zusätzliche Stimmmacht auf der Hauptversammlung gewinnen[67].

e) Fazit: Gesellschaftsrecht vs. Kapitalmarktrecht zur Unternehmenspublizität

Den hier beschriebenen kontinentaleuropäischen Staaten ist gemeinsam, dass der Stellenwert der Jahresabschlüsse zur Kommunikation zwischen Management und Eigner weitaus geringer als in den USA und Großbritannien ist. Auf nationalen Kapitalmärkten dominieren Bankenfinanzierung bzw. Eigentümerfinanzierung ohne intermediären Kapitalmarkt. Die Unternehmenspublizität ist dadurch vor allem auf Basis des Gesellschaftsrechts geregelt, während sich Unternehmen im angelsächsischen Raum vorwiegend über den öffentlich organisierten Kapitalmarkt finanzieren. Hier ist es das Kapitalmarktrecht, das die notwendige Kommunikation zwischen Unternehmen und Umwelt garantiert. Folgerichtig hängt daher auch der Grad der Veröffentlichung von Unternehmensdaten in diesen Fällen nicht von der Gesellschaftsform, sondern von der Inanspruchnahme dieses organisierten Kapitalmarktes ab[68].

Dabei erfolgt die Informationsvermittlung an Eigner, Gläubiger und vor allem Arbeitnehmer beispielsweise in Deutschland durch eine Fülle interner Kanäle. Neben den beschriebenen Informationsmöglichkeiten der Großaktionäre und Banken seien hier besonders die Rechte der Arbeitnehmer hervorgehoben. So sieht das deutsche System der Betriebsverfassung eine Vielzahl von Informationspflichten seitens der Geschäftsführung gegenüber den Beschäftigten vor, die in dieser Form in den USA nicht bestehen. Durch ihre Mitgliedschaft im Aufsichtsrat gehören die Beschäftigten sogar dem obersten Gremium einer

---

67 hieran hat sich seit *Schreyögg/Steinmann*, Trennung von Eigentum und Verfügungsgewalt, ZfB 1981, S. 533, 534, wonach die den Kleinaktionären in Deutschland nur *„de facto die Stellung eines Gläubigers"* verbleibt, kaum etwas geändert; siehe aus neuerer Zeit *Glaum*, Internationalisierung der deutschen Rechnungslegung, KoR 2001, S. 124, 126.
Interessant ist abschließend ein Blick in andere kontinentaleuropäische Volkswirtschaften: Während sich in Deutschland ein großer Teil der ausgegebenen Aktien unter Kontrolle der Banken befindet oder großen Konzernen als langfristige Kapitalanlage dient, wird die *schweizerische* Unternehmenslandschaft immer noch stark durch Familienunternehmen geprägt. Mit dem steigenden Kapitalbedarf mussten sich auch die schweizerischen Gesellschaften neue Finanzierungsmöglichkeiten erschließen, da die Familien oftmals überfordert waren. Daher kam es erst jüngst bei prinzipieller Bewahrung der überkommenden Strukturen zu einem deutlichen Ansteigen der Börsennotierungen schweizerischer Unternehmen im In- und Ausland. In *Frankreich, Italien* und *Schweden* besaß traditionell der Staat über Anteilsbesitz einen starken Einfluss auf wichtige Wirtschaftszweige. *Hayn*, Internationale Rechnungslegung, S. 31 gibt hierzu eine Quelle aus dem Jahr 1996 wieder, wonach in Frankreich der Staatsanteil am Bruttosozialprodukt bei 55% lag. Ziel dieser Politik war der Versuch, die wirtschaftlichen Abläufe im Sinne eines gesamtwirtschaftlichen Ausgleiches zu beeinflussen. Seine Informationen über die Unternehmen erlangt der Staat dabei vor allem auf internen Kanälen, wodurch der Jahresabschluss auch in diesen Ländern seine Bedeutung als Informationsinstrument einbüßte.

68 zu diesem Zusammenhang siehe *Pellens/Füllbier/Gassen*, Unternehmenspublizität, S. 56, 57; wie in Kapitel A (**Die neue Strategie der EU in der Rechnungslegung**), S. 7 gezeigt wurde, gilt das Merkmal der *„Kapitalmarktorientierung"* auch der Europäischen Union zukünftig als Anknüpfungspunkt ihrer Harmonisierungsbemühungen

Aktiengesellschaft an und sind damit an der Feststellung des Jahresabschlusses beteiligt.

2. Der Einfluss der Steuergesetzgebung auf den handelsrechtlichen Jahresabschluss

Einen weiteren gewichtigen Einflussfaktor auf die Ausgestaltung der nationalen Rechnungslegung stellt der Grad des Rückgriffs der steuerlichen Gewinnermittlung auf die Ergebnisse der handelsrechtlichen Bilanzierung dar, den unter den Begriff der „*Maßgeblichkeit*" der Handelsbilanz für die Steuerbilanz zu fassen ist. Dabei hat das Maßgeblichkeitsprinzip, dass beispielsweise die Bundesrepublik Deutschland in § 5 EStG verankerte viel von seinem ursprünglichen Anspruch, ein einheitliches Rechenwerk für beide Bilanzzwecke zu erstellen, verloren. Mit den steigenden Staatsausgaben und der Notwendigkeit deren Finanzierung wirkte das Maßgeblichkeitsprinzip in immer stärkerem Ausmaß in umgekehrter Richtung: Handelsrechtliche Bilanzierungsentscheidungen werden vornehmlich unter dem Aspekt ihrer steuerlichen Auswirkungen getroffen, durch die hinzu kommende Verpflichtung, rein fiskalisch oder wirtschaftspolitisch motivierte Wahlrechte in der Steuerbilanz nur dann ausüben zu dürfen, wenn dies korrespondierend auch im handelsrechtlichen Rechenwerk geschieht, wird eine Verformung des handelsrechtlichen Jahresabschlusses ausdrücklich hingenommen.

Diese Form der Anknüpfung hat auch gewichtige Folgen für Veränderungen im materiellen Gehalt der handelsrechtlichen Rechnungslegung: So war der Ratifizierungserfolg der 4. EG-Richtlinie zur Angleichung der Rechnungslegung der Kapitalgesellschaften innerhalb der Gemeinschaft unmittelbar von einer großen Zahl von Mitgliedstaaten- und Unternehmenswahlrechten abhängig, da nur mit ihnen das gesetzte Ziel -Umsetzung der Richtlinie ohne steuerliche Mehrbelastung der Unternehmen- erreichbar war.

Im Gegensatz hierzu kann die Rechnungslegung in Staaten ohne Maßgeblichkeitsprinzip in stärkerem Ausmaß darum bemüht sein, den Kapitalmarktinteressen zu dienen und zukünftige Entwicklungschancen des Unternehmens aufzuzeigen[69]. Für die retrospektive Sichtweise, die der Ermittlung der Besteuerungsgrundlagen zu Eigen ist, verbleibt wenig Spielraum

Hinzuweisen ist auch auf eine Folge des deutschen Maßgeblichkeitsprinzips für die Art der Standardermittlung. Durch die hohe Bedeutung der steuerlichen Rechtsprechung für die Interpretation der handelsrechtlichen Rechnungslegungsvorschriften erlangen betriebswirtschaftliche Ansätze nicht immer den ihnen zukommenden Stellenwert.

---

[69] ausführlich *Hayn*, Internationale Rechnungslegung, S. 41

3. Zusammenfassung: Abwägen der Chancen und Risiken der Harmonisierung für die Jahresabschlussadressaten[70]

Die Darstellung wichtiger sowohl den materiellen Gehalt der Rechnungslegung als auch die Art der Standards und ihrer Ermittlung beeinflussender Umweltfaktoren vermag keine exakte und allgemein gültige Einteilung der relevanten Industriestaaten in bestimmte Kategorien vorzunehmen, dies gelingt auch den verschiedenen Klassifizierungsansätzen nur bedingt und nicht immer widerspruchsfrei. Gezeigt werden sollte allein, dass die Unterschiede in den weltweiten Rechnungslegungssystemen Ausfluss ihrer Eigenschaft sind: Rechnungslegungssysteme müssen als zielgerichtete Antworten auf die sich aus den Umweltfaktoren im nationalen Umfeld ergebenden Anforderungen an die Rechenschaftspflicht der Unternehmen verstanden werden. Diese Erkenntnis ist notwendig, um bei der internationalen Harmonisierung der Inhalte und der Form der Rechnungslegung im Vorfeld diejenigen Problemfelder isolieren zu können, die mit den nationalen Zielvorstellungen der an der Harmonisierung beteiligten Volkswirtschaften nicht oder nur schwer zu vereinbaren sind und daher zu Konflikten und Vermeidungsstrategien seitens der Anwender führen können.

Unverkennbar besteht bei der Internationalisierung der nationalen Rechnungslegungsvorschriften die Gefahr, dass hierdurch neue Vorstellungen bezüglich des materiellen Gehalts und der Art der Standardsentwicklung in das nationale Recht einfließen, die sich zwar im Ursprungsland bei der dort vorhandenen Unternehmensumwelt bewährten, in ihrer neuen Umgebung jedoch unter den Einfluss der dort vorhanden Umweltfaktoren geraten und möglicherweise mit anderen Zielvorstellungen kollidieren. Damit wäre aber das Ergebnis der Erarbeitung zielgerichteter Lösungen gefährdet[71].

---

[70] die bloße Darstellung relevanter Umweltfaktoren allein stellt weder eine Gewichtung der Einflussfaktoren noch eine Aussage über ihre Unveränderbarkeit und die parallele historische Entwicklung dar. Hierfür eignen sich die diversen Klassifikationsansätze, die im Schrifttum entwickelt wurden. Mit den Ausführungen zu den Umweltfaktoren sollte nur der Blick für verschiedene Einflüsse auf die Rechnungslegung und Notwendigkeit einer Berücksichtigung der sozio-ökonomischen Verhältnisse in den beteiligten Volkswirtschaften geschärft werden. Abschließende Aussagen und detailliertere Untersuchungen sind hierfür nicht notwenig. Daher wird an dieser Stelle auf eine Darstellung dieser Klassifikationsansätze bewusst verzichtet und nur auf die umfangreiche Zusammenfassung bei *Hayn*, Internationale Rechnungslegung, S. 47ff. verwiesen.

[71] so verlangte *Jaggi*, The Impact of Cultural Environment, IJA spring 1975, S. 75, 84 schon in den 70er Jahren eine Rücksichtnahme auf die besonderen Unternehmensumwelten in den Entwicklungsländern bei der Übertragung westlicher Rechnungslegungsstandards; ähnlich *Wiedmann*, IASC-Standards, BFuP 1995, S. 432, 446; *Pellens*, Internationale Rechnungslegung, S. 34, der anzweifelt, dass die Übernahme von Rechnungslegungs-Standards aus einem anderen Land ohne gleichzeitige Harmonisierung des sozio-ökonomischen Umfeldes möglich ist, ohne langfristig zu unabsehbaren Anpassungsmaßnahmen aller Unternehmensbeteiligten zu führen; so auch *Küting/Hayn*, Konzernabschluss als Eintrittskarte, BB 1995, S. 662, 663; auch *Dücker*, Aktuelle Entwicklungen, StuB 2003, S. 70, 71 macht die unterschiedlichen Rechnungslegungskulturen für die schwierigen Einigungsprozesse verantwortlich.
Als Beispiel hierfür sei die unterschiedliche Bedeutung der Informationsaufgabe des Jahresabschlusses genannt. Es muss festgestellt werden, dass die Rechnungslegung nur eine von verschiedenen Wegen darstellt, auf denen das Unternehmen mit der interessierten Öffentlichkeit kommunizieren kann. Die Bedeutung, die dabei aufgrund der historischen Entwicklung dem Jahresabschluss beigemessen wird, kann nicht als Indiz für die Informationsbereitschaft insgesamt herhalten. Vielmehr lassen sich aus den Unterschieden in der Ausrichtung der Rechnungslegung

Die nationale Rechnungslegung muss daher als historisch entwickelte Antwort auf die Fragestellungen der in der jeweiligen Volkswirtschaft als relevant angesehenen Bilanzadressaten angesehen werden. Eine bedingungslose Übernahme international entwickelter Normen für die deutschen Unternehmen würde das lange gewachsene Gefüge der Unternehmenskommunikation entscheidend verändern und sich möglicherweise nachteilig auf bislang vom deutschen Jahresabschluss geschützte Interessengruppen auswirken. Kommt es ceteris paribus allein zu einer Änderung der *Antworten* des Jahresabschlusses, während die *Fragen*, auf die er Antworten erteilen soll, unverändert bleiben, sind daher Probleme vorprogrammiert[72]. Diese Probleme gilt es gegenüber den Vorteilen einer internationalen Harmonisierung der Rechnungslegung, die ebenfalls unbestreitbar sind, abzuwägen, ehe die nationalen Vorschriften voreilig aufgegeben werden[73].

Im weiteren Verlauf der Arbeit soll daher untersucht werden, ob eine selbstregulatorische Standardisierung der Rechnungslegung gemeinwohlfördernd in das deutsche Rechtssystem integriert werden kann.

Schlüsse über weitere Informationskanäle und möglicherweise andere Adressaten ziehen. Siehe hierzu auch *Hopwood*, Angleichung der Vorschriften, S. 44, 49; auch *Zaß*, Bilanzkultur, Der langfristige Kredit 1997, S. 190, 192 bewertet die geringe Betonung der Unternehmenseigner als Adressaten des deutschen Jahresabschlusses nicht als qualitatives Handicap, sondern als Folgewirkung der unterschiedlichen Zielgruppenausrichtung der deutschen und der angelsächsischen Bilanzkultur; ähnlich *Ruffert*, Rechnungslegungs-Praxis, Sparkasse 1996, S. 166, 167

72 zu verweisen ist bereits jetzt auf die Kontroverse in Fn. 76 bezüglich der Vorschläge der Schmalenbach-Gesellschaft

73 *Rost*, Harmonisierungsprozess, S. 106 formuliert dies treffend: *„Unterschiede in den nationalen Umweltfaktoren erfordern als Antwort die Anwendung unterschiedlicher Rechnungslegungspraktiken. Es ist daher zwecklos, das aufgrund ganz bestimmter Zielvorstellungen in einem Land entstandene Rechnungslegungssystem auf ein anderes Land zu übertragen, wenn die nationalen Ziele der Rechnungslegung beider Länder in den Kernbereichen nicht miteinander vereinbar sind."*; in diesem Sinne auch *Küting*, Bilanzierung im Vergleich, BFuP 1993, S. 357, 372; *Ruffert*, Rechnungslegungs-Praxis, Sparkasse 1996, S. 166, 167 sieht bei der Übernahme angloamerikanischer Rechnungslegungsgepflogenheiten Gefahren für den deutschen Weg der „Sozialen Marktwirtschaft", die dem Faktor „Kapital" keinen absoluten Vorrang einräumt; *Pellens*, Internationale Rechnungslegung, S. 34: *„Die isolierte Übertragung eines als effizient angenommenen Rechnungslegungssystems aus einem anderen Land erscheint unter Vernachlässigung der sonstigen dort geltenden Rechtssysteme und –regeln, z.B. im Bereich des Gesellschafts-, Steuer- und Kapitalmarktrechts, äußert bedenklich."*; siehe auch Choi/Mueller, International Accounting, S. 26, die über die Rechnungslegung schreiben: *„Its technical and social usefulness depends on its ability to mirror these [cultural, economic, legal, social, and political, d. Verf.] conditions."*; ähnlich begründet auch *van Hulle*, Zukunft der europäischen Rechnungslegung, BB 1998, S. 137, 138 die ablehnende Haltung der EU-Kommission gegenüber den US-GAAP mit deren Ausrichtung auf die speziellen Erfordernisse des US-amerikanischen Kapitalmarktes; *EU-Kommission*, Harmonisierung, S. 7; siehe hierzu auch *Blake/Amat*, European Accounting, S. 9; siehe auch *Grund*, Internationale Entwicklung, DB 1996, S. 1293, 1294 der aufgrund unterschiedlicher Rechnungslegungstraditionen bezweifelt, ob die Anwendung wortgleicher Regelungen zu vergleichbaren Jahresabschlüssen führen würde; ders., Kapitalaufnahmeerleichterung, ZIP 1996, S. 1969, 1975; Bormann, Internationale Harmonisierung, RIW 1996, S. 35, 40.
Ganz im Gegensatz hierzu steht beispielsweise die pauschale Begründung für die stärkere Stellung eines privaten Rechnungslegungsgremiums bei *Niehus*, Zukunft der Standards, DB 2001, S. 53, 59: *„In den maßgeblichen Ländern geschieht Normsetzung durch private Gremien, wie dies auch international bereits der Fall ist. Deutschland kann insoweit nicht länger eine "Insel" (des Gesetzgebers) sein."*

III. Schlussfolgerungen für die deutsche Ausübung der Mitgliedstaatenwahlrecht bezüglich der nicht-kapitalmarktorientierten Konzerne und der Einzelabschlüsse

Bei der Beurteilung der in der Verordnung von Europäischem Rat und Europäischem Parlament oben erwähnten vorgesehenen Mitgliedstaatenwahlrechte hinsichtlich der weitergehenden fakultativen oder obligatorischen Anwendung der IAS über den Kreis der kapitalmarktorientierten Unternehmen hinaus ist in drei Komplexe zu differenzieren: Zum einen in die Frage, ob auch nicht-kapitalmarktorientierte deutsche Konzerne ihre konsolidierten Abschlüsse zwingend oder freiwillig nach IAS aufstellen sollten, zweitens, ob kapitalmarktorientierte Unternehmen die übernommenen IAS auch für ihre Einzelabschlüsse obligatorisch oder fakultativ anwenden sollten und drittens, ob die Tatsache der Kapitalmarktorientierung weiterhin Abweichungen in der Rechnungslegung begründen sollte oder ob es nicht vielmehr sinnvoll wäre, für alle Unternehmen die bisherige deutsche Rechnungslegung durch die übernommenen IAS zu ersetzen.

Diese Einteilung weist aber gleichzeitig auch, unabhängig von den konkreten nationalen Entscheidungen, auf tief greifende Veränderungen für das deutsche Bilanzrecht hin: Der Gesetzgeber hat die Wahl, entweder die bislang trotz der Befreiungsmöglichkeit nach § 292a HGB geltende Einheit zwischen Konzern- und Einzelabschluss für einige oder alle deutschen Konzerne aufzuheben[74], oder aber über die Änderung der Bedeutung des handelsrechtlichen Einzelabschlusses zu grundlegenden Veränderungen im Gesellschafts- und Steuerrecht gezwungen zu sein. Die Beibehaltung des Status quo ist in jeden Fall unmöglich. Daher ist nachfolgend zu überlegen, zu welchen Entscheidungen der Gesetzgeber unter Berücksichtigung der Notwendigkeit international vergleichbarer Abschlüsse, der Ausführungen zu den Umweltfaktoren und der zu erwartenden Belastungen für die Unternehmen kommen sollte.

Dabei sollte die Frage im Vordergrund stehen, für welchen Kreis deutscher Unternehmen eine Bilanzierung nach internationalen Rechnungslegungsstandards notwendig und vorteilhaft erscheint. Hierbei ist festzuhalten, dass nur ein kleiner Teil der Unternehmen die internationalen Finanzmärkte für ihre Finanzierung nutzt und daher wohl schon heute zwingend auf eine von den deutschen Regeln abweichende Bilanzierung angewiesen ist. Für die Masse der Unternehmen gilt jedoch, dass für sie eine solche Notwendigkeit weder heute noch in Zukunft besteht. Damit reduzieren sich aber die mit der Wahlrechtsausübung im Zusammenhang stehenden Fragen erheblich: Soll das Interesse einiger international ausgerichteter Unternehmen dazu führen, dass bei Erhalt der Einheit von Konzern- und Einzelabschluss die Bedeutung des Einzelabschlusses mit den bekannten Folgen im Gesellschafts- und Steuerrecht grundlegend verändert werden soll?

---

[74] diese Einheit betonen besonders *Budde/Steuber*, Rückwirkung des Konzernabschlusses, BB 2000, S. 971, 977

Bei der Beantwortung dieser Frage muss nochmals auf den oben erwähnten Nutzen einer Harmonisierung zurückgekommen werden: Wenn die Rechnungslegungstraditionen Folge der sozio-ökonomischen Rahmenbedingungen einer Volkswirtschaft sind und wenn damit die Erwartungen an den Jahresabschluss abweichen, dann erscheint es durchaus sinnvoll zu sein, diese Unterschiede fortbestehen zu lassen, bis sich möglicherweise zukünftig zuerst die Rahmenbedingungen annähern werden. Zusätzlich muss der Nutzen einer internationalen Harmonisierung der Rechnungslegung jeweils für die einzelnen Adressaten des Jahresabschlusses bewertet werden. Dabei macht eine Unterscheidung in den heimischen, traditionellen Empfänger und in internationale Anleger und Analysten durchaus Sinn[75]. Eine Festschreibung der bislang nach § 292a HGB optional möglichen Teilung der Rechnungslegung in einen Jahresabschluss für den heimischen und in einen nach den IAS aufgestellten Konzernabschluss für den internationalen Markt wäre damit ein gangbarer Weg, der zwar die oben erwähnte Aufgabe der beiden Abschlüsse, die in ihnen vorhandenen Informationen gegenseitig zu ergänzen, aufgeben würde, der aber andererseits eine grundsätzliche Änderung der gesellschaftsrechtlichen Vorschriften vermeiden und eine Aufgabe des Maßgeblichkeitsprinzips jedenfalls nicht als zwangsläufige Folge der internationalen Ausrichtung einiger Konzerne erscheinen ließe. Dabei ist zum einen zu beachten, dass international vergleichbare Informationen für die Masse der Unternehmen, deren Finanzierungsaktivitäten nicht auf den internationalen Kapitalmarkt ausgerichtet sind, entbehrlich sind und die damit verbundenen Belastungen unnötig erscheinen. Zum anderen erscheint die dann notwendige doppelte Bilanzerstellung für die kapitalmarktorientierten Konzerne weder vom Aufwand her unzumutbar noch investorenfeindlich zu sein.

Der Gedanke, diese doppelte Bilanzerstellung mit dem bloßen Informationsinstrument „*Konzernabschluss*", aufgestellt nach IAS und einem ausschüttungsbewirkenden, nach deutschen Regeln aufgestellten „*Jahresabschluss*" der Einzelgesellschaften würde internationale Anleger verwirren, greift ins Leere: Bei Unternehmen, die nach den US-GAAP bilanzieren folgen aus dem Abschluss ebenfalls keine Konsequenzen hinsichtlich der Ausschüttung, insbesondere für den wichtigen US-amerikanischen Kapitalmarkt muss daher eine solche Zweiteilung der Berichtspraxis der Konzerne eher als Normalfall festgestellt werden, sie rechtfertigt jedenfalls nicht, einseitig für Konzerne vom

---

[75] in diesem Sinne argumentieren auch *Nobes/Parker*, Comparative International Accounting, S. 120; auch für *Zabel*, IAS zwingend für Konzern- und Einzelabschluss?, WPg 2002, S. 919, S. 921 erscheint eine nationale Differenzierung notwendig zu sein, wo die entsprechenden Rahmenbedingungen und die Erwartungen an den Jahresabschluss dies erfordern.
Dagegen kann es nicht überzeugen, wenn insbesondere *Böcking*, IAS für Einzel- und Konzernabschluss?, WPg 2001, S. 1433, 1435; *ders*., IAS für Einzel- und Konzernabschluss!, WPg 2002, S. 925, 927 zwar einerseits eine Übernahme der IAS für sämtliche Einzelabschlüsse fordert, dann aber Ausnahmen für bestimmte Unternehmensformen oder Ausschüttungssperren beispielsweise bei Anwendung der *percentage-of-completition* Methode fordert. Damit erkennt er grundsätzlich an, dass die IAS für den Zweck der deutschen handelsrechtlichen Rechnungslegung nur teilweise geeignet sind. Seine Schlussfolgerungen gehen jedoch in die falsche Richtung.

Einzelabschluss der übrigen Unternehmen abweichende Rechnungslegungsstandards zu akzeptieren[76].

Von diesen Prämissen ausgehend, erscheint die Frage nach den konsolidierten Abschlüssen der Konzerne, die nicht in die Kategorie *„Kapitalmarktorientierung“* zu fassen sind, am unproblematischsten zu beantworten zu sein, da hier ein nach den IAS aufgestellter Abschluss keine weitergehenden gesellschafts- und steuerrechtlichen Konsequenzen nach sich zieht. Auch wenn damit der Gedanke der Einheit von Konzern- und Einzelabschluss verloren ginge, erscheint es auch im Sinne einer Konkurrenz der verschiedenen Rechnungslegungssysteme vertretbar zu sein, diesen Konzernen auf freiwilliger Basis die Anlehnung an die kapitalmarktorientierten Konzerne und damit die befreiende Anwendung der IAS zu gestatten[77]. Im Übrigen würden in diesem Falle auch Umstellungsschwierigkeiten, die bei einer künftigen Börsennotierung bei den Investoren zu Irritationen führen könnten, vermieden werden.

Für den Einzelabschluss der sämtlicher Unternehmen muss dann in Beantwortung der Eingangsfragen gelten, dass der handelsrechtliche Einzelabschluss in seiner Bedeutung nicht durch die Übernahme der IAS verändert werden sollte, da der Gesetzgeber ansonsten zu einer grundlegenden Neuregelung der gesellschaftsrechtlichen Konsequenzen gezwungen wäre. Es sollte vielmehr versucht werden, die bewährten und im Zuge einer langen Entwicklung als Antwort auf die speziellen Verhältnisse in Deutschland entstandenen Regeln für einen möglichst großen Teil der Unternehmen zu erhalten und daher in dem beschriebenen Zielkonflikt zulasten der Einheit von Konzern- und Einzelabschluss die bisherige Wirkung des Einzelabschlusses zu erhalten.

---

[76] zu kompliziert und den Interessen der deutschen Adressaten des Jahresabschlusses kaum dienlich wären dagegen die Vorschläge von *Pellens/Gassen*, EU-Verordnungsentwurf, KoR 2001, S. 137, wonach entweder die gesellschaftsrechtlichen Rechtsfolgen nicht länger aus dem Jahresabschluss, sondern aus einem modifizierten steuerbilanziellen Ergebnis abgeleitet werden sollten oder der IAS-Einzelabschluss in einen sog. *„Ausschüttungsabschluss“* überzuleiten wäre; wie hier dagegen *Euler*, Paradigmenwechsel, BB 2002, S. 875, 880; *Deutsche Bundesbank*, Rechnungslegungsstandards für Kreditinstitute im Wandel, Monatsbericht Juni 2002, S. 41, 51, die ebenfalls die Einheitlichkeit der nationalen Rechnungslegung als erhaltenswertes Gut ansieht; *Schulze-Osterloh*, Gesellschaftsrecht im Banne der Globalisierung, ZIP 2001, S. 1433, 1440; *Ekkenga*, Neuordnung des Europäischen Bilanzrechts, BB 2001, S. 2362, 2363; *für eine IAS-Übernahme* in den Einzelabschluss aber wiederum *Böcking*, IAS für Einzel- und Konzernabschluss?, WPg 2001, S. 1433ff.; *ders.*, IAS für Einzel- und Konzernabschluss!, WPg 2002, S. 925ff.; trotz Bedenken wohl auch *Dücker*, Aktuelle Entwicklungen, StuB 2003, S. 70, 73; *Budde/Steuber*, Rückwirkung des Konzernabschlusses, BB 2000, S. 971, 977 mit dem Vorschlag, Einzel- und Konzernabschluss kapitalmarktorientierter Unternehmen nach internationalen Regeln aufzustellen und sie damit von der Rechnungslegung der übrigen Unternehmen abzukoppeln; *AK Externe Unternehmensrechnung der Schmalenbach-Gesellschaft*, Zukunft der Rechnungslegung, DB 2001, S. 160, 161, These 7. Die Übernahme in den Einzelabschluss wird ausschließlich als Problem der Maßgeblichkeit angesehen, die aufgegeben werden sollte; zurecht verweist dagegen aber *Moxter*, Zukunft der Rechnungslegung, DB 2001, S. 605, 606 auf die Ausschüttungsbemessungsfunktion; ebenso *Watrin*, Thesen zur künftigen Regulierung der Rechnungslegung, DB 2001, S. 933, 935; siehe zu den steuerbilanziellen Handlungsalternativen *Herzig/Bär*, Die Zukunft der steuerlichen Gewinnermittlung, DB 2003, S. 1

[77] in diesem Sinne auch *Pellens/Gassen*, EU-Verordnungsentwurf, KoR 2001, S. 137, 139

Insgesamt sollte der deutsche Gesetzgeber bei der Entscheidung über seine Vorgehensweise bezüglich der Mitgliedstaatenwahlrechte nicht vorschnell agieren[78]. Dem Haupterfordernis international vergleichbarer Standards für kapitalmarktorientierte Konzerne wird mit der EU-Richtlinie nachgekommen, die übrigen Fragen verdienen eine längere Diskussion. Insbesondere sollte vermieden werden, durch eine übereilte Übernahme der IAS für sämtliche Einzelabschlüsse mit den dann notwendigen Ausnahmen und Überleitungsrechnungen bezüglich der gesellschaftsrechtlichen Instrumentarien in der momentanen konjunkturellen Lage weitere Belastungen und Unsicherheiten für die Unternehmen entstehen zu lassen.

[78] auch das *IDW*, Stellungnahme Vorschläge des Deutschen Standardisierungsrates zur Reform der Rechnungslegungsvorschriften, WPg 2001, S. 620, 621 spricht sich für eine Übergangszeit aus, in der die Mitgliedstaaten Gelegenheit erhalten sollten, den Auswirkungen auf das nationale Gesellschafts- und Steuerrecht Rechnung zu tragen

Zwischenergebnis: Internationale Einwirkungen auf die Art des Zustandekommens und den Inhalt deutscher Rechnungslegungsstandards

Die bisherigen Untersuchungen zur Stellung der deutschen Rechnungslegung im internationalen Rahmen können wie folgt zusammengefasst werden:

Durch die gemeinsame Verordnung des Europäsichen Parlaments und des Europäischen Rates wird die bislang trotz der Befreiungsmöglichkeit in § 292a HGB rechtlich noch immer bestehende Einheit von Einzel- und Konzernabschluss aufgehoben. Kapitalmarktorientierte Konzerne müssen ab 2005 ihre konsolidierten Abschlüsse zwingend nach den IAS aufstellen, die durch ein spezielles Übernahmeverfahren Teil der europäischen Rechtsordnung werden. Daneben besteht eine Reihe von Mitgliedstaatenwahlrechten zur Ausdehnung der IAS-Anwendung auf sämtliche Konzernabschlüsse, aber auch auf den Einzelabschluss.

Zwischen den nationalen und supranationalen Rechnungslegungsstandards sind vielfältige Unterschiede hinsichtlich ihrer Struktur, ihres Detaillierungsgrades, ihrer Adressaten, der Art ihrer Erstellung und ihres materiellen Inhaltes feststellbar.

Dabei sind die Merkmale, die sich auf den formalen Aufbau und die Art der Standardentwicklung beziehen, vor allem auf Unterschiede der Rechtssysteme zurückführen, während die materiellen Differenzen der unterschiedlichen wirtschaftlichen Entwicklung geschuldet zu sein scheinen. Bei der Internationalisierung der Rechnungslegung besteht die Gefahr, dass hinsichtlich der Art der Standardentwicklung und ihres materiellen Gehaltes neue Vorstellungen aus anderen Rechtskreisen übernommen werden, die der dortigen Unternehmensumwelt entstammen und in ihrer neuen Umgebung mit ihren wirtschaftlichen, rechtlichen und sozialen Bedingungen nicht harmonieren. Änderungen der bestehenden Systeme sollten erst nach einer umfassenden Analyse ihrer Rückwirkungen vorgenommen werden.

Die durch die EU-Verordnung ermöglichten Wahlrechte einer umfassenden Einführung der übernommenen IAS auf den handelsrechtlichen Einzelabschluss sollten aus deutscher Sicht nicht in Anspruch genommen werden. In der Abwägung, entweder durch eine Ausweitung der IAS-Bilanzierung die bestehende Einheit von Konzern- und Einzelabschluss für Konzerngesellschaften zu erhalten, oder durch ein Festhalten an den handelsrechtlichen Vorschriften für den Einzelabschluss diese Einheit aufzulösen, sollte auf die Notwendigkeit international vergleichbarer Rechnungslegungsstandards abgestellt werden. Für die Masse der nicht konzerngebundenen Unternehmen besteht eine solche Notwendigkeit nicht. Mit der IAS-Übernahme wäre dagegen eine umfangreiche Novellierung der gesellschaftsrechtlichen und steuerrechtlichen Vorschriften verbunden, die zu erheblichen Anpassungsschwierigkeiten für kleinere und mittlere Unternehmen führen würde. Folgt der Gesetzgeber diesem Schluss, verbleibt die Rechnungslegung des handelsrechtlichen Einzelabschlusses in der nationalen Rechtsordnung.

Diese Bedenken gegen die IAS-Bilanzierung bestehen dagegen für eine ebenfalls mögliche Ausweitung der IAS-Anwendung auf die konsolidierten Abschlüsse der kapitalmarktorientierten Konzerne nicht, da sie die Höhe der von dem Unternehmen ausgehenden Zahlungen nicht unmittelbar beeinflussen. Unternehmen, die unter diese Kategorie zu fassen sind, sollte, auch im Hinblick auf eine wünschenswerte Konkurrenz der Rechnungslegungssysteme, ein Wahlrecht zur Anwendung der in das EU-Recht übernommenen IAS zugestanden werden, um insoweit die jetzige Regelung des § 292a HGB, allerdings mit einer deutlichen Verbesserung der demokratischen Legitimation der anwendbaren internationalen Standards, fortzuschreiben.

Die hier unterstellte nationale Zuständigkeit für den handelsrechtlichen Einzelabschluss ist die Basis für die weiteren Überlegungen zur Veränderung der bisherigen Art der Fortentwicklung der Rechnungslegung in Deutschland. Im zweiten Teil werden die Voraussetzungen einer Einbeziehung privater Akteure in die Standardisierung des handelsrechtlichen Jahresabschlusses überprüft.

2. Teil: DIE GRUNDLAGEN DER STAATLICH VERANLASSTEN GESELLSCHAFTLICHEN SELBSTREGULIERUNG: URSACHEN, WESEN UND VORAUSSETZUNGEN

Kapitel D: Das Verhältnis von staatlicher Verantwortung und privater Standardisierung

Die Aufgabe der Fortentwicklung der handelsrechtlichen Rechnungslegung wird bislang von staatlichen Organen erbracht. Während die Legislative im parlamentarischen Verfahren die bestehenden gesetzlichen Anforderungen formuliert, obliegt es der Judikative, diese für den Einzelfall auszulegen.

Die Aufstellung eines privatverbandlichen Systems von Rechnungslegungsstandards würde, verbunden mit dem Instrument der gesetzlichen Vermutungsanordnung, diese Tradition in Deutschland grundlegend verändern. Es käme zu einer Einbeziehung privater Akteure in die Standardisierung, die über die bloße Konsultation im Gesetzgebungsverfahren und die Berücksichtigung des wissenschaftlichen Meinungsstandes im gerichtlichen Verfahren hinausgehen würde. Vielmehr käme es zu einer weitgehenden Verlagerung bisher im staatlich-hoheitlichen Bereich ausgeübter öffentlicher Aufgaben in den privaten Sektor.

Ausgangspunkt für die Betrachtungen zur Integration dieser Veränderungen in das grundgesetzliche Gemeinwesen ist das Gemeinwohl, das zu bewahren und zu mehren Aufgabe staatlichen Handelns ist. Die Einbeziehung privater Akteure im Rahmen einer selbstregulatorischen Standardisierung setzt also voraus, dass die Gemeinwohlverantwortung zwischen dem Staat und Privaten teilbar ist. Hieraus lassen sich aber noch kein Vorrang des privaten Handelns und keine Pflicht zur Verlagerung von Staatsaufgaben in den privaten Sektor ableiten. Daher ist zu hinterfragen, ob aus der grundgesetzlichen Ordnung für den Fall insgesamt positiver Gemeinwohlauswirkungen einer privaten Standardisierung eine solche Dominanz ableitbar ist.

Aber auch ohne einen expliziten Vorrang privater Initiative sieht sich der Staat in immer stärkerem Ausmaß mit den Grenzen seiner Handlungsfähigkeit konfrontiert. Daher werden im Folgenden die Möglichkeiten zur Teilung der Gemeinwohlverantwortung zwischen dem Staat und privaten Akteuren und der Reduzierung des staatlichen Handelns erörtert.

I. Das Subsidiaritätsprinzip als Begründung der Vorrangigkeit privater Standardisierung?

Bei der Untersuchung einer Übertragung normsetzender Aufgaben an selbstregulatorische Gremien stößt der Betrachter wie allgemein bei allen Privatisierungen staatlicher Aufgaben in der Literatur und in der öffentlichen Diskussion unweigerlich auf das Schlagwort von der *„Subsidiarität"*. Da das Subsidiaritätsprinzip viel zu häufig allein auf einen absoluten Vorrang der kleineren vor der größeren Einheit reduziert wird und dabei die Leistungsfähigkeit der jeweils anderen Ebene als Vergleichsmaßstab vernachlässig wird, soll an dieser Stelle die Herkunft, der Bedeutungszusammenhang und die Relevanz des *„Subsidiaritätsprinzips"* für die private Standardisierung und damit für die vorliegende Arbeit kurz erörtert werden.

1. Die Quellen des Subsidiaritätsprinzips

Die Ursprünge des Subsidiaritätsprinzips lassen sich weit in die Rechtsgeschichte zurückverfolgen. Eine noch heute grundlegende Ausprägung erfuhr es in der katholischen Soziallehre als Reaktion auf zunehmende Tendenzen bürokratischer und zentralistischer Strukturen am Anfang des 20. Jahrhunderts. Im Kontext negativer Folgen des Wirtschaftsliberalismuses und des wachsenden Einflusses totalitärer Herrschaftssysteme im nachrevolutionären Russland und im faschistischen Italien formulierte Papst Pius XI. in der Enzyklika *„Quadragesimo anno"* im Jahre 1931[79]: *„Es muss allzeit unverrückbar jener oberste sozialphilosophische Grundsatz festgehalten werden, an dem nicht zu rütteln noch zu deuteln ist: wie dasjenige, was der Einzelmensch aus eigener Initiative und mit seinen eigenen Kräften leisten kann, ihm nicht entzogen und der Gesellschaftstätigkeit zugewiesen werden darf, so verstößt es gegen die Gerechtigkeit, das, was die kleineren und untergeordneten Gemeinwesen leisten und zum guten Ende führen können, für die weitere und übergeordnete Gemeinschaft in Anspruch zu nehmen; zugleich ist es überaus nachteilig und verwirrt die ganze Gesellschaftsordnung. Jedwede Gesellschaftstätigkeit ist ja ihrem Wesen und Begriff nach subsidiär; sie soll die Glieder des Sozialkörpers unterstützen, darf sie aber niemals zerschlagen oder aufsaugen."*[80] Das Ziel des Subsidiaritätsprinzips ist damit deutlich beschrieben: Die Aufgaben sollten solange dem Einzelnen oder der kleineren Einheit zugewiesen werden, wie die Effizienz ihrer Problemlösungsmöglichkeiten nicht hinter denjenigen der umfassenderen Einheiten zurückbleibt[81].

---

[79] zum zeitgeschichtlichen Hintergrund des päpstlichen Rundschreibens siehe *Hollerbach/Rausch*, Subsidiarität, StL, Sp. 386; *Bartelt*, Subsidiaritätsprinzip, EvSL, Sp. 1298, 1299

[80] *„Fixum tamen immotumque manet in philosophia sociali gravissimum illud principium quod neque moveri neque mutari potest: sicut quae a singularibus hominibus proprio marte et propria industria possunt perfici, nefas est eisdem eripere et communitati demandare, ita quae a minoribus et inferioribus communitatibus effici praestarique possunt, ea ad maiorem et altiorem societatem avocare iniuria est simulque grave damnum ac recti ordinis perturbatio; cum socialis quaevis opera vi naturaque sua subsidium afferre membris corporis socialis debeat, numquam vero eadem destruere et absorbere."*, Enzyklika *„Quadragesimo anno"* vom 15. Mai 1931, Nr. 79, AAS 23 (1931), S. 177, 203; die amtliche römische Übersetzung ist zu finden bei Isensee, Subsidiaritätsprinzip, S. 19

[81] so auch *Baumgartner*, Gesellschaftstätigkeit, S. 13, 19; eine unterstützende Tätigkeit staatlicher Stellen ist danach erst dann gefragt, wenn die kleineren Einheiten nicht zur Selbsthilfe fähig sind, siehe hierzu auch *Holtmann*, Subsidiaritätsprinzip in: Politik-Lexikon, S. 626; damit ist das Subsidiaritätsprinzip aber auch eine klare Absage gegen den vollkommenen Rückzug des Staates, denn immer dort, wo die größere Gemeinschaft eine Aufgabe besser erfüllen kann, muss sie ihr

Der kirchliche (katholische) Ursprung des Subsidiaritätsprinzips führte in der Folgezeit zu erheblichen Abwehrreaktionen verschiedener Seiten[82] und häufig zu einer Reduzierung seiner Aussagen auf die katholische Soziallehre. Diese verengende Sichtweise jedoch verdrängt zum einen nicht nur die historischen Wurzeln im liberalen deutschen Gedankengut des 19. Jahrhunderts[83], sondern sie wertet auch insgesamt die freiheitliche Idee von der Begrenztheit staatlicher Kompetenzen ab.

2. Die Persönlichkeitsentfaltung in der Staatstheorie

Ob das Subsidiaritätsprinzip dem Grundgesetz für die Bundesrepublik Deutschland direkt entnommen werden kann, ist innerhalb des Schrifttums umstritten und kann hier nicht abschließend erörtert werden[84]. Allerdings gewinnt das Gemein wesen nach überwiegender Auffassung seine Existenzberechtigung unter anderem auch durch die Gewährleistung der Persönlichkeitsentfaltung seiner Mitglieder[85]. Dieser Rechtfertigung des Staates liegt aber implizit auch eine Grundannahme über seinen organisatorischen Charakter zugrunde: Die Gemeinschaft muss eine Struktur aufweisen, die ein Optimum an Persönlichkeitsentfaltung ermöglicht[86].

---

zugewiesen werden; hierauf und auf die Beweislastumkehr verweist besonders *Koslowski*, Koordination der Gesellschaft, S. 39, 40
Seine moraltheologische Begründung findet das Subsidiaritätsprinzip im katholischen Menschenbild. Der nach dem Bild und Gleichnis Gottes geschaffene Mensch ist mit der Fähigkeit zu entscheiden und zu unterscheiden konstitutiv ausgestattet und kann allein durch eine möglichst weitgehende Aktivierung seiner ihm eigenen Wesensanlagen zu seiner Selbstverwirklichung gelangen. Damit ist er *„Träger, Schöpfer und das Ziel aller gesellschaftlichen Einrichtungen"* (Enzyklika *„Mater et Magistra"*, 1961, zitiert nach *Rauscher/Hollerbach*, Subsidiarität, StL, Sp. 386). Die Gesellschaft selbst ist und bleibt auf den Menschen ausgerichtet, ihr Ziel ist die Aktivierung und Mobilisierung der schöpferisch-positiven Energien jeder einzelnen Person zur Verwirklichung des *bonum commune*, denn der Mensch kann sich eben nur innerhalb einer sozialen Gemeinschaft zur Vollkommenheit entwickeln; die Betonung liegt auf *„jedwede"*; siehe hierzu *Baumgartner*, Gesellschaftstätigkeit, S. 13, 15

82 *Rupp*, HbStR I, § 28 (Die Unterscheidung von Staat und Gesellschaft), Rz. 51 beobachtete gar eine *„Subsidiaritätsphobie"*; siehe auch den Hinweis von *Herzog*, Subsidiaritätsprinzip, EvStL, Sp. 3563, 3570

83 siehe hierzu detailliert *Höffe*, Subsidiarität als sozialphilosophisches Prinzip, S. 49, 52; *Isensee*, Subsidiaritätsprinzip, S. 44 für die liberalistische Staatstheorie

84 siehe hierzu nur die umfassende Bibliographie bei *Burgi*, Funktionale Privatisierung, S. 230 und bei *v. Hagemeister*, Privatisierung, S. 167

85 dieser Rechtfertigungsgedanke findet sich bereits bei Aristoteles, wonach der Mensch mehr als jedes herdenweise lebendes Tier ein geselliges Wesen sei (*„zoon politikon"*); in diesem Sinne auch *Zippelius*, Staatslehre, S. 121

86 aus diesem Gedanken der Grundphilosophie des liberalen Rechtsstaats heraus ergibt sich dann aber die Folgerung, dass das Subsidiaritätsprinzip in der deutschen Verfassung selbst und unmittelbar mit angelegt ist; so auch der gesellschaftlich breit zusammengesetzte *Sachverständigenrat „Schlanker Staat"*, Abschlussbericht, S. 46; zustimmend auch *Isensee*, Subsidiaritätsprinzip, passim; *ders.*, HbStR III, § 57, Rz. 167 bezeichnet das Subsidiaritätsprinzip als Ausdruck der rechtsstaatlichen Sekundärtugend der Rationalität, wonach der Staat als Treuhänder der Allgemeinheit die ihm zur Verfügung stehenden Mittel nur für die Aufgaben einsetzen dürfe, den private Initiativen nicht gerecht würden; a. A. *Badura*, Staatsrecht, S. 108; *Herzog*, Subsidiaritätsprinzip, EvStL, Sp. 3564, 3566 begründet seine Ablehnung mit der in der Verfassung selbst nur unvollkommenen und lückenhaften Verwirklichung des Subsidiaritätsgedankens bei der Kompetenzverteilung auf Bund und Länder; siehe auch *v. Heimburg*, Verwaltungsaufgaben und Private, S. 27, die die weltanschauliche Neutralität der Verfassung gefährdet sieht.

Da allerdings hieraus keine absolute kompetenzielle Priorität der *„kleineren“* gesellschaftlichen Einheit vor der *„größeren“* staatlichen Einheit entnommen werden kann, bedarf das Subsidiaritätsprinzip in seiner rechtstechnischen Umsetzung der Kompetenz-Kompetenz eines übergeordneten Organs, das im Einzelfall die Entscheidung über den Vorrang der gesellschaftlichen gegenüber der staatlichen Größe allein und letztverbindlich trifft, wobei diese Rolle nur dem Gesetzgeber selbst zusteht[87].

3. Die Auswirkungen des Subsidiaritätsprinzips als freiheitssicherndes Korrektiv

In der Staatsrechtslehre besteht Einigkeit, dass der Aufgabenbereich des Staates im liberalen *und* sozialen Rechtsstaat aus dem Grundgesetz materiell nicht bestimmbar ist. Ausgehend von der aus Art. 1 Abs. 3 GG gleichzeitig gefolgerten Allgemeinzuständigkeit des Staates[88] muss der Bereich der Staatsaufgaben in der Bundesrepublik Deutschland als dergestalt *„offen“* bezeichnet werden, dass der Staat selbst innerhalb der kompetenzrelevanten Vorschriften der Verfassung den Umfang seiner Aufgabenerfüllung festlegen kann[89]. Er besitzt damit die Fähigkeit, seinen Wirkungskreis zu definieren und seine Aufgaben selbst zu wählen. Erst durch diesen Schritt werden *„öffentliche“* Aufgaben, d.h. Aufgaben, deren Besorgung im öffentlichen Interesse liegt, zu staatlichen Aufgaben, wobei dem Staat graduelle Abstufungen seines eigenen Engagements offen stehen[90].

---

87 siehe wiederum den *Sachverständigenrat „Schlanker Staat“*, Abschlussbericht, S. 46; die Forderung nach einer Kompetenz-Kompetenz entstand nach Herzog, Staatslehre, S. 148 aus der absolutistischen Staatstheorie, nach der die Staatsgewalt als höchste und unbeschränkte irdische Gewalt angesehen wurde. Nach heutigem Verständnis behält sie weiterhin Gültigkeit, da eine starre Aufgabenverteilung aufgrund unvorhergesehener Schwierigkeiten unmöglich wäre und der Staat die Möglichkeit nach schneller Gefahrenbekämpfung in allen Bereichen des Gemeinwesens besitzen müsse; ähnlich weisen auch *Hollerbach/Rausch*, Subsidiaritätsprinzip, StL, Sp. 386 eine Interpretation des Subsidiaritätsprinzips als Forderung nach einem schwachen Staat zurück

88 so insbesondere *Burgi*, Funktionale Privatisierung, S. 61

89 hierzu *Frenz*, Das Duale System, GewA 1994, S. 145, 148; *v. Heimburg*, Verwaltungsaufgaben und Private, S. 14 spricht von der *„Kompetenz-Kompetenz“* des Staates, sich selbst zum Träger öffentlicher Aufgaben zu machen; *Martens*, Öffentlich als Rechtsbegriff, S. 119 verweist zu Recht darauf, dass die Argumentation mit einem per se omnipotenten Staat verfehlt wäre. Entscheidend für seine Aufgabenbestimmungskompetenz muss stets die Kompetenzzuweisung der Verfassung sein; *Scholz*, Grenzen staatlicher Aktivität, S. 113, 120 verweist schon 1976 darauf, dass der Gesetzgeber *„mit deutlich expansiven Tendenzen“* zugunsten staatlicher Aufgabenerfüllung von dieser Kompetenz-Kompetenz Gebrauch gemacht hat.

90 so deutlich bereits *BVerfG* v. 28.2.61, BVerfGE 12, S. 205, 243; diesen notwendigen Schritt weg von dem rein soziologischen Begriff des *„Öffentlichen“* hin zur normativen Bedeutung betont bereits *Scholz*, Entwicklung, S. 121; so auch *v. Heimburg*, Verwaltungsaufgaben und Private, S. 14; *Peters*, Öffentliche und staatliche Aufgaben, FS Nipperdey, Bd. 2, S. 877, 878 beschreibt in einem Prozess fortschreitender Staatlichkeit der Aufgabenerfüllung fünf Stadien. Die Normierung der Rechnungslegung durch ein selbstregulatorisches Gremium im hier beschriebenen Umfang würde demnach in das *dritte* Stadium (*Festsetzung abstrakter Regelungen, insbesondere hinsichtlich der Aufgabenträger und Richtlinien über die Aufgabenerfüllung*) zu fassen sein. Dieses Stadium sei jedoch strikt vom Begriff der *„Staatsaufgabe“* zu trennen, diese Kategorie sei erst erreicht, wenn die Aufgaben durch mittelbare oder unmittelbare staatliche Verwaltung erledigt würden; ihm folgen ausdrücklich *Schuppert*, Erfüllung öffentlicher Aufgaben, S. 158 und *v. Hagemeister*, Privatisierung, S. 8

Durch dieses Konstrukt eines staatlichen Aufgabenvorbehaltes ist kein denkbarer Lebensbereich innerhalb des Gemeinwesens davor gefeit, ein möglicher Gegenstand staatlicher Tätigkeiten zu werden[91]. Die Allzuständigkeit des Staates besteht aber nur *virtuell*, sie bedeutet keine tatsächliche Aufgabenerfüllung und keine tatsächliche Ausschöpfung aller dazu erforderlichen Mittel. Vielmehr kann der moderne Verfassungsstaat, der seinen Bürgern die erforderlichen Räume für eine grundrechtsautonome Verwirklichung des *bonum commune* gewähren muss, nur ein sektoraler Staat sein.

Hier gewinnt nun das Subsidiaritätsprinzip auch im grundgesetzlichen Staat seine Bedeutung: Es kann zwar in diesem gedanklichen Ansatz nicht die Menge der möglichen Staatsaufgaben reduzieren, es verhindert nur deren Aktualisierung durch einen von ihm ausgehenden staatlichen Eingriffsverzicht zugunsten einer dezentralen Verwirklichung des Gemeinwohls. Unterhalb der *„Kompetenz-Kompetenz"* des Staates sollte daher, eine gleichwertige Gemeinwohlverwirklichung vorausgesetzt, der untergeordneten Einheit, und diese Aussage gilt nicht nur für unterschiedliche Hierarchien innerhalb der Verwaltung und im Bund-Länder-Verhältnis[92], nach Maßgabe ihrer Leistungsfähigkeit der Vorrang im Handeln zugesprochen werden[93]. Auf diesem Wege kann, getreu dem liberalen Charakter der Rechtsstaatsgarantie des Grundgesetzes, die Freiheit des Einzelnen und der untergeordneten Einheit durch eine Zuständigkeitsbegrenzung der oberen Einheit garantiert werden.

Unter der Voraussetzung einer derartigen staatstheoretischen Funktionssperre für staatliches Handeln kann die Frage nach einer staatlichen Aufgabenerfüllung nicht bereits mit der Postulierung eines das Gemeinwohl konkretisierenden öffentlichen Zweckes beantwortet werden. Jede Aktualisierung der staatlichen Zuständigkeit durch Eingriffe staatlicher Organe bedarf, da mit ihr eine Einbuße an individueller Freiheit verbunden ist, einer Rechtfertigung, die aber freiheitswahrend nur insoweit gegeben sein kann, wie sich dieser staatliche Eingriff zur Gemeinwohlverwirklichung als *notwendig* erweist[94]. Für staatliches Handeln und dem damit verbundenen Zwang verbleibt danach kein Platz, sofern die Grundrechtsträger willens und in der Lage sind, eine Aufgabe in gleichem oder hinreichendem Umfang selbst erfüllen zu können. Dem Subsidiari-

---

[91] hierzu ausführlich *Isensee*, HbStR III, § 57 (Gemeinwohl und Staatsaufgaben), Rz. 156

[92] auch *Zippelius*, Staatslehre, S. 122 betont, dass das Subsidiaritätsprinzip keine Begrenzung auf die Staatsorganisation im engeren Sinne dulde, sondern auch in wirtschaftlichen, kulturellen und anderen gesellschaftlichen Bereichen zur Geltung komme, insbesondere auch im Verhältnis zwischen der privaten und staatlichen Aufgabenerfüllung.

[93] nach *von Arnim*, Staatslehre, S. 471 sind Staatsaufgaben dadurch charakterisiert, dass die Selbstregulierungsmechanismen mit ihrer Realisierung überfordert wäre; anders dagegen *Herzog*, Subsidiaritätsprinzip, EvStL, Sp. 3564, 3567, wonach die staatliche Kompetenz-Kompetenz auf dem Wege einer Ablösung staatlicher Souveränität durch das Subsidiaritätsprinzip nicht aufgeweicht werden dürfte.

[94] siehe hierzu *Sodan*, Der Grundsatz des Vorrangs privater Lebensgestaltung, S. 35, 56; *Scholz*, M/D, GG, Anm. 209 zu Art. 12

tätsprinzip kommt in diesem Zusammenhang der Charakter als allgemeines Prinzip der Kompetenzausübung und ihrer Begrenzung zu[95].

Für die vorliegende Arbeit ergibt sich daraus folgende Prüfungsreihenfolge: Nach der Feststellung, dass die Normierung der Rechnungslegung bislang als Staatsaufgabe wahrgenommen wurde, ist es erforderlich zu bewerten, ob dem Staat grundsätzlich auf dem Wege der Privatisierung eine Entlastung von diesen Aufgaben möglich wäre. Ein solches Verlagern bisheriger Staatsaufgaben auf private Akteure würde eine Teilung der bislang vom Staat allein wahrgenommenen Gemeinwohlverantwortung bedeuten. Daher wird zu untersuchen sein, wie eine solche Verantwortungsteilung ausgestaltet werden kann.

Im Anschluss hieran stellt sich die hier nicht zu beantwortende politische Frage, ob der Staat diese Trennung von bisher wahrgenommenen Aufgaben vornehmen sollte. Dabei wird zur Entscheidungsvorbereitung freiheitswahrend die Fragestellung umgekehrt: Sofern eine staatliche Aufgabenerfüllung nicht notwendig erscheint, sollte der Staat auf seine Kompetenz-Kompetenz verzichten und private Akteure einschalten.

II. Die Formen der „Privatisierung“

Als Umkehrung des Prinzips der *„offenen Staatsaufgaben“*, also der selbständigen Bestimmung der von ihm zu erfüllenden Aufgaben durch den Staat, muss nun aber ebenfalls gelten, dass sich der Staat mittels Privatisierungen von diesen zuvor selbst zuerkannten Staatsaufgaben auch wieder trennen und diese entweder privaten Aufgabenträgern direkt zuweisen oder auf die freiwillige Aufgabenerfüllung durch Private vertrauen kann[96].

---

95 so der *Sachverständigenrat „Schlanker Staat“*, Abschlussbericht, S. 46; siehe hierzu auch bereits *Abraham Lincoln* 1854 *„The legitimate object auf government is to do for all community of people whatever they need to have done, but cannot do at all, or cannot so well do for themselves in their separate and individual capacities. In all that the people can individually do as well for themselves, government ought not to interfere.“*, zitiert nach *Nell-Breuning*, Subsidiaritätsprinzip, Wörterbuch der Soziologie, S. 1137, 1138; eine Ergänzung zur Überprüfung staatlichen Handels durch die Kategorie *„Notwendigkeit“* nehmen auch *Isensee*, Subsidiaritätsprinzip, S. 281 und *Rupp*, HbStR I, § 28 (Die Unterscheidung von Staat und Gesellschaft), Rz. 51 vor; die grundlegenden Werte des liberalen Rechtsstaates *„Freiheit“* und *„Selbstbestimmung“* betont auch *v. Münch*, Staatsrecht, Bd. I, S. 429, Tz. 61; als nahezu mustergültige Umsetzung des Subsidiaritätsprinzips im Gesetzgebungsverfahren kann die Sozialgesetzgebung des Jahres 1961 angesehen werden. So formulierte der Gesetzgeber im § 2 des Bundessozialhilfegesetzes unter der Überschrift *„Nachrang der Sozialhilfe“*: *„Sozialhilfe erhält nicht, wer sich selbst helfen kann oder wer die erforderliche Hilfe von anderen, besonders von Angehörigen oder von Trägern anderer Sozialleistungen, erhält.“* Die besondere Stellung nicht-staatlicher Initiativen betont § 4 Abs. 2 SGB VIII (Kinder- und Jugendhilfe): *„Soweit geeignete Einrichtungen, Dienste und Veranstaltungen von anerkannten Trägern der freien Jugendhilfe betrieben werden oder rechtzeitig geschaffen werden können, soll die öffentliche Jugendhilfe von eigenen Maßnahmen absehen.“*, § 74 enthält im Folgenden einen ausdrücklichen Förderungsauftrag an die Träger der öffentlichen Jugendhilfe zugunsten freier Träger.

96 so auch *Scholz*, Privatisierung im Baurecht, S. 37; siehe auch *Frenz*, Das Duale System, GewA 1994, S. 145, 148; *Schoch*, Privatisierung von Verwaltungsaufgaben, DVBl. 1994, S. 962; *Ronellenfitsch*, Staat und Markt, DÖV 1999, S. 705, 708 für *nicht notwendige* Staatsaufgaben; *Schuppert*, Privatisierungsdiskussion, Staatswissenschaften und Staatspraxis 1994, S. 541, 546 verweist zu Recht darauf, dass der Grund für Privatisierungen in der Regel in einem fiskalischen

Innerhalb des Begriffs der *„Privatisierung"* sind dabei unterschiedliche Gestaltungsformen zu differenzieren, die in ihrem Ergebnis zu verschiedenen Formen des staatlichen Rückzuges und der damit notwendigen Kooperation mit Privaten führen[97].

Von einer so genannten *„echten"* oder *„materiellen Privatisierung"* wird gesprochen, wenn der Staat eine bestimmte Aufgabe vollständig auf Private verlagert und damit zukünftig auf eine eigene Aufgabenerfüllung verzichtet. Mit anderen Worten: Eine bestimmte öffentliche Aufgabe hat sich als Staatsaufgabe erledigt, es kann zukünftig auf die eigenverantwortliche Aufgabenerfüllung durch Private vertraut werden[98].

Im Gegensatz hierzu wird unter der *„unechten"* oder *„formellen Privatisierung"* die bloße Umwandlung der Organisationsform verstanden, in der weiterhin die Aufgabenerfüllung durch den Staat selbst erfolgt, wenn sich also der Privatisierungsakt in einer Verlagerung staatlichen Handelns in privatrechtliche Organisationsformen erschöpft.

Die in der Praxis wohl wichtigste Form der Kooperation staatlicher Hoheitsträger mit privaten Akteuren ist die *„funktionale Privatisierung"*. Bei ihr verbleibt zwar die Aufgabenzuständigkeit und –verantwortung beim Staat, der Aufgabenvollzug, also die Leistungserstellung bzw. Aufgabendurchführung, wird aber ganz oder teilweise auf ein echtes Privatrechtssubjekt übertragen[99].

Dabei ist diese Ausdifferenzierung höchstbedeutend und stellt keine bloße Aufzählung unterschiedlicher Typen dar: Sie führt über die lange Zeit in der Privatisierungsdiskussion bestehende Dichotomie zwischen der reinen Organisationsprivatisierung und der vollständigen Aufgabenprivatisierung, also zwischen den Eckpunkten *„Staat"* und *„Private"* als jeweils alleinige Aufgabenträger, hinaus und eröffnet die Perspektive für die vielfältigen Zwischenformen einer Kooperation beider Subjekte. Dies ist für den weiteren Verlauf der Unter-

Druck zu finden ist, dem sich die öffentlichen Haushalte aller Hierarchien ausgesetzt sehen. Ziel ist es, Erlöse zu erzielen und langfristig Kosten zu senken. Zu einer Prioritäten setzenden Aufgabendiskussion kommt es nur selten; auf diese Dimension verweist besonders der *Sachverständigenrat „Schlanker Staat"*, Abschlussbericht, S. 60

97 zur Systematisierung siehe grundlegend *Schoch*, Privatisierung von Verwaltungsaufgaben, DVBl. 1994, S. 962; *v. Heimburg*, Verwaltungsaufgaben und Private, S. 21; *Bauer*, Privatisierung von Verwaltungsaufgaben, VVDStRL 54 (1995), S. 243, 251; *König/Benz*, Privatisierung und Regulierung, S. 11, 29; deutlich auch *Mehde*, Ausübung von Staatsgewalt, VerwA 2000; S. 540, 543, wonach jede Kooperation des Staates mit privaten Leistungserbringern in Bereichen, die zuvor ausschließlich in öffentlich-rechtlichen Organisationsformen erbracht wurden, unter den Oberbegriff der *„Privatisierung"* zu fassen sei. Zusätzlich zu den hier aufgeführten Formen ist noch die hier unbedeutende *Vermögensprivatisierung* zu nennen, bei der vormals staatliches Eigentum auf Private übertragen wird. *Schuppert/Bumke*, Verfassungsrechtliche Grenzen, S. 71, 80 ergänzen die klassische Vierteilung des Privatisierungsbegriffs um die hier ebenfalls nicht interessierende *Finanzierungsprivatisierung*, d.h. die private Vorfinanzierung öffentlicher Infrastruktur

98 zu den verfassungsrechtlichen Grenzen beispielsweise hinsichtlich der öffentlichen Sicherheit ausführlich *Scholz*, Staatliche Sicherheitsverantwortung, FS Friaul, S. 439, 446;

99 *Scholz*, Privatisierung im Baurecht, S. 39; *Voßkuhle*, Regelungsstrategien, S. 47, 59 spricht in diesem Zusammenhang von *„gleitenden Teillösungen"*; Schuppert, Privatisierungsdiskussion, S. 541, 544 bezeichnet die funktionale Privatisierung als *„spannendsten"* Teil in der Privatisierungsdiskussion

suchung von erheblicher Bedeutung, kann es sich doch aus grundsätzlichen rechtlichen Erwägungen bei der privatverbandlichen Standardisierung, unabhängig von dem zu untersuchenden Rechtsgebiet, nur um eine solche kooperative Zwischenform des Ineinanderwirkens von Staat und privaten Akteuren handeln, jedoch niemals um eine rein private Aufgabenerfüllung.

III. Das Konzept der Verantwortungsebenen – Die Rücknahme der staatlichen Leistungstiefe

Die Privatisierung bisheriger Staatsaufgaben stellt sich als Folgen eines gewandelten Verständnisses von der Rolle des Staates in Deutschland dar:

Sollte sich der Staat nach der ursprünglichen liberal-bürgerlichen Vorstellung als *liberaler* Rechtsstaat auf die Primärbereiche der öffentlichen Sicherheit und Ordnung beschränken und die wirtschaftlichen Abläufe einer autonomen Gesellschaft überlassen, so ist aus ihm unter dem Grundgesetz der *soziale* Rechtsstaat geworden, in dem der Staat in hohem Maße wirtschaftslenkend tätig ist und der sich durch eine enge Vernetzung zwischen dem Staat und der Gesellschaft auszeichnet. Staat und Gesellschaft sollten sich dabei im ökonomischen Bereich nicht konkurrierend gegenüber stehen, sondern sie sind vielmehr wechselseitig voneinander abhängig[100]. Im Konzept der sozialen Marktwirtschaft geht es damit nicht länger um den Gegensatz zwischen staatlichen Zuständigkeiten und gesellschaftlichen Autonomien. Vielmehr sind Staat und Gesellschaft derart miteinander verbunden, dass der Staat als ein Garant für die wirtschaftliche Autonomie bezeichnet werden kann, der den privaten Subjekten zwar Grenzen ihrer Aktivitäten aufzeigt, gleichzeitig aber auch innerhalb dieser Grenzen sein eigenes Handeln auf das absolut Notwendige reduzieren sollte.

Inzwischen besteht wohl weitgehend Einigkeit, dass sich der Staat, dem insbesondere unter dem Gesichtspunkt einer weit verstandenen Sozialfürsorge in immer stärkerem Umfang eine umfassende Verantwortung für alle Lebensbereiche und -situationen zugewiesen wurde, in der Vergangenheit in Abkehr vom ursprünglichen Konzept der sozialen Marktwirtschaft durch eine extensive Konkretisierung seiner Kompetenz-Kompetenz übernommen hat und heute vor der Notwendigkeit steht, sein Leistungsangebot zu reduzieren.

Diese Änderungen in der Wahrnehmung staatlicher Verantwortung können am besten mit der Formel umschrieben werden, dass der Staat nicht länger für bestimmte Ergebnisse, insbesondere für die Bedürfnisbefriedigung der Bürger, verantwortlich ist, sondern sich auf die Garantie der Funktionsfähigkeit der Wege der Leistungserbringung beschränken sollte, bei der durch Aktivierung der eigenverantwortlichen Kräfte im stärkeren Maße Dritte in die Problemverarbeitung einschaltet werden[101].

[100] in diesem Sinne auch *Scholz*, Grenzen staatlicher Aktivität, S. 113, 114

[101] siehe hierzu *Hoffmannn-Riem*, Finanzkontrolle als Steuerungsaufsicht, DÖV 1999, S. 221

Dabei geht es bei der Betrachtung der je nach Intensität des staatlichen Agierens entstehenden Verantwortungsebenen insbesondere darum, den Bereich zwischen den Endpunkten einer denkbaren Skala staatlicher Verantwortung, nämlich der bloßen Rahmensetzung für private Aktivitäten seitens des Staates und seiner vollen administrativen Verantwortungsübernahme auszufüllen[102]. Der Begriff der *„staatlichen Verantwortung"* zielt im Folgenden darauf ab, die Verteilung der Verantwortung zwischen dem hoheitlichen Träger und privaten Akteuren entlang dieser Skala zu beschreiben. Damit stellt der Begriff eine Chiffre für die verbleibende Intensität staatlicher Aktivitäten zur Gemeinwohlverwirklichung dar[103].

Ausgangspunkt der Überlegungen ist dabei die Feststellung, dass trotz Unterstellung der staatlichen Intention auf Gemeinwohlrichtigkeit der Staat nach dem Grundgesetz kein Verwirklichungsmonopol für das Gemeinwohl beanspruchen kann[104]. Steht damit im Umkehrschluss aber auch fest, dass bei teilbarer Gemeinwohlverantwortung eine Mehrzahl gemeinwohlorientierter Akteure existieren können, muss deren Rolle im Verhältnis zum Staat abgegrenzt werden. Daher sollen nachfolgend die denkbaren und rechtlich zulässigen Ebenen der Verantwortungsteilung zwischen Staat und Gesellschaft vorgestellt und damit im Weiteren die mögliche Intensität staatlicher Verantwortung für die hier interessierende Materie der Standardisierung der Rechnungslegung identifiziert werden.

1. Die Erfüllungsverantwortung des Staates

Die Erfüllung öffentlicher Aufgaben durch Träger mittelbarer oder unmittelbarer Staatsverwaltung reduziert sich vor allem aus fiskalischen Überlegungen heraus in immer größer werdendem Umfang[105]. Kennzeichnend für diese Verantwortungsebene ist in der Regel nicht allein die qua Beschluss der staatlichen Träger bestehende ausschließliche Erfüllungsverantwortung seitens des Staates, hinzu tritt häufig auch ein verfassungsrechtlich gebotenes staatliches Wahrnehmungsmonopol, das nicht ins Belieben der jeweiligen politischen Konstellationen gestellt ist. Die klassischen Hoheitsaufgaben des Staates, wie das Gewaltmonopol, die Sicherheitsgewähr, die auswärtigen Angelegenheiten und die Währungshoheit lassen sich unter den Begriff der *Kernaufgaben* fassen. Hier besteht in der Staatsrechtswissenschaft noch immer Einigkeit, dass der administrative Aufgabenträger nicht nur die Erfüllung des Aufgabenzwecks zu gewähren, sondern dass er auch die Durchführung und den Vollzug der

---

102 hierzu speziell *Schmidt-Aßmann*, Reform des Allgemeinen Verwaltungsrechts, S. 11, 44

103 dies betont auch *Trute*, Verzahnungen von öffentlichem und privaten Recht, S. 167, 198

104 so deutlich beispielsweise auch *Schuppert/Bumke*, Verfassungsrechtliche Grenzen, S. 71, 82; bereits an dieser Stelle von Bedeutung ist der Hinweis von *Trute*, Selbstregulierung, DVBl. 1996, S. 950, 951 wonach außerstaatliche Akteure mittels staatlicher Steuerung mit der notwendigen Gemeinwohlfähigkeit, d.h. der Fähigkeit zur ausreichenden Berücksichtigung öffentlicher Interessen, ausgestattet werden müssen

105 so *Hoffmannn-Riem*, Verwaltungsrechtsentwicklung, DÖV 1997, S. 433, 442; *Schuppert/Bumke*, Verfassungsrechtliche Grenzen, S. 71, 82 stellen fest, dass der Staat auf dieser Verantwortungsebene in der Regel das Berufsbeamtentum als spezifisches Personal einsetzt

Aufgaben im eigenen Zuständigkeitsbereich zu verantworten hat, eine materielle Aufgabenprivatisierung also mit der grundgesetzlichen Ordnung unvereinbar wäre[106]. Ein staatlicher Kompetenzverzicht in diesen Bereichen hätte daher eine Infragestellung des Staatscharakters zur Folge[107].

2. Die Gewährleistungsverantwortung des Staates

In Rückbesinnung auf das Leitbild der sozialen Marktwirtschaft kann davon gesprochen werden, dass der Staat die erwünschten gemeinwohlschaffenden Ergebnisse im Regelfall nicht selbst erzeugen, sondern er sich auf die Bereitstellung eines Rahmens, innerhalb dessen die gesellschaftlichen Akteure ihre eigenen Angelegenheiten möglichst gemeinwohlmaximierend selbständig regeln, beschränken sollte. Diese Ermöglichung gemeinwohlverträglicher Entscheidungen Dritter[108] kann durch staatliche Strukturvorgaben oder auch durch eine teilweise eigene Mitarbeit staatlicher Organe geschehen. Wichtig ist dabei, dass der Staat die Handlungen Privater auf ihre Gemeinwohlverträglichkeit überprüfen muss, damit nicht partikuläre Interessen überwiegen und damit der demokratische Interessenausgleich des grundgesetzlichen Gemeinwesens fundamental ausgehebelt wird[109]. Die Verantwortung für die politische und soziale Stabilität und die demokratischen Errungenschaften, wie beispielsweise die Gleichheit der Bürger und die notwendige demokratische Legitimation, verbleibt auch weiterhin notwendigerweise beim Staat[110]. Er behält sich damit

---

106 jedoch wird die staatliche Aufgabenerfüllung im Bereich originärer Staatsaufgaben nicht mehr absolut gesehen, sondern innerhalb bestimmter Grenzen erscheinen auch in diesem Bereich formelle Privatisierungen möglich, siehe hierfür beispielsweise *Scholz*, Privatisierung im Baurecht, S. 37, mit Beispielen insbesondere im Bereich der inneren Sicherheit und der polizeilichen Gefahrenabwehr; ebenso *ders.*, Verkehrsüberwachung durch Private?, NJW 1997, S. 14, 15; *Ronellenfitsch*, Staat und Markt, DÖV 1999, S. 705, 708; zur staatsrechtlichen Diskussion siehe beispielsweise zum staatlichen Gewaltmonopol und die Stellung privater Sicherheitsdienste die umfangreiche Bibliographie bei *Hammer*, Private Sicherheitsdienste, DÖV 2000, S. 613, Fn.2; besonders klar stellt aus einem demokratietheoretischem Ansatz *Voelzkow*, Staatliche Regulierung der verbandlichen Selbstregulierung, S. 105, 127 die Frage nach den Grenzen einer Zuständigkeitsverschiebung in Richtung privater Akteure und damit die Frage nach einem Kernbestand staatlicher Aufgaben

107 so formuliert das *BVerfG v. 1.8.78*, BVerfGE 49, S. 24, 56 beispielsweise bezüglich der öffentlichen Sicherheit: *„Die Sicherheit des Staates als verfasster Friedens- und Ordnungsmacht und die von ihm zu gewährleistende Sicherheit seiner Bevölkerung sind Verfassungswerte, die mit anderen im gleichen Rang stehen und unverzichtbar sind, weil die Institution Staat von ihnen die eigentliche und letzte Rechtfertigung herleitet"*; *v. Heimburg*, Verwaltungsaufgaben und Private, S. 22 zählt hierzu ausdrücklich auch die Gesetzgebung, ebenso *Ludwig*, Privatisierung staatlicher Aufgaben, S. 150, der private technische Normung jedoch ausdrücklich ausnimmt; dagegen wohl zu undifferenziert *Kißler*, Privatisierung von Staatsaufgaben, S. 57, 60 der davon spricht, dass im internationalen Vergleich kaum eine Aufgabe auszumachen sei, die nicht auch von Privaten erfüllt werden kann und in der Realität auch erfüllt wird

108 *Hoffmannn-Riem*, Verfahrensprivatisierung, DVBl. 1996, S. 225, 230 verwendet hierfür die Bezeichnung *„enabling statt providing"*

109 *Trute*, Verzahnungen von öffentlichem und privaten Recht, S. 167, 198 nennt beispielsweise eine mögliche Imparität der Vertragspartner oder die Berücksichtigung der öffentlichen Interessen derjenigen, die an bestimmten privaten Rechtsverhältnissen nicht beteiligt sind, aber von ihren Auswirkungen betroffen sein können, als schützenswert

110 die Überwachungsfunktion des Staates betonen besonders *Hoffmannn-Riem*, Finanzkontrolle als Steuerungsaufsicht, DÖV 1999, S. 221; *ders.*, Telekommunikationsrecht, DVBl. 1999, S. 125, 126;

die konkrete Gemeinwohlverantwortung weiterhin vor, obwohl er durch Privatisierung die Instrumente, die für eine eigenständige Aufgabenerfüllung notwendig wären, vorläufig aus der Hand gegeben hat. Damit setzt sich der Weg vom *erfüllenden* Interventionsstaat zum *ermöglichenden* Gewährleistungsstaat fort[111].

3. Die Auffangverantwortung des Staates

Wenn selbst innerhalb der höchsten staatlichen Verantwortungsebene, dem Bereich der Erfüllungsverantwortung, in den Fällen, in denen das staatliche Handeln für das angestrebte Ausmaß der Gemeinwohlverwirklichung nicht genügt oder es zu unerwarteten und erwünschten Nebenwirkungen kommt, von Steuerungsversagen gesprochen werden muss, droht dies umso mehr, wenn sich der Staat im Bereich der Gewährleistungsverantwortung aus der unmittelbaren Leistungserbringung zurückgezogen hat. Weder kann davon ausgegangen werden, dass die Dritten automatisch das gewünschte und staatlich geförderte Verhalten an den Tag legen, noch, dass damit die angestrebten Gemeinwohlziele erreicht und Nebenwirkungen vermieden werden.

An dieser Stelle greift die Auffangverantwortung des Staates ein: Wenn nötig, wird der das private Agieren überwachende Staat korrigierend oder substituierend tätig, indem er seine rechtlich nach wie vor bestehende Ergebnisverantwortung reaktiviert, um den gewünschten Erfolg erreichen zu können[112].

Somit stellt sich die Auffangverantwortung nicht als eigenständige Ebene, sondern vielmehr als logische Fortentwicklung der Gewährleistungsverantwortung dar: Ohne die Drohung mit eigenen Interventionen könnte der Staat die gemeinwohlorientierte Aufgabenerfüllung durch unabhängige Dritte eben gerade nicht gewährleisten, die Auffangverantwortung stellt damit das staatliche Interventionspotenzial dar.

Diese im Hintergrund stets latent vorhandene Eingriffsmöglichkeit hat aber nicht nur Auswirkungen auf die Gemeinwohlorientierung privater Standardisierungen, sondern auch auf die innerverbandliche Kooperationsfähigkeit der mit den Aufgaben betrauten privaten Akteure[113].

---

mit abweichender Terminologie aber wohl im Ergebnis übereinstimmend *Bauer*, Privatisierung von Verwaltungsaufgaben, VVDStRL 54 (1995), S. 243, 280

[111] so *Hoffmannn-Riem*, Finanzkontrolle als Steuerungsaufsicht, DÖV 1999, S. 221, 222; in diesem Sinne einer Unterscheidung in Kernaufgaben und Gewährleistungsaufgaben auch der *Sachverständigenrat „Schlanker Staat"*, Abschlussbericht, S. 61; *Schuppert/Bumke*, Verfassungsrechtliche Grenzen, S. 71, 82 betonen, dass *„die staatliche Aufsicht als unverzichtbares Scharnier des Übergangs von der Erfüllungs- zur Gewährleistungsverantwortung fungiert."*

[112] auf die bei der Gewährleistungsverantwortung prinzipiell fortbestehende Ergebnisverantwortung verweist relativierend richtigerweise *Hoffmann-Riem*, Verfahrensprivatisierung, DVBl. 1999, S. 223,232; zustimmend *Schuppert*, Kooperationsspektrum, S. 93, 118; *Schmidt-Aßmann*, Reform des Allgemeinen Verwaltungsrechts, S. 11, 44; treffend formulieren *Schuppert/Bumke*, Verfassungsrechtliche Grenzen, S. 71, 84: *„Die Auffangverantwortung des Staates sitzt – um ein Bild aus der Welt des Fußballs zu verwenden – auf der Reservebank, solange das Spiel gut läuft, wird aber in dem Moment aktualisiert, in dem gemeinwohlrelevante Steuerungsdefizite zu konstatieren sind."*

[113] siehe hierzu ausführlich Kapitel F (**Zur Regierungsfähigkeit privater Gremien**), S. 85

4. Die Übertragbarkeit des Konzepts der Verantwortungsteilung auf die Rechnungslegung

Unter der Prämisse der Nicht-Existenz eines staatlichen Gemeinwohlmonopols ergeben sich aus dem Konzept der Verantwortungsteilung für den weiteren Fortgang der Untersuchung interessante Schlussfolgerungen: Die Verantwortungsteilung erlaubt offenbar eine differenzierte und auf die zu regelnde Materie abgestellte Zuteilung der Verantwortung auf hoheitliche und private Aufgabenträger und damit auch eine Verschiebung der Gemeinwohlbeiträge hin zu privaten Akteuren.

Dabei wurde im Vorgenannten, abgesehen von den klassischen Staatsaufgaben auf der Ebene der Ergebnisverantwortung, bewusst keine Differenzierung bezüglich der Regelungsmaterien vorgenommen. Bei öffentlichen Dienstleistungen haben wir uns inzwischen daran gewöhnt, eine Pluralität verschiedener staatlicher, organisationsprivater und tatsächlich privater Anbieter vorzufinden[114]. Es erscheinen nun aber keine Gründe erkennbar, warum die Normproduktion und hier die Standardisierung der Rechnungslegung von einer solchen Verantwortungsteilung grundsätzlich ausgenommen werden müssten, auch wenn selbstverständlich die besondere Verantwortung der demokratisch legitimierten Hoheitsträger für die Rechtssetzung und hier speziell für die Aufstellung allgemein verbindlicher Handlungsgebote anerkannt wird[115]. Es scheint sich vielmehr nur um eine Frage der konkreten Ausgestaltung der Rollenverteilung hoheitlicher und privater Akteure, also der verbleibenden Gewährleistungs- und Auffangverantwortung des Staates zu handeln, nicht jedoch um eine grundsätzliche Unmöglichkeit. Daher soll nachfolgend der Frage möglicher staatlicher Handlungsszenarien für die Wahl der jeweils geeignetesten rechtlichen Regelungsform nachgegangen werden, wobei der Bereich der Rechnungslegung ausdrücklich eingeschlossen wird.

IV. Die Handlungsszenarien des Staates – Die Auswahl rechtlicher Reglungsformen

Die oben dargestellte Differenzierung staatlicher Verantwortung leitet über in eine Typologie unterschiedlicher Regelungsstrukturen zur Erfüllung öffentlicher Aufgaben. Dabei stellen die traditionelle *„hoheitlich-imperative Regulierung“* und die *„private Selbstregulierung“* die mit den gegensätzlichen Polen auf der Verantwortungsskala korrespondierenden Eckpunkte dar. Beide Handlungsformen sind hier nicht von Interesse: Einerseits setzt die Diskussion der zukünftigen Bedeutung eines privaten Rechnungslegungsgremiums den weitgehenden Verzicht auf staatlich-hoheitliche Akte voraus, andererseits wäre die vollkommen selbständige Formulierung verbindlicher Rechnungslegungsstan-

[114] instruktiv hierzu die Darstellung bei *Schuppert*, Privatisierung als Veränderung staatlicher Handlungsformen, S. 539, 545

[115] auch *Schuppert/Bumke*, Verfassungsrechtliche Grenzen, S. 71, 85 vertreten die Ansicht, dass sich auch für die Standardsetzung im Bereich der Rechnungslegung eine Verantwortungsteilung *„modellhaft organisieren ließe“*

dards seitens eines privaten Gremiums mit der grundgesetzlichen Ordnung nicht vereinbar[116].

Daher verbleibt die Aufgabe, den Zwischenraum zwischen diesen Polen zu beschreiben. Im Schrifttum wurden hierfür zwei Kategorien entwickelt, die sich durch den Unabhängigkeitsgrad privater Handlungen von staatlicher Aufsicht und Intervention unterscheiden[117].

1. Die „selbstregulative Regulierung"

Häufig und wohl auch in steigendem Ausmaß werden in den staatlichen Handlungsrahmen Optionen zur Übertragung von Verantwortung sowohl auf dezentrale staatliche Einheiten als auch auf außerstaatliche individuelle Akteure eingebaut. Ziel ist es jeweils, deren Sachverstand, Engagement und Einscheidungsnähe als Steuerungsressource für die verbesserte staatliche Zieldurchsetzung zu nutzen, wobei durchaus auch das Eigeninteresse der Akteure motivationsfördernd genutzt werden kann[118].

Gleichwohl verbleibt die so beschriebene begrenzte Selbstregulierung innerhalb des staatlichen Handlungsrahmens. Damit bleibt im Konzept der *„selbstregulativen Regulierung"* die staatliche Erfüllungsverantwortung wenn auch abgeschwächt in der Regel bestehen, der Staat setzt aber aus Gründen einer vermeintlich leichteren Zielerreichung auf die Aktivierung gesellschaftlicher Autonomie. Festgehalten werden muss dabei jedoch, dass die Ausfüllung des staatlicherseits gewährten Spielraumes an staatliche Vorgaben gebunden bleibt.

2. Die „staatliche veranlasste gesellschaftliche Selbstregulierung" [119]

Der Staat kann sich aber auch in einem schleichenden Übergang unter Aufgabe seiner Erfüllungsverantwortung zunächst auf die gesellschaftlichen Kräfte

---

[116] Der Grad rechtlicher Verbindlichkeit, der den Arbeitsergebnissen eines privaten Gremiums zuerkannt werden kann, ist dabei sowohl für die binnenverbandliche Struktur des Gremiums als auch für die Normloyalität unter den poten ziellen Standardanwendern von großer Bedeutung. Siehe hierzu ausführlich Kapitel H IV (**Ergebnis: Privatverbandliche Standards für den handelsrechtlichen Einzelabschluss als Auslegungsofferte**), S. 141 dieser Arbeit.

[117] diese Einteilung ist beispielsweise zu finden bei *Hoffmannn-Riem*, Öffentliches Recht und Privatrecht, S. 261, 300; auch *Palm*, Staatliche Regulierung und private Selbstregulierung, S. 215, 219

[118] siehe hierzu *Hoffmann-Riem*, Verwaltungsrechtsentwicklung, DÖV 1997, S. 433, 436; *ders*., Öffentliches und Privatrecht, S. 261, 300 hier noch unter der Bezeichnung *„staatliche Regulierung unter Einbau selbstregulativer Elemente"*; zu den Erscheinungsformen siehe *Trute*, Selbstregulierung, DVBl. 1996, S. 950, 952

[119] wie hier auch *Burgi*, Funktionale Privatisierung, S. 10; die Terminologie hierzu ist im Schrifttum nicht einheitlich, häufig wird auch der Begriff der *„Selbststeuerung"* verwendet. Mit *Schmidt-Preuß*, Verwaltung und Verwaltungsrecht, VVDStRL 56 (1997), S. 160, 162, Fn.3 wird im Weiteren der Begriff der *„Steuerung"* aufgrund des ihm immanenten Elementes der Letztverbindlichkeit ausschließlich für den staatlichen Gestaltungsmodus verwendet, während bei Mitwirkung Privater der Begriff *„Selbstregulierung"* deutlicher erscheint; so auch *Trute*, Selbstregulierung, DVBl. 1996, S. 950, 954; *Hoffmann-Riem*, Verfahrensprivatisierung, S. 9, 21; *Voßkuhl*, Regelungsstrategien, S. 47, 61 bevorzugt den Begriff der *„Verantwortungsteilung"*; siehe, unabhängig von der Begrifflichkeit bereits auch *Ossenbühl*, Verwaltungsaufgaben, VVDStRL 29 (1971), S. 137, 147

verlassen und sich im Sinne der oben beschriebenen Gewährleistungs- und Auffangverantwortung beobachtend auf die Schaffung regulativer Rahmen für die Selbstregulierung beschränken[120].

Durch die Handlungsrahmen-Vorgabe wird zwar der Spielraum der Privaten bei ihrer Optionenwahl und –konkretisierung eingeengt. Gleichwohl darf aber das Bestehen dieses Spielraums weder übersehen noch unterschätzt werden: An keiner anderen Stelle staatlicher Entscheidungsfindung werden ähnlich hohe institutionell abgesicherte Einwirkungs- und Mitwirkungsmöglichkeiten für private Akteure bestehen.

Erhöht sich hierdurch einerseits der Spielraum für autonome Entscheidungen, darf andererseits aber auch das drohende Risiko von Machtungleichgewichten nicht übersehen werden. Dies ist der wichtigste Ansatzpunkt für die staatliche Vorgabe eines strukturierten Handlungsrahmens. Der in das privat-autonome Handeln eingreifende Staat zielt dabei auf den Abbau von Machtasymmetrien, eine gleichberechtigte Beteiligung unterschiedlicher Interessen und die Berücksichtigung öffentlicher Interessen bei rein privaten Handlungen[121].

3. Ergebnis: Privatverbandliche Normsetzung als Form „staatlich veranlasster gesellschaftlicher Selbstregulierung“

Die hier zu untersuchende privatverbandliche Formulierung von Rechnungslegungsstandards ist als Folge einer funktionalen Privatisierung vormals den staatlichen Hoheitsträgern vorbehaltener öffentlicher Aufgaben unter die zuletzt vorgestellte Kategorie der *„staatlich veranlassten gesellschaftlichen Selbstregulierung“* zu fassen.

Dieses die weiteren Ausführungen teilweise vorwegnehmende Urteil basiert auf der innerhalb eines die Jahresabschlussaufgaben nur grob konkretisierenden gesetzlichen Rahmens weitgehend unabhängigen Form des privaten Agierens und der hohen faktischen Bindungskraft der Ergebnisse privater Standardisierungsarbeit. Der Staat begrenzt dagegen seine Aktivitäten auf die Gewährleistung der gemeinwohlorientierten Standardisierungsarbeit und eine für den Fall des privaten Versagens fortbestehenden Interventionsbereitschaft[122].

Durch diese Konzeption kommt die maßgebliche und im Weiteren detailliert vorgestellte Einschränkung, dass die Rechtsordnung der Bundesrepublik Deutschland einer Form von Selbstregulierung, die ausschließlich private Interessen fördert, aufgrund ihrer Auswirkungen auf die Allgemeinheit im Wege

[120] *Burgi*, Funktionale Privatisierung, S. 10 zählt die private Rechtssetzung im Umwelt- und Technikrecht ausdrücklich zu dieser Kategorie; siehe erneut auch *Peters*, Öffentliche und staatliche Aufgaben, FS Nipperdey, Bd. 2, S. 877, 878

[121] so auch *Schmidt-Preuß*, Verwaltung und Verwaltungsrecht, VVDStRL 56 (1997), S. 160, 204; interessant erscheint der Hinweis von *Hoffmannn-Riem*, Öffentliches Recht und Privatrecht, S. 261, 302, dass die regulativen Vorkehrungen des Staates umso schwächer ausfallen könnten, je homogener die beteiligten Interessen und je ausgeglichener deren Drohpotenziale seien

[122] so auch *Burgi*, Funktionale Privatisierung, S. 10

steht, zur Wirkung. Vielmehr muss das Verfahren der Selbstregulierung und die Rezeption der privat entwickelten Standards in dem Sinne *„vorprogrammiert"* werden, dass sie zu gesellschaftlich verantwortlichen Ergebnissen führt[123]. Diese Veranlassung umfasst dabei sämtliche flankierenden Maßnahmen des Staates, also Maßnahmen der Anregung, Überwachung, Förderung und eventueller Korrekturen an den Ergebnissen, die der Staat im öffentlichen Interesse ergreift[124].

Damit kann aber auch bereits jetzt festgestellt werden, dass aufgrund der Zuordnung zum Bereich der funktionalen Privatisierung die öffentliche Aufgabe *„Festlegung von Rechnungslegungsstandards"* nicht aus dem staatlichen Bereich herausgelöst wird, woran auch die im Weiteren zu diskutierende faktische Geltungswirkung und damit das hieraus resultierende faktische Entscheidungsrecht privater Akteure nichts ändern kann. Vielmehr steht der Staat auch in dieser Form der Kooperation weiterhin in Verantwortung, er verschafft sich auf diesem Wege lediglich in besonders effektiver Weise staatsentlastenden externen Sachverstand, über den er selbst nicht verfügt[125] und bewirkt so erst die zu beschreibende faktische Bindungsmacht privatverbandlicher Standards.

Damit wird aber ein Gesichtspunkt, der in aktuellen öffentlichen Privatisierungsdebatten häufig übersehen wird, ganz deutlich: Der Rückzug des Staates mittels funktionaler Privatisierungen und damit die Konzentration auf seine Gewährleistungsverantwortung bei der Erfüllung öffentlicher Aufgaben bedeuten gerade nicht den Abschied vom Staat im Sinne des ursprünglichen liberalen *„laissez-faire"*, sondern die Suche nach neuen Steuerungsmöglichkeiten, die den Staat in die Lage versetzen, sowohl unter den veränderten fiskalischen Bedingungen als auch in Rückbesinnung auf die Ordnungspolitik des Grundgesetzes ein Höchstmaß des *bonum commune* zu verwirklichen.

V. Auswahlentscheidungen für rechtliche Regelungsformen: Übertragung des Grundsatzes der funktionsgerechten Organstruktur

Aus dem grundgesetzlichen Prinzip der Gewaltenteilung haben Rechtsprechung und Schrifttum bereits frühzeitig hinsichtlich der Kompetenzverteilung zwischen Legislative und Exekutive die *Leistungsfähigkeit* eines Staatsorgans

---

[123] *Hoffmannn-Riem*, Verfahrensprivatisierung, DVBl. 1999, S. 225, 229 spricht im Zusammenhang mit dem Schutzauftrag des Staates davon, dass verhindert werden soll, dass *„die in der Gesellschaft real vorhandene Chancenungleichheit auch zur Rechtsmaxime"* erhoben wird; siehe aus sozialwissenschaftlicher Sicht auf der Suche nach Alternativen zu staatlicher Regulierung und privat autonomer Marktdisposition *Offe*, Sozialwissenschaftliche Aspekte, S. 107, 123

[124] die *„Veranlassung im engeren Sinne"*, also staatliche Initiativen, die die Privaten zur Aufnahme der Normungsarbeit anregen, kann sich durch Zwang oder auch die Inaussichtstellung von Vorteilen äußern. Als Beispiele für staatliche Handlungsanreize zur Erbringung spezifischer Dienstleistungen, an denen ein öffentliches Interesse besteht, sind rechtliche und finanzielle Vorteile und erhöhte Einflussmöglichkeiten durch die in Aussicht gestellte Zurückhaltung der staatlichen Normgebung zu nennen; besonders auf die staatliche Beobachtungs- und Kontrollfunktion stellt auch *v. Hagemeister*, Privatisierung, S. 25 ab

[125] *Mehde*, Ausübung von Staatsgewalt, VerwA 2000, S. 540, 543 spricht von *„Einkauf"* klar umgrenzter Leistungen seitens des Staates

als entscheidendes Zuordnungskriterium ausgemacht[126]. Demnach bestimme sich eine sinnvolle Verteilung der Staatsfunktionen danach, dass die Aufgaben und Entscheidungen von jenen Organen wahrgenommen werden sollten, die nach ihrer inneren Struktur, ihrer Besetzung und Arbeitsweise für die in Frage kommenden Aufgaben am besten gerüstet seien, da Entscheidungen staatlicher Organe nicht nur demokratisch legitimiert sein müssen, sondern vielmehr auch möglichst *richtig* sein sollten[127].

Aus diesem Grundsatz der funktionsgerechten Organstruktur lassen sich auch für die Frage der Einbeziehung Privater in die Gemeinwohlverantwortung zwei wichtige Folgerungen ableiten.

Zum einen drängt sich der Schluss auf, auch im Verhältnis staatlicher und privater Aufgabenträger, übrigens ganz im Sinne des Subsidiaritätsprinzips, das *„richtige"* Organ mit der Aufgabenverantwortung zu betrauen. Dies wäre der Aufgabenträger, der für eine möglichst sachgerechte, kompetente, schnelle und kostengünstige Aufgabenerfüllung bei größtmöglicher Verwirklichung des *bonum commune* steht. Damit steht aber die staatliche Trägerschaft in vielen Bereichen des Gemeinwesens auf dem Prüfstand.

In den Ausführungen zu den veränderten Verantwortungsebenen staatlicher Aufgabenwahrnehmung wurde bewusst keine Differenzierung hinsichtlich der Aufgaben vorgenommen und dieses Konzept auch auf die Regulierung der Rechnungslegung übertragen. Dieser Gedanke wird nun fortgeführt und zweitens vorausgesetzt, dass die für die Staatsorganisation entwickelten Überlegungen zur funktionsgerechten Organstruktur allgemein auch auf den Bereich der Normsetzung und speziell auf die Standardisierung der Rechnungslegung übertragen werden können. Dies würde für den Gesetzgeber eine ordnungspolitische Verpflichtung bedeuten, jene rechtliche Regelungsform für die Rechtssetzung zu wählen, die im Rahmen von Demokratie und Rechtsstaatlichkeit für die zu regelnde Materie in Bezug auf zu bestimmende Kriterien eine optimale Verwirklichung des Gemeinwohls gewährleistet[128].

1. Die Bewertung rechtlicher Regelungsformen

Für die konkrete Entscheidung zugunsten einer rechtlichen Regelungsform lässt sich folgender Auswahlprozess zugrunde legen:

Nach der Feststellung einer grundsätzlichen Regulierungsnotwendigkeit, beispielsweise wegen eines Marktversagens bei der Produktion öffentlicher Güter, wie sie Normen darstellen[129], wären zuerst als Entscheidungsgrundlage

---

[126] so *BVerfG v. 18.12.84*, BVerfGE 68, S. 1, 86; zustimmend zur Rechtsprechung *Ossenbühl*, HbStR III, § 62 (Vorrang und Vorbehalt des Gesetzes), Rz. 49

[127] Interessanterweise sieht das Bundesverfassungsgericht dabei den Grundsatz funktionsgerechter Organstruktur auch als ein Instrument zur Mäßigung der Staatsgewalt insgesamt an.

[128] damit wird der Auffassung von *Schuppert/Bumke*, Verfassungsrechtliche Grenzen, S. 71, 91 gefolgt; Ähnliches klingt bereits bei *Ossenbühl*, Gesetz und Verordnung, S. 27, 28 an

[129] diesen Zusammenhang betont insbesondere *Watrin*, Thesen zur künftigen Regulierung der Rechnungslegung, DB 2001, S. 933, wonach eine staatliche Regulierung der Rechnungslegung nur

die Vor- und Nachteile verschiedener in Rede stehender rechtlicher Regelungsformen darzustellen. Hinsichtlich der Frage nach einer Veränderung der bisherigen Form der Regulierung der Rechnungslegung in Deutschland bedeutet dies die Notwendigkeit einer Untersuchung der gemeinwohlfördernden und gemeinwohlgefährdenden Aspekte einer privaten, selbstregulatorischen Normsetzung[130].

Hieran müssen sich Untersuchungen über die Möglichkeiten einer Begrenzung der negativen Auswirkungen durch organisatorische Vorgaben und die staatliche Interventionsdrohung anschließen. Steht fest, dass die staatlich veranlasste gesellschaftliche Selbstregulierung als Normsetzungsalternative zur Verfügung steht, müsste der Staat sein eigenes Handeln kritisch hinterfragen: Kann das die privaten Akteure einbeziehende Verfahren das Gemeinwohl in mindestens gleicher Weise gewährleisten, wie es die bisherige staatlich-hoheitliche Regulierung der Rechnungslegung erreichen kann? Wird diese Frage positiv beantwortet, ist, gemessen an dem Kriterium der *Notwendigkeit* staatlichen Handelns, das privatverbandliche Verfahren auszuwählen[131].

2. Voraussetzung: Selbstregulatorische Normsetzung als Auswahlalternative

Diese Entscheidung setzt eine intensive Auseinandersetzung mit der Frage voraus, wie ein selbstregulatorischer Normsetzungsprozess ausgestaltet sein muss, damit er zu den möglichen verfassungsrechtlich unbedenklichen Regelungsformen gezählt werden kann. Mit anderen Worten: Die selbstregulatorische, also private Normsetzung, muss hinsichtlich der Gremienzusammensetzung, der Entscheidungsfindung und der Normübernahme in den hoheitlichen Bereich so etabliert werden, dass sie im grundgesetzlichen Gemeinwesen für bestimmte Regelungsmaterien eine akzeptable Auswahlalternative darstellt. Nur dann kann die Ausgangsfrage nach einer Veränderung der bisherigen Form der Regulierung der Rechnungslegung positiv beantwortet werden.

VI. Ergebnis: Private Standardisierung und staatliche Gewährleistungsverantwortung als Ergebnis gegenseitiger Kooperation

Ausgehend vom grundgesetzlichen Konzept der *„offenen"* Staatsaufgaben wurde gezeigt, dass die staatlichen Organe selbst über die Wahrnehmung öf-

dann zu rechtfertigen sei, sofern der Markt für Unternehmenspublizität und Rechnungslegungsstandards durch Marktversagen gekennzeichnet ist.

130 Untersuchungsgegenstand der Arbeit ist nicht eine Auswahlentscheidung im Sinne einer *regulatory choice*, sondern die Darstellung der selbstregulatorischen Standardisierung und ihrer Wirkungen. Daher unterbleibt die parallele Untersuchung hinsichtlich der hoheitlich-adminstrativen Normung bzw. der Ausfüllung unbestimmter Rechtsbegriffe seitens der Rechtsprechung; siehe weiterführend dazu aber beispielsweise *König/Benz*, Privatisierung und Regulierung, S. 11, 73

131 wegen der zu schützenden Adressaten des Jahresabschlusses ist die grundsätzlich bestehende Handlungsalternative *„Nicht-Handeln"* wohl ausgeschlossen. Siehe aber grundsätzlich hierzu eine Untersuchung der *OECD*, Improving the quality of government regulation, S. 1, 15 mit der Frage nach der konkreten Rechtfertigung staatlichen Handelns und den Voraussetzungen für alternative Regelungsformen unter Einschluss privater Akteure

fentlicher Aufgaben im staatlichen Verantwortungsbereich, also über die Einordnung dieser Aufgaben in die Rubrik „*Staatsaufgaben*" entscheiden können. Das Subsidiaritätsprinzip, das dem deutschen Grundgesetz nicht direkt entnommen werden kann, gewinnt seine Bedeutung bei der Aktualisierung dieser staatlichen Kompetenz-Kompetenz: Der allzuständige Staat muss aus Gründen der Freiheitsbewahrung die Grenze der *Notwendigkeit* staatlicher Eingriffe in die gesellschaftliche Autonomie beachten. Das Subsidiaritätsprinzip stellt sich so als Prinzip der Kompetenzausübung und ihrer Begrenzung dar.

Als Folge der eigenständigen Entscheidung über die Zuordnung öffentlicher Aufgaben in seinen eigenen Verantwortungsbereich muss dem Staat auch das Recht zugesprochen werden, durch Privatisierung vormals staatliche Aufgaben durch andere als hoheitliche Aufgabenträger erfüllen zu lassen. Die selbstregulatorische Standardisierung im Bereich der Rechnungslegung wurde dabei als Form der *funktionalen Privatisierung*, also einer Form von Kooperation zwischen Staat und Gesellschaft eingeordnet, bei der zwar die Gewährleistung für die Aufgabenerfüllung beim Staat verbleibt, die Aufgabendurchführung bzw. Leistungserstellung aber ganz oder teilweise in die Hände privater Akteure gelegt wird.

Dieses Ergebnis fügt sich auch in das Konzept der Verantwortungsebenen ein: Der überforderte Staat gilt danach nicht mehr für alle öffentlichen Aufgaben als Garant der Leistungsergebnisse, sondern gewährleistet insbesondere unter dem Gesichtspunkt des Minderheitenschutzes nur noch die Funktionsfähigkeit bestimmter Wege der Leistungserstellung. Dabei geht es darum, die gedanklich in Vielzahl vorhandenen gemeinwohlorientierten Akteure vom staatlichen Aufgabenbereich abzugrenzen, also die Intensität staatlicher Aktivitäten einzuordnen.

Dieses Konzept der Verantwortungsteilung ist auch auf die Standardisierung der Rechnungslegung übertragbar. Somit stellt sich für den Staat die Frage nach derjenigen rechtlichen Regelungsform, die im Sinne fachlich hochstehender Rechnungslegungsstandards, die flexibel auf Veränderungen der heimischen und globalen Wirtschaft reagieren, zu wählen ist. Die privatverbandliche Standardisierung der Rechnungslegung ist hierbei als „*staatlich veranlasste gesellschaftliche Selbstregulierung*" eingeordnet worden.

Soll diese Form der Kooperation zwischen Staat und privaten Akteuren unter die alternativen rechtlichen Regelungsformen aufgenommen werden, denen sie sich der Staat bedienen kann, so müssen hierfür bestimmte strukturelle Entscheidungen hinsichtlich des Standardisierungsprozesses getroffen werden, um die von einer privaten Standardisierung ausgehenden negativen Gemeinwohlauswirkungen begrenzen zu können. Gleichzeitig müssen auch die Wege der Rezeption der Standards in den staatlichen Normkreis klar offen liegen. Hieran können sich dann die erforderlichen politischen Wertungen anschließen: Zum einen ist zu beurteilen, wie sich die von einer privatverbandlichen Standardisierung der Rechnungslegung ausgehenen Gemeinwohlbeiträge im Vergleich zur heutigen staatlichen Lösung verhalten. Eine solche Analyse sollte, entsprechend den Grundgedanken der sozialen Marktwirtschaft

Grundlage der abschließenden Beurteilung der Opportunität des staatlichen Rückzuges sein.

Kapitel E: Mögliche positive und negative Gemeinwohlbeiträge einer privatverbandlichen Selbstregulierung

Schon bald nach der Verabschiedung des Bilanzrichtliniengesetzes kam in Deutschland die Ende der siebziger Jahre begonnene Diskussion über die Veränderung der bisherigen GoB-Entwicklung durch die Einsetzung eines privaten Gremiums vor allem durch die einhellige Ablehnung seitens der Wirtschaft nahezu zum Erliegen[132]. Erst in den neunziger Jahren begannen, hervorgerufen durch den Wunsch nach materieller und formeller internationaler Harmonisierung, die Überlegungen erneut[133]. Einer privaten Formulierung von Rechnungslegungsstandards werden dabei im Vergleich zu einer staatlichen Normentwicklung verschiedene Vorteile zuerkannt.

Eine selbstregulatorische Standardisierung kann nur dann unter die denkbaren rechtlichen Gestaltungsalternativen zur Teilung der Verantwortung zwischen Staat und Bürgern gezählt werden, sofern von ihr zum einen positive Gemeinwohlbeiträge ausgehen und zum anderen die gleichfalls auftretenden Gefährdungen des Gemeinwohls durch organisatorische Maßnahmen auf ein Minimum begrenzt werden können. Daher muss es für den Fortgang der Untersuchung eine Grundvoraussetzung sein, eine umfassende Bewertung privatverbandlicher Normungsarbeiten bezüglich ihrer Gemeinwohlauswirkungen vorzunehmen. Würde diese Überprüfung negativ im Sinne eines Überwiegens negativer, nicht steuerbarer Auswirkungen enden, käme eine privatverbandliche Standardisierung der Rechnungslegung als *„staatlich veranlasste gesellschaftliche Selbstregulierung"* für den gemeinwohlgarantierenden Staat als rechtliche Gestaltungsalternative nicht in Frage. Als Grundvoraussetzung wird im Weiteren davon ausgeganben, dass die Verwirklichung öffentlicher Interessen nicht an staatliche Aufgabenträger gebunden ist, sondern auch privaten Akteuren bei der Durchsetzung ihrer Ziele ebenfalls positive Einflüsse auf das *bonum commune* zugestanden werden können[134].

---

[132] diese Beobachtung bestätigten auch *Achleitner*, Normierung, S. 172; *Breidenbach*, Normensetzung, S. 182; *Beisse*, BFuP 1990, S. 503 betont daneben vor allem verfassungsrechtliche Bedenken, die die damalige Debatte beendeten; ausgelöst wurde die Diskussion vor allem durch den Vorschlag der *Kommission Rechnungswesen* im Verband der Hochschullehrer für Betriebswirtschaft, DBW 1979, S. 1, 6, Tz. 12; siehe zur Diskussion vor der Verabschiedung des BiRiLiG vor allem *Bierich/v. Colbe/Lassmann/Lutter*, Podiumsgespräch, ZGR Sonderheft 2, S. 105-153 und *v. Colbe/Lutter*, Wirtschaftsprüfung heute, S. 143-172

[133] diesen Zusammenhang sehen auch *Langenbucher/Blaum*, Rechnungslegungsgremium, DB 1995, S. 2325, 2335

[134] in den Sozialwissenschaften allerdings wird die Diskussion teilweise kontrovers geführt, siehe dazu *Voelzkow*, Ist die technische Normung demokratisch?, DIN-Mitt. 75, 1996, S. 193; siehe aber hierzu bereits *Peters*, Öffentliche und staatliche Aufgaben, FS Nipperdey, Band 2, S. 877, 878 mit der treffenden Feststellung, dass öffentliche Aufgaben nicht zwangsläufig auch staatliche Aufgaben sein müssen, nur weil der Staat sich regelnd oder beaufsichtigend mit ihnen beschäftigt. Insbesondere in Deutschland macht er Relikte autoritärer Gedanken aus, die allein dem Staat die notwendige Perfektion für die gemeinwohlmaximierende Erfüllung öffentlicher Aufgaben zugestehen; besonders deutlich betont auch *Schmidt-Preuß*, Private Regelwerke, S. 89, 91 den Gemeinwohleffekt privater Normgebung; auch *Schuppert/Bumke*, Verfassungsrechtliche Grenzen, S. 71,

Sämtliche Untersuchungsgegenstände sind dabei isoliert auf ihre Wirkungsweise und Vorteilhaftigkeit zu betrachten. Diese an sich nahe liegende Frage wird bislang in der deutschen Literatur für den Bereich der Rechnungslegung nur ansatzweise vorgenommen. Ganz anders stellt sich hingegen der Diskussionsstand im Bereich des Umweltrechts dar. Hier ist die Beteiligung Dritter an Normsetzung und Verwaltung, also eine Verantwortungsteilung zwischen Staat und privaten Akteuren, seit langer Zeit Usus. Deshalb beziehen sich die nachfolgenden Ausführungen, für eine betriebswirtschaftliche Arbeit sicherlich ungewöhnlich häufig, vor allem auf den dortigen Meinungsstand.[135]

Im weiteren Verlauf der Arbeit wird an vielen Stellen auf die hier nur knapp vorzutragenden Gedanken Bezug genommen werden. Zur Einführung in die Thematik wird daher an dieser Stelle nur auch nur ein Teil des Schrifttums zitiert.

I. Mögliche positive Gemeinwohlbeiträge einer privaten Regelbildung

Von der Vielzahl unterschiedlicher Motive für eine private Regelbildung sollen hier nachfolgend sechs Argumentationsstränge untersucht werden. Diese wären im Einzelnen:

- Eine Entlastung des Staates
- Die Integration verschiedener Interessen bei der Standardisierung
- Eine Teilung der gesellschaftlichen Verantwortung zwischen Staat und Bürgern
- Die Partizipation der Betroffenen an der Erstellung eines Regelwerkes
- Die Flexibilisierung der Regelbildung
- Eine wirksame Teilnahme am internationalen Harmonisierungsprozess

1. Eine Entlastung des Staates

Nicht erst seit den finanziellen Belastungen der jüngsten Zeit verstärkt sich in der öffentlichen Diskussion immer mehr die Auffassung, der Staat müsse sich

82 gestehen dem Staat kein Gemeinwohlmonopol zu, sondern stellen fest, dass die Gemeinwohlverantwortung teilbar ist; so auch *Kenis*, Social Construction, S. 182

[135] zu berücksichtigen sind aber auch die Unterschiede zwischen dem Recht der Technik und dem Rechnungslegungsrecht. *Scholz*, Das Verhältnis von technischer Norm und Rechtsnorm, S. 85, 95 verweist deutlich darauf, dass technische Normen nur Strategien zur Lösung technischer Probleme, nicht aber zur Lösung rechtlicher Probleme bzw. normativer Schutzzwecke liefern. Hierin ist neben den verschiedenen Erkenntnisquellen die größte Differenz zur Rechnungslegung zu sehen. Die Entwicklung von Rechnungslegungsstandards orientiert sich eben gerade an der Erfüllung der Schutz- und Zielbestimmungen, die mit der Bilanz erreicht werden sollen. Siehe zu den Unterschieden von Rechnungslegungsstandards und DIN-Normen bereits jetzt Kapitel G IV (**Private Standards im Recht der Rechnungslegung und der Technik: Unterschiede ihrer Herleitung**), S. 107

auf die Wahrnehmung genuiner Staatsaufgaben zurückziehen, um dadurch zugleich schlanker und kräftiger zu werden[136]. Neben diesen fiskalischen Überlegungen treten aber auch ordnungspolitische: mehr Staat oder mehr Eigenverantwortung der Bürger erscheint am Beginn dieses Jahrhunderts die entscheidende gesellschaftspolitische Frage in den westlichen Industriestaaten zu werden, wobei es im Ergebnis zu einer ausgewogenen Balance zwischen sozialstaatlicher Solidarität und freiheitlicher Eigenverantwortung und damit privater Risikotragung kommen muss.[137] Es entspricht dabei der Begrenzung der staatlichen Kompetenz-Kompetenz durch das Subsidiaritätsprinzip, wenn der Staat sich auf die Festlegung allgemeiner Vorgaben beschränkt, die Wege und Instrumente der Zielerreichung aber der Selbstverwaltung der Interessierten überlässt.[138] Ein solches Vorgehen würde auch in besonderem Maße der Wirtschafts- und Gesellschaftsordnung des Grundgesetzes entsprechen. Der in ihm normierte Vorrang der privaten Wirtschafts- und Sozialgestaltung lässt eine private Aufgabenerfüllung, das Überwiegen positiver Gemeinwohlauswirkungen vorausgesetzt, grundsätzlich als Regelfall und nicht als begründungsbedürftige Ausnahme erscheinen[139]. Daher sollte der Staat im Sinne der Gewährleistungsverantwortung nur in den Fällen zu den ihm verbliebenden Mitteln der eigenen Rechtssetzung greifen, in denen trotz Regelungsbedarfs seitens der Interessierten überhaupt keine Regeln aufgestellt werden, oder wenn bei dieser Normung entgegen dem *bonum commune* die Interessen der schwächeren Partner unberücksichtigt bleiben[140]. Gesetzgeberische Enthaltsamkeit kann dann Ausdruck einer staatlichen Strategie zur Aktivierung privater Initiative und Risikobereitschaft und zur Nutzung externen Sachvers-

136 siehe hierzu den auf *Tacitus* zurückgehenden Ausspruch: „*Corruptissima publica, plurimae leges!*", zitiert nach *Achleitner*, Normierung, S. 115; auch die Aussage von *Schuppert*, Steuerung des Verwaltungshandelns, VVDStRL 42 (1984), S. 216, 245: „*Wir leben – dieser Befund, wenn auch nicht seine Ursachen sind unstreitig – in einer Finanzkrise. Die Konsolidierung der Staatsfinanzen ist daher [...] eine der großen Aufgaben unserer Zeit*" ist noch heute hochaktuell

137 im Zusammenhang mit selbstregulatorischer Regelbildung *Schulte*, Umweltnormung, S. 165, 166 und allgemein *Schuppert*, Rückzug des Staates?, DÖV 1995, S. 761 ff. und bereits *v. Heimburg*, Verwaltungsaufgaben und Private, S. 21 ff.; deutlich auch *Scholz*, Vorwort, S. 5: „*Weniger Staat und zusätzliche Freiräume für private Leistungskraft und Ideenreichtum sind die Ziele, die für die Zukunftsfähigkeit unseres Landes entscheidend sind.*"

138 von besonderer Bedeutung ist dabei, wie an vielen Stellen der Arbeit bemerkt wird, die grundsätzliche Verantwortung des Staates, daher geht es zu weit, wenn *Biener*, Fachnormen statt Rechtsnormen, FS Clemm, S. 59, 79 die Normierung als "*Selbstverwaltungsaufgabe der Kaufleute*" bezeichnet; ebenso ihm folgend *DRSC*, Aufgaben und Ziele, S. 1; siehe dagegen die kommenden Ausführungen zu Wertungsabhängigkeit der Standardisierung der Rechnungslegung in Kaptitel I I (**Entwicklung von Rechnungslegungsstandards ist Interessendurchsetzung**), S. 146.
Diese Bezeichnung ist allerdings für die technische Normung gebräuchlich, siehe hierfür die Formulierung „*Selbstverwaltungsaufgabe der Wirtschaft*" in DIN-Normenheft 10, S. 383; auch *Klestil*, Normung als Rückgrat der Gesellschaft, DIN-Mitt. 75 1996, S. 1 betont, dass privatverbandliche Normung den notwendigen Weg in den „*schlankeren Staat*" dadurch fördere, dass sich die Bürger das selbst organisierten, was sie benötigten.

139 den ordnungspolitischen Aspekt einer kritischen Durchleuchtung der gesamten Staatstätigkeit betont vor allem der *Sachverständigenrat „Schlanker Staat"*, Abschlussbericht, S. 61

140 siehe hierzu *Reihlen*, Europäische und internationale Normung, S. 1, 13; ebenso *Biener*, Fachnormen statt Rechtsnormen, FS Clemm, S. 59, 68. Danach rechtfertigen es weder das heutige Staatsverständnis noch die Forderung nach Deregulierung, die Gesetzgebung immer stärker auszubauen, statt abzubauen. Auch eine möglicherweise noch fehlende Bereitschaft der hierfür in die Verantwortung zu nehmenden Kreise genügt ebenfalls nicht als Rechtfertigung hierfür

tandes und eben gerade nicht ein Zeichen für die mangelnde Steuerungskapazität des Staates sein[141].

a) Nutzung externen Sachverstandes

Unzweifelhaft ist in einer Materie wie dem Rechnungslegungsrecht, deren Regulierung ähnlich wie auch im Technikrecht ein umfassendes Maß an theoretischem Fachwissen erfordert, die in einem selbstregulatorischen Gremium vorhandene Sachkunde einer der größten Vorzüge einer privaten Lösung. Es ist wohl nicht übertrieben zu behaupten, dass weder das Parlament, noch der Verordnungsgeber in der Lage wäre, eigenständig und ohne Mithilfe der Fachkreise ihren Aufgaben nachzukommen[142].

Die Gründe für die fehlende Sachkunde unter den Parlamentariern sind offenkundig und benötigen keine längeren Ausführungen. Weder die Parteien, noch die Wähler lassen sich in ihrer Personalauswahl von einem speziellen Anforderungsprofil der Kandidaten bezüglich der Rechnungslegung lenken.

Die Unterlegenheit der Verwaltung hinsichtlich der Qualifikation der Mitarbeiter gegenüber einer selbstregulatorischen Regelbildung ist ebenfalls einsichtig. Die Alternative zu selbstregulatorischen Steuerungsmechanismen wäre der intensive personelle Ausbau der Exekutive. Ob hiergegen rechtsstaatliche Bedenken zu erheben sind, sei dahingestellt[143], eine derartige Aufstockung des öffentlichen Dienstes ist jedoch aus ordnungspolitischen Gründen wenig wünschenswert und vor allem nicht finanzierbar[144]. Bereits heute ist der Staat weder fähig noch willens, seine Beamten und Angestellten in ähnlicher Weise zu

---

[141] hierauf verweist auch *Schmidt-Preuß*, Private Regelwerke, S. 89, 90

[142] *Hommelhoff*, Zum Ersatz des deutschen Konzernabschlusses, S. 109, 124; *Karpen*, Die Verweisung, S. 126 ff.; *Ritter*, Das Recht als Steuerungsmedium, S. 69, 79; *Schmidt-Preuß*, Normierung und Selbstnormierung, ZLR 1997, S. 249, 251; *Kloepfer/Elsner*, Selbstregulierung, DVBl. 1996, S. 964, 970; differenziert sieht dies *Chmielewicz*, Diskussion, ZGR Sonderheft 2, S.137 wenn er für die Schaffung von Rechnungslegungsnormen durch die Exekutive plädiert: *„Das bedeutet zugleich, daß sich nicht die Bundestagsabgeordneten mit der Entscheidung von Einzelfragen zu beschäftigen haben, deren Konsequenzen sie gar nicht fachlich qualifiziert beurteilen können, an den sie möglicherweise auch gar nicht interessiert sind."* Allerdings verkennt er in seiner Argumentation das Wesen der repräsentativen Demokratie; *Rappaport*, Economic impact, JoA May 1977, S. 89 stellt fest, dass ein privates Gremium zwar die größere fachliche Kompetenz aufweise, jedoch die soziale Legitimation des Parlaments höher sein; für den Bereich des Technikrechts, aber mit allgemein gültigen Aussagen *Lübbe-Wolff*, Fragen der Normsetzung, ZG 1991, S. 219, 242, mit einem eindrucksvollen Beispiel über die Arbeit tausender Fachleute im Kerntechnischen Ausschuss und seinen Unterausschüssen; *Lamb*, Kooperative Gesetzeskonkretisierung, S. 204; deutlich auch die *Erläuterungen zum DIN-Vertrag*, BA 1975, Beilage 19, S. 25; eine Übernahme dieser Thesen in den Bereich der Rechnungslegung befürwortet *Achleitner*, Normierung, S. 204 und *Arpan/Radebaugh*, International Accounting, S. 19; *Born*, Rechnungslegung international, S. 5 spricht von Inkompetenz der Politiker und der Ministerialbürokratie und folgert hieraus: *„Die besten Rechnungslegungsnormen haben die Länder des Common Law."*

[143] so aber *Lamb*, Kooperative Gesetzeskonkretisierung, S. 204

[144] *Brand*, Rechnungslegungsgremium, S. 3 statuiert einen Grundkonsens, dass bestehende Freiräume allenfalls dann einer staatlichen Autorität zu übertragen seien, wenn private Lösungen ineffizient sein sollten; siehe in diesem Zusammenhang die Berechnung bei *Schmidt-Preuß*, Private Regelwerke, S. 89, 93 wonach beim Wegfall der zurzeit der Veröffentlichung ungefähr 34.000 ehrenamtlichen Mitarbeitern des DIN bei gleichbleibender jährlicher Regelerstellung gut 1000 hauptamtliche Mitarbeiter im öffentlichen Dienst neu eingestellt werden müssten.

besolden, wie es den Unternehmen möglich ist, die die in einem privaten Gremium tätigen Mitarbeiter entsenden. Zwar wird sich ein selbstregulatorisches Gremium nicht allein aus Vertretern der Wirtschaft zusammensetzen, jedoch darf nicht unterschätzt werden, dass sich in einem privaten Gremium auch Personen zusammenfinden, die für die staatlichen Besoldungsgruppen kaum zu arbeiten gewillt wären[145]. Wichtig erscheint auch noch der Hinweis, dass die Mitarbeiter der Verwaltung aufgrund ihrer Ausbildung und der praktischen Erfahrungen stets nur einen Teil des gesamten Spektrums der Rechnungslegung abdecken können.[146] Eine möglichst vollständige Entscheidungsbasis kann daher nur in einem breit zusammengesetzten privaten Gremium vorliegen. Natürlich könnte der Staat versuchen, sich externen Sachverstand auch ohne die Einführung selbstregulatorischer Verfahren zu beschaffen. Die Erfahrungen in den USA zeigen jedoch, dass der Einsatz der betroffenen Gruppen der Abschlussersteller, Berufsangehörigen und Abschlussadressaten in selbstregulatorischen Gremien deutlich höher ist, als in bloßen Verwaltungsberatungsgremien.[147]

Unter diesen Voraussetzungen ergeben sich für das auf externen Sachverstand angewiesene Parlament nur zwei Handlungsalternativen[148]: Zum einen können Parlament und Verwaltung vor eigenen Entscheidungen den Sachverstand anderer nutzen, sich also externes Fachwissen beispielsweise über die Einsetzung von Enquetekommissionen und Fachbeiräten aneignen. Grundsätzlich bleiben aber auch bei diesem Verfahren die Abgeordneten selbst mit der zu regelnden Materie beschäftigt. Die zweite Alternative ist Verlagerung von Rechtsentscheidungen auf außerparlamentarische Institutionen. Ein Mittel hierbei ist die Verwendung unbestimmter Rechtsbegriffe und Generalklauseln in den parlamentarisch beschlossenen Rechtsvorschriften, die letztendlich von den Gerichten ausgelegt werden. Es wird im Weiteren zu untersuchen sein, ob diese Instrumente der Rechtssetzung als Ansatz für eine eigenständige Aufgabe selbstregulatorischer Gremien geeignet sind.

b) Reduktion der staatlichen Gesetze auf Rahmenvorgaben zur Programmsteuerung

Das Ausmaß neuer Gesetze, die aufgrund ihres hohen Detailierungsgrades einer ständigen Überarbeitung bedürfen, ist seit vielen Jahren Gegenstand

---

[145] *Kam*, Accounting Theory, S. 553 verweist auf eine Studie aus den USA, die in dem Aspekt der Besoldung einen der wichtigsten Gründe für eine selbstregulatorische Lösung gefunden hat.

[146] *Achleitner*, Normierung, S. 206 bemerkt, dass dieser Mangel der Verwaltung kein länderspezifisches Phänomen sei, sondern systemimmanent weltweit beobachtet werden kann

[147] der *Wheat-Bericht*, S. 23 statuiert: *„To an increasing degree, through their participation in the work of the APB and in other ways, leaders of the profession have given unstintingly of their time and talent in the search for better accounting standards. We doubt that such men would be willing to contribute to a similar degree if the basic responsibility for accounting standards were shifted to government auspices."*; *Marburger/Gebhard*, Umweltnormierungen, S. 1, 41 führen dies auf die Weckung des Eigeninteresses zurück

[148] besonders instruktiv hierzu *Lukes*, Technischer Sachverstand, Bitbuger Gespräche 1981, S. 117, 119

öffentlicher Diskussionen[149]. Ursache für diese immerwährende Novellierung bestehender Gesetze und Schaffung neuen Rechts ist die Funktion des Parlamentsgesetzes im modernen Sozialstaat. Dienten Gesetze in früheren Zeiten vor allem der Installierung einer dauerhaften Ordnung, so sind sie heute Instrumente zur Durchsetzung politischer Zielvorstellungen auf allen gesellschaftlichen Gebieten. Folgt die Politik den an sie gerichteten Forderungen nach einer umfassenden Gestaltung der wirtschaftlichen und sozialen Abläufe, werden die Bedürfnisse der Bevölkerung jedoch keinesfalls befriedigt. Vielmehr nehmen sie zu, das Anspruchsniveau steigt und letztendlich werden vom Staat auch Leistungen erwartet, die mit den Mitteln der Politik, also mit kollektiv bindenden Entscheidungen, nicht zu erbringen sind[150]. Hier tritt die speziell in Deutschland weit verbreitete Neigung zutage, den Staat und staatliche Regelungen per se mit dem Gemeinwohl zu identifizieren, eine Auffassung, die mit einer emanzipatorischen Vorstellung vom Menschen und den Erfordernissen einer auf Freiräume angewiesenen Gesellschaftsstruktur nur schwer vereinbar ist[151]. Die Politik wird gezwungen, ihr Tempo der Normenproduktion dem der Sozialabläufe anzupassen, mithin verkürzen sich die Zeitspannen, in denen bestehende Gesetze einer Überprüfung und Revision bedürfen ständig.[152] Diese intensive Tätigkeit des Gesetzgebers stellt aber nicht nur ein Problem für seine interne Arbeitsfähigkeit dar. Durch das beständige Beschließen neuer und das Novellieren bestehender Gesetze beschädigt das Parlament die Geltungskraft seiner Arbeitsergebnisse, gefährdet die Rechtssi-

---

149 siehe hierzu nur *Stern*, Staatsrecht, Bd. II, § 37 (Die Gesetzgebung); S. 640 m.w.N.; *Battis/Gusy*, Technische Normen, S. 3, Tz. 5 formulieren: *„Normenflut" bezeichnet eine negativ wertende Beschreibung eines als zu hoch empfundenen Standes der Verrechtlichung eines sozialen Sachbereichs.*"; *Lange*, Normvollzug und Vernormung, S. 268, 269 bevorzugt den Begriff *„Vernormung"* für die Bezeichnung der zunehmenden normativen Regelung einer Vielzahl sozialer Beziehungen; die Zahl der Gesetzesinitiativen hat in den Legislaturperioden des Bundestages von 1949-1991 trotz des unzweifelhaft erhöhten Regelungsbedarfs der Nachkriegszeit nur wenig geschwankt, siehe hierzu eine Übersicht bei *Presse- und Informationszentrum des Deutschen Bundestage*,, Datenhandbuch 1949-1982, S. 681 und Datenhandbuch 1983-1991, S. 821, dort auch mit der Erkenntnis, dass aber die Zahl der durchnumerierten Bundestagsdrucksachen deutlich angestiegen ist; dazu passt die Untersuchung von *Honsell*, Gesetzgebung, S. 8 der darauf hinweist, dass der Umfang der Gesetze deutlich zugenommen hat. So stehen 4.000 Seiten Gesetzestext im Jahr 1978 nur ein Zehntel dieses Umfanges im Nachkriegsjahr 1949 gegenüber; siehe hierzu auch den *Sachverständigenrat „Schlanker Staat"*, Abschlussbericht, S. 8; sowie *Hofmann/Meyer-Teschendorf*, Modernisierung von Staat und Verwaltung, ZG 1997, S. 338, 339 mit dem damaligen Stand von 4.874 Bundesgesetzen und Rechtsverordnungen mit 84.900 Einzelbestimmungen

150 hierzu besonders deutlich *Di Fabio*, Verwaltung und Verwaltungsrecht, VVDStRL 56, (1997), S. 235, 239; siehe aber auch den Hinweis von *Kißler*, Privatisierung von Staatsaufgaben, S. 57, 59 der bemerkt, dass die Bürger den Staat auch nach Abgabe von Regelungsaufgaben an Private weiterhin als Verantwortlichen sehen und seine fortwährende Leistungsfähigkeit erwarten. Der harschen Schlussfolgerung, der Leistungsstaat mutiere zum Regulierungsstaat kann nicht gefolgt werden. Da die allen Bürgern Freiheiten gewährende deutsche Verfassung aber im Sinne der Auffangverantwortung auch nach dem Rückzug des Staates aus ehemals selbst wahrgenommenen Aufgaben eine staatliche Aufsicht verlangt, wird eine Kontrolle der Privaten zu einer Voraussetzung von selbstregulatorischem Handeln und nicht zu einer notwendigen Begleiterscheinung.

151 siehe hierzu speziell auch *Lange*, Normvollzug und Vernormung, S. 268, 271

152 *Klein* in HbStR II, § 40 (Der Bundestag), Rz. 17; *Achleitner*, Normierung, S. 115; *Feldhaus*, Umweltnormung und Deregulierung, S. 143 verweist auf die staatsentlastende Wirkung der ständigen Überarbeitung privater Regeln, die den Gesetzgeber davon befreien, die Vorschriften auf dem neusten Stand zu halten. So müssen nach DIN 820 Teil 4 Nr. 4 die Normen des DIN-Instituts alle fünf Jahre überprüft werden; ähnlich *Marburger*, Die gleitende Verweisung, S. 27, 29

cherheit und führt vor allem durch die immer schwieriger werdende Rechtsdurchsetzung zu einem bedrohlichen Autoritätsverlust des Rechts[153].

Der Staat beschreitet daher, oftmals nur notgedrungen aufgrund der Haushaltslage und nicht aus liberaler Grundhaltung heraus, in steigendem Maß den Weg von einer inhaltlichen hin zu einer prozedualen Steuerung[154]; selbstregulatorische Prozesse bieten sich als Kooperationsform zwischen Staat und Privaten hierfür in besonderer Weise an. Interventionen des Staates wären erst und nur dann erforderlich, wenn trotz eines offensichtlichen Regelungsbedarfs keine Normen entwickelt werden oder im Normsetzungsprozess die Interessen der schwächeren Partner vernachlässigt werden. Damit könnte sich der Staat auf seine Kernaufgaben besinnen und seinen Bürgern zugleich einen Zuwachs an Freiheit und Eigenverantwortung bieten[155].

Dabei darf die Einschaltung privater Akteure aber nicht nur als Zeichen staatlicher Schwäche interpretiert werden: Da eine selbstregulatorische Standardisierung ohne staatliches Handeln nicht organisierbar wäre, kann eine erfolgreich arbeitende Selbstregulierung auch als Erfolg staatlicher Maßnahmen und Strukturentscheidungen gewertet werden[156].

2. Die Integration verschiedener Interessen bei der Standardisierung

Die Vorstellungen über die zukünftige Struktur des deutschen Rechnungslegungsrechts und damit verbunden über die Ziele des deutschen Jahresabschlusses sind durch vielfältige Interessen der unterschiedlichen Gruppen gekennzeichnet. Die Adressaten des Jahresabschlusses[157] lassen sich dabei nicht in homogene Gruppen zusammenfassen. Jeder Empfänger der Unternehmensdaten verfolgt mit dem Jahresabschluss divergierende Ziele und verbindet mit den in ihm dokumentierten Zahlen unterschiedliche Vorstellungen. Demzufolge sind auch die Ansichten über die Abbildung einzelner betrieblicher Vorgänge nicht homogen. Im Rahmen eines privaten Rechnungslegungsgremiums könnte es nun sehr viel einfacher gelingen, in einem umfassenden Abwägungsprozess diese unterschiedlichen Interessen in Kompromisse einge-

[153] *Stern*, Staatsrecht, § 37 (Die Gesetzgebung), S. 641 formuliert treffend: *„Gesetze dürfen weder zum Massen- noch zum Allerweltsartikel werden."*; *Honsell*, Gesetzgebung, S. 7 zählt die Gesetzeshypertrophie neben der steigenden Steuerlast bereits 1979 zu den entscheidenden Ursachen für die Zunahme der Staatsverdrossenheit, siehe auch seinen Hinweis (S. 9) auf die Änderung eines Gesetzes durch den Bundestag, dass bereits mehrere Jahre aufgehoben war; Gefahren für die Glaubwürdigkeit staatlicher Regulierung sieht auch *Faber*, Selbstregulierungssysteme, S. 69

[154] siehe hierzu ausführlich *Hoffmann-Riem*, Verwaltungsrechtsentwicklung, DÖV, S. 433, 434

[155] in diesem Sinne *Reihlen*, Erscheinungsformen, S. 75, 77; siehe hier auch *Hofmann/Meyer-Teschendorf*, Verschlankung des Staates, ZG 1997, S. 283

[156] so auch *Kenis*, Selbstregulierung der Industrie, ÖZS 1991, Heft 2, S. 3, 4

[157] *Moxter*, Fundamentalgundsätze, FS Leffson, S. 87, 95 trennt *Rechenschaftsadressaten*, in deren Interesse die Rechenschaft erfolgt streng ab von *Rechenschaftsempfängern*, die von dem Bericht Kenntnis erlangen, obgleich er nicht für sie bestimmt ist und *Rechenschaftsinteressenten*, die keinen gesetzlich oder vertraglichen Anspruch auf Rechenschaft Geltend machen können, obwohl sie an dem Bericht interessiert sind. *Baetge*, Bilanzen, S. 63 übernimmt zwar den Begriff *Adressaten*, weitet seine Definition aber aus. Unter diese Oberbezeichnung sind danach neben den Gesellschaftern insbesondere auch die Ersteller des Jahresabschlusses, die Gläubiger und die Arbeitnehmer eines Unternehmens zu sehen.

hen zu lassen und die Diskussion über die Fortentwicklung der GoB auf eine breitere fachliche Basis zu stellen, als dies bei staatlich degretierten oder in maßgeblich, wenn auch unter Zuhilfenahme der Fachdiskussionen, von der Judikative entwickelten Standards der Fall wäre[158]. Nicht vergessen werden darf in diesem Zusammenhang, dass die gegenseitige Kontrolle der Gremienmitglieder und die kompromisshafte Entscheidungsfindung den Eindruck der Objektivität fördern und damit das Vertrauen in die Arbeitsergebnisse verstärken könnte[159].

Bislang besteht in Deutschland keine letztendliche Einigkeit über die Ziele des Jahresabschlusses. Bei einer umfassenden Diskussion über diese Ziele wäre auch die Suche nach Lösungen, die den Interessen möglichst vieler Beteiligter entsprechen, leichter möglich. Hinzu kommt als nicht zu unterschätzendes Moment die Kontinuität, die in einem privaten Gremium sehr viel eher möglich erscheint als in parlamentarischen Gremien. Eine langjährige Zusammenarbeit fördert durch die notwendige ständige Kompromisssuche die Entstehung von Beziehungsnetzen, die im Weiteren die Kapazität zur kurzfristigen und einvernehmlichen Lösung auch schwierigerer und zunächst umstrittener Probleme tendenziell erhöht.[160]

3. Eine Teilung der gesellschaftlichen Verantwortung zwischen Staat und Bürgern

Private Regeln erlangen, worauf wiederum im drittenTeil der Arbeit näher eingegangen werden wird, in Ermangelung eigener rechtlicher Bindungswirkung diese erst durch staatliche Übernahme-Akte.

Gewinnen die privaten Regeln so eine Form rechtlicher Bedeutung für die Allgemeinheit, erweitert sich der Kreis der Verantwortlichen für die Folgen der staatlichen Rechtssetzung: Neben die Legislative und gegebenenfalls die Exekutive treten private Akteure.

Besonders wichtig erscheint dieser Aspekt für den Bereich der Regelkritik seitens der interessierten Öffentlichkeit. Sofern der Staat den privaten Regeln ohne eigene Änderungen Bedeutung zumisst, werden sich die Einwendungen gegen diese Regeln vornehmlich gegen das private Gremium und die in ihm tätigen Verbände richten und unter Umständen bereits vor der endgültigen Verabschiedung auszuräumen sein. Dies gilt umso mehr, als die Gremienentscheidungen im hohen Ausmaß auf den Konsens der Beteiligten angewiesen sind.

---

[158] *Dagtoglou*, Der Private, S. 135; *Marburger/Gebhard*, Umweltnormierungen, S. 1, 41; *Vieweg*, Umweltschutz, UTR 1994, S. 509, 520; nach *Schmidt-Preuß*, Private Regelwerke, S. 89, 93 dient selbstregulatorische Regelbildung auch der Verwirklichung außerökonomischer, sozio-politischer Zielsetzungen; für die Rechnungslegung betonen die Bedeutung der Einbeziehung unterschiedlicher Interessengruppen *Langenbucher/Blaum*, Rechnungslegungsgremium, DB 1995, S. 2325, 2328

[159] ähnlich auch *Sodan*, Kollegiale Funktionsträger, S. 52 und 420

[160] *Lamb*, Kooperative Gesetzeskonkretisierung, S. 201

Die an der Rechnungslegung interessierten Kreise werden so in den staatlichen Willensbildungsprozess in viel stärkerem Maße einbezogen, als dies bei den traditionellen Anhörungen im Rahmen eines Gesetzgebung- oder Verordnungsverfahrens möglich wäre. Dies könnte ihnen Anreiz geben, eigenständig auch für kontroverse Problemlagen nach Lösungen zu streben, diese im Wege eines Kompromisses mit allen Beteiligten zu suchen und sie anschließend auch umzusetzen[161].

Nicht zu unterschätzen ist auch der Nebenaspekt der weitgehenden Aufrechterhaltung der *Neutralität* des am Ergebnis interessierten Staates. Während in zunehmender Weise *„der Staat"* als einseitiger Verbündeter der die jeweilige Regierung besonders unterstützenden gesellschaftlichen Organisationen angesehen wird und er somit viel seines Prestiges als unabhängige und damit zu allgemein verbindlicher Rechtssetzung legitimierte Instanz verloren hat, bietet sich hier die Möglichkeit, die gemeinsame gesamtgesellschaftliche Verantwortung staatlicher Organe und der gesellschaftlichen Gruppen herauszustellen.[162] Aus staatstheoretischer Sicht und im Übrigen auch als Folge des Subsidiaritätsprinzips, ist ein solches Vorgehen dem Gedanken förderlich, dass sich der Staat nicht aus der Berufsgruppe des ausschließlich mit dem Gemeinwohl betrauten öffentlichen Dienstes zusammensetzt, sondern aus allen Gruppen der Gesellschaft, die für ein funktionierendes Gemeinwesen auch ihren Anteil an gesellschaftlicher Verantwortung übernehmen müssen.

4. Die Partizipation der Betroffenen bei der Entstehung eines Regelwerkes

Die Einbeziehung der von der Rechnungslegung Betroffenen in die Regelentwicklung unter dem Gesichtspunkt ihrer stärkeren Partizipation in staatliche Entscheidungsprozesse unterscheidet sich von der funktionalen Einbeziehung einzelner Adressatengruppen aufgrund besonderer Sachkenntnis. Unter Partizipation ist die aus dem Demokratieprinzip unserer Verfassung abgeleitete Teilnahme der von einem Regelwerk Betroffenen zu verstehen, deren Handlungsmöglichkeiten durch diese Regeln beeinflusst werden[163].

---

161 *Lamb*, Kooperative Gesetzeskonkretisierung, S. 204; ebenso *Vieweg*, Umweltschutz, UTR 1994, S. 509, 520; *Voelzkow*, Private Regierungen, S. 188 betont insbesondere den Aspekt einer möglichst umfassenen Interessenbeteiligung als Schutz vor fundamentaler Regelkritik; für den Bereich des Umweltschutzes siehe speziell auch *Rat der EG*, Gemeinschaftsprogramm für Umweltpolitik, ABl. Nr. C 138 v. 17.5.93, S. 22 und 78-79, wo die Gesamtverantwortung aller Ebenen der Gesellschaft für eine dauerhafte Entwicklung betont werden.

162 *Dagtoglou*, Der Private, S. 134; *Kunig*, Alternativen, S. 43, 61 leitet die Unparteilichkeit des Staates gegenüber aus Rechtsgründen gleich zu erachtenden Interessen aus dem Gleichheitssatz des Grundgesetzes ab; auch *BVerfG v. 9.5.72*, BVerfGE 33, S. 125, 159 betont die Aufgabe des Gesetzgebers, Hüter des Gemeinwohls gegenüber Gruppeninteressen zu sein; so auch *Hommelhoff/Schwab*, Selbststeuerung im Bilanzrecht, BFuP 1998, S. 38, 42; *Hesse*, Selbst-Beherrschung, S. 49, 54 betont die Verhinderung von Legitimationsverlusten, der sich der *„anonyme Staat"* immer stärker ausgesetzt sieht; *Bulling*, Kooperatives Verwaltungshandeln, DÖV 1989, S. 277, 288 sieht aber den Vorteil kooperativer Verfahren in der Bekämpfung weitverbreiteter Ohnmachtgefühle gegenüber dem Staat

163 Konzept der *ward democray* Jeffersons, siehe hierzu auch *Frenkel*, Besser – Billiger – Bürgernäher, S. 5, 8; ebenfalls der *Wheat-Bericht*, S. 24; ähnlich *Voelzkow*, Private Regierungen, S. 221;

Begründet werden kann dies aus der wiederholt erwähnten Aufgeschlossenheit der Verfassung gegenüber privater Initiative: Auch wenn dem Grundgesetz weder ein Privatisierungsgebot noch eine verbindliche Anwendung des Subsidiaritätsprinzips zu entnehmen ist, so kann doch aus der allgemeinen Handlungsfreiheit und den wirtschaftlichen Grundrechten, in Verbindung mit der freiheitlich-sozialen Marktwirtschaft als dem wirtschaftspolitischen Leitbild der Verfassung, ein Postulat größtmöglicher Entfaltung selbstregulatorischer Prozesse entwickelt werden[164].

Da jedoch das Grundgesetz einer „*Herrschaft der Betroffenen*" eine eindeutige Absage erteilte[165], ist auch bei der Einbeziehung der Betroffenen in die Regelgenerierung das Prinzip des Parlamentsvorbehaltes und damit der allgemeine Interessenausgleich zu wahren[166]. Neben die Legitimation durch das gesamte Volk, die sich aus Art. 20 Abs. 2 GG ableitet, ein mit gleichem Rang ausgestattetes Recht der Betroffenen auf Mitentscheidung treten zu lassen, hieße, die Grundentscheidungen der Verfassung zu verkennen. Im Gegensatz zu der durch das Volk demokratisch vermittelten Legitimation beruht die partizipative Legitimation gerade nicht auf der Annahme einer Berechtigung zur Mitentscheidung nach allgemeinen Maßstäben, sondern allein nach Maßgabe eines Sonderinteresses[167].

Neben diesen demokratietheoretischen Aspekten ist auch die positive Wirkung der privaten Normgebung auf das Implementierungsniveau zu beachten. Schaffen sich die Hauptanwender die zu befolgenden Normen selbst, so werden sie sich im Vergleich mit staatlichen Normen prinzipiell auch stärker in der Verantwortung bezüglich der Normbefolgung fühlen[168].

Interessant erscheint darüber hinaus auch folgender Gesichtspunkt: Eine stärkere Beteiligung der Betroffenen könnte die politische Beeinflussbarkeit des Rechnungslegungsrechts vermindern. Zwar sind auch die großen Interessenverbände der Wirtschaft, der Arbeitnehmer und der Verbraucher der politi-

---

Marburger, Die gleitende Verweisung, S. 27, 30; *Lamb*, Kooperative Gesetzeskonkretisierung, S. 202 sieht eine positive Korrelation zwischen Normakzeptanz und Mitwirkung bei der Normsetzung; ebenso *Kloepfer/Elsner*, Selbstregulierung, DVBl. 1996, S. 964, 975

164 so auch *Schmidt-Preuß*, Verwaltung und Verwaltungsrecht, VVDStRL 56 (1997), S. 160, 171; *Ebert*, Private Normsetzung, S. 80; *Lamb*, Kooperative Gesetzeskonkretisierung, S. 205

165 *Hommelhoff/Schwab*, Selbststeuerung im Bilanzrecht, BFuP 1998, S. 38, 43; *Kunig/Rublack*, Aushandeln statt entscheiden, JURA 1990, S. 1, 11. Danach entspricht es nicht dem Bild, dass das Grundgesetz vom demokratischen Rechtsstaat zeichnet, Betroffenen faktische Entscheidungsmacht zu übertragen; *BVerfG v. 31.10.90*, BVerfGE 83, S. 60, 72

166 *Burmeister*, Verwaltungsstrukturierungsgebote, UTR 1998, S. 121, 154, hier speziell zur Kompensationsfunktion kooperativer Regelbildung aufgrund mangelnder gerichtlicher Überprüfbarkeit im Technikrecht

167 *Schmidt-Aßmann*, Verwaltungslegitimation, AöR 1991, S. 374, 376; *Lamb*, Kooperative Gesetzeskonkretisierung, S. 208; *Achleitner*, Normierung, S. 117 begrüßt verstärkte Partizipation vor allem unter dem Gesichtspunkt eines Abbaus des Vollzugdefizits der Regeln; so auch *Marburger/Gebhard*, Umweltnormierungen, S. 1, 41, die von einer Steigerung der Normloyalität sprechen;

168 dies betont vor allem *Schmidt-Preuß*, Normierung und Selbstnormierung ZLR 1997, S. 249, 251

schen Sphäre nicht entrückt, der Einfluss der Parteien wäre aber, im Vergleich zu einer gesetzlichen oder exekutiven Lösung ein nur mittelbarer.[169]

5. Die Flexibilisierung der Regelbildung

Auch ein privates Gremium wäre zur Erzielung eines umfassenden Interessenausgleichs an festgelegte Verfahrensvorschriften gebunden, die unter anderem der interessierten Öffentlichkeit die Möglichkeit zur Stellungnahme bieten müssen. Trotz allem entfiele die starre parlamentarische Verfahrensregie. Während im Parlament Normänderungen das Einbringen eines entsprechenden Gesetzes durch die hierfür vorgesehenen Initiatoren bedürfen, ist es in einem selbstregulatorischen Prozess sehr viel einfacher möglich, neue Entwicklungen zu thematisieren, da sich jedermann mit entsprechenden Vorschlägen an das Gremium wenden könnte. Daher sollte es in einem privaten Gremium unter dem Gesichtspunkt des Wandels in Wirtschaft und Wissenschaft schneller möglich sein, neue Regeln zu schaffen oder die selbst geschaffenen Regeln einer Überprüfung zu unterziehen und sie erforderlichenfalls zu überarbeiten[170].

Das Rechnungslegungsrecht ist in starkem Maße Wandel und Veränderung unterworfen. Der Anspruch an jedes Verfahren der nationalen Rechnungslegungsnormsetzung muss daher lauten, relativ schnell auf neue wirtschaftliche Entwicklungen, Veränderungen in den internationalen Regelwerken, Änderun-

---

[169] ähnlich *Sodan*, Kollegiale Funktionsträger, S. 420 im Zusammenhang mit verwaltungsberatenden Gremien; siehe auch *v. Wysocki*, Research, S. 63; *Bromwich/Hopwood*, Accounting Standard Setting, S. V, XII; *Kam*, Accounting Theory, S. 561; *Solomons*, The Politization of Accounting, JoA November 1977, S. 66, 29 betont zwar den politischen Charakter der Entwicklung von Rechnungslegungs-Standards, warnt aber vor einem Vertrauensverlust in die Rechnungslegung, sofern versucht werden würde, mit ihrer Hilfe andere Ziele erreichen zu wollen, als eine bloße Wiedergabe der Geschäftstätigkeit der Unternehmen; zu den sich hieraus möglicherweise auch ergebenden Gefahren siehe *Großfeld*, Diskussion, S. 133, 143; für *Voelzkow*, Private Regierungen, S. 222 ergeben sich durch die beschränkte politische Einflussnahme und Kontrolle durch Parlament und Regierung Legitimationsprobleme; *Biener*, Diskussionsbeitrag, S. 135, 139, schließt aus der wünschenswerten *„Entpolitisierung“* der Standardsetzung, dass politisch orientierte Organisationen in einem solchen Fachgremium nicht mitwirken können. Exemplarisch benennt er Organisationen wie DIHT, BDI, BDA und DGB; gegensätzlich der *Wheat-Bericht*, S. 22: *„One very real concern is that government agencies may be more susceptible to political pressure than private bodies.“*

[170] die größere Flexibilität privater Standards scheint für die Mehrheit der Autoren unbestritten, siehe hierfür nur *v. Colbe*, Podiumsgespräch, ZGR Sonderheft 2, S. 105, 106, der zu gesetzlichen Vorschriften bemerkt: *„deren Änderung offensichtlich sehr schwerfällig ist.“*; *Scheffler*, Der Deutsche Standardisierungsrat, BFuP 1999, S. 407; *DRSC*, Aufgaben und Ziele, S. 1; *Lamb*, Kooperative Gesetzeskonkretisierung, S. 210 verweist darauf, dass die privaten Normungsverbände in selbstregulatorische Verfahren des Technikrechts oftmals Eilverfahren entwickelten, um schnell auf drängende Fragen antworten zu können. Eilverfahren im Gesetzgebungsverfahren stoßen auf rechtsstaatliche Grenzen; allgemein für selbstregulatorische Normungen *Reihlen*, Erscheinungsformen, S. 75, 77; siehe aber auch die Studie von *Ronen/Schiff*, Accounting Standards, JoA, March 1978, S. 66 ff., bei der die wenigen Befragten, die sich für eine staatliche Regelgewinnung aussprachen, die schnellere Entscheidungsfindung eines staatlichen Gremiums hervorhoben

gen der Wirtschafts- und Steuergesetzgebung und neue Erkenntnisse der Wissenschaft zu reagieren[171].

Eine über die bloße Generalklauselfestlegung hinausgehende Normierung der Rechnungslegung durch den Gesetzgeber würde in einem Rechtsgebiet wie der Rechnungslegung, deren Sachverhalte sich beständig fortentwickeln, schnell an ihre Grenzen gelangen, da die parlamentarische Verhandlungsdauer eine zeitnahe Anpassung der Vorschriften nicht erlauben würde[172].

Trotz des zu vermutenden Vorteils einer schnelleren und flexibleren Arbeit des privatverbandlichen Gremiums ist gleichwohl der Frage nachzugehen, wie die Anwender bereits vor dem Tätigwerden des jeweiligen Standard-Setzers auf veränderte Rahmenbedingungen reagieren können. Dabei muss festgestellt werden, dass staatlichen Standards aufgrund ihrer rechtlichen Verbindlichkeit bis zu ihrer Änderung das Element der Starrheit innewohnt. Gesetze und Rechtsverordnungen, also materielles staatliches Recht, binden Rechtsanwender und Gerichte. Der Staat setzt die Anwendung des von ihm geschaffenen Rechts durch die Androhung von Sanktionen durch, ein Abweichen ist nicht möglich.

Da, wie zu zeigen werden wird, den privatverbandlichen Standards die rechtliche Bindungskraft fehlt, sind aber die Regelanwender auch vor der formalen Änderung der Standards beim Auftreten neuer Bilanzierungsprobleme oder sonstigen Veränderungen zu einer eigenständigen Abweichung von dem privaten Regelwerk berechtigt, sofern sie weiterhin den im Gesetz Zielvorstellungen des Jahresabschlusses genügen. Damit wäre sichergestellt, dass sich beispielsweise die Rechnungslegung auch bei Verzögerungen innerhalb des privaten Gremiums fortentwickeln und auf nationale und internationale Entwicklungen reagieren kann. Hiervon würden im Übrigen auch Impulse für die Gremienarbeit ausgehen[173].

---

[171] *Achleitner*, Normierung, S. 192; für das Technikrecht *Hoffmann-Riem*, Verfahrensprivatisierung, S. 9, 16; *Voelzkow*, Private Regierungen, S. 221, der bemerkt, dass das Recht mit seinem immanenten Hang zur Statik dem Steuerungsgegenstand Technik mit seinem immanenten Hang zur Dynamik nicht angemessen sei; ähnlich *Vieweg*, Umweltschutz, UTR 1994, S. 509, 520

[172] *Havermann*, Private Regelsetzung, ZGR 2000, S. 693, 698; so im Prinzip auch *Achleitner*, Normierung, S. 202, allerdings geht sie von einem festen Bestand gesicherter Grundsätze aus, die der Gesetzgeber festschreiben könnte, da diese keinem Wandel mehr unterworfen seien. Diese Aussage ist aber vor dem Hintergrund der internationalen Entwicklungen nicht haltbar. Auch nach deutschem Recht scheinbar gesicherte Regeln können im Zuge der Harmonisierung Änderungen unterworfen sein; siehe wiederum *Havermann*, Diskussion, S. 160, der deshalb dafür plädiert, den Gesetzgeber nicht zu bemühen, sondern im Konsens zu neuen Regeln zu kommen; *Brand*, Rechnungslegungskommission, S. 2; wichtig erscheint auch der Hinweis von *Wilke*, Rechtsnormen, S. 11, 16 auf den oft ungewissen politischen Ausgang der Parlamentsberatungen; für *Küting*, Rechnungslegung in Deutschland, DStR 2000, S. 38, 41 ermöglicht die Einbeziehung des Berufsstandes in die Normentwicklung einen stärkeren Praxisbezug und eine hohe Flexibilität der Standards

[173] *Marburger/Gebhard*, Umweltnormierungen, S. 1, 41; *Lamb*, Kooperative Gesetzeskonkretisierung, S. 210; a.A. *Luik*, Podiumsgespräch, ZGR Sonderheft 2, S. 105, 113 mit der Sorge, dass die Veröffentlichung von Standards die Fachdiskussion abschneiden würde; dagegen aber *Brand*, Rechnungslegungskommission, S. 111

6. Eine wirkungsvollere Teilnahme am internationalen Harmonisierungsprozess

Im Zuge der internationalen Globalisierung der Handels- und Kapitalbeziehungen drängen immer mehr Unternehmen aus unterschiedlichen Motiven an ausländische Börsen[174]. Dabei sind sowohl die Unternehmen als auch internationale Anleger und Analysten an einem international harmonisierten Rechenwerk interessiert. Dieses Ziel ist auch Grundlage der Arbeit des IASC.

Um den Anwendern der IAS die Börsenzulassung in den USA zu ermöglichen und damit die weltweite Durchsetzbarkeit der IAS zu erhöhen, beschloss das IASC bereits 1987 mit der von der amerikanischen SEC dominierten IOSCO eng zusammenzuarbeiten. Danach beabsichtigt die IOSCO bei ihren Mitgliedern die Beachtung der IASC-Standards als Voraussetzung für eine Börsennotierung durchzusetzen. Im Gegenzug dazu hat sich das IASC verpflichtet, die in seinen Standards bislang enthaltenen Wahlrechte zu vermindern und die Informationsanforderungen zu erhöhen. Am Ende der Überarbeitung der bestehenden IAS und Neuschaffung weiterer Standards soll eine Empfehlung der IOSCO an ihre Mitglieder stehen, die IAS als kapitalmarkttaugliche Rechnungslegungsvorschriften zu akzeptieren[175].

Das IASC orientiert sich organisatorisch an staatsfernen angelsächsischen Vorbildern und ist vor allem ein Gremium der Bilanzersteller und Abschlussprüfer[176]. Auch die deutsche Mitarbeit ist bislang vor allem allein durch Berufsangehörige geprägt, denen keine umfassende Autorität zukommt. Da sich das IASC als Gremium der für die nationale Regelfindung zuständigen Kreise versteht, war es für die wirksame Vertretung deutscher Interessen von Bedeutung, mit dem DRSC eine zwar vom Gesetzgeber autorisierte, jedoch privat organisierte nationale Rechnungslegungsinstitution zu schaffen[177].

---

174 eine Zusammenfassung der verschiedenen Listungsmotive geben *Küting/Hayn*, Börseneinführungsmodalitäten, WPg 1993, S. 401; für den Börsengang der Daimler-Benz AG an der New Yorker Börse stellen beispielsweise *Roquette/Stanger*, Engagement, WM 1994, S. 137, 146 vor allem marktpolitische Motive fest, da das Listing nicht mit einer Kapitalerhöhung verbunden war.

175 zu den Ergebnissen des Einflusses der IOSCO siehe *Kleekämper/Kuhlewind* in: Baetge, IAS, Kap. 1, Rz. 27; *Biener*, Rechnungslegungsempfehlungen, BFuP 1993, S. 345, 352; *Kleekämper*, Aktuelle Entwicklungen, BFuP 1995, S. 414, 422 mit dem damaligen Streit über ratierliche Anerkennung der bereits unstrittigen IAS

176 besonders betont *Stein*, Rechnungslegungsgrundsätze, BFuP 1993, S. 427, 442 die unterschiedliche Stellung der Prüfer im Rahmen der Standard-Setzung.

177 in diesem Sinne auch *Pellens/Fürbier/Ackermann*, Deutscher Einfluss, DB 1996, S. 285, 290; *Langenbucher/Blaum*, Rechnungslegungsgremium, DB 1995, S. 2325, 2328; *Breidenbach*, Normensetzung, S. 183; *Scheffler*, Der Deutsche Standardisierungsrat, BFuP 1999, S. 407; auch *Frau Knorr* betont, dass im IASC ein deutsches Rechnungslegungsgremium mit staatlicher Beteiligung nicht als Verhandlungspartner akzeptiert werden würde.
Hinzuweisen bleibt jedoch bereits an dieser Stelle auf die im Vergleich zum anglo-amerikanischen Verständnis deutlich abweichenden rechtlichen Rahmenbedingungen bezüglich der Allgemeingültigkeit selbstregulatorisch entwickelter Standards. Siehe hierzu auch *Drescher*, public versus private standard setting? StuW 1998, S. 240, 252

II. Mögliche negative Gemeinwohlbeiträge einer privaten Regelbildung

Jede Regelbildung, egal ob durch staatliche oder privatverbandliche Verfahren birgt kann auch Gefahren für einzelne Interessengruppen bergen, da und nicht nur bei außerparlamentarischen Verfahren durch einseitige Interessenberücksichtigungen auch Gefährdungen des Gemeinwohls vorstellbar sind. Dabei werden diesbezügliche Probleme in der staatlichen Rechtsfindung hier nicht erörtert.

Zur Beurteilung der staatlich veranlassten gesellschaftlichen Selbstregulierung als rechtlicher Gestaltungsalternative zur Verantwortungsteilung zwischen Staat und Bürgern ist neben der Existenz positiver Gemeinwohlauswirkungen einer privaten Standardisierung als zweite Bedingung auch deren Überwiegen über die gleichfalls drohenden negativen Folgen festzustellen.

Daher schließt sich im Folgenden die Beschreibung möglicher nachteiliger Gemeinwohlauswirkungen an. Die hier aufzuzeigenen Probleme stellen dann die Grundlage für die Überlegungen dar, mit welchen organisatorischen Maßnahmen zur deren Eindämmung der Staat den selbstregulatorischen Prozess begleiten muss, um sich mithilfe privatverbandlicher Standardisierungen wirksam entlasten zu können. Im Einzelnen werden untersucht:[178]

- Eine mögliche Selektivität der Interessenberücksichtigung
- Der bestehende Zwang zum Kompromiss
- Das Umgehen verfassungsrechtlich vorgesehener Verfahren und Regelungsformen
- Das Fehlen von Akzeptanz bei den Rechtsanwendern durch Nicht-Beteiligung bei der Normung
- Ein drohender Autoritätsverlust des Rechts durch den Rückzug des Staates

1. Eine mögliche Selektivität der Interessenberücksichtigung

Jede Begrenzung der bisherigen staatlichen Erfüllungsverantwortung mit der Übernahme öffentlicher Aufgaben durch private Akteure birgt die Gefahr einer einseitigen Interessenberücksichtigung durch die privaten Aufgabenträger. In besonderer Weise tritt dies im Bereich selbstregulatorischer Gremien für die Fragen der Gremienzusammensetzung und der Finanzierung der Gremienarbeit in den Vordergrund.

[178] Bei der mit der Einordnung der Rechnungslegungsstandards als *„öffentliche Güter"* verbundenen Problematik des möglichen Marktversagens stehen weniger die negativen Auswirkungen auf die Gemeinwohlverwirklichung, als vielmehr binnenorganisatorische Aspekte im Vordergrund. Daher sei an dieser Stelle auf Kapitel F II (**Die Kooperationsfähigkeit eines privatverbandlichen Standardisierungsgremiums**), S. 88 verwiesen.

a) Die Zusammensetzung selbstregulatorischer Gremien

Wie gezeigt, kann sich der Gesetzgeber in einem sozialen Rechtsstaat wie der Bundesrepublik Deutschland mit der Installierung selbstregulatorischer Standardisierungsverfahren nicht aus seiner Gemeinwohlverantwortung zurückziehen. Die wichtigste Entscheidung nach der Übertragung der Aufgabenerfüllung zur Aufstellung von Standards an private Akteure ist daher die Frage nach der pluralen Interessenberücksichtigung in den privaten Gremien.

Durch das freie und repräsentative Mandat, die Gewährleistung von Oppositionsrechten und die freie und gleiche Wahl zu den Volksvertretungen strebt das Grundgesetz für das parlamentarische Verfahren die Verhinderung einer einseitigen inhaltlichen Bestimmung von Norminhalten durch die Repräsentanten einzelner Sonderinteressen an[179]. Dieses Bemühen um gesellschaftlichen Pluralismus kann aber auch für selbstregulatorische Standardisierungsverfahren bei dem sich einzelne Private um allgemein gültige Standards bemühen, nicht ohne Folgen bleiben. Ohne der Diskussion, die an anderer Stelle geführt werden wird, vorzugreifen, kann bereits jetzt festgehalten werden, dass der Kreis der möglichen Mitglieder selbstregulatorischer Gremien nicht pauschal bestimmbar ist. Vielmehr erfordert dies eine eingehende Auseinandersetzung mit der Art der Herleitung der zu entwickelnden Standards. Steht dieser mögliche Teilnehmerkreis dagegen fest, so verlangen die während der Standardisierung unweigerlich notwendigen Wertungen, dass sämtlichen als relevant angesehenen Interessen wirkungsvolle Beteiligungs-und Mitentscheidungsrechte eingeräumt werden, da sich der Staat nur so gemeinwohlbewahrend von der eigenständigen Aufgabenerfüllung zurückziehen kann.

Zwingend erscheint dies vor allem, weil durch die staatsentlastende Zulassung selbstregulatorischer Verfahren die Interessenbewertungen und Machtungleichgewichte des privaten Sektors, der allein mitgliedschaftlich, aber nicht demokratisch legitimiert sind, in die Standardisierung einbezogen werden[180]. Hier können Konflikte mit den Erfordernissen einer demokratischen Legitimation jeder normsetzenden Machtausübung entstehen. Daher darf bei der Gremienbesetzung nicht übersehen werden, dass eine Verlagerung von Entscheidungsverantwortung auf die Betroffenen immer auch eine Ausgrenzung anderer bedeuten kann. Deren Interessen zu wahren ist eine der wichtigsten Aufgaben des modernen Rechtsstaates[181].

---

179 *Lübbe-Wolff*, Fragen der Normsetzung, ZG 1991, S. 219, 243; *Lange*, Staatliche Steuerung, VerwA 1991, S. 1, 16; ähnlich auch Grimm, Zukunft der Verfassung, S. 178; *Ritter*, Das Recht als Steuerungsmedium, S. 69, 79 spricht davon , dass insbesondere auch Gegenwartsinteressen wirksamer als Zukunftsinteressen, wirtschaftliche Interessen leichter als ideelle Interessen zu organisieren seien. Allerdings ernüchternd die Feststellung bei *Walz*, Ökonomische Regulierungstheorien, ZfbF Sonderheft 32, S. 85, 88, wonach der Einfluss einer Organisation mit ihrer Größe und damit weitgefächerteren Interessen ihrer Mitglieder abnimmt, während kleine, kohärente Gruppen ihre Interessen überproportional erfolgreich durchsetzen könnten.

180 dazu nur *Vieweg*, Normsetzung, S. 144; *Trute*, Selbstregulierung, DVBl. 1996, S. 950, 955

181 so *Kuhnig/Rublach*, Aushandeln statt Entscheiden, JURA 1990, S. 1, 11, wonach der Rechtsstaat bereits die Betroffenen repräsentiert, er aber vor allem jene zu schützen habe, die sich weniger nachhaltig zu artikulieren vermögen; ähnlich *Hommelhoff/Schwab*, Selbststeuerung im Bilanzrecht, BFuP 1998, S. 38, 40; *Trute*, Selbstregulierung, DVBl. 1996, S. 950, 956; *Britz*, Die Mitwir-

Neben der Diskussion über die Teilnahmemöglichkeit bestehender Verbände an der Gremienarbeit muss beachtet werden, dass möglicherweise umfangreiche Benutzerkreise der zu erstellenden Standards von einer Teilnahme an den selbstregulatorischen Beratungen ausgeschlossen sind, weil sie nicht in entsprechenden Verbänden organisiert sind oder bestehende Vereinigungen aus Ressourcenknappheit nicht in der Lage sind, Experten zu benennen[182].

b) Die Finanzierung selbstregulatorischer Gremien

Aufkommende Zweifel einer kritischen Öffentlichkeit über einen vermeintlich fehlenden allgemeinen Interessenausgleich bei der Arbeit eines privaten Standardisierungsgremiums sind für die Akzeptanz seiner Regeln höchst gefährlich. Dabei können nicht nur die Besetzung der Entscheidungsgremien, sondern auch auch die Finanzierungsquellen des Gremiums den Eindruck einer einseitigen Interessenausrichtung hervorrufen.

Als Formen der Finanzierung kommen dabei Beiträge der Mitglieder des die Standardisierung tragenden Vereins, Spenden, Erlöse aus Publikationen, Umlagen unter den Normanwendern, Beiträge für die Teilnahme an den Standardisierungsarbeiten im Sinne einer Prozessfinanzierung und eine Beteiligung des Staates in Frage.

Entscheidend ist bei der Verteilung der Finanzierungslasten, dass der Eindruck vermieden werden kann, besonders finanzstarke Interessenten am Standardisierungsergebnis könnten über ihren finanziellen Einfluss den materiellen Inhalt der Standards maßgeblich gestalten[183]. Dabei weisen alle hier genannten Finanzierungsmöglichkeiten Probleme auf, die die konkrete Form der Mittelaufbringung als eine auf das zu standardisierende Rechtsgebiet abzustimmende Abwägung erscheinen lässt. Beiträge des Staates beispielsweise stehen im Widerspruch zu einem rein selbstregulatorischen Charakter der Standards und sollten daher sowohl aus ordnungspolitischen, aber auch aus fiskalischen Gesichtspunkten nur maßvoll in Anspruch genommen werden. Eine Umlage der Lasten auf die Normanwender wird nur dann möglich sein, wenn diese als überschaubare Menge indentifizierbar sind und Formen der Umlagefinanzierung ohne großen bürokratischen Aufwand umsetzbar sind.

---

kung Privater, VerwA 2000, S. 418, 435 sieht die Gefahr von gesellschaftlichen Machtverschiebungen; ähnlich auch *Führ*, Technische Normen, ZUR 1993, S. 99, 100

182 *Marburger/Gebhard*, Umweltnormierungen, S. 1, 39; *Marburger*, Regeln der Technik, S. 202 bezüglich der geringen Zahl kompetenter Experten bei den Verbraucher-Verbänden und mit detaillertem Hinweis auf den Verbraucherrat beim DIN; *Backherms*, Das DIN, S. 54, Fn. 54 m.w.N.; ausführlich zur schwachen Verhandlungsstellung ehrenamtlicher Verbände auch *Hagenah*, Neue Instrumente, S. 487, 505 verdrängt wird dieses Problem im *Wheat-Bericht*, S. 24, der im Gegenteil davon ausgeht, dass alle interessierten Seiten ihre Vorstellungen einbringen können und diese im Entwicklungsprozess der Standards berücksichtigt werden; ähnlich abwiegelnd auch *Reihlen*, Europäische und internationale Normung, S. 1, 5

183 so auch *Schildbach*, Das private Rechnungslegungsgremium, DB 1999, S. 645, 647; *Hommelhoff/Schwab*, Selbststeuerung im Bilanzrecht, BFuP 1998, S. 38, 51; *Schwab*, Standardisierungsvertrag für das DRSC, Teil II, BB 1999, S. 783, 787; aus der technischen Normung *Schmidt-Preuß*, Private Regelwerke, S. 89, 98; dagegen befürwortet *Biener*, Offene Fragen, S. 1, 9 die Finanzierung der Gremienarbeit durch die *„betroffenen Kreise"*

Und schließlich setzt die Finanzierung über die Publikation der Normen einen entsprechenden Standardfundus voraus.

2. Der bestehende Zwang zum Kompromiss

Ein selbstregulatorisches Gremium zur Standardisierung im Bereich der Rechnungslegung müsste, damit seinen Stellungnahmen innerhalb der Fachwelt und der Gerichte auch unabhängig von staatlichen Geltungsanordnungen Gewicht zukommt[184], in seiner personellen Zusammensetzung ein möglichst breites Spektrum der Rechnungslegung umfassen. Widerstreitende Anschauungen und Interessen führen aber oft zu einer Form von Kompromissbereitschaft, die es verhindert, dass Probleme richtig und vollständig aufgegriffen werden. Statt zu einem umfassenden Ausgleich aller relevanten Interessen zu kommen, steht zu befürchten, dass nur die Einigung auf den kleinsten gemeinsamen Nenner möglich wird, da die Entscheidungsfindung umso prekärer wird, umso vielfältiger die beteiligten Interessen sind. Es ist nicht übertrieben zu behaupten, dass die an sich wünschenswerte Beteiligung breiter Kreise ein erhebliches Hindernis darstellen dürfte, überhaupt zu einem Ergebnis zu kommen[185]. Dieses Problem verweist unmittelbar auf die Frage nach der Entscheidungsfindung und dem Abstimmungsverfahren in einem privaten Gremium. Die Zulassung von Mehrheitsentscheidungen löst dieses Dilemma nur scheinbar, denn die ständige Überstimmung eines Teils der Mitglieder würde das Gremium schnell an die Grenzen seiner Arbeitsfähigkeit führen wie auch wenig überzeugende Kompromisse Desinteresse und Passivität der Gremienmitglieder zur Folge haben können[186].

3. Das Umgehen verfassungsrechtlich vorgesehener Verfahren und Regelungsformen

Das Grundgesetz für die Bundesrepublik Deutschland stellt hohe Anforderungen an die demokratische Legitimation der Rechtssetzung. Danach darf sich der Gesetzgeber seiner Aufgaben nicht beliebig entäußern, sondern die für

---

184 *Lübbe-Wolff*, Fragen der Normsetzung, ZG 1991, S. 219, 244 verweist auf die Tatsache, dass die faktische Anwendung privater Regelwerke durch die Gerichte im Technikrecht vor allem auf praktische Erwägungen zurückzuführen ist: *„Bindungswirkung hin oder her - wonach sonst, wenn nicht nach den vorhandenen Regelwerken, sollte die Routine sich richten?"* Sie spricht in diesem Zusammenhang auch von *„Geltung kraft praktischer Angewiesenheit"* des weitaus größten Teils des vorhandenen Regelmaterials.

185 so auch *Hagenah*, Neue Instrumente, S. 487, 511; *Lamb*, Kooperative Gesetzeskonkretisierung, S . 214 verweist auf eine mögliche Blockadehaltung wichtiger Branchen und Unternehmen bei der technischen Normung durch den Konsensdruck, ähnlich auch S. 253; *Langenbucher/Blaum*, Rechnungslegungsgremium, DB 1995, S. 2325, 2328; *Dagtaglou*, Der Private, S. 136; *Marburger/Gebhard*, Umweltnormierungen, S. 1, 42; *Vieweg*, Umweltschutz, UTR 1994, S. 509, 520; *Voßkuhle*, Regelungsstrategien, S. 47, 70; *Brunner*, Technische Normen, S. 70 verweist auf weitverbreitete politische Einschätzung, dass ein Konsens nur zwischen Interessengruppen möglich erscheint, die ähnliche Ziele verfolgen.

186 in diese Richtung auch *Lamb*, Kooperative Gesetzeskonkretisierung, S. 215; *Sodan*, Kollektive Funktionsträger, S. 75; siehe hierzu erneut die Untersuchung bei *Ronen/Schiff*, Accounting Standards, JoA, March 1978, S. 66 ff. mit den Umfrageergebnissen zu den gewünschten Abstimmungsquoren

den wirksamen Grundrechtsschutz wesentlichen Entscheidungen sind von ihm selbst zu treffen. Weiter verlangt das Rechtsstaatsprinzip, dass alle staatlichen Entscheidungen durch eine ununterbrochene Legitimationskette auf das Volk zurückzuführen sind.[187]

Selbstregulatorische Steuerungsprozesse mit dem Ziel einer allgemein verbindlichen Regelbildung lassen sich in die vom Grundgesetz vorgezeichnete Ordnung nicht vorbehaltlos einfügen. Institutionell besteht dabei die Gefahr, dass selbstregulatorische Organisationen die demokratisch legitimierten und qua Verfassung allein zur allgemein verbindlichen Entscheidung kompetenten Organe unterlaufen und eine faktische Steuerungsmacht erlangen, die ihnen aufgrund ihrer partikularen Interessengebundenheit nicht zusteht. Daneben besteht materiell die Gefahr, dass in der selbstregulatorischen Regelbildung eine einseitige Interessenbevorzugung stattfindet, die dem Anspruch der Demokratie nach Chancengleichheit widerspricht[188]. Diese Gefahr wird umso größer, je unvollständiger der Gesetzgeber seiner Pflicht zur Zielvorgabe und zur Berücksichtigung unterschiedlicher Interessen am Normungsergebnis nachkommt[189].

Die Erörterung der erforderlichen Legitimation, der möglichen Wege zur Erlangung rechtlicher Bindungskraft für die von Privaten erarbeiteten Regeln, sowie als Folge die rechtsstaatlichen Anforderungen, die zur Erhöhung der rechtlichen Wirkung rein privater Regeln notwendig sind, beschreiben die zentralen Probleme einer staatlich veranlassten gesellschaftlichen Selbstregulierung und werden einen Schwerpunkt der weiteren Arbeit darstellen.

4. Das Fehlen von Akzeptanz bei den Rechtsanwendern durch die Nicht-Beteiligung bei der Normung

Die bereits mehrfach erhobene Forderung nach einer möglichst umfassenden Vertretung aller für den handelsrechtlichen Jahresabschluss relevanten Gruppen findet ihre Begründung nicht nur in dem Streben nach sachgerechten Lösungen, sondern vor allem auch in der Erkenntnis, dass nicht beteiligte, aber von den Standards betroffene Dritte die bei außerparlamentarischen Verfahren ohne sie entstandenen Regeln nicht akzeptieren könnten. Dieser verständliche psychologische Vorgang wiegt bei einer rein privaten Regelbildung umso stärker, da diese Standards neben einem staatlichen Akt zur Inkraftsetzung vor allem der Akzeptanz durch die Anwender bedürfen.[190]

---

187 siehe an dieser Stelle nur *Lamb*, Kooperative Gesetzeskonkretisierung, S. 218 und den *Wheat-Bericht*, S. 22; für *Kirchhof*, Gesetzgebung und private Regelsetzung, ZGR 2000, S. 681, 690 dürfen, aus dem Demokratieprinzip folgernd, trotz partieller Überlastung des Gesetzgebers keine Nebengesetzgeber zugelassen werden

188 *Voelzkow*, Private Regierungen, S. 222 spricht hierbei von *„funktionalisierter Autonomie"* der Normungsorganisationen

189 so betont *Moxter*, Aufgaben und Bedeutung, DB 1998, S. 1425, 1427 starke verfassungsrechtliche Bedenken, ob die weitgehende Übertragung der materiellen Bestimmung von Rechnungslegungsinhalten auf ein privates Gremium in § 342 HGB zulässig sei

190 ähnlich *Brunner*, Technische Normen, S. 68; *Voelzkow*, Private Regierungen, S. 188; *Lange*, Normvollzug und Vernormung, S. 268, 273 verweist zurecht darauf, dass sich mit Zwang allein ei-

Abhilfe könnte hier auf zweierlei Wegen geschaffen werden: Zum einen müssen die Verfahrensvorschriften zur Regelgewinnung, die vor allem dem Minderheitenschutz dienen sollen, genau eingehalten werden[191] und Verfahrensverstöße seitens des gemeinwohlorientierten Staates geahndet werden. Daneben ist zu überlegen, wie durch institutionelle und finanzielle Hilfen auch relativ durchsetzungsschwache Interessen in die Lage versetzt werden, am Regelfindungsprozess teilzunehmen und ihre Auffassungen einzubringen. Nur so ist zu verhindern, dass die Träger der besser organisierten Interessen leichteren Zugang zu den Entscheidungen dieses Gremiums haben.[192]

---

ne Rechtsordnung nicht durchsetzen lässt, sie vielmehr der freiwilligen Befolgung bedarf; so auch *Achleitner*, Normierung, S. 400, die die Befolgung privater und staatlicher Regeln im Ergebnis allein auf diesen Faktor zurückführt; im Bereich der Rechnungslegung kommt hinzu, dass Kriterien für die Qualität der Vorschriften aufgrund der gegensätzlichen Interessen der Bilanzadressaten nicht zur Verfügung stehen, die Akzeptanz der Betroffenen daher als einziger Kristallisationspunkt für die Erfüllung der von Rechnungslegungsstandards zu erfüllenden Ansprüche bleibt.

191 *Hommelhoff*, Zum Ersatz des deutschen Konzernabschlusses, S. 109, 127

192 einen Überblick über die Schwierigkeiten der Organisierbarkeit von Interessen mit den hieraus entstehenden Auswirkungen auf die Beteiligung an administrativen Entscheidungsprozessen im Umweltrecht gibt *Hagenah*, Prozedualer Umweltschutz, S. 116-123; diese Schwierigkeiten, die allein mit einer finanziellen Unterstützung seitens des Staates aufgrund der Interessenheterogenität nicht vollständig überwindbar sind sehen auch *Hommelhoff/Schwab*, Selbststeuerung im Bilanzrecht, BFuP 1998, S. 38, 40; ähnlich *Lamb*, Kooperative Gesetzeskonkretisierung, S. 82; *Trute*, *Selbstregulierung, DVBl. 1996, S. 950, 964 schlägt aufgrund der Unorganisierbarkeit bestimmter* Interessen eine staatliche Repräsentation vor; siehe auch das Beispiel bei Marburger, Regeln der Technik, S. 203; die Forderung nach finanzieller Unterstützung unterpriviligierter Interessen findet sich auch bei *Welsch*, Demokratisierung technischer Normung, WSI-Mitt, 1990, S. 650, 659; Eichener/Heinze/Voelzkow, Techniksteuerung, S. 393, 411. Aus diesen Bemerkungen darf allerdings nicht der zwingende Schluss gezogen werden, dass staatliche Regelgewinnung grundsätzlich zur Befolgung der darin enthaltenen Vorschriften führt.
Ein besonders anschauliches Beispiel hierfür stellt die Publizitätspflicht der GmbH's dar, die durch das BiRiLiG erstmals für das Bilanzjahr 1987 eingeführt wurde. Der deutsche Mittelstand empfand die Vorschriften der 4. EG-Richtlinie als vollkommen überzogen und verweigerte ihre Befolgung; siehe hierzu *van Hulle*, Accounting Standards in the EC, EAR 1993, S. 390, sowie den Überblick über mehrere Untersuchungen bei *Nothelfer*, Auswirkungen, BB 1996, S. 1656 und bei *Baetge/Apelt*, Publizität, BFuP 1992, S. 393, 402. Danach kamen 1987 nur 8% - 15% der GmbH's ihrer Verpflichtung nach, 1988 waren es nur noch 7% - 11%; für das Jahr 1989 ermittelte *Blumberg*, Amtsgerichte, Impulse 6/91, S. 138, 142 einen Anteil von 5% - 20% rechtstreue kleine GmbH's. Hinzu kommt, dass viele Unternehmen, die ihrer Publizitätspflicht nachkamen, diese nur unvollständig erfüllten; siehe aber zur Entwicklung *EuGH v. 4.12.97* (Daihatsu Deutschland), Slg. 1997 I, S. 6843, 6865 und *Buck*, Anmerkung zu EuGH v. 4.12.97, WuB II N., Mai 1998, S. 443 sowie *van Hulle*, Zukunft der europäischen Rechnungslegung, BB 1998, S. 138, 149; *Achleitner*, Normierungen, S. 400 zeigt sich überzeugt, dass es im Falle eines durch breite Kreise getragenen Konsenses, der durch eine umfassende Interessenabwägung vorbereitet ist, zu einer breiten Befolgung der Normen gekommen wäre. Die Umsetzung des BiRiLiG ist für sie ein anschauliches Beispiel für einen unzulänglich ausgestatteten Normsetzungsprozess.
Die volle Dimension des Akzeptanzproblems, die insbesondere bei einer öffentlichen Einschätzung der Jahresabschlüsse als Interessendurchsetzungsinstrument der Unternehmensleitungen auftreten könnte verkennt jedoch *Zitzelsberger*, Einrichtung eines nationalen Rechnungslegungsgremiums, WPg 1998, S. 246, 257 wenn er davon ausgeht, dass Schwierigkeiten mit der Akzeptanz auf nationaler Ebene durch einen hoheitlichen Akt des Staates leicht gelöst werden könnten. Die Struktur der Gremien und die Verfahrensabläufe zur Standardentwicklung sind für ihn ohne Bedeutung, *„da im Wirkungsbereich staatlicher Normsetzung die Wirtschaftssubjekte qua staatlichem Hoheitsbefugnis zur „Akzeptanz" der entwickelten Standards faktisch gezwungen sind."* Dabei übersieht er, dass Rechtsanwender von den Standards abweichen können, sofern sie die im Gesetz geforderten Anforderungen erfüllen.

5. Ein drohender Autoritätsverlust des Rechts durch den Rückzug des Staates

Die Erwartungen eines großen Teils der Bevölkerung an den fürsorglichen Staat sind trotz steigender Belastungen durch Steuern und Abgaben ungebrochen[193]. Der Sozialstaat der Bundesrepublik Deutschland hat Bedürfnisse nach umfassender Steuerung der gesellschaftlichen Beziehungen durch staatliche Autoritäten geschaffen, denen sich die Politik gerade in Deutschland aufgrund einer Vielzahl von Zwischenwahlen in den Ländern kaum entziehen kann. Überlässt der Staat nun Steuerungsaufgaben, die in der öffentlichen Meinung als von ihm zu erfüllend angesehen werden, nichtstaatlichen Stellen, kann dies zu einem Autoritätsverlust des Rechts, zu einer Gefährdung der Stellung des Staates als Träger der Rechtsordnung und Inhaber der Geltungsgewalt und damit möglicherweise zu einer Minderung seiner Souveränität führen[194]. Da im Gegensatz vor allem zu den Vereinigten Staaten von Amerika in Deutschland die Verantwortungsteilung zwischen dem Staat und privaten Akteuren bei der Erfüllung öffentlicher Aufgaben und dabei insbesondere die Übertragung von Standardisierungsvollmachten an Private noch nicht weit fortgeschritten ist[195], gebietet Vorsicht bei der Einführung selbstregulatorischer Steuerungselemente. Unabdingbar erscheint es, dass der Staat Kriterien zur Wahrnehmung seiner verbleibenden Auffangverantwortung aufstellt, anhand derer er beispielsweise bei Veröffentlichung der privaten Standards seine Überprüfungen dokumentiert.

III. Ergebnis: Privatverbandliche Normung kann positive Gemeinwohlbeiträge hervorbringen

Damit können am Ende der Untersuchung nunmehr zwei Ergebnisse festgehalten werden. Erstens ist auch eine privatverbandliche Normierung zu positiven Gemeinwohlbeiträgen fähig. Damit ist die erste Bedingung, die eine selbstregulatorische Standardisierung der Rechnungslegung nach dem Muster der *„staatlich veranlassten gesellschaftlichen Selbstregulierung“* zu einer rechtlichen Gestaltungsalternative für den um Entlastung und Verantwortungsteilung bemühten Staat erscheinen lässt, erfüllt.

Zweitens erscheint es möglich, dass die Vorteile einer privaten Lösung bei der Produktion des öffentlichen Gutes *„Rechnungslegungsstandards“* gegenüber den unstrittig vorhandenen Nachteilen dieses Vorgehens überwiegen. Dies

[193] so sieht es *Zippelius*, Staatslehre, S. 231 als wichtigste Voraussetzung für den notwendige Reduktion von Staatsaufgaben an, dass die Leistungserwartungen innerhalb der Bevölkerung abgebaut werden.

[194] *Vieweg*, Normsetzung, S. 144; *Kirchhof*, Private Rechtssetzung, S. 506; ähnlich *Ritter*, Das Recht als Steuerungsmedium, S. 69, 79; für *Schmidt-Preuß*, Normierung und Selbstnormierung, ZLR 1997, S. 249, 251 ist es dagegen ein Zeichen staatlicher Stärke, wenn Raum für private Normgebung gelassen wird

[195] so berichteten *Ronen/Schiff*, Accounting Standards, JoA, March 1978, S.66 ff. von einer Studie unter US-amerikanischen Rechnungslegern, bei der über 90% der Befragten einen privaten Träger bei der Gewinnung von Rechnungslegungsstandards bevorzugten

wird im dritten Teil der Arbeit erneut aufgegriffen. Dabei wird beschrieben, wie ein Standardisierungsprozess in Erfüllung der zweiten Bedingung gemeinwohlorientiert ausgestaltet werden muss, der die beschriebenen Vorteile optimiert und dabei gleichzeitig die erkannten Nachteile begrenzt.

Kapitel F: Zur Regierungsfähigkeit privater Gremien

Im vorangegangenen Kapitel konnte nicht nur die Existenz positiver Gemeinwohlbeiträge privatverbandlicher Standardisierungen festgestellt werden und damit die alleinige Verwirklichung des *bonum commune* durch ausschließlich staatliches Handeln widerlegt werden. Gleichzeitig wurde auch die Möglichkeit des Überwiegens dieser positiven Auswirkungen konstatiert, wenn im Zuge der Konzeption einer staatlich veranlassten gesellschaftlichen Selbstregulierung im Vorfeld der Normungsarbeit bestimmte Strukturdeterminanten in ihren Ausprägungen definiert werden.

Im Verlauf dieses Abschnitts der Arbeit wird nun ein Aspekt aufgegriffen, der, da er Voraussetzung für jede Staatsentlastung ist, gedanklich vor der Überprüfung der Gemeinwohlorientierung privatverbandlicher Standardisierungen steht. Ergebnisorientiert ist er aber erst nach der Feststellung deren positiver Ergebnisse zu untersuchen. Es ist zu diskutieren, ob ein selbstregulatorisches Gremium die erwarteten und gesellschaftlich auch erwünschten Standards mit der notwendigen Kontinuität erzeugen kann und ob seine Fähigkeit zur Einbringung als Kooperationspartner in das Konzept der staatlichen Gewährleistungsverantwortung von bestimmten sozialen Mechanismen abhängig ist. Dabei wird zuerst untersucht, welche binnenverbandliche Probleme als Folge der exklusiven Anerkennung als staatlicher Kooperationspartner, wie es beim DIN und beim DRSC der Fall ist, auftreten können und wie diesen Schwierigkeiten im Sinne einer dauerhaften und qualifizierten Gremienarbeit begegnet werden muss, bevor im Anschluss die mit der Produktion des öffentlichen Gutes „*Rechnungslegungsstandard*" verbundenen Mobilisierungsschwierigkeiten erörtert werden.

I. Folgeprobleme der staatlichen Privilegierung *eines* Gremiums für die selbstregulatorische Standardisierung

Die soziologische Diskussion über Chancen und Gefahren neokooperatistischer Tendenzen in der modernen Gesellschaft kann hier nicht wiederholt werden. Gleichwohl sind die dort aufgezeigten Gefahren in ihren Grundaussagen auch auf die privatverbandliche Standardisierung in der Rechnungslegung übertragbar. An dieser Stelle soll auf einen Aspekt näher eingegangen werden, der neben den rein (staats)rechtlichen Schlussfolgerungen nicht vernachlässigt werden darf und der ebenfalls erhebliche Auswirkungen auf die Ausgestaltung des Standardsetzungsprozesses hat, die im Ergebnis mit denen vergleichbar sind, die aus den demokratischen Strukturprinzipien des Gemeinwesens erwachsenen.

Selbstregulatorische Normsetzungen im Sinne einer „*staatlich veranlassten gesellschaftlichen Selbstregulierung*" zeichnen sich dadurch aus, dass die staatlichen Instanzen regelmäßig nur *einen* privaten Normsetzer für die jeweilige Regelungsmaterie durch einen Anerkennungsakt als Kooperationspartner akzeptieren. Beispiele hierfür sind sowohl der DIN-Vertrag, der den DIN e.V. als die *„nationale Normungsorganisation“* bezeichnet als auch § 342 Abs. 1 HGB mit der Anerkennungsmöglichkeit *einer* privatrechtlich organisierten Einrichtung. Aus dieser Monopolstellung der privatrechtlichen Verbände ergeben sich nun aber Folgen für den Standardisierungsprozess, die im Weiteren beschrieben werden sollen. Dabei beschränken sich die Ausführungen auf die folgenden drei Komplexe: Abbau von Organisationskontrollen, Internalisierung des Interessenausgleichs und Steigerung des innerverbandlichen Integrationsbedarfs[196].

1. Abbau von Organisationskontrollen

Jedes pluralistische Organisationssystem zeichnet sich durch eine starke Abhängigkeit der einzelnen Verbände vom *„Mitgliedermarkt“* aus. Während potenzielle Mitglieder aufgrund der Zielrichtung ihrer Interessen und der realen Chance auf Interessenverwirklichung über ihren Beitritt zu einem bestehenden Verband entscheiden, steht bereits beigetretenen Mitgliedern bei aufkommender Unzufriedenheit über ihre Erwartungen der Austritt frei. Wird der Verband nun durch einen Vertragsschluss monopolistisch in das staatliche Handeln integriert, verändern sich die Beitritts- und Verbleibemotive der Mitglieder: Der Beitritt erscheint häufig zwingend notwendig zu sein, um die eigenen Interessen wirksam in die Arbeit einfliessen zu lassen, während ein Verlassen des Verbandes durch die dann nicht länger mögliche persönliche Beeinflussbarkeit der Zielrichtung und der Arbeitsergebnisse im Ergebnis verhindert wird.

Damit können aber im Laufe des Verbandslebens nicht nur Mitgliedermotive und Organisationszwecke immer stärker auseinander fallen, auch die bisherigen Kontrollmechanismen innerhalb des Verbandes, die gerade auf dem Prinzip der Freiwilligkeit beruhten, verlieren ihre Wirkung. Da verbandsinternen Minderheiten der Austritt als Konfliktvermeidungsstrategie praktisch nicht zur Verfügung steht, besteht die Gefahr interner Auseinandersetzungen, die die Fähigkeit des Verbandes zu einer effektiven und schnellen Standardisierung dauerhaft gefährden können. Damit tritt aber der Aspekt des Minderheitenschutzes in den Vordergrund der organisatorischen Überlegungen.

2. Internalisierung des Interessenausgleichs

Privatverbandliche Standardisierungen dienen der Ausfüllung von gesetzlichen Vermutungsregeln, Generalklauseln und unbestimmten Rechtsbegriffen. Liegen diese privaten Regeln nicht vor, obliegt deren Auslegung im rechtsstaatlichen Gemeinwesen der Bundesrepublik Deutschland allein den Gerichten, wobei sich die Rechtsprechung in aller Regel an im Meinungsstreit geäußerten Diskussionsbeiträgen der Wissenschaft oder an Verbandsäußerungen orientiert. Dabei herrscht unter den jeweiligen Autoren eine Konkurrenzsituation, die zur Aufstellung von Thesen und Repliken in den Fachzeitschriften führt und

---

[196] siehe zum Folgenden insbesondere *Teubner*, Neo-korporatistische Strukturen, ZParl 1979, S. 487, 492; *Voelzkow*, Private Regierungen, passim

die insgesamt die Fachdiskussion anregt und die Anpassung der Rechnungslegung an Veränderungen in den wirtschaftlichen Abläufen erleichtert.

Nach Einrichtung eines monopolistischen Standardisierungsgremiums verlagert sich die fachliche Diskussion von einer quasi permanenten Erörterung in der Öffentlichkeit in eine kurze, intensive Debatte innerhalb eines konkurrenzlosen Normungsverbandes, die im Übrigen von der Bereitschaft der Gremienmitglieder abhängt, sich mit dem entsprechenden Problem auseinander zu setzen. Daher müssen Äquivalente für die nun eingeschränkte Konkurrenzsituation hinsichtlich des Einbringens unterschiedlicher fachlicher Meinungen in die Normungsarbeit und, um eine Starrheit der Standards zu verhindern, für das Initiativrecht zur Anregung der Standardisierungsarbeit gefunden werden.

3. Steigerung des innerverbandlichen Integrationsbedarfs

In einer pluralistischen Verbandssituation vertreten die einzelnen Verbände aus Furcht vor exit-Entscheidungen ihrer Mitglieder die Verbandsinteressen häufig ohne Rücksicht auf die Gemeinwohlverträglichkeit, die Folgen für die wirtschaftliche Entwicklung oder den Staatshaushalt[197]. Der für die Gesamtgesellschaft akzeptable Ausgleich der widerstrebenden Interessen obliegt dann dem parlamentarischen Beratungsverfahren oder beispielsweise in Tarifauseinandersetzungen den Verhandlungen der gegensätzlich organisierten Interessen.

Wird ein Verband aber als privatrechtlicher Standardsetzer anerkannt, ist er um den Preis seiner staatlichen Anerkennung gezwungen, zu einem doppelten internen Meinungsausgleich zu finden. Er muss nicht nur die innerverbandlich artikulierten Interessen möglichst konsensual bündeln[198], was je nach Intensität der wertenden Arbeitsanteile und der Größe des Gremiums von unterschiedlicher Schwierigkeit sein dürfte. Zusätzlich muss er diesen gefundenen Kompromiss auch mit den gesamtgesellschaftlichen Gemeinwohlvorstellungen abstimmen, was ohne eine breite fachliche Interessenberücksichtigung und der damit verbundenen Größe der Entscheidungsgremiem kaum vorstellbar erscheint. Damit rückt aber die Teilnahmemöglichkeit an den Gremienentscheidungen und die Frage einer fachlichen oder gesellschaftlichen Gremienbesetzung in den Vordergrund.

---

[197] der in Deutschland immer häufiger übernommene Begriff der *„pressure group"* für die Verbände drückt in stärkerem Maße als der bislang gebräuchliche Ausdruck *„Lobbyist"* den kämpferischen Aspekt der Verbandsarbeit aus. Ein regelmäßig wiederkehrendes Beispiel für eine deutliche Form der allein auf die Mitgliederinteressen Rücksicht nehmende Interessenpolitik sind die Lohnsteigerungsforderungen der Gewerkschaften *speziell für den öffentlichen Dienst*

[198] auch für den Fall, dass die Verfahrensrichtlinien des Gremiums Mehrheitsentscheidungen vorsehen, wird das Bemühen um Abstimmungsvermeidung zur Gewähr zukünftiger Zusammenarbeit groß sein.

4. Folgerung: Demokratische Verbandsstrukturen als Grundvoraussetzung effektiver Verbandsarbeit

Die Bezeichnung der innerverbandlichen Folgen der staatlichen Privilegierung eines Normungsverbandes hat deutlich gezeigt, dass für den Verband einerseits die Chance auf eine erhebliche Beeinflussbarkeit künftiger rechtlicher Anforderungen, möglicherweise sogar eine faktische Alleinentscheidung hierüber, besteht. Gleichzeitig ändert sich aber auch sein binnenverbandlicher Charakter. Hierauf muss mit verstärkten internen Interessensausgleichsmechanismen reagiert werden, die denen, die das demokratische Gemeinwesen von einem solchen Verband fordert, auffallend ähneln. Stellen sie dort die Voraussetzung für den Rückzug des Staates in die Position des Gewährleistenden dar, sind sie hier die notwendige Bedingung für die effektive und gemeinwohlorientierte Verbandsarbeit per se. Da an dem Erfolg der Arbeit im Sinne einer Kooperation von Staat und Gesellschaft aber sowohl der Verband als auch der privilegierende Staat ein höchstes Interesse haben, kommt die Aufgabe der Schaffung optimaler binnenverbandlicher Strukturen ebenfalls beiden Akteuren zu.

II. Die Kooperationsfähigkeit eines privatverbandlichen Standardisierungsgremiums

1. Rechnungslegungsstandards als „öffentliche Güter": Folgen für die Determinanten der Kooperationsfähigkeit

Bei den Ergebnissen selbstregulatorischer Standardisierungen handelt es sich sowohl im Bereich der Technik als auch in der Rechnungslegung um so genannte *öffentliche Güter*. Hiervon wird dann gesprochen, wenn eines der Kriterien *„Rivalität im Konsum"* und *„Ausschlussprinzip"* nicht erfüllbar ist.

Rivalität im Konsum liegt stets dann vor, wenn die Tatsache der Nutzung eines Gutes durch einen Konsumenten die Möglichkeiten weiterer Konsumenten zur Güternutzung schmälern würde. Dieser Regelfall findet in Gesetzen und Normen eine Ausnahme: Die Tatsache der Normanwendung durch einen dem deutschen Recht Unterworfenen verringert die Möglichkeiten eines anderen potenziellen Konsumenten zur Nutzung der Normen nicht, die Grenzkosten der Nutzung des Gutes durch weitere Personen sind null[199].

Das Ausschlussprinzip bezeichnet die Möglichkeit für den Güterproduzenten, diejenigen, Marktteilnehmer von der Nutzung der Güter auszuschließen, die für die Nutzung des Gutes keine Gegenleistung erbracht haben. Besteht diese Möglichkeit jedoch wie im Falle einer rechtlichen Norm nicht, was im Übrigen auch dem Sinn einer solchen Standardisierung widersprechen würde, so wäre es aber für die Nutzer nicht rational, sich durch eine Gegenleistung an den

[199] siehe auch *Musgrave/Musgrave/Kullmer*, Die öffentlichen Finanzen, 7; *Ebert*, Private Normsetzung, S. 103

Kosten für die Gütererstellung zu beteiligen; vielmehr werden sie versuchen, die Position des *„free riders"* einzunehmen[200].

Zusammenfassend kann festgestellt werden, dass jene öffentliche Güter, bei denen das Ausschlussprinzip durchgesetzt werden kann, die jedoch nicht rival sind, auch von privaten Anbietern offeriert werden können, allerdings wohl bei einem nicht ausreichenden Angebot. Versagt dagegen das Ausschlussprinzip, wird das Gut in vielen Fällen von privaten Anbietern überhaupt nicht angeboten werden; hier kommt dem Staat aufgrund des Marktversagens die wohlfahrtssteigernde Aufgabe zu, für ein entsprechendes Angebot Sorge zu tragen[201]. Für Rechnungslegungsstandards ist festzuhalten, dass sie sowohl nicht rival sind, als auch das Ausschlussprinzip bei ihnen nicht greift. Sie sind deswegen als öffentliche Güter einzustufen, die von privaten Akteuren ohne Eingriff des Staates kaum im ausreichenden und gemeinwohlfördernden Ausmaß geschaffen werden würden.

Mit dieser Einordnung rechtsetzender Tätigkeiten in den Bereich der Produktion öffentlicher Güter und der erkannten Notwendigkeit staatlicher Eingriffe ist jedoch noch keine endgültige und zwangsläufige Aussage über den Produzenten dieses Gutes getroffen. Zwar wird zur Bereitstellung öffentlicher Güter und damit zur Wohlfahrtssteigerung der Eingriff des Staates notwendig sein, dies bedeutet aber nicht, dass der Staat die Produktion selbst übernehmen muss. Vielmehr kann er sich hierzu auch Privater bedienen[202]. Allerdings darf dabei nicht vergessen werden, dass durch das beschriebene Marktversagen für die Privaten keine direkten ökonomischen Anreize bestehen, durch Beitritt zu der normierenden Organisation an der Standardisierung aktiv teilzunehmen oder zur Finanzierung der Arbeit beizutragen[203]. Damit ist es aber unabhängig vom gesellschaftlichen Ansehen privater Initiativen theoretisch sowohl eher unwahrscheinlich, dass private Akteure für die Teilnahme am Standardisierungsprozess dauerhaft ihre knappen Güter Zeit, Geld und Wissen aufwenden, als auch, dass sie sich freiwillig den Verfahrensabläufen in einem privatverbandlichen Gremium unterwerfen würden[204].

Die Erklärung für die trotzdem zu beobachtende Verhaltensweise der Privaten ist dabei so einfach wie ernüchternd: Sie entsteht erst durch verbandsexternen Druck seitens der einzigen Instanz, die im rechtsstaatlichen Gemeinwesen hierfür mit der für alle Akteure notwendigen rechtsverbindlichen Gestaltungsmacht ausgestattet ist: dem Staat. Erst durch die staatliche Schaffung eines

---

200 Voelzkow, Private Regierungen, S. 239 spricht auch von *„Trittbrettfahrer-Dilemma"*

201 so auch *Feldhoff*, Regulierung der Rechnungslegung, S. 12; siehe hierzu ausführlich *Musgrave/Musgrave/Kullmer*, Die öffentlichen Finanzen, S. 7; *Zimmermann/Henke*, Finanzwissenschaft, S. 475; *Wellisch*, Finanzwissenschaft I, S. 55

202 in diesem Sinne auch *Schuppert*, Erfüllung öffentlicher Aufgaben, S. 158

203 so wieder *Teubner*, Neo-korporatistische Strukturen, ZParl 1979, S. 487, 491; *Voelzkow*, Private Regierungen, S. 239

204 dabei kann es hier nicht darum gehen, die Beteiligung einzelner zu erklären; sie detailliert *Voelzkow*, Private Regierungen, S. 186

institutionellen Rahmens und der dauerhaften konsequenten Überwachung der Gemeinwohlausrichtung, die mit Sanktionsinstrumenten verbunden sein muss, werden die privaten Verbände in die Lage versetzt, staatsentlastend tätig zu werden[205].

Dabei ist die Kooperationsfähigkeit eines privatverbandlichen Gremiums in zweierlei Hinsicht auf die im Sinne der Gewährleitungsverantwortung im Hintergrund verbleibende staatliche Autorität angewiesen, nämlich bei der Frage der Mobilisierung des für eine wirksame Staatsentlastung notwendigen pluralen Sachverstandes und bei der freiwilligen Unterwerfung der interessierten Kreise unter die Beschlussmechanismen eines privaten Gremiums.

2. Die Mobilisierungsproblematik bei der Produktion „öffentlicher Güter"

Hinsichtlich der Mobilisierung des notwendigen Sachverstandes steht damit die Frage im Vordergrund, ob ein selbstregulatorisch arbeitendes Gremium kompetente Mitarbeiter für eine ehrenamtliche Mitwirkung rekrutieren und die Forderung nach einer umfassenden Interessenberücksichtigung bei der Standardisierungsarbeit gewährleisten kann. Die langjährige Debatte aus dem Recht der Technik übernehmend, wird auch für das Rechnungslegungsrecht intensiv die Frage der Teilnehmer am Standardisierungsprozess geführt. Diese Arbeit bildet hierin keine Ausnahme. Basis dieser Diskussion ist aber gerade die vorausgesetzte und mindestens im Technikrecht auch bereits belegte Bereitschaft weiter Kreise, dauerhaft an der Standardisierung teilzunehmen.

Unabhängig von dem Problem der Erzeugung eines öffentlichen Gutes wird es einem privatverbandlichen Gremium zumeist weder möglich sein, beispielsweise intern unter seinen überstimmten Mitgliedern im Konfliktfall die freiwillige Beachtung der geschaffenen Normen durchzusetzen und gezeigten Widerstand zu sanktionieren, noch ist darüber hinaus eine Rezeption der Ergebnisse seiner Arbeit unter den Nicht-Teilnehmern des Standardisierungsprozesses vorstellbar. Erst durch die Übernahme der selbstregulatorisch entwickelten Standards in den normativen Rechtskreis des Staates gewinnt das private Gremium eine gleichsam verliehene Machtposition, die für die am Normungsgegenstand interessierten Kreise die Ressourcenhingabe sinnvoll und notwendig erscheinen lässt[206].

---

[205] *Kenis*, Selbstregulierung der Industrie, ÖZS 1991, Heft 2, S. 3, 12 spricht davon, dass es *„größerer und stärkerer Autorität"* bedarf, als sie die auf Freiwilligkeit basierenden Verbände mobilisieren könnten, um die Selbstregulierungsfähigkeit der Privaten zu entwickeln. Aus diesem Grund seien die Verbände bereit, Teile ihrer Mitgliederinteressen gegen vom Staat verliehenes öffentliches Ansehen einzutauschen. Dies darf nicht mit den vom Staat aufgrund seiner Gesamtverantwortung für die gesellschaftlichen Abläufe zu setzenden Rahmenbedingungen verwechselt werden, wie sie wiederum im Kapitel I (**Die verbleibende staatliche Verantwortung für die gemeinwohlorientierte Ausgestaltung der privaten Standardsetzung**), S. 145 beschrieben werden.

[206] so muss bei einer Ausweitung der Aufgaben des DRSC auf den Einzelabschluss das dann größer werdende Problem der free rider hinsichtlich der Gremienfinanzierung bedacht werden

Sofern bereits zu Beginn der Arbeiten die voraussichtliche Anerkennung der Standards durch die staatlichen Instanzen feststeht, ergibt sich die Notwendigkeit der Mitwirkung aus der Selbstbetroffenheit durch die damit mit hoher Allgemeinverbindlichkeit ausgestatteten künftigen Verhaltensanforderungen. Nur durch Mitarbeit kann künftiges Staatshandeln, das die eigenen Interessen berühren wird, beeinflussbar bleiben.

Dabei ist insbesondere auf einen entscheidenden Unterschied zur Lobbyarbeit während der parlamentarischen Gesetzesberatung hinzuweisen: In einem selbstregulatorischen Gremium können die interessierten Kreise die Entscheidungen *selbst* treffen, die Form der Auseinandersetzung mit den Vertretern anderer Zielvorstellungen verlagert sich dadurch von der Politik mit ihren oft sachfremden, weil allgemeinpolitischen Erwägungen auf eine fachlichere Ebene innerhalb der Akteure selbst. Dabei verstärkt der selbstregulatorische, von politischen Vorgaben weitgehend unabhängige Charakter der Gremienarbeit vor allem die Bereitschaft, dauerhaft an der Gremienarbeit teilzuhaben. Aus diesem Grund wird die Mitarbeit in einem selbstregulatorischen Gremium Bestandteil der allgemeinen Interessenpolitik der mit den Interessen verknüpften Unternehmen und Verbände, die Nicht-Bereitstellung der knappen Güter würde also nicht nur das allgemeine Prestige des Verweigerers beschädigen, es würde auch seiner Interessendurchsetzung Schaden zufügen[207].

3. Die staatliche Interventionsdrohung zur Überwindung der Entscheidungsproblematik privatverbandlicher Gremien

Allein durch die staatliche Rezeption der selbstregulatorisch geschaffenen Standards lässt sich aber die Bereitschaft zur Ressourcenhingabe der privaten Akteure nicht erklären, denn sie mag zur Begründung der Bereitschaft zur Mitarbeit bei zu schaffenden neuen Standards zwar notwendig zu sein, sie vermag aber hinreichend weder die Aufnahme neuer Sachverhalte in das Arbeitsprogramm des Gremiums noch die konsensuale Beschlussfassung zu erklären, denn aus unterschiedlichen Motiven heraus würden viele Akteure einen Zustand der *„Nicht-Regelung“* im Einzelfall präferieren[208].

Daher benötigt die privatverbandliche Standardisierung an einer weiteren Stelle eine staatliche Unterstützung, wie sie in § 342a HGB mustergültig umgesetzt wurde.

Die in § 342a HGB normierte klare Aussage des Gesetzgebers, für den Fall der Anerkennung eines privaten Rechnungslegungsgremiums iSd § 342 HGB auf einen beim BMJ angesiedelten *staatlichen* Rechnungslegungsbeirat zu verzichten, kann angesichts der bisherigen Zurückhaltung des Gesetzgebers bei der Konkretisierung der Rechnungslegung nur als Drohung an die interes-

---

[207] die von den Sozialwissenschaften so bezeichnete *„exit-Option“* der Verweigerung stellt damit aufgrund der möglichen und nicht abschätzbaren Selbstschädigung keine Handlungsalternative dar; den positiven Anreiz zur Teilnahme betont auch *Ebert*, Private Normsetzung, S. 126

[208] diesen Aspekt betont besonders auch *Voelzkow*, Private Regierungen, S. 214

sierten Kreise verstanden werden[209] und bildet damit ein konkretes Beispiel für die Ebene der staatlichen Auffangverantwortung im Sinne einer neuen Einteilung staatlicher Gemeinwohlverantwortlichkeit. Die latente Existenz des staatlichen Durchgriffs mit der Drohung, im Fall nicht erfolgter oder nicht gemeinwohlverträglicher Normierungsarbeiten eigene Standards zu entwickeln, lässt den hinreichenden Druck entstehen, der notwendig erscheint, auch jene Bereiche des zu normierenden Sachgebietes aufzunehmen, in denen die Interessengegensätze am größten und die Kompromissfindung damit am aufwendigsten erscheinen[210]. Gleichzeitig lässt die staatliche Auffangverantwortung aber auch die Verhandlungsposition bislang durchsetzungsschwächerer Beteiligter steigen. Deren mit Hinweis auf die drohende staatliche Intervention angekündigte Konsensverweigerung wird jene Beteiligten, die an einer eigenständigen Entscheidungsfindung ohne staatlichen Eingriff interessiert sind, zum Überdenken der eigenen, vermeintlich stärkeren Position bringen. Damit fördert die Auffangverantwortung des Staates gemeinwohlstärkend eine bessere Austarierung der gesellschaftlichen Kräfte, indem bestehende Ungleichgewichte in den Verhandlungspositionen kompensiert werden[211] und trägt so zur Sicherung der demokratischen Errungenschaften auch außerhalb des parlamentarischen Entscheidungsprozesses bei.

4. Fazit: Die staatliche Rezeption und die Normierungsbereitschaft des Staates als Schlüssel für eine erfolgreiche privatverbandliche Standardisierung

Die Ausführungen haben gezeigt, dass die private Initiative zur selbstregulatorischen Entwicklung von Standards erst dann die notwendige Kraft entwickeln kann, wenn die potenziell Mitwirkenden durch staatliches Handeln - oder zumindest die prinzipielle Handlungsbereitschaft des Staates - Auswirkungen auf ihre eigenen Interessen erkennen, deren Einbringung und Durchsetzung substanziell nur durch Mitwirkung am Standardisierungsprozess gewährleistet bleibt.

Die so erlangte Handlungsfähigkeit privater Akteure bedeutet auch eine relative Autonomie ihrer Organe gegenüber den eigenen Mitgliedern bei den kooperativen Prozessen. Diese Unabhängigkeit, also die Entscheidung, ob sich der Akteur an den artikulierten Mitgliederinteressen, eigenen Verbandsinteres-

---

209 in dem hier dargelegten Sinne ist auch die in § 4 des DIN-Vertrages v. 5.6.75, BA 1975, Beilage 19 erklärte Selbstverpflichtung des Staates, während der einschlägigen Normungsarbeiten des DIN keine eigenen Regelungen zu erlassen, als Drohung zu verstehen; den Versuch, staatliche Eingriffe abzuwenden oder zu antizipieren nennt auch *Trute*, Selbstregulierung, DVBl. 1996, S. 950, 954 als Initial für gesellschaftliche Selbstregulierung; ein weiteres Beispiel erwähnt *Voelzkow*, Ist die technische Normung demokratisch?, DIN-Mitt. 75, 1996, S. 193, 196. Danach wurde Anfang der siebziger Jahre vor Abschluss des DIN-Vertrages intensiv über die Möglichkeit einer staatlichen technischen Normung als Alternative zum DIN diskutiert.

210 ein weiteres Beispiel steuernder Rezeption bietet § 6 Abs. 4 VerpackV, in der dem Staat die Möglichkeit zum Widerruf der sog. Systemfeststellung bei Verfehlung der Verwertungsquoten eröffnet wird; siehe hierzu *Schmidt-Preuß*, Gemeinwohlverwirklichung, DVBl. 2001, S. 1095, 1097

211 diesen Aspekt betont besonders stark *Hoffmann-Riem*, Verfahrensprivatisierung, DVBl. 1999, S. 225, 232

sen oder dem Allgemeinwohl orientiert, ist eine Grundvoraussetzung für die bereits erfolgte Betrachtung zur Gemeinwohlverwirklichung durch private Akteure: Erst diese relative Handlungsfreiheit lässt einerseits gemeinwohlorientiertes Handeln zu und ist gleichzeitig auch der Grund für die Forderung nach Gemeinwohlverwirklichung seitens der Öffentlichkeit[212].

Wie die zweite Bedingung, also die Bereitschaft des Staates, die Normierungsarbeiten selbst zu übernehmen, ausgestaltet werden kann, hat der Gesetzgeber in § 342a HGB bereits gezeigt, weitere Ausführungen hierzu sind daher nicht notwendig.

Entscheidend ist also, ob und wie der Staat seine in der Gremienanerkennung verdeutlichte Bereitschaft, die Arbeitsergebnisse mit der Folge eines hohen Grades an Allgemeinverbindlichkeit in den staatlichen Rechtskreis zu übernehmen, rechtlich ausgestalten kann.

[212] so *Mayntz*, Interessenverbände, S. 11, 17

Zwischenergebnis: Die „staatliche veranlasste gesellschaftliche Selbstregulierung“ als rechtliche Gestaltungsalternative - Voraussetzungen und Folgen

Die bisherigen Untersuchungen zu den Grundlagen einer staatlich veranlassten gesellschaftlichen Selbstregulierung können damit abschließend wie folgt zusammengefasst werden:

Aufgrund der Allzuständigkeit des Staates ist der Katalog der Staatsaufgaben in der Bundesrepublik Deutschland nicht abschließend bestimmbar. Vielmehr kann sich der Staat in Ausübung seiner Kompetenz-Kompetenz jeder öffentlichen Aufgabe annehmen und sie hierdurch zu einer Staatsaufgabe werden lassen. Dabei muss er sich entsprechend den Grundvorstellungen der sozialen Marktwirtschaft an dem Kriterium der Notwendigkeit staatlichen Handelns messen lassen. Sind private Akteure in der Lage, ähnliche Gemeinwohlbeiträge zu erbringen, so ist ihrer Initiative der Vorrang einzuräumen.

Der Staat hat nicht nur die Kompetenz, sich öffentliche Aufgaben anzueignen, er kann sie im Wege der Privatisierung auch wieder aus seinem hoheitlichen Bereich entlassen. Dabei stehen ihm verschiedene Ausgestaltungen zur Verfügung, von denen die funktionale Privatisierung für eine selbstregulatorische Standardisierung der Rechnungslegung geeignet erscheint.

Aufgrund primär fiskalischer Überlegungen ist der Staat in zunehmender Weise bereit, die Gemeinwohlverantwortung bei der Erfüllung öffentlicher Aufgaben mit privaten Akteuren zu teilen. Dabei sind, je nach Intensität des verbleibenden staatlichen Handelns, verschiedene Verantwortungsebenen auszumachen. Allerdings darf nicht übersehen werden, dass dem Staat stets die Letztverantwortung für die Ordnung des gesellschaftlichen Zusammenlebens verbleiben muss. Damit ist er nur insoweit zu einer Verantwortungsteilung in der Lage, sofern er gleichzeitig das private Handeln überwacht und im Sinne einer Auffangverantwortung bei einem Überwiegen negativer Gemeinwohlauswirkungen korrigierend eingreift.

Zur Kennzeichnung der dem Staat offenstehenden rechtlichen Gestaltungsformen zur Teilung der Verantwortung bei der Standardisierung der Rechnungslegung wurde der Begriff der „*staatlich veranlassten gesellschaftlichen Selbstregulierung*“ eingeführt. Sie zeichnet sich durch ein innerhalb der staatlichen Vorgaben weitgehend autonomes Handeln der privaten Akteure aus.

Allerdings kann die staatlich veranlasste gesellschaftliche Selbststeuerung nur dann zu den zulässigen rechtlichen Gestaltungsalternativen gezählt werden, wenn sie eine wirksame Auswahlalternative für den sich entlastenden Staat darstellt. Hierzu ist es notwendig, dass von dem privaten Engagement positive

Gemeinwohlbeiträge ausgehen und es durch organisatorische Vorgaben möglich erscheint, die gleichfalls denkbaren negativen Auswirkungen zu begrenzen.

Die Untersuchungen zu den Gemeinwohlauswirkungen einer privaten Standardisierung haben gezeigt, dass durch privates Handeln positive Auswirkungen auf das *bonum commune* feststellbar sind. Insbesondere ist eine selbstregulatorische Standardisierung dazu geeignet, hoch qualifizierten Sachverstand in die Regulierung einzubeziehen, der staatlichen Organen nicht zur Verfügung stehen würde. Nicht übersehen werden dürfen aber auch die von einer Teilung der gesellschaftlichen Verantwortung und einer Partizipation der von der Regelung betroffenen Fachöffentlichkeit an der Regelentstehung ausgehenden Impulse für das demokratische Gemeinwesen. Speziell hinsichtlich der internationalen Standardisierung der Rechnungslegung muss festgestellt werden, dass im IASC staatliche Vertreter nicht als gleichberechtigte Gesprächspartner anerkannt werden würden.

Gleichwohl ist das Gemeinwohl durch eine selbstregulatorische Standardisierung auch Gefahren ausgesetzt, die ebenfalls betrachtet werden müssen. Im Mittelpunkt steht dabei eine drohende Selektivität der Interessenberücksichtigung durch die Besetzung der Entscheidungsgremien und die Finanzierung der Gremienarbeit. Beide Aspekte sind dazu geeignet, in der Öffentlichkeit den Eindruck entstehen zu lassen, durchsetzungs- und finanzstarke Interessenvertreter schafften sich ihnen genehme Rechnungslegungsstandards. Ein solcher Eindruck würde aber der auf eine breite Normakzeptanz angewiesenen Arbeit des Gremiums die Basis entziehen. Hinzu treten auch Gefährdungen der allgemeinen verfassungsrechtlich vorgesehenen Verfahren und Regelungsabläufe innerhalb der Gesellschaft, sofern der Eindruck einer einseitigen Bevorzugung wirtschaftlicher Interessen entstünde. Um die privatverbandliche Standardisierung der Rechnungslegung im Sinne einer staatlich veranlassten gesellschaftlichen Selbstregulierung zu den rechtlichen Gestaltungsalternativen zählen zu können, ist es notwendig, diese Nachteile selbstregulatorischer Verfahren durch organisatorische Vorgaben zu beherrschen.

Die notwendige Bereitschaft des Staates, bei Verstößen gegen die Gemeinwohlorientierung selbst auffangend tätig zu werden, stellt jedoch nicht nur eine Voraussetzung für seine rechtlich unbedenkliche Entlastung dar. Sie ist gleichzeitig auch erforderlich, um die binnenverbandlichen Gefährdungen der privaten Regierungsfähigkeit, die durch die Privilegierung eines Verbandes bei der Standardisierung entstehen, im Sinne einer schnellen, fachlich qualifizierten, gemeinwohlorientierten und umfassenden Normungsarbeit überwinden zu können.

Durch die Monopolstellung, die der private Verband in der Standardisierung erlangt, verlieren die sonst wirkenden binnenverbandlichen Kontrollinstrumente ihre Wirkung, da ein Austritt aus dem Verband nur unter Aufgabe jeden Einflusses auf die künftigen Standards möglich wäre. Daher sind auch aus diesem Grund hohe Anforderungen an den Minderheitenschutz zu stellen.

Rechnungslegungsstandards stellen öffentliche Güter dar, da sie weder rival sind, noch bei ihnen das Ausschlussprinzip Anwendung finden kann. Ohne einen Eingriff des Staates würde es zu einem Marktversagen kommen. Dabei ist die staatliche Intervention an zwei Stellen notwendig: Zum einen ermöglicht nur die staatliche Zusage einer hohen rechtlichen Allgemeinverbindlichkeit dem Verband die notwendige Mobilisierung der Ressourcen seiner Mitglieder. Damit allein kann aber die Bereitschaft zu einer Mitarbeit nicht erklärt werden. Hinzu treten muss zusätzlich die Drohung mit eigenen Standardisierungen für den Fall des Versagens der privaten Akteure.

Im Verlauf des 3. Teils der Arbeit sind nun nach einer kurzen Einführung in die Arbeit des DIN e.V. zwei Komplexe zu betrachten: Zum einen wird die rechtliche Wirkung privatverbandlicher Standards näher untersucht. Dies erscheint dringend erforderlich, da speziell innerhalb der betriebswirtschaftlichen Diskussion über ein privates Rechnungslegungsgremium dieser Gesichtspunkt entweder verdrängt oder in nicht haltbarer Weise erörtert wird. Der rechtliche Charakter der privaten Normen ist aber der Schlüssel zum Verständnis der intensiven Überlegungen zur Struktur des Gremiums und seiner internen Abläufe. Im Anschluss werden die Aspekte der Gemeinwohlbeiträge privatverbandlicher Normungen erneut aufgegriffen und für die wichtigsten Strukturdeterminanten Gestaltungsüberlegungen angestellt, die einem positiven Gemeinwohlsaldo, dessen Feststellung eine Voraussetzung für die Einordnung der selbstregulatorischen Standardisierung als rechtliche Gestaltungsalternative darstellt, förderlich sind.

3. Teil: Die Umsetzung der staatlich veranlassten gesellschaftlichen Selbstregulierung: Die rechtliche Wirkung der Standards und die verbleibenden Aufgaben des Staates

Kapitel G: Zum Vergleich: Das DIN - Deutsches Institut für Normung e.V.

Die Idee einer staatlich veranlassten gesellschaftlichen Selbstregulierung zur Entlastung des Staates und zur Einbeziehung privaten Sachverstandes in die Ermittlung von Normen ist in Deutschland nicht neu. Daher bietet es sich an dieser Stelle an, vor der Darstellung der rechtlichen Bedeutung der so entwickelten Standards und einer Untersuchung der organisatorischen Anforderungen, die an ein privatverbandliches Rechnungslegungsgremium zu stellen sind, einen kurzen Vergleich mit der wohl bekanntesten deutschen Normungsinstitution, dem DIN e.V., zu ziehen. Die hierbei auftretenden Probleme werden dann im Weiteren hinsichtlich der speziellen Bedingungen der Arbeit eines selbstregulatorischen Gremiums für das Rechnungslegungsrecht näher untersucht.

Das DIN Deutsches Institut für Normung e.V. kann bereits auf eine längere Geschichte zurückblicken. Am Ende des Ersten Weltkrieges verstärkten sich die Bestrebungen staatlicher Stellen, der Industrie und des VDI nach einer Konzentration der technischen Vereinheitlichungsarbeit mit dem Ziel einer Steigerung der Rüstungsproduktion, nachdem es bereits im ausgehenden 19. Jahrhundert zu ersten Schritten einer auch internationalen Vereinheitlichung in Maßen, Qualitätsgüte und Prüfverfahren kam[213]. Dies führte 1917 zur Gründung des *„Normalienausschusses für den allgemeinen Maschinenbau beim VDI“* Hieraus ging, nach mehreren Umbenennungen, am 21. Mai 1975 der heutige Verein hervor[214].

Das DIN ist ein eingetragener Verein mit Sitz in Berlin. Seine Aufgabe sieht es in der Aufstellung von Normen durch eine Gemeinschaftsarbeit der daran interessierten Kreise zur Rationalisierung, Qualitätssicherung, Sicherheit und Verständigung. Dabei versteht sich das DIN als *„nationale Normenorganisation“*[215].

---

[213] hinzuweisen sei hier besonders auf die Meterkonvention von Paris vom 20. Mai 1875

[214] zur historischen Entwicklung siehe *Muschalla* in: Klein, DIN-Normen, S. 14-15; *Marburger*, Regeln der Technik, S. 197

[215] so *DIN 820*,Teil 1, 3.1, Normenheft 10, S. 81

I. Der organisatorische Aufbau des DIN

Mitglied des DIN können allein juristische Personen und Unternehmen werden, die Mitgliedschaft natürlicher Personen ist qua Satzung ausgeschlossen.[216] Organe des Vereins sind nach § 4 der DIN-Satzung die Mitgliederversammlung, das Präsidium, der Präsident, der Direktor und die Normenausschüsse.

Die Mitgliederversammlung tagt mindestens alle zwei Jahre, ihre Aufgaben liegen in der Entgegennahme des Geschäftsberichts, der Entlastung des Präsidiums und der Wahl der Präsidiumsmitglieder. Ihre Beschlüsse müssen dabei mit einfacher Mehrheit gefasst werden.

Das Präsidium des DIN besteht aus 30 bis 45 gewählten Mitgliedern, die allesamt ehrenamtlich tätig sind und im Berufsleben stehen müssen. Von Amts wegen gehören dem Präsidium auch der Präsident, seine beiden Stellvertreter und der Direktor des DIN an. Seine Beschlüsse fasst es ebenfalls mit einfacher Stimmenmehrheit, satzungsändernde Anträge bedürfen einer Mehrheit von zwei Dritteln der amtierenden Mitglieder des Präsidiums.

Der Präsident und seine beiden Stellvertreter gelten als Vorstand im Sinne der Bestimmungen von § 26 HGB. Sie arbeiten ebenfalls ehrenamtlich und für die Dauer von zwei Jahren bis zur Neuwahl. Dabei ist eine zweimalige Wiederwahl möglich.

Der Direktor des DIN wird vom Präsidium auf Vorschlag des Präsidenten und seiner Stellvertreter berufen. Als Angestellter des DIN ist er im Rahmen der Beschlüsse von Mitgliederversammlung und Präsidium für eine ordnungsgemäße Geschäftsordnung des DIN verantwortlich. Dabei kann er sich von einer Geschäftsleitung, deren Mitglieder der Präsident mit seiner Zustimmung beruft, unterstützen lassen.

Die eigentliche Normungsarbeit wird in den Arbeitsausschüssen geleistet, von den zurzeit 4.182 bestehen.[217] Deren Arbeit wird in 83 Normenausschüssen zusammengefasst, die die nationale Normung auf ihren Fachgebieten verantwortlich tragen. Die Organisation der Normenausschüsse ist in einer eigenständigen Richtlinie für Normenausschüsse geregelt.[218]

II. Die Entstehung der Normen

1. Organisatorischer Ablauf

Das Verfahren zur Aufstellung der Normen ist in DIN 820, Teil 1 und 4 geregelt.[219] Danach wird die fachliche Arbeit zur Aufstellung von Normen in den Arbeitsausschüssen durchgeführt. Für eine bestimmte Normungsaufgabe ist

---

216 aufgrund von Fusionen und Personalabbau in den Unternehmen sinkt die Zahl der Mitglieder seit Jahren. 1997 konnten noch 5734 Mitglieder gezählt werden, siehe *DIN-Geschäftsbericht 1997/98*, im Jahr 2001 waren es nur noch 1644, siehe *DIN-Geschäftsbericht 2001*, S. 2

217 DIN-Geschäftsbericht 2001, S. 2

218 *Richtlinie für Normenausschüsse* v. 7.6.90, Normenheft 10, S. 66-78

219 *DIN 820*, Teil 1 und Teil 4, Normenheft 10, S. 81 ff. und 331 ff.

dabei nur ein solcher Ausschuss zuständig. Die Mitgliedschaft im DIN ist für die Mitarbeit zwar erwünscht, jedoch nicht Bedingung (Teil 1, Ziff. 3.5).

Die konkreten Arbeiten an einer neuen Norm beginnen mit einem Normantrag, der begründet werden muss. Einen solchen kann, möglichst unter Beifügung eines Norm-Vorschlages, jedermann bei der Geschäftsstelle des DIN in Berlin einreichen (Teil 4, Ziff. 2.1.1.)[220]. Bei der Beurteilung des Antrages muss der zuständige Normenausschuss einschätzen, ob für die beantragte Norm ein Bedarf besteht und ob die interessierten Kreise zu einer Mitarbeit bereit sind (Teil 1, Ziff. 5.2). Entscheidet sich der Normenausschuss gegen die Aufnahme des Normantrages in sein Arbeitsprogramm, oder unterlässt das Präsidium des DIN die Neugründung eines Normenausschusses, so steht dem Antragsteller ein Beschwerderecht zuerst bei der Geschäftsleitung und im Falle der Ablehnung beim Präsidium des DIN zu (Teil 4, Ziff. 2.1.3). Übernimmt der Normenausschuss den Normungsantrag, erfolgt hierüber eine erste Information an die Öffentlichkeit über den *„DIN-Anzeiger"* (Teil 4, Ziff. 2.1.4). Bei den weiteren Arbeiten, bei denen die Öffentlichkeit nicht zugelassen ist, ist der Antragsteller als Gast einzuladen, damit er seinen Antrag begründen kann (Teil 4, Ziff. 2.2.1). Bei Bedarf kann er von dem Ausschuss auch als Mitarbeiter hinzugezogen werden. Ein Arbeitsausschuss sollte aus nicht mehr als 21 Mitgliedern bestehen. Ziel ist dabei ausdrücklich die Repräsentation unterschiedlicher Interessen[221]. Das Arbeitsergebnis des Arbeitsausschusses wird von diesem verabschiedet und dann über den DIN-eigenen, in Berlin ansässigen Beuth-Verlag als Norm-Entwurf veröffentlicht[222]. Zu diesen Norm-Entwürfen kann jedermann Einsprüche, Änderungs- und Ergänzungsvorschläge einreichen. Hierfür müssen der Öffentlichkeit im Regelfall vier Monate zur Verfügung stehen. Über diese Stellungnahmen wird erneut im zuständigen Arbeitsausschuss beraten[223]. Ist ein Stellungnehmender mit der Entscheidung des Ausschusses nicht einverstanden, kann er ein umfangreiches Schlichtungsverfahren in Gang setzen. Dabei besteht der Schiedsausschuss aus dem Vorsitzenden und vier Mitgliedern, von denen der Stellungnehmende zwei benennen darf. (Ziff. 2.4). Sind alle Stellungnahmen zu einem Normentwurf bearbeitet, verabschiedet der Arbeitsausschuss die endgültige Fassung der Norm. Dabei soll der Inhalt einer Norm möglichst im Wege gegenseitiger Verständigung unter Vermeidung formeller Abstimmungen festgelegt werden, sollten sich Ab-

[220] nach *Marburger*, Regeln der Technik, S. 200 stammen die überwiegende Mehrheit der Anträge von der Wirtschaft, Behörden oder dem DIN selbst

[221] *Richtlinie für Normenausschüsse*, Ziff. 10.1, Normenheft 10, jedoch wird die Anzahl der Mitglieder oftmals überschritten, siehe hierzu *Lübbe-Wolff*, Konfliktmittlung, S. 87, 103. Wichtig erscheint auch ihr Hinweis auf die kaum mögliche Repräsentation verschiedener Interessen bei europäischen Normungen aufgrund der Beschränkung nationaler Delegationen auf drei Mitglieder; siehe hierzu auch den *Bericht des Ausschusses für Bildung, Wissenschaft, Forschung, Technologie und Technikfolgenabschätzung des Deutschen Bundestags*, BT-Drs. 13/6450, S. 33

[222] das Veröffentlichen der Norm-Entwürfe zur möglichst breiten Teilnahme der Fachöffentlichkeit bei den weiteren Beratungen hat sich bewährt und ist auch Vorbild für die Herausgabe von Rechtsverordnungs-Entwürfen nach dem geplanten Umweltgesetzbuch, siehe hierzu *Sendler*, Selbstregulierung, UPR 1997, S. 381, 382

[223] *Führ*, Technische Normen, ZUR 1993, S. 99, 101 sieht aufgrund der Ausschuss-Zusammensetzung für ein Einsprüche gegen Normentwürfe, die sich auf Gründe des Gesundheits- und Umweltschutz stützten, keine Erfolgschancen

stimmungen nicht vermeiden lassen, so entscheidet die einfache Mehrheit der anwesenden Mitglieder des Arbeitsgremiums[224]. Die verabschiedete Norm wird anschließend der Normprüfstelle zur Überprüfung der Einhaltung der Verfahrensvorschriften vorgelegt (Teil 4, Ziff. 52.5.2), anschließend wird sie in das Deutsche Normwerk aufgenommen (Teil 4, Ziff. 2.6.1). Der gesamte Normsetzungsprozess konnte Ende der neunziger Jahre vom DIN in 36 Monaten abgeschlossen werden.[225] Die verabschiedeten Normen müssen alle fünf Jahre überprüft und evtl. überarbeitet werden (Teil 4, Ziff. 4).

2. Finanzierung der Normungsarbeit

Die Finanzierung des Gesamthaushalts des DIN von zuletzt 87 Millionen Euro im Jahr 2001 basiert auf drei Säulen, die erkennen lassen, dass die für die Arbeit des DIN notwendigen Mittel nicht im Wegen einer Prozessfinanzierung, sondern durch eine Verwertung der Arbeitsergebnisse aufgebracht werden[226].

Dabei erlangt der kommerzielle Vertrieb der Normen inzwischen einen Anteil von fast 70% der Gesamteinnahmen. Die DIN-Normen werden nach ihrer endgültigen Verabschiedung vom DIN im Beuth-Verlag selbst publiziert. Die Bundesregierung veröffentlicht lediglich eine Liste der neu erschienenden Normen im Bundesanzeiger. Die daneben tretenden Mittel aus Mitglieds- und Förderbeiträgen (20%) und zweckgebundenen Beiträgen der öffentlichen Hand (11%), bei abnehmender Bedeutung letzterer[227], haben demgegenüber, trotz hoher absoluter Beträge eine deutlich geringere Bedeutung.

Die beim DIN verwirklichte Verwertungsfinanzierung, die hohe Preise für den Bezug der Normen voraussetzt, wird nur durch die Monopolstellung des Beuth-Verlages, die durch ein umfassend durchgesetztes Kopierverbot weiter gefestigt wird[228], möglich. Finanzschwache Verbände und Institutionen werden dabei aber vom Bezug der Normen faktisch weitgehend ausgeschlossen. Dieses gilt insbesondere auch für nicht-kommerzielle Institutionen, die öffentliche Interessen zu wahren suchen[229]. Allerdings darf dabei aber auch nicht übersehen werden, dass die hohen Kosten für den Bezug der Normen geeignet sein

224 Ziffer 13.1 der *Richtlinie für Normenausschüsse,* DIN-Normenheft 10, S. 77

225 *DIN-Geschäftsbericht* 1997/98, S. 2

226 *DIN-Geschäftsbericht 2001*, S. 27; siehe zur Finanzierung der Normungsarbeit DIN-Normenheft 10, S. 383-384

227 so berichtet *Denninger*, Normsetzung, S. 80, Tz. 83 für das Jahr 1986 noch von einem Anteil von 18% der Mitglieds- und Förderbeiträge und von 17% zweckgebundener Zuschüsse der öffentlichen Hand, Anfang der achtziger Jahre betrug der Anteil des Staates nach *Breidenbach*, Normensetzung, S. 184 bei fast identischem Gesamthaushalt noch 20%

228 diese Feststellung von *Führ*, Technische Normen, ZUR 1993, S. 99, 101 kann vom Verfasser bestätigt werden

229 *Lamb*, Kooperative Gesetzeskonkretisierung, S. 80 fordert für diese Kreise Sonderpreise oder staatliche Unterstützungen für den Ankauf der Normen, da sie im Gegensatz zu Unternehmen und Unternehmesverbänden mit ihrer Kenntnisnahme der Normen keine wirtschaftlichen Interessen verbinden; die sehr hohen Preise beklagen auch *Denninger*, Normsetzung, Tz. 167, S. 164 und *Brugger*, Rechtsprobleme der Verweisung, VerwA 1987, S. 1, 14; das DIN selbst rechtfertigt die hohen Preise mit dem Charakter der Normung als Selbstverwaltungsaufgabe der Wirtschaft. Dies erfordere, dass sich die hieran interessierten Kreise an der Finanzierung beteiligen, siehe hierfür *Normenheft 10*, Finanzierung der Normungsarbeit, S. 383

werden, die Begrenzung der Regelungen auf diejenigen Normungsgegenstände, an denen ein gesamtwirtschaftliches Interesse besteht, zu fördern und damit den Normsetzungsapparat von weniger wichtigen Arbeiten freizuhalten[230].

Die für die Teilnahme an den Normsetzungsarbeiten erhobenen Kostenbeiträge stellen dagegen aus Sicht des DIN keinen weiteren Weg zur Finanzierung der Vereinsarbeit dar. Vielmehr werden sie erhoben, um den Normungsprozess zielorientiert, zügig und auf die wesentlichen technischen Probleme begrenzend auszugestalten[231]. Eine Finanzierung der Arbeit über den Normsetzungsprozess findet damit nicht statt. Vielmehr soll die Form der Zugangskontrolle einen disziplinierenden Effekt auf die interessierten Kreise ausüben, die Arbeit der Gremien nicht jahrelang hinauszuzögern, sondern zügig zu einem Abschluss der Beratungen zu kommen[232].

III. Der DIN-Vertrag: Pflichten für Staat und Verein

Als privater Verein, dessen Mitglieder an der Normung vor allem aus wirtschaftlichen Beweggründen interessiert sind, berücksichtigte das DIN bei der Erarbeitung der Normen naturgemäß vor allem private Interessen. Da nur selten Vertreter von Behörden oder anderen Einrichtungen des öffentlichen Rechts in den Normungsausschüssen beteiligt waren, wurde das öffentliche Interesse nach allgemeiner Auffassung auf diesem Wege lange Zeit kaum zur Geltung gebracht[233].

Diese generell unbefriedigende Verfahrensordnung war insbesondere im Zuge der immer größer werdenden Bedeutung technischer Normen für den wirtschaftlichen und sozialpolitischen Bereich einer der wichtigsten Gründe für den Abschluss eines Vertrages zwischen dem DIN und der Bundesrepublik Deutschland, der die grundlegenden Beziehungen zwischen dem Staat und dem privaten Normungsgremium regelt[234].

In diesem Vertrag wird das DIN als die zuständige Normenorganisation für das Inland und als nationale Normenorganisation in nichtstaatlichen internationalen Normenorganisationen anerkannt. Hauptergebnis dieser förmlichen Anerkennung war damit die grundsätzliche staatliche Bestätigung selbstregulatorischer Elemente in der technischen Normung und somit die Abkehr von Modellen staatlicher Normung[235]. Ziel des Vertrages ist es, insbesondere auf den in ihm genannten Gebieten die Schaffung allgemein anerkannter Regeln der Technik zu ermöglichen, auf die der Gesetz- und Verordnungsgeber in Rechtsvorschriften Bezug nehmen kann. Bei der rechtlichen Würdigung der

---

230 so *DIN-Geschäftsbericht* 1997/98, S. 7

231 die so erzielten Beträge sind in den Beiträgen der Wirtschaft enthalten

232 so geäußert von Herrn *Hartlieb*, Leiter der Stabsabteilung Technik des DIN im Gespräch mit dem Verfasser v. 16.7.2002

233 dies besteht nach *Gusy*, Wertungen und Interessen, UPR 1986, S. 241, 245 auch heute noch fort

234 *DIN-Vertrag* v. 5.6.75, BA 1975, Beilage 19, S. 3-4

235 hierauf weist insbesondere *Böttger*, Ursachen und Wirkungen, S. 31, 35 hin; siehe ausführlich zur Diskussion über den Träger der technischen Normung *Voelzkow*, Private Regierungen, S. 226ff.

Vereinbarungen ist aber ausdrücklich festzustellen, dass es durch die einzelnen Regelungen weder zu einer Übertragung von Hoheitsbefugnissen auf den privaten Verein kommt[236], noch zu einer ausschließlichen Berater-Funktion für die Bundesregierung im Sinne einer Monopolstellung. Letzteres zeigt sich auch darin, dass die finanzielle Förderung des Staates für die Erarbeitung technischer Regeln nicht auf das DIN beschränkt ist.[237]

Während der Staat eine finanzielle Unterstützung der zukünftigen Normungsarbeit zusagte, verpflichtete sich das DIN dazu, „*bei seinen Normungsarbeiten das öffentliche Interesse zu berücksichtigen*"[238] Diese grundsätzliche Aufnahme des Gemeinwohls in die Ausrichtung der eigenen Arbeit war der Preis, den das DIN für die staatliche Anerkennung leisten musste; zuvor existierte eine solche Verpflichtung allein in einer kaum kontrollierbaren Selbstverpflichtung in DIN 820.

Darüber hinaus hat das DIN der Bundesregierung Sitze in den Lenkungsgremien seiner Normungsausschüssen einzuräumen und „*und die jeweils in Betracht kommenden behördlichen Stellen bei der Durchführung der Normungsarbeit zu beteiligen*" (§2).

Daneben wird durch diesen Vertrag gewährleistet, dass das DIN Anträge der Bundesregierung auf Durchführung von Normungsarbeiten bevorzugt bearbeitet, während der Staat die Verpflichtung eingeht, während einer solchen bevorzugten Bearbeitung selbst keine eigenen entsprechenden Regelungen zu erlassen.

1. Grenzen der Berücksichtigung des öffentlichen Interesses

Bei der Umsetzung der in dem Vertrag zugesicherten Berücksichtigung des öffentlichen Interesses stößt das DIN nach der überwiegenden Auffassung in der Literatur an Grenzen. Häufig wird dabei die „*gesellschaftliche Qualität*" der DIN-Normen aufgrund der institutionellen Struktur und Beschaffenheit des Normsetzungsprozesses in Frage gestellt[239]. Aber auch jenseits dieser Positionen sieht sich das DIN seit Jahrzehnten mit Diskussionen über die Gefahr einer einseitigen Interessenvertretung in seinen Normungsausschüssen kon-

---

[236] *Erläuterungen zum DIN-Vertrag*, BA 1975, Beilage 19, S. 25; missverständlich daher der Hinweis bei *Breidenbach*, Normensetzung, S. 187, wonach mit dem DIN in Deutschland eine private Kommission bestehe, die eigenständig Normen setze.

[237] *Erläuterungen zum DIN-Vertrag*, BA 1975, Beilage 19, zu § 1, S. 25; nach *Welsch*, Demokratisierung technischer Normung, WSI-Mitt. 1990, S. 650, 653 erarbeiten in der Bundesrepublik Deutschland ungefähr 150 Verbände technische Regeln

[238] § 1 Abs. 2 *DIN-Vertrag*; die *Erläuterungen zum DIN-Vertrag*, BA 1975, Beilage 19, Allgemeines, S. 25 zählen zum öffentlichen Interesse insbesondere die Bereiche Sicherheitstechnik, Gesundheitsschutz, Umweltschutz, Verbraucherschutz, Energieeinsparung und die Beseitigung von Handelshemmnissen im Wirtschaftsverkehr mit der gesamten Welt, speziell mit der Europäischen Gemeinschaft; eine Aufstellung der Pflichten des DIN ist zu finden bei Eichener/Heinze/Voelzkow, Techniksteuerung, S. 393, 399

[239] siehe hierzu insbesondere *Welsch*, Demokratisierung technischer Normen, WSI-Mitt. 1990, passim; dagegen der Direktor des DIN, *Helmut Reihlen*, zitiert bei *Stüer/Hermann*, Umweltnormung, UPR 1997, S. 361, 362, wonach das DIN faire Verfahrensregelungen anwende und öffentliche Belange berücksichtige

frontiert[240]. Das Problem entsteht durch die Struktur der Normungsgremien: Bei der Erarbeitung der Normen handelt es sich um eine freiwillige Gemeinschaftsarbeit, die von verschiedenen Interessentengruppen getragen wird, aber dem Allgemeinwohl dienen soll. Während im DIN-Vertrag eine Definition des öffentlichen Interesses fehlt[241]., wird in DIN 820 der Versuch unternommen, die Mitarbeit der interessierten Kreise näher zu regeln[242]. In ihr ist festgelegt, dass die ehrenamtlichen Mitarbeiter, die die fachliche Arbeit in den Normungsausschüssen leisten, Fachleute der interessierten Kreise sind. Exemplarisch zählt DIN 820 dabei z. B. Anwender, industrielle Hersteller, Prüfinstitute, selbständige Sachverständige, Verbraucher und die Wissenschaft auf. Die interessierten Kreise haben dabei in einem angemessenen Verhältnis vertreten zu sein.

Da mithilfe des pauschalen Arguments des öffentlichen Interesses eine Auswahl unter verschiedenen Normungsalternativen allerdings kaum möglich sein wird, ist die Durchsetzungsschwäche der abstrakten Belange der Öffentlichkeit gegenüber den konkreten Anliegen der Unternehmen und Verbände ersichtlich[243]. Hinzu kommt, dass sich das öffentliche Interesse nicht im Normungsergebnis niederzuschlagen braucht, sondern wichtig allein ein *„Daran-Denken“* und ein in die Abwägung Einstellen ist[244]. Dabei stellt aber das öffentliche Interesse in der notwendigen Bewertung kein besonderes Gewicht dar, sondern es wird mit anderen, meist durchsetzungsmächtigeren Interessen, gleichgestellt.[245] Daher ist der Abwägungsprozess nicht als offen anzusehen, da private Interessen meist eindeutiger definiert sind als die öffentlichen, die Ausschussmitglieder aufgrund ihrer wirtschaftlichen Verflechtungen in die privaten Interessen intensiver eingebunden sind als in die bloß normativ vorgegebenen öffentlichen Interessen und die bloße *Berücksichtigungs*pflicht geradezu ein Zurückstellen erlaubt[246]. Aufgrund des großen Übergewichts der Industrie in den Normungsausschüssen wird es ihr in der Regel möglich sein, genehme

240 aufschlussreich sind die bei *Voelzkow*, Private Regierungen, S. 230-235 aufgeführten empirischen Befunde zur Interessenberücksichtigung in den Bereichen Arbeitsschutz, Verbraucherschutz und Umweltschutz

241 nach *Eichener/Heinze/Voelzkow*, Techniksteuerung, S. 393, 413 sind die Begriffe *„interessierte Kreise“* und *„öffentliches Interesse“* in DIN 820 zu vage gehalten; *Lamb*, Kooperative Gesetzeskonkretisierung, S. 77, Fn. 253 verweist aber zu Recht darauf, dass die verwendete Begrifflichkeit den Ausschluss bestimmter Kreise von der Normung nicht fördert. Das wichtigste Teilnahmehindernis sei dagegen, dass bislang wenig berücksichtigte Interessen oftmals entweder nicht organisierbar oder wirtschaftlich nicht mächtig genug seien.

242 *DIN 820*, Normenheft 10, Seite 1-3

243 zur Vorgabe konkreter Normungsziele für behördliche Vertreter siehe *Battis/Gusy*, Technische Normen, S. 260, Tz. 513 ff.

244 so auch *Lamb*, Kooperative Gesetzeskonkretisierung, S. 83; *Gusy*, Wertungen und Interessen, UPR 1986, S. 241, 245 bemerkt: *„Berücksichtigen ist nicht Verwirklichen, sondern lediglich Einbeziehung in den Bewertungszusammenhang.“*

245 nach *Marburger*, Regeln der Technik, S. 202 ist die Gemeinwohlförderung aber nur bei gleichgewichtiger Partizipation aller in Betracht kommender Interessen an der Ausarbeitung der Normen gesichert; so auch *Lamb*, Kooperative Gesetzeskonkretisierung, S. 75

246 so *Gusy*, Wertungen und Interessen, UPR 1986, S. 241, 245, wonach der private Sachverstand über die ehrenamtlichen Mitarbeiter in den Normungsausschüssen sitze, während das öffentliche Interesse als normative Vorgabe *„vor“* den Gremien rangiere; ähnlich *Brunner*, Technische Normen, S. 71, Fn. 16; *Marburger/Gebhard*, Umweltnormierungen, S. 1, 39

Normen durchzusetzen, die von den zuständigen eigenen Abteilungen oftmals bereits vor der Beratungsaufnahme entwickelt werden.[247]

2. Die Ehrenamtlichkeit der Mitarbeit als Hauptproblem

Die Motivationsstrukturen der verschiedenen potenziell Interessierten hinsichtlich der Mitarbeit an der technischen Normung und der damit verbundenen Bereitstellung von Ressourcen sind höchst unterschiedlich.

Für die Wirtschaftsinteressen gilt, dass sie aus Gründen des Wettbewerbs, insbesondere bei zu erwartender Übernahme der Regeln in den staatlichen Rechtskreis, ein dringendes Interesse an der Teilnahme haben, während die Vertreter kollektiver Interessen den mit der Produktion öffentlicher Güter beschriebenen Problemen und ihren Auswirkungen auf die Beteiligungsmotivation unterliegen[248]: Während sie allein den Aufwand der Mitarbeit zu tragen haben, kommen mögliche Verhandlungserfolge der Allgemeinheit zugute. Dieses Problem wird auch nicht durch die teilweise idealistischen Teilnahmemotive kompensiert werden. Die Normungsarbeit des DIN findet in einem von der Öffentlichkeit unbeachtetem Bereich statt und bietet damit für eine motivationsfördernde Selbstdarstellung keinen Raum[249]. Damit kann wohl gelten, dass die Beteiligungsmotivation privater Interessen ungleich höher als die der kollektiven Interessenvertreter sein wird.

Als Hauptursache für das Übergewicht (groß-)industrieller Interessen bei der Normung ist daneben jedoch die Ehrenamtlichkeit der Mitarbeit in den Normungsausschüssen zu nennen[250], da viele kleine Unternehmen und vor allem viele Verbände, die neben eigenen Zielen auch öffentliche Interessen vertreten, wie beispielsweise Verbraucherverbände, Umweltverbände und Gewerkschaften, häufig nicht in der Lage sind, die Kosten für die Entsendung von Mitarbeitern zu tragen, die derart qualifiziert sind, um in die Normungsausschüsse aufgenommen zu werden. Hinzu kommt, dass sie mit ihrer Mitarbeit kaum ö-

---

247 nach *Backherms*, Das DIN, S. 54 zeigt sich die oftmals allein an privaten Interessen ausgerichtete Strategie der Industrie in dem Anstieg des Interesses zur Mitarbeit stets in den Fällen, in denen die Mehrheit der Branche in einzelnen Ausschüssen gefährdet ist; auch *Gusy*, Wertungen und Interessen, UPR 1986, S. 241, 244 setzt ein hinreichend großes Interesse an der jeweiligen Materie für die Mitarbeit voraus. So stellt er fest, dass in den Normungsausschüsse des DIN Groß- und Dachverbände überrepräsentiert sind, während der Mittelstand, Handel und Kleinunternehmen unterdurchschnittlich vertreten sind

248 so auch *Voelzkow*, Private Regierungen, S. 235; siehe zur Problematik öffentlicher Güter speziell Kapitel F II.1 **(Rechnungslegungsstandards als „öffentliche Güter": Folgen für die Determinanten der Kooperationsfähigkeit)** S. 88; *v. Beyme*, Interessengruppen, S. 87, prägt für Gruppen, die kollektive Güter verfolgen, deren Erreichung den einzelnen Mitgliedern keinen persönlichen Vorteil verschafft *public interest groups*

249 für Bereich der Rechnungslegung könnte dies unter Umständen anders gesehen werden, da Bilanzierungsentscheidungen einen direkten Einfluß auf den handelsrechtlichen Gewinn und damit auf Dividendenzahlungen ausüben. Hier könnte eine entsprechend kämpferische Haltung für eine vorgebliche „gerechtere" Bilanzierung in der Öffentlichkeit Erfolg versprechen

250 vorgeschrieben in *DIN 820*, Teil 1, Ziff. 3.4, Normenheft 10, S. 81; kritisch hierzu *Fischer*, Umweltschutz durch technische Regelungen, S. 51

konomische Interessen verbinden[251]. Damit kommt es zu einer deutlichen Diskrepanz zwischen der formalen Offenheit des Standardisierungsprozesses und den faktischen Beteiligungschancen diverser Gruppen[252]. Es ist somit nicht gelungen, die Ausgewogenheit der in den Ausschüssen repräsentierten Interessen institutionell abzusichern.

Der Staat sah sich daher zu einem Eingreifen genötigt, um die Partizipationsfähigkeit der aus seiner Sicht nicht ausreichend repräsentierten Interessen zu stärken. Bereits vor dem Abschluss des DIN-Vertrages kam es in enger Absprache zwischen der Bundesregierung und dem DIN 1974 zur Schaffung eines aus öffentlichen Mittel finanzierten Verbraucherrates[253]. Dieser Rat kann wirksamer als einzelne Vertreter im Verbraucherinteresse tätig werden und so deren Interessen in den Normsetzungsprozess einbringen, indem er das nach der Satzung des DIN jedermann zustehende Recht nach Stellung von Normungsanträgen und Abgabe von Stellungnahmen zu Normentwürfen wahrnimmt[254].

Um daneben eine stärkere und systematischere Einbeziehung von Umweltbelangen sicherzustellen, die gemäß DIN 820 ebenfalls bei der Normung zu berücksichtigen sind, wurde in den achtziger Jahren wiederum mit staatlicher Unterstützung die *„Koordinierungsstelle Umweltschutz (KU)"* innerhalb des DIN geschaffen. Ihr ausdrückliches Ziel ist die Einbindung und fachliche Unterstützung aller am Umweltschutz interessierten Kreise[255]. Seit 1994 besteht daneben die ebenfalls öffentlich geförderte *„Kommission Arbeitsschutz und*

---

251 genau diesen Aspekt bestätigt das DIN auch selbst. Danach stelle die Mitarbeit bei der Normung keine wohltätige Leistung gegenüber der Allgemeinheit dar, sondern sei eine Interessenwahrnehmung, die mit Kosten und Nutzen für die entsendende Stelle verbunden sei, siehe hierfür den *DIN-Geschäftsbericht 1997/98*, S. 7

252 diesen Schluss zieht auch *Marburger*, Regeln der Technik, S. 203; *Backherms*, Das DIN, S. 54; *Welsch*, Demokratisierung technischer Normung, WSI-Mitt. 1990, S. 650, 658; *Lamb*, Kooperative Gesetzeskonkretisierung, S. 81-87; *Lübbe-Wolff*, Konfliktmittlung, S. 87, 104; *Brunner*, Technische Normen, S. 71 verweist richtigerweise darauf, dass es nicht allein um eine Präsenz einer Betroffenengruppe in einem Normungsausschuss geht. Entscheidend ist vielmehr das nötige Fachwissen, da es ansonsten zu einer reinen pro-forma-Partizipation käme; *Führ*, Technische Normen, ZUR 1993, S. 99, 100

253 siehe hierzu *Böttger*, Ursachen und Wirkungen, S. 31, 40; *Marburger*, Regeln der Technik, S. 202; *Krieg* in: Klein, DIN-Normen, S.89 verweist für die achtziger Jahre auf ca. 1000 Normen und Norm-Entwürfe, die direkte Festlegungen über Erzeugnisse für den nichtgewerblichen Endverbraucher erhalten; *Voelzkow*, Staatliche Regulierung der verbandlichen Selbstregulierung, S. 117 prägt für die Aktivitäten des Staates zur Stärkung des öffentlichen Interesses bei der Normung den Begriff *„partizipative Steuerung"*

254 *„die"* Verbraucher als homogene Gruppe werden jedoch kaum aufzufinden sein, es kann deshalb wohl allein um eine grobe Interessenbündelung gehen

255 siehe speziell zur Berücksichtigung des Umweltschutzes in den Verfahren der technischen Normung *Jörissen*, Umweltschutz, S. 35; in einer *Vereinbarung* zwischen der Bundesrepublik und dem DIN vom 22.10.92, Umwelt 1993, S. 8 sichert die Regierung auch zukünftig eine finanzielle Unterstützung für die KU zu. Das DIN verpflichtet sich, die Belange des Umweltschutzes noch stärker in der Normung zu berücksichtigen und insbesondere auf europäischer Ebene einzubringen; zur Entwicklung der Berücksichtigung des Umweltschutzes bei der DIN-Arbeit siehe auch den Überblick bei *Vieweg*, Umweltschutz, UTR 1994, S. 509, 537 ff.; auch in der neuen DIN-Satzung aus dem Jahr 1997 ist der Umweltschutz als Ziel der Normung ausdrücklich aufgenommen worden, siehe hierzu *DIN e.V.*, Satzung, § 1 Abs. 2

Normung (KAN)", die speziell den Gewerkschaften ermöglichen soll, Aspekte des Arbeitsschutzes in die private Normung einzubringen[256].

3. Gesellschaftlicher versus fachlicher Grundcharakter der technischen Normung

Die beschriebenen Symptome der Durchsetzungsschwäche öffentlicher Interessen gegen Vorstellungen der Industrie sind nach weit verbreiteter Ansicht trotz der bisherigen staatlichen Interventionen weiterhin zu beobachten[257]. Ob hieraus Forderungen nach weiteren staatlichen Eingriffen, sei es durch eine direkte Einbeziehung staatlicher Mitarbeiter, durch eine bloße finanzielle Unterstützung einzelner Gruppen[258] oder durch Vorgaben zur Gremienzusammensetzung erhoben werden, hängt vom Standpunkt über den der technischen Normung zuerkannten Grundcharakter ab. Dabei ist die Ausgangsbasis für die Gegner weitergehender staatlicher Interventionen die Frage nach der Funktion technischer Regelwerke. Wenn diese in der Wiedergabe der allgemein anerkannten Standards der Technik in einem Fachgebiet liegt, die nichts anderes als die Mehrheitsauffassung der auf diesem Gebiet arbeitenden Experten darstellen, so müssen die standardsetzenden Gremien mit Fachleuten

---

256 zur Zusammensetzung und Arbeitsweise siehe *Voelzkow*, Private Regierungen, S. 255; die KAN soll besonders auch bei der europäischen Normung mitwirken

257 siehe hierzu *Lamb*, Kooperative Gesetzeskonkretisierung, S. 81; *Brunner*, Technische Normen, S. 73 spricht davon, dass *„das in einer Normungsorganisation vertretene und mit effektiven Mitwirkungsmöglichkeiten ausgestattete Spektrum sozialer Kräfte in der Regel relativ beschränkt ist und nicht dem gesamtgesellschaftlichen Kräfteverhältnis entspricht*"; *Gusy*, Wertungen und Interessen, UPR 1986, S. 241, 245 erkennt zwar die geringere Repräsentanz öffentlicher Interessen in der Arbeit des DIN, bezweifelt aber, ob dieser Umstand durch eine erhöhte personelle Vertretung des Staates in den Gremien ohne schädliche Auswirkungen auf die Akzeptanz der nur freiwillig zu befolgenden Normen möglich sei: dagegen verlangt *Welsch*, Demokratisierung technischer Normung, WSI-Mitt. 1990, S. 650, 659 eine finanzielle Unterstützung unterprivilegierter Interessenlagen zur Teilnahme am Normungsprozess seitens des Staates. Nur so sei die überfällige Demokratisierung der Normung erreichbar, die der einzige Weg sei, um dem gesellschaftlichen Interessenpluralismus im technischen Wandel zum Durchbruch zu verhelfen; ähnlich auch *Marburger*, Regeln der Technik, S. 607 für Verbraucherorganisationen und mit der Forderung nach gesetzlicher Garantie einer paritätischen Ausschussbesetzung; so auch *Führ*, Technische Normen, ZUR 1993, S. 99, 100, der die Vertreter nicht-ökonomischer Gemeinwohlinteressen im Rahmen der technischen Normung mit der Opposition im parlamentarischen Gesetzgebungsverfahren vergleicht. Hieraus entwickelt er die Forderung nach prozessualen und materiellen Fördermaßnahmen, beispielsweise durch Aufwandsentschädigungen, die eine intensive Beschäftigung ermöglichen. DIN 820 in Tz. 3.4 spricht lediglich davon, dass *„bei der Zusammensetzung der Arbeitsausschüsse [...] der Grundsatz zu beachten [ist], daß die interessierten Kreise in einem angemessenen Verhältnis vertreten sind.*"; vgl. auch *Hommelhoff/Schwab*, Rechtserkenntnis, ZfbF, Sonderheft 36 (1996), S. 149, 158 u. 160, die zwar ebenfalls eine repräsentative Besetzung der Gremien befürworten, gleichzeitig aber in Fragen ausschließlich technischer Natur die dort arbeitenden Experten als austauschbar ansehen, die allein aufgrund ihrer Fachkenntnisse, die bei anderen Berufsangehörigen ebenfalls vorhanden sind, Zugang zur Mitarbeit erhielten.

258 die staatliche Förderung privater Gruppierungen wird vielfach dem direkten eigenen Mitarbeiten des Staates vorgezogen, da der Staat häufig kaum in der Lage sein wird, dem undefinierten öffentlichen Interesse größeres Gewicht zu verleihen. Die Gründe hierfür sind vielfältig. Zum einen leidet eine wirksame Wahrung öffentlicher Interessen natürlich unter den begrenzten fachlichen Ressourcen. Hinzu kommt die nicht immer optimale Wahrung des Gemeinwohls aufgrund der Lobby-Arbeit der Verbände und Interessengruppen, die teilweise auch mithilfe der staatlichen Autorität ihre Partikularinteressen durchzusetzen trachten.

besetzt werden, die allein die unterschiedlichen Strömungen innerhalb einer Disziplin vertreten. Eine repräsentative Gremienzusammensetzung in diesem Sinne ist also von einer gesellschaftlichen Vertretung zu trennen und allein auf wissenschaftlich-technischen Sachverstand zu reduzieren[259].

Nach diesen Vorstellungen würde also eine Trennung vorgenommen werden in gesellschaftliche Kommissionen, bei denen auf eine ausgewogene Vertretung der Interessen geachtet werden muss und fachliche Kommissionen, bei denen es allein auf die ausgewogenen Vertretung der einschlägigen Fachgebiete und die Anhörung der Verbände der beteiligten Interessen- und Fachgebiete ankäme[260].

Die Einordnung der DIN-Fachausschüsse in dieses Schema kann hier bewusst offen gelassen werden. Die hier dargestellten unterschiedlichen Sichtweisen der Organisation lassen sich aber im Weiteren auch auf die Diskussion über die Zusammensetzung eines Rechnungslegungsgremiums übertragen. Auch dort werden, wohl auch je nach Standpunkt über den gesellschaftlichen oder den fachlichen Grundcharakter eines deutschen Standard-Setzers kontroverse Positionen hinsichtlich der Einbeziehung gesellschaftlicher Repräsentanten in die Gremiemarbeit vertreten. Allerdings wird es dabei versäumt, den Charakter der Normungsarbeit für die Rechnungslegung und das Technikrecht systematisch zu erarbeiten und somit die Frage der Vergleichbarkeit beider Gremien über die Tatsache der privaten Organisationsform hinaus zu beantworten.

IV. Private Standards im Recht der Rechnungslegung und der Technik: Unterschiede ihrer Herleitung

Der DIN e.V. ist aufgrund seines Vertrages mit der Bundesregierung und der damit einhergehenden Anerkennung als *„nationale Normenorganisation“* einem Vergleich mit einem privatverbandlichen Regulierungsgremium für den handelsrechtlichen Einzelabschluss zugänglich. Die erfolgte Darstellung hinsichtlich der Interessenberücksichtigung bei den Normierungsarbeiten und der im allgemeinen festgestellten Mängel hat dabei bereits vielfältige Ansatzpunk-

---

259 besonders nachdrücklich wird diese These von *Müller-Foell*, Bedeutung technischer Normen, S. 87 vertreten, die die Beteiligung aller interessierten Kreise auf rein funktionale Normungen, bspw. den Bankverkehr beschränken will. Deutlich ihre Aussage: *„Eine repräsentative Beteiligung aller interessierten Kreise scheitert daran, daß ein regelerstellendes Gremium keine „Clique von Interessenten“, sondern ein Kreis von Experten aus Wissenschaft und Technik ist.“* (S. 90), ähnlich auch bei *Nicklisch*, Technische Regelwerke, NJW 1987, S. 841, 847; *Lukes*, Technischer Sachverstand, Bitburger Gespräche 1981, S. 117, 119 wendet sich mit der beobachteten Tendenz, die Mitglieder von Enquetekommissionen und Fachräten zunehmend weniger unter dem Gesichtspunkt des Sachverstandes, sondern unter dem der demokratischen Repräsentanz auszuwählen, gegen diese Handlungsalternative des Staates bei der Suche nach Wegen zu seiner Entlastung. Er plädiert vielmehr für die Übertragung von Rechtsentscheidungen auf außerparlamentarische Institutionen, deren Zusammensetzung allein auf dem Fachwissen ihrer Mitglieder beruht; ähnlich bereits *ders.*, Regeln der Technik, S. 22, 36, der die Qualifizierung der DIN-Normen als *„allgemein anerkannte Regeln der Technik“* von der repräsentativen Zusammensetzung der Ausschüsse mit den Experten der jeweiligen Disziplin abhängig macht

260 für das Umweltrecht *Sendler*, Selbstregulierung, UPR 1997, S. 381, 382

te offengelegt, deren Relevanz auch bei einer privatverbandlichen Standardisierung der Rechnungslegung offenkundig zu sein scheint.

Der Normenbestand des DIN lässt sich in die drei Teilbereiche Kompatibilitätsnormen, Prüfnormen und Prozessnormen gliedern. Hinsichtlich eines Vergleiches mit Rechnungslegungsstandards stehen nachfolgend die Kompatibilitätsnormen im Vordergrund der Betrachtung[261].

Die Aufstellung dieser Normen erfolgt in zwei Schritten: Sie beginnt mit der theoretischen Überlegung, welche denkbaren Lösungen eines vorliegenden Problems technisch umsetzbar erscheinen. Dieser erste Teil beruht damit auf der Herleitung naturwissenschaftlicher Erfahrungssätze. Daran schließt sich das wertende Element der Normung mit der Frage an, welche dieser technisch möglichen Lösungen wirtschaftlich vertretbar sind. Hierbei ist beispielsweise abzuwägen, welchen Preis die Gesellschaft für die Produktsicherheit und den Schutz von Gesundheit und Umwelt akzeptiert und wie viel Eigenverantwortung dem Verbraucher zumutbar erscheint[262].

Die Aufstellung von Rechnungslegungsstandards unterscheidet sich hiervon jedoch in einem wichtigen Punkt. Die denkbaren Lösungen eines Abbildungsproblems, die der anschließenden Wertung unterzogen werden, können in der Rechnungslegung nicht einer Naturgesetzlichkeit entnommen werden, sondern müssen entsprechend der gesetzlichen Zielvorgaben für die Aufgaben des Jahresabschlusses aus betriebswirtschaftlichen Jahresabschlusstheorien entwickelt werden.

Das hat unmittelbare Auswirkungen auf den Charakter des Standardisierungsprozesses: Die technische Normung besteht nach der Ermittlung technisch möglicher Normungsspannbreiten vor allem aus einer wirtschaftliche Interessen in Erwägung ziehenden Auswahl unter diesen Alternativen. Vor diesem Hintergrund erklärt sich auch die Diskussion über die Interessenberücksichtigung bei der Normierung: Nehmen Verbraucher an ihr nicht teil, so erscheinen Befürchtungen nach mangelhafter Berücksichtigung ihrer Interessen nahe zu liegen. Die Standardisierung der Rechnungslegung unterscheidet sich hiervor jedoch grundlegend. Bereits bei der Bezeichnung möglicher Bilanzierungsalternativen versagt ein Rückgriff auf die Eindeutigkeit naturgesetzlicher Ablei-

[261] Prüfnormen sollen zu einer Vergleichbarkeit und einer einheitlichen Bewertungsbasis bei der Einschätzung von Produkten führen. Als Beispiel für Prozess- oder Systemnormen sind hier die Normen ISO 9000 und 14000 zu nennen. Im Mittelpunkt steht hierbei die Frage nach der Art der Gestaltung von Prozessen, die eine Aussage über die Qualität dieser Prozesse ermöglicht. Die Einhaltung von ISO 9000 ermöglicht beispielsweise keine endgültige Aussage über die Qualität der erbrachten Leistungen, allein die Aussage, dass deren Beachtung einen starken Indikator für eine qualitativ hochwertige Leistung darstellt, ist zulässig. Hinsichtlich der Rechnungslegung spielt ISO 9000 für die Wirtschafsprüfung eine erhebliche Rolle.

[262] *Herr Hartlieb* entwickelte hierzu folgendes Beispiel: Die Frage nach der höchstzulässigen Temperatur von Kinder-Herden kann mit Werten zwischen 35° C und 100° C beantwortet werden und ist damit vor allem eine Frage der Bedeutung, die der Eigenverantwortung der Eltern beigemessen wird. Hinsichtlich nationaler Unterschiede vermutet er, dass in Deutschland die Tendenz bestehen würde, den niedrigeren Wert festzuschreiben, während in den USA der höhere gewählt werden würde.

tungen, die Kategorien *„richtig“* oder *„falsch“* stehen nur dann zur Verfügung, wenn ein konkretes Ergebnis hinsichtlich seiner Übereinstimmung mit dem gesetzlichen Rechnungslegungszweck und den Jahresabschlusstheorien eingeschätzt werden soll[263].

Damit verbreitert sich aber der bewertende Charakter von Rechnungslegungsstandards: Die Grundausrichtung des nationalen Rechnungslegungssystems, also beispielsweise die von ihm zu schützenden Adressaten des Jahresabschlusses, wird als Ergebnis parlamentarischer Beratungen von der Legislative getroffen. Auf deren Basis bemüht sich die Wissenschaft in Berücksichtigung der Jahresabschlusstheorien und der allgemeinen Rechtsordnung um eine Kombination der gesetzlichen Vorgaben mit betriebswirtschaftlichen Überlegungen. Hieran schließen sich sowohl die Verlautbarungen eines Rechnungslegungsgremiums als auch die konkrete Bilanzierungsentscheidung des Jahresabschlusserstellers an, die einer möglichen gerichtlichen Nachprüfung hinsichtlich ihrer Übereinstimmung mit dem gesetzlichen Schutzauftrag unterliegt[264].

Diese Einordnung der Herleitung von Rechnungslegungsstandards und der konkreten Bilanzierungsentscheidung hat weitreichende Konsequenzen hinsichtlich der Charakterisierung der Standardisierung bezüglich der bereits beim DIN eingeführten Begriffe eines *„gesellschaftlichen“* oder *„fachlichen“* Grundcharakters der Normung. Während es beim DIN durchaus Sinn zu machen scheint, die Einbeziehung verschiedenster Interessengruppen in die Normungsarbeit zu verlangen, da nur so bei der oben beschriebenen Abwägungsentscheidung neben den wirtschaftlichen Interessen der Hersteller auch Gesichtspunkte des Verbraucher-, Umwelt- und Arbeitsschutzes wirksam eingebracht werden können, also der gesellschaftliche Charakter im Vordergrund steht, muss für die Rechnungslegung anderes gelten.

Bei der Entwicklung der Abbildungsregeln für den Jahresabschluss sind zwar ebenfalls Abwägungen zu treffen, jedoch bewegen sich die denkbaren Alterna-

---

263 besonders engagiert gegen die Bezeichnungen *„richtig“* und *„falsch“* spricht sich *Brand*, Rechnungslegungskommission, S. 53 aus, ähnlich auch *Breidenbach*, Normensetzung, S. 129, *Hommelhoff/Schwab*, Selbststeuerung im Bilanzrecht, BFuP 1998, S. 38, 41; *Siegel*, Mangelnde Ernsthaftigkeit, FS Baetge, S. 117, 129; *Beisse*, Normqualität und Normstruktur, BB 1999, S. 2180, 2181; *Hellermann*, Private Standardsetzung im Bilanzrecht, NZG 2000, S. 1097, 1098 und *Rappaport*, Economic impact, JoA, May 1977, S.92 erklärt, dass *„no accounting alternative has an exclusive franchise on truth and each involves a potenzial wealth redistribution“*; für die US-amerikanische Rechnungslegung sieht *Haller*, Ziele und Merkmale US-amerikanischer Rechnungslegung, S. 22, Fn. 92 ebenfalls einen starken politschen Charakter der Normung; vgl. auch *Achleitner*, Normierung, S. 46 *„Rechnungslegung kann damit kein neutrales Instrument zur objektiven Darstellung wirtschaftlicher Verhältnisse sein, sondern wird vielmehr unter spezifischen Zielvorstellungen gestaltet.“*, die hieraus folgert, dass allein der demokratisch legitimierte Gesetzgeber diese Abwägung vornehmen darf; ebenso *Probst*, Angloamerikanische Rechnungslegung, BFuP 1992, S. 426, 433; ähnlich auch *Bromwich/Hopwood*, Accounting standard setting, S. V, X die konstertieren: *„The regulation of accounting reports is an exercise in making social choice decisions“* und feststellen, dass diese Entscheidungen auf dem *üblichen* Weg der betreffenden Gesellschaft getroffen werden

264 siehe hierzu auch *Janke*, Grundsätze ordnungsmäßiger Bilanzierung, S. 17

tiven bereits innerhalb des vom Gesetzgeber vorgegebenen Rahmens der Jahresabschlussaufgaben. Damit sind die Auswahlentscheidungen eines Gremiums, anders als in der technischen Normung mit ihren naturwissenschaftlichen Grenzen, bereits erheblich eingeschränkt. Auch darf nicht vergessen werden, dass die Übereinstimmung der entwickelten Standards mit der gesetzlichen Zielvorgabe Bestandteil der richterlichen Überprüfung sein kann. Hieraus können nun Schlussfolgerungen bezüglich der Gremienzusammensetzung getroffen werden: Aus dem Charakter des Standardisierungsprozesses heraus lässt sich eine Ausweitung des möglichen Teilnehmerkreises über die von der Rechnungslegung direkte Betroffenen, d.h. bilanzierende Unternehmen verschiedener Größen, Anleger und Gläubiger sowie die Wissenschaft hinaus nicht begründen und sollte daher im Interesse der Effektivität und eines hohen fachlichen Niveaus der Gremienarbeit auch nicht vorgenommen werden.

Allerdings könne sich aber die hier vorgenommene und aus dem Charakter der Gremienarbeit abgeleitete Bewertung ändern, wenn die politische Durchsetzbarkeit einer privatverbandlichen Standardisierung der Einzelabschlussnormen mit in die Überlegungen aufgenommen wird. Eine solche Konzeption müsste nicht nur eine parlamentarische Mehrheit erringen, sondern sie müsste auch über eine breite Akzeptanz in der Öffentlichkeit verfügen. Beide Aspekte könnten dazu führen, dass die Gremienbesetzung, entgegen der hier vertretenden Auffassung, breiter gestaltet wird.

Die Ausführungen zeigen, dass sich das DIN und ein privates Rechnungslegungsgremium zwar nicht hinsichtlich ihrer privaten Organisationsform, jedoch erheblich im Charakter ihrer Standardisierungsarbeit und damit ihrer Standardisierungsergebnisse unterscheiden. Damit können die Organisationsstrukturen des DIN nicht unbesehen übernommen werden sondern müssen an den speziellen Bedürfnissen der Standardisierung der Rechnungslegung gemessen werden. Trotzdem bleibt die weiter oben vorgenommene Darstellung der Organisationsstruktur, der Verfahrensabläufe und der Interessenberücksichtigung, die sich vor allem in den Bereichen der Gremienzusammensetzung und der Finanzierung der Arbeit als problematisch erwiesen hat, auch bei der Betrachtung eines privaten Standardisierungsgremiums wichtig, da die Frage der umfassenden Berücksichtigung der hier als einschlägig herausgearbeiteten fachbezogenen Interessen, wie weiter unten zu zeigen sein wird, aus verfassungsrechtlichen Gründen von erheblicher Bedeutung für die Wirksamkeit von gesetzlichen Ordnungsmäßigkeitsvermutungen ist.

V. Die rechtliche Bedeutung der DIN-Normen

Die rechtliche Bedeutung privatverbandlicher Normen wird im folgenden Kapitel eingehend untersucht. Als Ausblick hierauf kann im Ergebnis festgehalten werden, dass den DIN-Normen weder eine unmittelbare rechtliche Bindungskraft noch eine generelle gesetzliche Vermutungswirkung zukommt, ihre tatsächliche Bedeutung entsteht allein durch eine freiwillige Anwendung seitens der Adressaten und eigenständige Übernahmeentscheidungen staatlicher Instanzen[265].

Dabei bieten die Normen ihren Anwendern zwar einen Maßstab für einwandfreies technisches Verhalten, sie verstehen sich aber nur als eine von mehreren theoretisch möglichen Lösungen eines technischen Problems[266]. Trotzdem bieten sie für den einzelnen Anwender eine erhebliche Entlastung, da die eigenständige Ermittlung des gebotenen Sachverstandes entfallen kann. Wer sich jedoch gegen die von der Fachwelt aufgestellten Regeln entscheidet, begibt sich diesen Vorteils der Berufung auf eine von der Fachwelt getragene Lösung[267]. Betont werden muss aber, dass der Einzelne durch die Anwendung der DIN nicht von eigenen Sorgfaltspflichten befreit wird; er kann sich damit der Verantwortung für sein eigenes Handeln nicht entziehen, da in der Regel eine Vermutungsanordnung in staatlichen Gesetzen fehlt[268]. Insbesondere muss er sich beispielsweise versichern, dass die spezielle technische Entwicklung nicht über die Norm hinweggegangen ist oder dass zwischenzeitlich Gefahren entstanden, die Normen zum Zeitpunkt ihrer Entstehung noch nicht berücksichtigten[269].

Auch die staatliche Rezeption der DIN-Normen durch die textliche Übernahme in staatliche Gesetze oder durch spezielle Verweise auf einzelne Normen, kann nicht zu einem Wandel des Charakters der privaten Vereine führen. Die Rezeption staatlicher Instanzen bewirkt zwar eine Veränderung der rechtlichen Bedeutung der in bezug genommenen privaten Standards, jedoch nur soweit die Übernahme in den staatlichen Rechtsbereich reicht. Der nichtstaatliche Herkunftscharakter der Regeln privater Standard-Setzer bleibt hiervon unberührt.[270] Dieses Kennzeichen privater Regelsetzung in Deutschland ergibt sich stringent aus dem staatlichen Rechtssetzungsmonopol. Hiernach können außerstaatliche Instanzen nur durch einen formellen Delegations- oder Beleihungsakt mit materieller Rechtssetzungsmacht ausgestattet sein. Dem DIN fehlen jedoch sämtliche Voraussetzungen einer Beleihung. Weder ist es in die staatliche Organkompetenz eingegliedert, noch untersteht es einer Staatsaufsicht. Vielmehr ist es eine rein privatwirtschaftliche Institution, die allein auf der Ebene des Privatrechts tätig wird[271].

---

[265] deutlich bei *Hommelhoff/Schwab*, Selbststeuerung im Bilanzrecht, BFuP 1998, S. 38, 39; *Stüer/Hermanns*, Umweltnormung, UPR 1997, S. 361, 362; *Backherms*, Das DIN, S. 76; *Herber*, Diskussion, S. 163; *Schmidt-Preuß*, Normierung und Selbstnormierung, ZLR 1997, S. 249, 253; *Lamb*, Bedeutung technischer Normen, ZUR 1993, S. 97, 98; st. Rspr, siehe hierzu *BVwerG v. 30.9.96*, NVwZ-RR 1997, S. 214

[266] deutlich wird dies bereits in *DIN 820*,Teil 1, 6.1, Normenheft 10, S. 83, wonach die Anwendung der Normen jedermann zur Anwendung frei stehe und sie sich als *„anerkannte Regeln der Technik"* einführen sollen; siehe hierzu auch *Muschalla* in: Klein, DIN-Normen, S. 15

[267] in diesem Sinne ausdrücklich *Leitz*, Partnerschaft, Normenheft 10, S. 57

[268] *Muschalla* in: Klein, DIN-Normen, S. 15 formuliert: „Jeder handelt insoweit auf eigene Gefahr."

[269] so bereits *BGH v. 12.10.67*, NJW 1968, S. 43; bestätigt von *BGH v. 27.9.94*, NJW 1994, S. 3349, 3350; *OLG Düsseldorf* v. 29.11.96, NJW 1997, S. 2333, 2334

[270] so deutlich *Battis/Gusy*, Technische Normen, S. 227, Tz. 449

[271] grundlegend hierzu *Scholz*, Das Verhältnis von technischer Norm und Rechtsnorm, S. 85, 97; *Marburger*, Die gleitende Verweisung, S. 27, 29 verweist aber darauf, dass den in einem rechtsstaatlichen Ansprüchen gerecht werdenden Verfahren entstandenen privaten Standards in der Regel der Vorzug vor Sachverständigengutachten zu geben ist

VI. Zusammenfassung: Das DIN als Beispiel gesellschaftlicher Selbstregulierung

Das DIN hat spätestens seit dem Abschluss des Vertrages mit der Bundesrepublik Deutschland eine Stellung in der technischen Normung erlangt, die es für einen Vergleich mit einem privatverbandlichen Rechnungslegungsgremium prädestiniert. Dabei wurde vor allem auf zwei Problemkreise näher eingegangen, die auch in der anschließenden Diskussion eine große Rolle spielen und beide unter den zentralen Aspekt der Interessenpluralität zu fassen sind. Dies betraf zum einen die Finanzierung der Gremienarbeit, bei der ein erheblicher, wenn auch schrumpfender Anteil staatlicher Finanzierung zu beobachten ist. Eine noch stärkere Verteilung der Lasten auf die Normbezieher oder eine Prozessfinanzierung durch höhere Teilnahmegebühren würde das Problem der Mitwirkung finanzschwacher Interessen verschärfen. Dies leitet über in eine grundsätzliche Einschätzung jeder Normung: Handelt es sich bei ihr um eine rein fachliche Arbeit oder überwiegt bei ihr der gesellschaftliche Grundcharakter, verbunden mit der Forderung nach einer breiten Gremienzusammensetzung? Dabei wurde aus dem Prozess der Standardherleitung heraus auf einen grundlegenden Unterschied zwischen dem Technikrecht und der Rechnungslegung hingewiesen. Während die Auswahlalternativen der technischen Normung dem naturgesetzlichen Erkenntnisstand und der technischen Realtisierbarkeit einspringen, basieren Bilanzierungsalternativen auf den aus dem gesetzlichen Schutzzweck entwickelten betriebswirtschaftlichen Jahresabschlusstheorien. Hieraus wurde für die Rechnungslegung ein *„fachlicher“* Grundcharakter festgestellt.

Der dritte wichtige Aspekt der Ausführungen über das DIN war die rechtliche Einordnung der DIN-Normen im Rechtssystem der Bundesrepublik als unverbindliche private Normen, die in der Regel nicht mit einer gesetzliche Vermutungsanordnungen versehen sind. Der Normanwender wird durch ihre Verwendung nicht von eigener Sorgfalt befreit. Im Gegensatz dazu wird im Weiteren gezeigt werden, dass sich der Gesetzgeber bemühte, den Empfehlungen des DRSC gemäß § 342 HGB einen höheren Grad an rechtlicher Verbindlichkeit zuzugestehen. Die Grenzen dieser Bemühungen werden ebenfalls aufgezeigt werden.

Kapitel H: Die rechtliche Bedeutung der Empfehlungen eines nationalen Rechnungslegungsgremiums

Von entscheidender Bedeutung für die Akzeptanz des nationalen Rechnungslegungsgremiums bei den deutschen Rechnungslegern und den Adressaten des Jahresabschlusses und damit auch für die beschriebenen verbandsinternen Abläufe wird der Grad an Rechtssicherheit sein, die die von ihm entwickelten Standards bieten können. Da, wie bereits mehrfach erörtert, für den Konzernabschluss aufgrund der IAS-Anwendung ab 2005 die Entwicklung nationaler Empfehlungen schon sehr bald an Bedeutung verlieren wird, beziehen sich die Ausführungen ausschließlich auf nationale deutsche Rechnungslegungsstandards für den Einzelabschluss.

Es stellt sich somit die Frage, ob privatverbandliche Standards den Rang von Rechtsnormen erhalten können, oder ob sie unverbindliche Meinungsäußerungen eines, wenn auch hochkarätig besetzen, privaten Verbandes darstellen.

I. Keine originäre Rechtssetzungsbefugnis des Rechnungslegungsgremiums

Obgleich in einem selbstregulatorischen Rechnungslegungsgremium in besonderer Weise der Sachverstand der mit dieser Materie in Theorie und Praxis Beschäftigten versammelt wäre, sind die von ihm entwickelten Standards aufgrund des staatlichen Rechtssetzungsmonopols nicht in der Lage, in die Rolle allgemein verbindlicher Rechtsnormen einzutreten.[272] Es besteht in der juristischen Literatur kein Zweifel, dass private Körperschaften mit Ausnahme der in Art. 9 Abs. 3 GG autorisierten Tarifpartner nicht die Kompetenz besitzen, über den Kreis ihrer Mitglieder hinaus verbindliches objektives Recht zu setzen. Die Annahme einer privatrechtlich-eigenständigen Normsetzungsmacht selbstregulatorischer Gremien scheidet damit aus[273]. Sollen nun die von einem nationalen Rechnungslegungsgremium erarbeiteten Standards die Qualität allgemein gültiger Normen erlangen und dabei insbesondere die Gerichte in ihren Entscheidungen binden, bedarf es folgerichtig der Umsetzung in staatliches Gesetzesrecht bzw. der Rezeption durch vom Gesetzgeber erlassene Rechtsnormen[274].

Daher ist im Folgenden zu untersuchen, wie die Empfehlungen des Rechnungslegungsgremiums in den staatlichen Normenkanon inkorporiert werden können. Dies mag verwundern, allerding dürfen sich Betriebswirte bei ihren

---

[272] zur Frage des Rechtssetzungmonopols des Staates wie hier siehe ausführlich *Scholz*, M/D, Art. 9, Rz. 301; ähnlich *Herzog*, M/D, Art. 92, Rz. 154; wohl im Ergebnis nur terminologisch dagegen *Kloepfer/Elsner*, Selbstregulierung, DVBl. 1996, S. 964, 968

[273] ausführlich bei *Scholz*, Das Verhältnis von technischer Norm und Rechtsnorm, S. 85, 97

[274] so auch *Scholz*, Technik und Recht, S. 691, 697

Überlegungen doch nicht vom rechtlichen Gesamtrahmen unseres Staatswesens entfernen[275]. So wie Juristen bei der Auslegung von Rechtsbegriffen, etwa der GoB, auf die Kenntnisse und Erfahrungen der Betriebswirtschaft zurückgreifen müssen, so sehr muss es den Wirtschaftswissenschaftler interessieren, welche rechtlichen Voraussetzungen er in seine betriebswirtschaftlichen Überlegungen zur Fortentwicklung der Rechnungslegung berücksichtigen muss[276].

II. Zur derivativen Rechtssetzungsbefugnis des Rechnungslegungsgremiums

Eine Übertragung hoheitlicher Gewalt auf Private im Wege der Beleihung ist als verwaltungsrechtliches Instrument gewohnheitsrechtlich anerkannt, sofern es sich um die Übertragung einzelner Hoheitsbefugnisse handelt.

Schwieriger ist jedoch die Frage nach der Übertragung von Rechtssetzungsbefugnissen zu beantworten.

Hierfür kommen zwei Formen verliehener Rechtssetzungsmacht in Betracht, zum einen die Befugnis zum Erlass von Rechtsverordnungen sowie andererseits die Übertragung von Satzungsautonomie.

1. Rechtsverordnungen im Rechtssystem der Bundesrepublik Deutschland

Im Folgenden wird zuerst das Rechtssetzungsinstrument „*Rechtsverordnung*" kurz vorzustellen und der mögliche Einsatz im Bereich der Rechnungslegung zu hinterfragen sein.

Rechtsverordnungen sind materielles Recht, das im Gegensatz zum Regelfall des Parlamentsgesetzes von der Exekutive erlassen wird. Diese Vorgehensweise durchbricht dadurch zwar ein eng verstandenes Gewaltenteilungsprinzip, die Verfassung hat diese Form der Rechtssetzung jedoch in Art. 80 Abs. 1

---

275 aus neuerer Zeit liegt eine eingehende Untersuchung zu diesem Thema nur von *Ebert*, Private Normsetzung, S. 179ff. vor, jedoch mit anderem Ergebnis hinsichtlich der Rechtsverordnungen als hier

276 in diesem Sinne fordern *Hommelhoff/Schwab*, Rechtserkenntnis, ZfbF Sonderheft 36 (1996), S. 149, 152 einen konstruktiven Gedankenaustausch zwischen beiden Disziplinen. Ein Jurist, der bei seiner Gesetzesinterpretation auf die Erfahrungen der Betriebswirte nicht zurückgreife, sei bestenfalls zu dilettantischem Arbeiten fähig; ebenso *Theisen*, Grundsätze ordnungsgemäßer Kontrolle, AG 1995, S. 193, 195 der beklagt, dass betriebswirtschaftliche Ansätze in rechtstheoretischen und judikativen Ausführungen unverändert eine Ausnahme darstellten; vgl. ebenfalls *Potthoff/Trescher*, Das Aufsichtsratsmitglied, S. 270 die beispielhaft in Fragen der Haftung von Aufsichtsratsmitgliedern ebenfalls interdisziplinär entwickelte Grundsätze als wirksame Orientierung für die Unternehmensbeteiligten ansehen; als negatives Beispiel siehe die Stellungnahme der *Kommission Rechnungswesen im Verband der Hochschullehrer für Betriebswirtschaft, Reformvorschläge*, DBW 1979, S. 1, 6, die sich bezüglich möglicher rechtlicher Fragen hinsichtlich der von ihr zur Auslegung und Weiterentwicklung der GoB geforderten Rechnungslegungs-Kommission für nicht kompetent erklärte

GG ausdrücklich zugelassen. Rechtsverordnungen sind dabei *„Normen mit Rang unterhalb des Gesetzes“*[277], die vor allem in den Rechtsbereichen erlassen werden, die in besonderer Weise auf Wandel und Wechsel angelegt sind. Dabei ist die Ermächtigung der Exekutive *„zuschiebend“* und nicht *„abschiebend“*, d.h., der Gesetzgeber kann durch ein späteres Gesetz den Gegenstand der Rechtsverordnung selbst regeln[278]. Entscheidend für die Beurteilung von Rechtsverordnungen im Rechnungslegungsrecht ist dabei die zulässige Reichweite der Übertragung von Legislativaufgaben auf die Exekutive: Grundsätzlich darf sich das Parlament seiner Aufgaben nicht durch eine pauschale Ermächtigung der Regierung entäußern. Jede Ordnung eines Lebensbereiches muss durch Sätze objektiven Rechts auf Willensentschließungen der vom Volk bestellten Gesetzgebungsorgane zurückgeführt werden. *„Der Gesetzgeber darf seine vornehmste Aufgabe nicht anderen Stellen innerhalb oder außerhalb der Staatsorganisation zur freien Verfügung überlassen.“*[279]

Zur Bestimmung der Bereiche, auf die sich der Parlamentsvorbehalt bezieht, hat die Rechtsprechung und ihr nachfolgend das juristische Schrifttum die *„Wesentlichkeitstheorie“* entwickelt. Demnach muss der Gesetzgeber in einem demokratisch-parlamentarischen Staatswesen in allen grundlegenden normativen Bereichen, sofern diese staatlichen Regelungen zugänglich sind, die wesentlichen Entscheidungen selbst treffen[280].

---

277 *BVerfG v. 15.11.67*, BVerfGE 22, S. 330, 346; *BVerfG v. 2.6.64*, BVerfGE 18, S. 52, 59; *Maunz*, M/D, GG, Tz. 1 zu Art. 80; *Bryde*, v. Münch, GG, Tz. 32 zu Art. 80; zu den hier nicht einschlägigen Ausnahmen nach Art. 119 S. 1 GG siehe nur *Stern*, Staatsrecht, Bd. II, § 38 (Verordnungsgebung), S. 653

278 siehe nur *Ossenbühl*, HbStR III, § 64 (Rechtsquellen), S. 124; daher verwundert es nicht, dass die meisten Rechtsverordnungen bislang in den Bereichen des Finanz-, Wirtschafts- und Sozialrechts erlassen wurden, siehe *Breidenbach,* Normensetzung, S. 170; auch *Pieroth* in: J/P, GG, Tz. 14 zu Art. 80; *Stern*, Staatsrecht, Bd. II, § 38 (Verordnungsgebung), S. 664; siehe auch *BVerfG v. 15.11.67*, BVerfGE 22, S. 330, 346

279 *BVerfG v. 9.5.72*, BVerfGE 33, S. 125, 158 *BVerfG v.10.10.72*, BVerfGE 34, S. 52, 60; ebenso *Ossenbühl*, Zulässigkeit der Verweisung, DVBl. 1967, S. 401, 402, der den hohen Stellenwert der Gewaltenteilung im Grundgesetz durch den Verweis auf die Wesensgehaltssperre des Art. 70 Abs. 3 GG belegt

280 *BVerfG v. 28.10.75*, BVerfGE 40, S. 237, 249; *BVerfG v. 21.12.77*, BVerfGE 47, S. 47, 78; *BVerfG* v. *22.6.77*, BVerfGE 45, S. 400, 418, aus neuerer Zeit *BVerfG v. 6.6.89*, BVerfGE 80, S. 124, 132; *Stern*, Staatsrecht, Bd. I, § 20 (Das rechtsstaatliche Prinzip), S. 812 verweist jedoch darauf, dass der Parlamentsvorbehalt nicht übertrieben werden dürfe, sondern nur für die Lebensbereiche der Gemeinschaft gelte, die die wirklich grundlegenden und dauerhaften Bedingungen der Ordnung, Sicherheit und Wirksamkeit des Staates, sowie die Entfaltungsmöglichkeiten seiner Bürger betreffen; in diese Richtung auch *BVerfG* v. 8.8.78, BVerfGE 49, S. 89, 125 mit der Warnung vor einem Gewaltenmonismus in Form eines allumfassenden Parlamentsvorbehaltes.
Die Beteiligung des Bundesrates an einer Rechtsverordnung dient dagegen nicht der Steigerung der Legitimation, auch wenn die Mehrheit der in ihm vertretenden Landesregierungen parteipolitisch in Opposition zur jeweiligen Bundesregierung steht. Dies vertritt jedoch *Breidenbach* Normensetzung, S. 177 und nochmals S. 179. Diese These zeigt jedoch grundlegende Probleme beim Verständnis des föderativen Staatsaufbaus der Bundesrepublik Deutschland und geht von fortwährenden unterschiedlichen politischen Mehrheiten in beiden Kammern des deutschen Parlaments aus. Der Bundesrat setzt sich gerade *nicht* aus gewählten Volksvertretern, sondern aus den Mitgliedern der Landesregierungen zusammen, sein Mitwirken soll nicht der Ausweitung der demokratischen Legitimation, sondern der Wahrung des Grundsatzes aus Art. 20 I GG dienen, es ist Ausdruck der föderativen Struktur unseres Staates, siehe hierzu auch *Hesse*, Grundzüge des

In den übrigen Bereichen der Rechtssetzung ist das Parlament jedoch befugt, Entscheidungskompetenzen an die Exekutive zu delegieren[281]. Aufgrund der Erfahrungen der Weimarer Republik hat das Grundgesetz hierbei aber Anforderungen gestellt, die eine bewusste oder unbewusste Selbstentmächtigung der Volksvertretung verhindern sollen. So enthält Art. 80 Abs. 1 GG für den Erlass von Rechtsverordnungen eine ausdrückliche Bestätigung des Parlaments- oder Gesetzesvorbehalts. Danach darf die Exekutive nur dann normsetzend tätig werden, wenn sie hierzu durch ein entsprechendes Gesetz ermächtigt wurde[282].

2. Zulässigkeit von Rechtsverordnungen im Bereich der Rechnungslegung

Nach diesen grundsätzlichen Vorüberlegungen ist nun zu prüfen, ob Rechtsverordnungen zur Fortentwicklung der deutschen Rechnungslegungsnormen verfassungsrechtlich grundsätzlich zulässig wären. Maßstab hierfür ist die Grundrechtsrelevanz möglicher Rechtsverordnungen. Je höher diese zu beurteilen ist, umso geringer ist die Möglichkeit des Gesetzgebers, die inhaltliche Ausgestaltung der den Rechtsanwendern treffenden Verpflichtungen der Exekutive zu überlassen[283].

Verfassungsrechts, § 16 Tz. 612; *Maunz/Zippelius*, Deutsches Staatsrecht, § 32 II 1; insbesondere auch *Herzog*, M/D, GG, Tz. 76 zu Art. 20, der aufgrund der Bundesrats-Zusammensetzung feststellt, dass es um dessen demokratische Legitimation *„zweifellos schlechter bestellt ist als um die des Bundestages [...].“* Ausdrückliches Ziel der Schaffung des Bundesrates im Parlamentarischen Rat waren die Prinzipien der Gewaltenteilung und der Bundesstaatlichkeit, siehe hierzu nur *Lange*, Die Legitimationskrise des Bundesrats, S. 226, 227. Auch *Lamb*, Kooperative Gesetzeskonkretisierung, S. 224 spricht hinsichtlich der Nichtbeteiligung des Bundesrates an von Privaten erstellten Standards, die von der Exekutive in den Rang von Rechtsverordnungen gehoben werden, allein von der Notwendigkeit, die Länderinteressen wirksam einzubringen, nicht jedoch von mangelnder Legitimation.

281 für den Fall, dass die grundlegenden Entscheidungen vom Parlament selbst getroffen werden, widerspricht es gleichzeitig trotz zunehmender Länge der Legitimationskette, abgeschwächten Mitwirkungsrechten der Opposition und einer im Vergleich zur öffentlichen Parlamentssitzung fehlenden Publizität nicht der Gewaltenteilung, wenn Details durch Rechtsverordnung seitens der Exekutive geregelt werden. So auch *Hesse*, Grundzüge des Verfassungsrechts, Rz. 525; *Lübbe-Wolff*, Fragen der Normsetzung, ZG 1991, S. 219, 238

282 materiell erfordert eine solche Ermächtigung eine genaue Beschreibung von Inhalt, Zweck und Ausmaß der Verordnung, damit das Parlament selbst die Grenzen der Kompetenzübertragung bedenken und bestimmen und damit die der exekutiven Eingriffsmöglichkeit offen liegende Rechtssphäre selbst abgrenzen kann. Siehe zur sog. *„Selbstentscheidungsformel“ Bryde*, v. Münch, GG, Art. 80, Tz. 20; vgl. *BVerfG v. 8.1.81*, BVerfGE 56, S. 1, 13, hiernach stellt der Bestimmtheitsgrundsatz einen Ausfluss des Verfassungsgrundsatzes des Gesetzesvorbehaltes dar. Aus dem Wortlaut der Vorschrift und dem Sinn und der Tragweite der sonstigen Regelungen in dem ermächtigenden Gesetz muss im Wege der Gesetzesauslegung eine Tendenz zu ermitteln sein, in denen sich der Wille des Gesetzgebers manifestiert, dem Verordnungsgeber muss ein Programm an die Hand gegeben werden. Siehe hierzu *BVerfG v. 15.11.67*, BVerfGE 22, S. 330, 346; *BVerfG v. 17.7.74*, BVerfGE 38, S. 61, 84, bereits schon *BVerfG v. 2.6.64*, BVerfGE 18, S. 52, 62 und *BVerfG v. 11.1.66*, BVerfGE 19, S. 354, 361; ausführlich zur sog. *„Programmformel“* oder *„Vorhersehbarkeitsformel“ Maunz*, M/D, GG, Art. 80, Tz. 27ff; *Breuer*, M/K/S, GG, Tz. 33 zu Art. 80

283 siehe hierzu *BVerfG v. 3.11.82*, BVerfGE 62, S. 203, 210: Der Grad des Eingriffs einer Rechtsverordnung in die Rechtsstellung des Betroffenen hat danach unmittelbaren Einfluss auf die Be-

In der Vergangenheit wurde in diesem Zusammenhang intensiv die Frage erörtert, ob der Exekutive gestattet werden könnte, mittels Rechtsverordnungen internationale Standards der Rechnungslegung in das deutsche Recht einzuführen. Dieser Diskussion ist jedoch durch die neuere Entwicklung die Grundlage entzogen. Für kapitalmarktorientierte Unternehmen sind ab 2005 die übernommenen IAS zur Aufstellung des Konzernabschlusses verpflichtend, für sämtliche anderen Abschlüsse besteht ein Mitgliedstaatenwahlrecht. Für eine Übernahme einzelner IAS mittels einer Rechtsverordnung in das deutsche Recht besteht daher keine weitere Notwendigkeit[284].

Als Anwendungsfall für eine Rechtsverordnung im Bereich des Rechnungslegungsrechts verbliebe aber die Inkraftsetzung privatverbandlicher Standards für den Einzelabschluss, sofern sich diese im Rahmen der gesetzlichen Vorgaben bewegten[285]. Sie könnten daher nicht zu einer Veränderung der gesetzlichen Zielrichtungen oder zu einer Einschränkung gesetzlich zugelassener Wahlrechte führen, sondern allein die von der Legislative verwendeten unbestimmten Rechtsbegriffe und Generalklauseln konkretisieren. In diesem Falle würde die Entscheidung über die grundsätzliche Ausrichtung der Rechnungslegung weiterhin beim Gesetzgeber liegen, der von der Norm betroffene Bürger wäre in der Lage, sich ein Bild von dessen Absichten zu machen. Daher könnten im hier interessierenden Bereich die von einem privatverbandlichen Gremium im Zuge einer staatlich veranlassten gesellschaftlichen Selbstregulierung entwickelten Standards zum deutschen Einzelabschluss wohl mittels Rechtsverordnungen in das deutsche Recht eingefügt werden.

---

stimmtheitserfordernisse. Je höher die Grundrechtsrelevanz des Eingriffs, desto höher müssen auch die Anforderungen an die Bestimmtheit der Ermächtigung gestellt werden

284 Zum Verständnis der hier interessierenden Frage der Zulässigkeit von Rechtsverordnungen im Rechnungslegungsrecht soll die Diskussion kurz nachvollzogen werden:
Dabei sind zwei denkbare Ausprägungen zu unterscheiden: Zum einen wäre es nicht vorstellbar, dass das Parlament dem Verordnungsgeber die selbständige Einführung eines internationalen Normensystems in das deutsche Rechnungslegungsrecht überlässt. Bestünde im Parlament der Wille, derartige Normen in deutsches Recht zu inkorporieren, so hätte es die Grundentscheidung hierzu zu treffen, so auch *Pellens/Fülbier/Ackermann,* Deutscher Einfluss, DB 1996, S. 285. An dieser Einschätzung ändert sich auch dann nichts, wenn die Erlaubnis zur Anwendung internationaler Normen nicht als Belastung für die Ersteller des Jahresabschlusses angesehen wird, sondern als begünstigende Verordnung, so aber beispielsweise *Breidenbach,* Normensetzung, S. 174. Dagegen aber zu Recht aber *Schulze-Osterloh,* Alternativen, S. 7. Mit der Rechtsprechung ist daher für alle Entscheidungen, die grundsätzlicher Art sind, unabhängig von den Merkmalen *„Eingriff"* oder *„Begünstigung"* eine gesetzliche Regelung zu fordern, siehe hierfür *BVerfG v. 28.10.75,* BVerfGE 40, S. 237, 249
Somit verbliebe als Anwendungsfall nach einer vorherigen Entscheidung des Gesetzgebers die exekutivische Aufnahme einzelner internationaler Standards in das deutsche Recht. Ein solches Vorgehen würde allerdings gegen die Anforderungen der Rechtsprechung zur Bestimmtheit der Ermächtigung verstoßen. Bei der Entwicklung der US-GAAP stehen der Bundesrepublik Deutschland praktisch keine Mitwirkungsrechte zu, bei der Entwicklung der IAS ist der deutsche Einfluss begrenzt. Zukünftige Tendenzen in beiden Normensystemen entziehen sich so nicht nur der deutschen Mitwirkung, sondern sind auch für deutsche Interessenten am Jahresabschluss nicht vorhersehbar. Wie hier auch *Sonnenschein,* Podiumsgespräch, S. 105, 118; a.A. *Breidenbach,* Normensetzung, S. 175, die, jedoch ohne nähere Beschreibung, von der Zulässigkeit einer Ermächtigung der Exekutive *„innerhalb eines vom Gesetzgeber eindeutig abgesteckten Rahmens"* ausgeht.

285 diesen Zusammenhang übersieht aber *Ebert,* Private Normsetzung, S. 185

Diese Aussage gilt zunächst aber nur für ein Verordnungsrecht des BMJ. Dieses tritt hier jedoch zurück, da sich die Untersuchung auf eine eigenständige Rechtssetzungsmacht eines privaten Gremiums konzentriert. Ein Rechtsverordnungsrecht der Exekutive würde, bis auf die Zuarbeitung eines privaten Gremiums, keine wesentliche Veränderung zur heutigen Situation darstellen. Im Folgenden wird daher darzustellen sein, ob das private Gremium in die Lage versetzt werden kann, diese Rechtsverordnungen selbstständig zu erlassen.

3. Unmittelbarer Erlass von Rechtsverordnungen durch das Gremium

a) Keine direkte Ermächtigung des Rechnungslegungsgremiums möglich

Die Zulässigkeit einer Ermächtigung zum Erlass von Rechtsverordnungen richtet sich nach Art. 80 Abs. 1 Satz 1 GG. Hiernach scheidet eine private Institution aus dem Kreis möglicher Adressaten aufgrund des eindeutigen Wortlauts der Verfassungsnorm aus[286].

b) Subdelegation des Rechnungslegungsgremiums nach Art. 80 Abs. 1 S. 4 GG möglich?

Im Gegensatz dazu enthält Art. 80 Abs. 1 Satz 4 GG keine abschließenden Bestimmungen über den zulässigen Adressatenkreis einer Subdelegation zum Erlass von Rechtsverordnungen[287]. Mittels dieser Vorschrift kann der Erstdelegatar seine eigene Verordnungsermächtigung an weitere Subdelegatare übertragen, die nicht aus dem Adressatenkreis von Satz 1 entstammen müssen[288]. Dabei stellt die Subdelegation privater Institutionen wegen des Gewaltenteilungsgrundsatzes und der notwendigen demokratischen Legitimation recht setzender Akte ein besonderes Problem dar[289], das im Folgenden kurz dargestellt werden soll.

i) Verstoß gegen das Prinzip der Gewaltenteilung

---

[286] Art. 80 Abs. 1 Satz 1 GG ist eindeutig: *„Durch Gesetz können die Bundesregierung, ein Bundesminister oder die Länderregierungen ermächtigt werden, Rechtsverordnungen zu erlassen."*, siehe hierzu auch Maunz, M/D, Art. 80, Anm. 42

[287] *Ossenbühl*, HbStR III, § 64 (Rechtsquellen), Rz. 30 spricht von einem fehlenden *numerus clausus* der Subdelegate

[288] beispielhaft sind an dieser Stelle die den obersten Bundes-und Landesbehörden nachgeordneten Behörden und juristischen Personen des öffentlichen Rechts, aber auch der Bundespräsident zu nennen, so für alle *Brenner* in: M/K/S, GG, Anm. 55 zu Art. 80.

[289] deutlich *Karpen*, Die Verweisung, S. 130, befürwortend allerdings *Schwierz*, Privatisierung des Staates, passim, bei demokratischer Struktur der Verbände, interessenpluralistischer Besetzung der Entscheidungsgremien und ausreichender Publikation der Ergebnisse; das Postulat der mangelnden Legitimation bezweifelt *Lamb*, Kooperative Gesetzeskonkretisierung, S. 88

Zur Beurteilung einer Subdelegatation privater Akteure muss auf die Stellung von Art. 80 Abs. 1 Satz 4 GG im Normkontext abgestellt werden: Art. 80 Abs. 1 GG legt den Kreis der möglichen Erst-Adressaten einer Ermächtigung zum Erlass von Rechtsverordnungen zur Gewährleistung der Gewaltenteilung fest. Dabei grenzt diese Bestimmung der Verfassung die Kompetenzen der Legislative und der Exekutive im Bereich der Staatsfunktion *„Rechtssetzung"* voneinander ab, die Frage der Verlagerung von Gesetzgebungskompetenzen auf außerstaatliche Stellen ist expressis verbis nicht erwähnt. Die detaillierte Regelung von Art. 80 Abs. 1 Satz 1 GG zeigt jedoch, dass das Grundgesetz von einem Gesetzgebungsmonopol der Legislative geprägt ist, nur so ist die restriktive Vorschrift zur Erstdelegation verständlich[290].

Hieraus folgt nun aber nicht nur, dass eine Verlagerung der Rechtssetzung auf die anderen Gewalten, mit der Ausnahme der exekutivischen Rechtssetzung im Rahmen des Art. 80, ausgeschlossen ist, sondern a fortior erst recht auch die Unzulässigkeit einer Verlagerung auf außerstaatliche Stellen. Aus dem Schweigen der Verfassung zur Subdelegation auf außerstaatliche Stellen auf die Zulässigkeit einer solchen Übertragung von Rechtssetzungsmacht zu schließen, wäre deshalb schlicht verfehlt[291]. Aus der systematischen Stellung der Vorschrift und ihrer Entstehungsgeschichte ergibt sich, dass eine Aussage zum Verhältnis zwischen Staat und Gesellschaft nicht getroffen werden sollte, Art. 80 GG ist lediglich zur Regelung der Delegation von Rechtssetzungsbefugnissen im staatlich-hoheitlichen Bereich gedacht[292].

ii) Keine demokratische Legitimation des privaten Rechnungslegungsgremiums

Das Demokratieprinzip verlangt für die Setzung allgemein verbindlicher Normen eine ausreichende Legitimation des Normgebers.

Gemäß Art. 20 Abs. 2 Satz 1 GG geht in der Bundesrepublik Deutschland alle Staatsgewalt vom Volke aus. Die Mitglieder eines privaten nationalen Rechnungslegungsgremiums werden nun gerade nicht in allgemeinen Wahlen bestimmt, sondern von den Vereinsmitgliedern gemäß der Satzung gewählt.

Nach den grundgesetzlichen Vorschriften ist in Deutschland das Volk Inhaber und Träger der Staatsgewalt, jede Innehabung und Ausübung von Staatsgewalt muss sich konkret vom Volk herleiten lassen. Die Wahrnehmung staatlicher Aufgaben und die Ausübung staatlicher Befugnisse bedürfen einer Legitimation, die auf das Volk selbst zurückgeht. Dabei geht es in erster Linie nicht um den Schutz vor Eingriffen in die Freiheit der Bürger, dies ist vor allem Anliegen des Rechtsstaatsprinzips, sondern die gesamte staatliche Herrschaft, die vor allem der Erledigung der gemeinsamen Angelegenheiten dienen soll,

290 *Marburger*, Regeln der Technik, S. 334

291 *Ossenbühl*, HbStR III, § 64 (Rechtsquellen), Rz. 30; *Lamb*, Kooperative Gesetzeskonkretisierung, S. 88; *Karpen*, Die Verweisung, S. 129; siehe auch *Böcking/Orth*, Offene Fragen, DB 1998, S. 1873, 1877

292 *Peters/Ossenbühl*, Übertragung, S. 59; zustimmend auch *Nierhaus*, BK-GG, Art. 80, Rz. 259

soll sich vom Volk herleiten lassen und von ihm inhaltlich bestimmt und kontrolliert werden[293].

Das in Art. 20 Abs. 2 GG festgeschriebene Demokratieprinzip verlangt keine bestimmte Form der Legitimation, sondern beschreibt nur einen bestimmten Gehalt an Legitimation der nötig ist, um das Ziel eines möglichst effektiven Einflusses des Volkes auf das staatliche Handeln zu erreichen[294]. Die demokratische Legitimation kann daher als Typusbegriff verstanden werden. Ihre wichtigsten Bestandteile sind die organisatorisch-personelle und die sachlich-inhaltliche Legitimation.

Über die Wahl der Bundestagsabgeordneten als dem Grundakt demokratischer Legitimation übermittelt sich die vom Volke ausgehende Legitimation auf die von den Abgeordneten gewählte Regierung und damit auf die gesamte Verwaltung. Grundsätzlich sind zur Wahrung der organisatorisch-personellen Legitimation eine ununterbrochene Legitimationskette vom Wahlvolk zu den mit den staatlichen Aufgaben betrauten Organen und eine strikte Verwaltungshierarchie notwendig[295].

Sachlich-inhaltlich wird staatliches Handeln durch das parlamentsbeschlossene Gesetz legitimiert. Ziel dieser Konstruktion ist ein Herrschaftssystem, dessen Entscheidungen dem Adressaten zugeordnet werden können. Diese Verantwortlichkeit besteht über das Wahlrecht des Art. 38 Abs. 1 GG für die Abgeordneten direkt gegenüber dem Volk, für die Regierungsmitglieder gegenüber dem Parlament unmittelbar für ihr eigenes Verhalten und mittelbar für die nachgeordneten Behörden, sofern sie der Aufsicht durch einzelne Minister unterliegen[296].

Ein selbständiges Recht des privaten Rechnungslegungsgremiums zur Rechtssetzung durch Verordnungen wäre mit dem Grundgesetz unvereinbar, da diesem Gremium aufgrund seiner Zusammensetzung die nötige organisatorisch-personelle Legitimation fehlen würde. Es ist zwar in der Literatur umstritten, ob einem Rechtsverordnungsgremium auch Mitglieder angehören dürfen, die nicht durch einen demokratischen individuellen Berufungsakt ausgewiesen sind, ohne die Legitimation der Entscheidungen zu gefährden.[297] Selbst wenn ein bloßes Übergewicht der legitimierten Mitglieder für ausrei-

---

[293] *Böckenförde*, HbStR I, § 22 (Demokratie als Verfassungsgebot), Tz. 12

[294] so die h.M., siehe *BVerfG v. 24.5.95*, BVerfGE 93, S. 37, 66; *Herzog*, M/D, GG, Art. 20, Anm. 47

[295] so *Böckenförde*, HbStR I, § 22 (Demokratie als Verfassungsgebot), Tz. 16; auch *BVerfG v. 31.10.90*, BVerfGE 83, S. 60, 72; *BVerfG* v. 1.10.87, BVerfGE 77, S. 1, 40; erneut *BVerwG v. 17.12.97*, BVerwGE 106, S. 64, 75; *Schüpp*, v. Münch, GG, Art. 20, Tz. 20; *Denninger*, Normsetzung, S. 119 spricht von der Legitimation als *„geheimnisvollem Lebenssaft"*, die sich *„bis in die letzten Verästelungen der normsetzenden, verwaltenden und rechtsprechenden Staatstätigkeit"* übermittelt; kritisch zur ununterbrochenen Legitimationskette *Britz*, Die Mitwirkung Privater, VerwA 2000, S. 418, 437

[296] *Böckenförde*, HbStR I, § 22, (Demokratie als Verfassungsgebot), Tz. 21, *Emde*, Selbstverwaltung, S. 42 prägt hierfür den Begriff *„Legitimationskreislauf"*

[297] dagegen *Herzog*, M/D, Art. 20, Tz. 55, S. 52, auch *VerfGH NW v. 15.9.86*, OVGE 39, S. 294; dafür *Böckenförde*, HbStR I, § 22, (Demokratie als Verfassungsgebot), Tz. 19, der jedoch in Fn. 25 in solchen Fällen eine sog. doppelte Mehrheit (bei Entscheidungen ist nicht nur die Mehrheit der Gesamtmitglieder, sondern auch der legitimierten Mitglieder nötig) in Betracht zieht

chend betrachtet wird, so entspricht ein privates Rechnungslegungsgremium qua definitionem den Legitimationserfordernissen jedoch nicht. Ziel einer privaten Standardsetzung ist es ausdrücklich, ohne staatlichen Einfluss zu einem Konsens der *„Betroffenen"* zu kommen. Soll die Idee der privaten Standardsetzung nicht ad absurdum geführt werden, wird ein möglicherweise zugelassener staatlicher Beobachter niemals das für die demokratische Legitimation nötige stimmenmäßige Übergewicht erhalten[298].

iii) Ergebnis: Keine Subdelegation Privater

Damit wurde gezeigt, dass eine Verlagerung von Rechtssetzungsmacht auf private Institutionen sowohl mit dem Gewaltenteilungsgrundsatz als auch mit den grundgesetzlichen Erfordernissen einer demokratischen Legitimation unvereinbar wäre[299]. Daher kann im weiteren Verlauf der Arbeit die Frage, ob ein solches selbstregulatorisches Gremium unter Umständen als *„Beliehener"* angesehen werden kann, vernachlässigt werden[300].

4. Entwicklung von Rechnungslegungsnormen keine funktionale Selbstverwaltung

Aus rechtsstaatlichen Gründen ist es auch abwegig, die Fortentwicklung der Rechnungslegung in Deutschland als Aufgabe einer funktionellen Selbstverwaltung einzuordnen.

Hierunter wäre eine aufgabenbezogene, weisungsfreie Verwaltung durch Körperschaften des öffentlichen Rechts zu verstehen, deren herausragendes Merkmal die Rekrutierung der Entscheidungsträger aus dem Kreis der Betroffenen ist[301].

Grundsätzlich steht es dem Gesetzgeber frei, öffentliche Aufgaben mittelbar durch Körperschaften des öffentlichen Rechts anstatt unmittelbar durch staat-

298 dies fordert aber *Ebert*, Private Normsetzung, S. 203 in Form eines staatlichen Vetorechts

299 so auch *Scholz*, Das Verhältnis von technischer Norm und Rechtsnorm, S. 85, 97; *Ossenbühl*, HbStR III, § 64 (Rechtsquellen), Rz. 30; *Stern*, Staatsrecht, Bd. II, § 38 (Verordnungsgebung), S. 669; *Pieroth* in: J/P, Art. 80, Rz. 19; *Lücke*, Sachs, GG, Art. 80, Tz. 32; aus dem Technikrecht *Marburger*, Regeln der Technik, S. 334; *Backherms*, Recht und Technik, JuS 1980, S. 9, 11; *ders.*, Das DIN, S. 63; *Lamb*, Kooperative Gesetzeskonkretisierung, S. 89; für die Rechnungslegung auch *Budde/Steuber*, Normsetzungsbefugnis, DStR 1998, S. 1181, 1185; zustimmend *Ballwieser*, HGB-Konzernabschlussbefreiung, FS Weber, 433, 444; deutlich *Spanheimer*, Problemfelder des gesetzlichen Standardisierungsauftrages, WPg 2000, S. 997, 1004; a.A. *Schwierz*, Privatisierung des Staates, S. 64 ff; *Ramsauer*, AK-GG, Art. 80, Tz. 46, jedoch einschränkend mit Forderung nach einer ausdrücklichen Benennung einer solche Subdelegation an Private im Ermächtigungsgesetz

300 auch eine erst nach entsprechenden staatlichen Vorgaben überhaupt mögliche diesbezügliche Einordnung des Gremiums würde an der hier entwickelten Unzulässigkeit der Subdelegation im Sinne des Art. 80 Abs. 1 Satz 4 GG nichts ändern; so sehr deutlich für die ganz überwiegende Meinung *Brenner*, M/K/S, Anm. 55 zu Art. 80; dagegen jedoch in Verkennung der juristischen Diskussion *Ebert*, Private Normsetzung, S. 193

301 *Dreier*, Dreier, GG, Art. 20 (D), Tz. 120; *Emde*, Selbstverwaltung, S. 9; 87ff. mit detaillierter Darstellung der Kammerverwaltung; *Kluth*, Funktionale Selbstverwaltung, S. 30ff. zu den Erscheinungsformen der Selbstverwaltung

liche Behörden erfüllen zu lassen[302]. Dabei ist die funktionale Selbstverwaltung im Gegensatz zur kommunalen Selbstverwaltung nicht auf gebietsbezogene, sondern auf funktionsbezogene Aufgaben ausgerichtet. Beispiele hierfür sind die berufsständischen Kammern, die Sozialversicherungsträger, die Bundesanstalt für Arbeit, die Universitäten, die Rundfunkanstalten und die Religionsgemeinschaften. Ihnen allen ist gemeinsam, dass sich die Entscheidungsorgane aus den von den Verwaltungsaufgaben Betroffenen rekrutieren, um durch die eigenverantwortliche Regelung ihrer Angelegenheit den Abstand zwischen Normgeber und Normadressat zu verringern[303].

Ein nationales Rechnungslegungsgremium fügt sich aus formellen und materiellen Gründen nicht in dieses Schema ein. Zum einen fehlte es ihm an der nötigen Staatsaufsicht, der nach den Grundregeln der Rechtsstaatlichkeit und der demokratischen Verantwortung jede Selbstverwaltung unterliegen muss.[304]

Zweitens scheitert eine dem nationalen Rechnungslegungsgremium eingeräumte Satzungsautonomie an der Unüberschaubarkeit der von seinen Entscheidungen Betroffenen. Unabhängig von den verschiedenen Lehrmeinungen in der juristischen Literatur über die demokratische Legitimation der Selbstverwaltungen[305] ist als Grundübereinstimmung festzuhalten, dass die funktionale Selbstverwaltung auf die Regelung der eigenen Angelegenheiten der in diesen Einheiten Zusammengefassten beschränkt ist, da ansonsten eine undemokratische Fremdbestimmung vorliegt.[306] Hierdurch kommt es materiell zu einer erheblichen Begrenzung des zulässigen Freiraumes für die Selbstverwaltung. *„Sie* [die Träger der funktionalen Selbstverwaltung] *dürfen nicht mit Aufgaben betraut werden, die in relevanter Weise die Allgemeinheit betreffen und sonst von politischer Tragweite sind.*“[307] Die Errichtung eines Selbstverwaltungskörpers ist daher nur zulässig, sofern der von dessen Ent-

---

302 *BVerfG v. 19.12.62*, BVerfGE 15, S. 235,242

303 so *BVerfG v. 9.5.72*, BVerfGE 33, S. 125, 156

304 *Düring* in M/D, Art 1, Anm. 116; *Breuer*, Rezeption, AöR 101 (1976), S. 46, 64

305 siehe nur für die Teilvolk-Fähigkeit berufsständischer Selbstverwaltungen mit der hieraus resultierenden demokratischen Legitimation *Herzog*, M/D, Art. 20, Anm. 56, S. 53 und dagegen *Böckenförde*, HbStR I, § 22, (Demokratie als Verfassungsgebot), Tz. 33; zur sog. *„autonomen Legitimation“*, die bei Selbstverwaltungskörperschaften durch die Wahl der Entscheidungsträger seitens der Mitglieder die demokratische Legitimation ersetzen könnte, siehe *Britz*, Die Mitwirkung Privater, VerwA 2000, S. 418, 431

306 Vereine und Verbände besitzen allenfalls mitgliedschaftliche, aber keine demokratische Legitimation, siehe hierzu *Kirchhof*, Private Rechtssetzung, S. 506; ebenso *Marburger*, Regeln der Technik, S. 337; *BVerfG* v. *9.5.72*, BVerfGE 33, S. 125, 160; für das DRSC widerspricht *Schwab*, Standardisierungsvertrag für das DRSC, Teil I, BB 1999, S. 731, 732 der Vorstellung, hier handelte es sich um einen Akt der Selbstverwaltung; ebenso *Hellermann*, Private Standardsetzung im Bilanzrecht, ZGR 2000, S. 1097, 1098; anders dagegen das Selbstverständnis des DRSC, Satzung, Präambel, 1. Spiegelstrich spricht ausdrücklich von *„der Selbstverwaltung der Kaufleute und beteiligten Kreise“*; so auch *Biener*, Fachnormen statt Rechtsnormen, FS Clemm, S. 59, 60 *„Selbstverwaltungsaufgabe der Wirtschaft“*; dagegen ausrücklich *Moxter*, Aufgaben und Bedeutung, DB 1998, S. 1425, 1428

307 *Böckenforde*, HbStR I, § 22, (Demokratie als Verfassungsgebot), Tz. 34; *BVerfG v. 14.7.87*, BVerfGE 76, S. 171, 185 verweist auf die *„besonderen Gefahren für [...] die Allgemeinheit“*, in diesem Sinne auch *Herzog*, M/D, GG, Art. 20, Tz. 59; *Stern*, Staatsrecht, § 20 (Das rechtsstaatliche Prinzip), S. 821; *Kirchhof*, Gesetzgebung und private Regelsetzung, ZGR 2000, S. 681, 682 verweist auf das Prinzip der Freiwilligkeit

scheidungen besonders betroffene Teil der Staatsbürger klar abgrenzbar ist[308]. Einer *„Herrschaft der Betroffenen"* bzw. der *„Interessierten"* hat es eine klare Absage erteilt. Jene Entscheidungen, die tendenziell alle Staatsbürger treffen können, oder bei denen nicht vorab feststeht, wer von ihnen besonders berührt wird, eignen sich daher nicht als Gegenstand der Selbstverwaltung, da sie politische Tragweite besitzen und nur vom Parlament selbst geregelt werden dürfen.[309]

5. Zusammenfassung: keine derivative Rechtssetzungsbefugnis des Rechnungslegungsgremiums

Zusammenfassend kann festgestellt werden, dass Rechtsverordnungen auf dem Gebiet der Rechnungslegung mit eindeutig bestimmten Vorgaben des Gesetzgebers in der Ermächtigungsgrundlage möglich wären, sofern er die wesentlichen Entscheidungen selbst getroffen hat. Ein privates Rechnungslegungsgremium ist jedoch aufgrund des Gewaltenteilungsprinzips und der mangelnden demokratischen Legitimation nicht zum Erlass etwaiger Rechtsverordnungen befugt[310]. Ein Zusammenschluss der Rechnungsleger in einer Körperschaft des öffentlichen Rechts wäre ebenfalls nicht befugt, mithilfe ihrer Satzungsautonomie verbindliche Regelungen für die Rechnungslegung zu erlassen, da eine Begrenzung der Auswirkungen ihrer Entscheidungen auf die Kammermitglieder nicht möglich wäre, vielmehr die Rechnungslegung sich bestimmungsgemäß gerade an einen unbestimmbar großen Personenkreis im In- und Ausland wendet.

Allein aufgrund ihrer Verabschiedung durch einen privaten nationalen deutschen Standard-Setter im Wege einer staatlich veranlassten gesellschaftlichen Selbstregulierung können seine Beschlüsse also keine objektiv verbindlichen Normen positiven Rechts werden[311]. Gelingt es nicht, ihnen aus der Rechtsordnung eine rechtsnormähnliche Stellung zuzusprechen, könnte dies nach dem oben gesagten schwerwiegende Auswirkungen auf die Regierungsfähigkeit des privaten Gremiums haben. Entscheidend ist die Einordnung privatverbandlicher Standards in das Rechtsquellensystem der Bundesrepublik Deutschland im Prozessfall: Sind die Gerichte bei der Auslegung verbindlicher Rechtsnormen darauf beschränkt, allein das formell richtige Zustandekommen

---

308 für *Emde*, Selbstverwaltung, S. 381; besitzen jene Angelegenheiten *„politische Tragweite"*, die die Gesamtheit der Bürger betreffen.
Ein Beispiel für die grundgesetzlich geschützte rechtsetzende Verbandsautonomie bieten die Sportverbände. Siehe zur Verbandsautonomie als Grundlage für deren Normen und Strafen ausführlich *Vieweg*, Normsetzung, S. 127-165

309 *Hommelhoff/Schwab*, Selbststeuerung im Bilanzrecht, BFuP 1998, S. 38, 43; *Kunig/Rublack*, Aushandeln statt entscheiden, JURA 1990, S. 1, 11; auch *BVerfG v. 31.10.90*, BVerfGE 83, S. 60, 75; *Breuer*, Rezeption, AöR 101 (1976), S. 46, 65; *Britz*, Die Mitwirkung Privater, VerwA 2000, S. 418, 431

310 wohl befürwortend aber *Herber*, Diskussion, S. 163

311 dieses Fazit zieht auch *Marburger*, Regeln der Technik, S. 337 allgemein für private Normungsinstitutionen; *Lamb*, Kooperative Gesetzeskonkretisierung, S. 89; *Lutter*, Diskussion, S. 163, 167; *Achleitner*, Normierung, S. 411 m.w.N.; *Marburger/Gebhard*, Umweltnormierungen, S. 1, 32; *Schmidt-Preuß*, Private Regelwerke, S. 89, 90

und die Vereinbarkeit mit höherrangigem Recht zu überprüfen, so sind sie bei rechtlich unverbindlichen privaten Regeln zu einer inhaltlichen Bewertung hinsichtlich der Sachgemäßheit berechtigt und verpflichtet[312].

Daher ist im Weiteren zu überlegen, ob dem Gesetzgeber Möglichkeiten offen stehen, den Standards eines selbstregulatorischen Gremiums durch einen entsprechenden Akt die fehlende Rechtsverbindlichkeit zukommen zu lassen.

III. Einbindung privatverbandlicher Standards in die Gesetzgebung des Bundes

Nach geltendem Recht besitzt der Gesetzgeber verschiedene Gestaltungsalternativen zur Verknüpfung nicht von ihm selbst geschaffener Regelwerke mit einem von ihm verabschiedeten Gesetz[313].

Denkbar im Sinne einer direkten Rezeption sind eine textliche Aufnahme der Standards in das Parlamentsgesetz und verschiedene Formen der Verweisung.

Daneben besteht die weitere Möglichkeit der Verwendung von Generalklauseln und unbestimmten Rechtsbegriffen, die von den Rechtsanwendern mit den Standards ausgefüllt werden können.

1. Die textliche Aufnahme außerrechtlicher Standards in ein Gesetz

Die einfachste Möglichkeit zur Einbeziehung nicht vom Gesetzgeber selbst geschaffener Regeln stellt deren textliche Aufnahme in eine Rechtsnorm oder die Verkündung in einer Gesetzesanlage dar. Eine solche Gesetzgebungstechnik bietet jedoch nur in den seltensten Fällen eine wirkliche Handlungsalternative für die Inkorporation privater Regeln, da der Umfang der Standards ihrer vollständigen Wiedergabe im Gesetzblatt entgegensteht und die Lesbarkeit und Verständlichkeit des Gesetzestextes ernsthaft gefährden würde[314]. Hinzu käme die ständige Notwendigkeit zur Überarbeitung der einschlägigen gesetzlichen Vorschriften, um jeweils die Veränderungen der Standards nachzuvollziehen.

2. Die Verweisung auf außerrechtliche Standards

Bei der Übernahme der Empfehlungen des Rechnungslegungsgremiums mittels einer Verweisung ist zu unterscheiden, ob der Gesetzgeber nur einzelne,

---

312 *BVerwG v. 29.8.61*, DVBl. 1962, S. 137, 138; speziell zu DIN-Normen *BGH v. 10.3.87*, NJW 1987, S. 2222, 2223; siehe hierzu *Karpen*, Die Verweisung, S. 133; für den Bereich der Rechnungslegung kommt *Biener*, Fachnormen statt Rechtsnormen, FS Clemm, S. 59, 79 ebenfalls zu dem hier vertretenden Schluss, dass die Übertragung von Rechtssetzungsbefugnissen auf ein privates Gremium nicht möglich und im Übrigen für die Fortentwicklung der Rechnungslegungs-Standards auch nicht erforderlich sei.

313 zum Folgenden eingehend *Papier*, Recht der Technik, FS Lukes, S. 159, 163

314 siehe hierzu nur *Marburger*, Formen, Verfahren und Rechtsprobleme, S. 27, 34; *Voelzkow*, Private Regierungen, S. 199

zum Zeitpunkt der Beschlussfassung im Parlament bereits verabschiedete und veröffentlichte Vorschläge übernehmen möchte oder ob er durch ein bloßes Rahmengesetz auch zukünftigen Arbeitsergebnissen des Gremiums Gesetzeskraft verleihen will. Im rechtstechnischen Sinne läge in beiden Fällen eine Verweisung vor, d.h., das staatliche Gesetz formuliert den Inhalt des für seine Bürger geltenden Rechts nicht selbst, sondern es nimmt Bezug auf außen stehende, möglicherweise von Dritten geschaffene Regelungen. Grundsätzlich handelt es sich beim Institut der Verweisung um ein legitimes Instrument jeder Rechtssetzungstätigkeit[315]. Dabei ergeben sich normstrukturell keine Unterschiede, ob der Gesetzgeber auf Regelungen staatlicher oder außerstaatlicher Zuständigkeitsträger Bezug nimmt. Verfassungsrechtliche Relevanz erhält dieses Instrument jedoch durch die Anforderungen, die Rechtsstaats- und Demokratieprinzip an das Zustandekommen gesetzlicher Regelungen knüpfen.

Bei einer wirksamen Verweisung nimmt das Verweisungssubstrat an der rechtlichen Geltungskraft der verweisenden Norm teil, seine Gültigkeit innerhalb der Gesetzesbefehle bemisst sich an derjenigen der verweisenden Norm[316].

a) Der statische Verweis als Rechtssetzungsinstrument

Bei einem so genannten statischen Verweis steht das Objekt des Verweises, d.h., dasjenige Tatbestandselement oder diejenige Rechtsfolge, auf die der Gesetzestatbestand zwecks eigener Komplettierung Bezug nimmt, vorab bzw. dauerhaft fest. In diesen Fällen verzichtet der Gesetzgeber lediglich darauf, den Text des Verweisungsobjektes in seinem Gesetz zu wiederholen, obwohl er aufgrund des bereits feststehenden Inhalts des Objektes dazu in der Lage wäre[317]. Aus diesem Grunde ist die Frage nach staatlicher oder privater Herkunft des Verweisungssubstrates ohne Bedeutung[318]. Das in Bezug genommene Verweisungsobjekt wird also in Gänze durch eine positive Entscheidung des Parlaments Bestandteil der verweisenden Rechtsnorm. Die Gesetzgebungskompetenz der gewählten Volksvertretung ist zu keiner Zeit in Frage gestellt. Bei einem statischen Verweis ist aber die korrekte Verkündung der Rechtsvorschrift und deren Bestimmtheit durch das in Art. 20 Abs. 3 und Art. 28 Abs. 1 Satz 1 GG zum Ausdruck kommende Rechtsstaatsprinzip beson-

---

[315] so bereits *BVerfG v. 30.5.56*, BVerfGE 5, 25, 31; *BVerfG v. 15.11.67*, BVerfGE 22, S. 330, 336; besonders *BVerfG v. 1.3.78*, BVerfGE 47, S. 285, 311 ff., dazu die Besprechung bei *Arndt*, Die dynamische Rechtsverweisung, JuS 1979, S. 784-789

[316] *Scholz*, Rechtsfragen zur Verweisung, FS G. Müller, S. 509, S. 525; mit Betonung der Zulässigkeit *BVerfG v. 25.2.88*, BVerfGE 78, S. 32, 36

[317] *Scholz*, Rechtsfragen zur Verweisung, FS G. Müller, S. 509, S. 521; *BVerfG v. 1.3.78*, BVerfGE 47, S. 285, 311-312; *BVerfG v. 12.11.58*, BVerfGE 8, S. 275, 303; *Hunscha*, Die starre Verweisung, S. 75, 77 spricht von einer bloßen Abkürzung des Gesetzestextes; aus dem Technikrecht siehe das Beispiel bei *Lamb*, Bedeutung technischer Normen, ZUR 1993, Standardisierung, 97, 98

[318] hierzu *Wilke*, Rechtsnormen, S. 11, 15; *v. Münch*, Staatsrecht, Bd. 1, Tz. 546

ders zu beachten[319]. Sie dient zum einen dazu, dem Normunterworfenen von der für ihn gültigen Rechtslage zu informieren, zum anderen garantiert sie Rechtssicherheit. Der veröffentliche Text der Norm gilt so lange, als er nicht formgerecht verändert wird. Eine Veränderung darf der Öffentlichkeit daher nicht verborgen bleiben. Ziel ist eine für alle Betroffenen zugängliche und erkennbare Verkündung der Normen[320].

Damit hält die korrekte statische Verweisung der Überprüfung der Anforderungen des Grundgesetzes stand. Sie verlagert keine Gesetzgebungsbefugnisse an nicht kompetente staatliche Stellen (Gewährleistung der Gewaltenteilung), noch an nicht legitimierte nicht-staatliche Stellen (Gewährleistung des Demokratieprinzips).[321] Der zuständige Gesetzgeber macht sich beim statischen Verweis das in Bezug genommene Recht nach eigener Prüfung zu Eigen, d.h., die Entscheidung, welche Bestandteile fremden Rechts er als eigene Norm gelten lassen möchte, obliegt allein ihm. Sind die Publizitätserfordernisse erfüllt, ist das Verweisungsobjekt durch die statische Bezugnahme in gleicher Weise demokratisch legitimiert wie die verweisende Rechtsnorm selbst, das Verweisungsobjekt ist dabei im gleichen Umfang wie die Verweisungsnorm für den betroffenen Bürger, die Behörden und die Gerichte rechtsverbindlich. Allerdings bedeutet dies nicht, dass die in Bezug genommene Regel selbst den Rang einer Rechtsnorm erhalten hätte. *„Einverleibt wird vielmehr nur der in Bezug genommene Norminhalt, man kann auch sagen: Es werden einverleibt die Worte als Sinnträger.“*[322] Damit gilt die private Regel nicht an sich, sondern allein deren Wortlaut als staatliches Recht. Gegenüber jenen Adressaten, die der private Standard-Setzer mit seinen Regeln ansprechen wollte, die aber von der staatlichen Verweisung nicht erfasst werden, entfalten sie somit keine Rechtsfolgen. Dieser Dualismus der von Privaten gesetzten, aber mittels einer statischen Verweisung in staatliches Recht inkorporierten Regeln zeigt sich deutlich bei einer Änderung des Verweisungssubstrates durch die Privaten: Während er seine Adressaten mit neuen, nicht-rechtlichen Regeln anspricht,

319 *Dreier*, Dreier, GG, Art. 20 (D), Tz. 111; nach *Backherms*, Das DIN, S. 69 geht der Grundsatz der ordnungsgemäßen Verkündung bereits auf Thomas von Aquin zurück. Hierzu ist von Literatur und Rechtsprechung ein Anforderungskatalog entwickelt worden, siehe hierzu *Karpen*, Die Verweisung, S. 159; *BVerfG v. 30.5.56*, BVerfGE 5, S. 25, 31; *BVerfG v. 12.11.58*, BVerfGE 8, S. 275, 302; *BVerfG v. 15.11.67*, BVerfGE 22, S. 330, 347; *BVerwG v. 29.8.61*, DVBl. 1962, S. 137, 138; aus jüngerer Zeit bestätigend *OVG Lüneburg v. 27.7.90*, NVwZ-RR 1991, S. 106; *BVerfG v. 7.3.95*, BVerfGE 92, S. 191, 197; *Jarass*, BImSchG, Anm. 24 zu § 7.
Ein Beispiel für eine unbestritten gelungene Gesetzesformulierung bietet § 7 BImSchG: *„... kann auf jedermann zugängliche Bekanntmachungen sachverständiger Stellen verwiesen werden; hierbei ist 1. in der Rechtsverordnung das Datum der Bekanntmachung anzugeben und die Bezugsquelle genau zu bezeichnen, 2. die Bekanntmachung bei dem Deutschen Patentamt archivmäßig gesichert niederzulegen und in der Rechtsverordnung darauf hinzuweisen.“* Der Verordnungsgeber befolgte diese Vorgabe des Gesetzes und formulierte in § 21 der 1. BImSchVO v. 15.7.88 (BGBl. 1988 I, S. 1059): *„... die in § 2 Nr. 12 und in § 3 Absatz 1 Nr. 9 sowie in der Anlage III Nr. 3.3 genannten DIN-Normblätter in der Beuth-Vertrieb GmbH, Berlin und Köln erschienen. Die DIN-Normblätter sind beim Deutschen Patentamt archivmäßig gesichert hinterlegt.“*

320 so auch *Brugger*, Rechtsprobleme der Verweisung, VerwA 1987, S. 1, 13

321 *Marburger*, Regeln der Technik, S. 387; zustimmend auch *Sachs*, Sachs, GG, Art. 20, Tz. 123

322 so bereits *Engisch*, Einheit der Rechtsordnung, S. 26, Fn. 3; aus neuerer Zeit *Marburger*, Regeln der Technik, S. 388

enthält das staatliche Gesetz weiterhin den ursprünglichen Text seiner Ausgangsfassung, die Regeländerung hat keinerlei Einfluss auf die Verweisungsnorm.[323]

Damit ist aber der statische Verweis zur Regelung der Rechnungslegung ebenso wie die textliche Aufnahme der Standards in das staatliche Gesetz denkbar ungeeignet. Einer der wichtigsten Gründe für die Einführung selbstregulatorischer Steuerungsprozesse im Rechnungslegungsrecht ist gerade die flexiblere Reaktion auf Veränderungen im nationalen und internationalen Wirtschaftsablauf. Eine entsprechende Verweisungstechnik kann aber nur dann in der gebotenen effektiven Art und Weise zum Erfolg führen, wenn der Verweisungsvorgang die selbstregulatorisch entwickelten Standards im Prozess ihrer potenziellen Veränderbarkeit aufnimmt[324]. Somit ist im Weiteren die Zulässigkeit des dynamischen Verweises zu überprüfen.

b) Der dynamische Verweis als Rechtssetzungsinstrument

Ein dynamischer oder gleitender Verweis ist dadurch gekennzeichnet, dass es an einem festen Verweisungs*objekt* fehlt. Das Tatbestandsmerkmal, auf das verwiesen wird, bleibt unbestimmt und entwicklungsfähig offen, der gesetzliche Tatbestand verweist auf eine nicht vorab bestimmte Regelung eines dritten Zuständigkeitsträgers, bzw. wenn pauschal ihn verwiesen wird, auf die jeweilige Regelung jenes Zuständigkeitsträgers.[325] Der Gesetzgeber beschränkt sich im Falle eines dynamischen Verweises auf den bloßen Gesetzesbefehl, d.h. auf die Anordnung, dass die in Bezug genommenen Regelungen verbindlich gelten sollen. Das Verweisungssubstrat wird daher in seiner Veränderbarkeit und entwicklungsmäßigen Offenheit in den verweisenden Tatbestand der staatlichen Rechtsnorm aufgenommen[326].

Der dynamische Verweis bietet dabei mehrere Vorteile, die ihn für die Legislative attraktiv im Sinne einer effektiven und zeitnahen Gesetzgebungsarbeit erscheinen lassen. So entlastet seine Verwendung den Gesetzgeber von Regelungsaufgaben, für die ihm gewöhnlich der nötige Sachverstand fehlt. Gleichzeitig wird aber auch das Gesetzeswerk selbst entlastet, da auf komplizierte

[323] *BVerfG v. 1.3.78*, BVerfGE 47, S. 285, 312; zustimmend *Arndt*, Die dynamische Rechtsverweisung, JuS 1979, S. 784; *Kirchhof*, Private Rechtssetzung, S. 152

[324] zum Rechnungslegungsrecht *Sonnenschein*, Podiumsgespräch, S. 105, 123; speziell zum Technikrecht *Scholz*, Das Verhältnis von technischer Norm und Rechtsnorm, S. 85, 98; bei einer statischen Verweisung dagegen ist der Normanwender zum Rückgriff auf die ursprünglich private entwickelte Regel gezwungen, obwohl sie inzwischen unter Umständen aus fachlicher Sicht überholt ist, jedoch der Gesetzgeber noch keine Änderung beschloss, hierzu *Wilke*, Rechtsnormen, S. 11, 15

[325] *Schäfer*, Rezeption von Sachverstand, S. 178; *Scholz*, Rechtsfragen zur Verweisung, FS G. Müller, S. 509, 521; *Papier*, Recht der Technik, FS Lukes, S. 159, 163

[326] *Scholz*, Technik und Recht, S. 691, 704; *Wilke*, Rechtsnormen, S. 11, 13; *Arndt*, Die dynamische Rechtsverweisung, JuS 1979, S. 784, 785 spricht von einer de facto-Delegation legislativer Befugnisse durch eine inhaltsleere Automatik-Klausel; ähnlich *Dreier*, Dreier, GG, Art. 20 (D), wonach der bezogene Normgeber eine Blanko-Vollmacht erhielte und der Gesetzgeber sich seiner Rechtssetzungskompetenz unzulässig entäußern würde

und umfangreiche (oft technische) Details verzichtet werden kann. Entscheidend sind aber daneben die Möglichkeit zur raschen Anpassung an Veränderungen der gesellschaftlichen und ökonomischen Ausgangsbedingungen auf einer beweglicheren Ebene und die durch ihn mögliche Kooperation des Staates mit fachkundigen Kreisen[327].

Eine Bewertung des dynamischen Verweises im Sinne einer Unvereinbarkeit mit der Verfassung ist nicht pauschal möglich. Vielmehr ist es *„nicht schlechthin ausgeschlossen"*, dass der Gesetzgeber auf Normen verweist, die von einem anderen Gesetzgeber erlassen wurden und geändert werden können.[328] Hierbei sind jedoch zwei unterschiedliche Ausgestaltungstypen zu trennen, die sich in der Frage der Verfassungsmäßigkeit grundlegend unterscheiden. Prüfungsmaßstäbe sind ist hierbei jeweils das Rechtsstaats- und das Demokratieprinzip[329].

i) Der normergänzende oder selbständige dynamische Verweis

Bei dieser ersten Ausgestaltung des gleitenden Verweises enthält das verweisende Gesetz kein geschlossenes Tatbestand-Rechtsfolgen-Programm, erst in Verbindung mit einem außergesetzlichen Verweisungssubstrat entsteht eine sinnvolle Verhaltensanweisung für den Bürger. Die tatbestandliche Gestaltung der Rechtsfolgenbestimmung wird damit völlig der künftigen oder jeweiligen Drittrechtsnorm überlassen, es handelt sich damit um ein Gesetz mit auswechselbarem Inhalt[330].

Eine solche Art des Verweises verstößt zum einen gegen das Gebot der Gesetzesbestimmtheit und Gesetzesklarheit, das sich aus dem Rechtsstaatsprinzip gemäß Art. 20 Abs. 3 und Art. 28 Abs. 1 GG herleitet. Danach muss staatliches Handeln vorhersehbar und berechenbar sein. Hierzu ist es unabdingbar, dass gesetzliche Bestimmungen inhaltlich klar, vollständig und bestimmt sind[331]. Da bei einem normergänzenden Verweis lediglich die abstrakte Geltungsanordnung, nicht aber die Verweisungsnorm inhaltlich bestimmt ist, wird dem Bürger zugemutet, die jeweils geltende Fassung der bezogenen Regel zu ermitteln[332]. Welche Verhaltenspflichten also während der Geltungsdauer der Verweisungsnorm für den Normanwender begründet werden, können weder er noch der Gesetzgeber selbst erkennen.

---

327 siehe hierzu insgesamt *Marburger*, Die gleitende Verweisung, S. 27, 30

328 so *BVerfG v. 25.2.88*, BVerfGE 78, S. 32, 36, allerdings nur in dem Rahmen, den die Prinzipien der Rechtsstaatlichkeit, Demokratie und Gewaltenteilung zulassen; *siehe auch bereits BVerfG v. 15.7.69*, BVerfGE 26, S. 338, 366; *Schmidt-Aßman*, M/D, Art. 19 IV, Tz. 207

329 *BVerfG v. 23.4.86*, BVerfGE 73, S. 261, 272

330 *Scholz*, Technik und Recht, S. 691, 705; *Marburger*, Regeln der Technik, S. 390; ein Verweis auf eigene zukünftige Entscheidungen des Gesetzgebers bildet insofern eine Ausnahme, da hier die Identität des Gesetzgebers gewahrt bleibt, siehe hierzu *Ossenbühl*, Zulässigkeit der Verweisung, DVBl. 1967, S. 401, S. 404

331 *Schäfer*, Rezeption von Sachverstand, S. 145, *Scholz*, Das Verhältnis von technischer Norm und Rechtsnorm, S. 85, 98; *BVerfG v. 30.5.56*, BVerfGE 5, S. 25, 33 führt aus: *„Für den Rechtsunterworfenen sind daher weder die in Bezug genommenen Bestimmungen klar erkennbar noch kann er gegebenenfalls deren Inhalt mit hinreichender Sicherheit feststellen."*

332 *Marburger*, Regeln der Technik, S. 388; *ders.*, Die gleitende Verweisung, S. 27, 32

Des Weiteren liegt ein Verstoß gegen das Demokratieprinzip gemäß Art. 20 Abs. 2 GG vor. Danach ist es dem Parlament untersagt, über die Bestimmung des Art. 80 GG hinaus Gesetzgebungsbefugnisse preiszugeben. Insbesondere ist es, wie gezeigt, untersagt, private Organisationen, soweit es sich nicht lediglich um eine auf den Mitgliederkreis beschränkte Satzungsautonomie handelt, zur Rechtssetzung zu ermächtigen. Der Gesetzgeber darf den Bürger nicht ohne dessen Zustimmung der normsetzenden Gewalt nicht-staatlicher Einrichtungen unterwerfen[333]. Zwar ist eine statische Rechtsverweisung auf private Normgeber möglich, eine Übertragung von Rechtssetzungskompetenz ist hiervon jedoch strikt zu trennen. Die statische Verweisung überträgt keine formelle Legislativkompetenz, sondern knüpft an die bestehende Machtverteilung an. Die normergänzende dynamische Verweisung steht dagegen aber zumindest in ihrer Wirkung der Delegation von Gesetzgebungsmacht weitgehend gleich, mit der Folge, dass sich der Gesetzgeber seiner Aufgabe, den Gesetzesinhalt festzustellen, völlig entledigen könnte. Somit kommt es zu einem gesetzgeberischen Ermessen für außerstaatliche Normgeber[334]. Da eine offene Legislativermächtigung von Art. 80 GG nicht gedeckt ist, muss dies auch für den normergänzenden Verweis gelten, da ansonsten die verfassungsrechtlichen Erfordernisse der Verlagerung von Rechtssetzungsmacht umgangen werden könnten[335].

Somit ist festzuhalten, dass die normergänzende dynamische Verweisung aus dem Kreis zulässiger legislatorischer Gestaltungsformen auch dann, wenn die Organisation und die Verfahrensabläufe des normschaffenden außerstaatlichen Gremiums hohen demokratischen Anforderungen entsprechen würde, ausscheidet, obwohl diese Rezeptionsform dem Erfordernis einer flexiblen Rechtssetzung und der Notwendigkeit gesetzgeberischer Entlastung in be-

[333] *Jarass* in: J/P, Art. 20, Rz. 34

[334] *Ossenbühl*, Zulässigkeit der Verweisung, DVBl. 1967, S. 401, 404; *BVerfG v. 14.6.83*, BVerfGE 64, S. 208, 214 ; aufgrund des fehlenden Einflusses der nationalen Gesetzgeber auf die Zusammensetzung, die Entscheidungsabläufe und die Ergebnisse der Entscheidungsfindung bei IASC und FASB bestehen nach *Hommelhoff*, Zum Ersatz des deutschen Konzernabschlusses, S. 109, 119 erhebliche verfassungsrechtliche Bedenken gegenüber der Befreiungsvorschrift es neu eingeführten § 292a HGB; ebenso *Budde*, Müssen die börsennotierten Gesellschaften eigene Wege gehen?, FS Clemm, S. 81, 96; *ders.* Konzernrechnungslegung, FS Beisse, S. 105, 113; für *Budde/Steuber*, Transformation internationaler Rechnungslegungsgrundsätze, DStR 1998, S. 504, 507 verstößt auch § 342a HGB wegen der Aufgabe der Legislativbefugnis seitens des deutschen Gesetzgebers und wegen Verstöße gegen das Bestimmtheitsgebot der IAS und US-GAAP gegen das Grundgesetz; so auch *Kirchhof*, Gesetzgebung und private Regelsetzung, ZGR 2000, S. 681, 685; siehe dagegen *Biener*, Diskussionsbeitrag, S. 135, 149, wonach das Gesetz in § 292a HGB nicht auf ein bestimmtes Regelwerk verweist, es damit zu keiner verfassungswidrigen dynamischen Verweisung auf ein bestimmtes ausländisches Regelwerke komme. Allein ausschlaggebend für die Befreiungswirkung sei die Gleichwertigkeit mit einem deutschen Jahresabschluss und die Übereinstimmung mit den EU-Richtlinien. Diese Position findet ihre Bestätigung auch in der *Gesetzesbegründung zum KapAEG*, BR-Drs. 967/96 S. 14. Diese ist jedoch höchst widersprüchlich. Im weiteren Verlauf skizziert die Bundesregierung die Handlungsmöglichkeiten deutscher Konzernleitungen nach neuem Recht und stellt als erste Alternative ausdrücklich das Ermessen dar, den Konzernabschluss nach US-GAAP oder IAS aufzustellen.

[335] dieses Ergebnis bereits bei *Nickusch*, Verweisung, NJW 1967, S. 812; *Marburger*, Die gleitende Verweisung, S. 27, 32

sonderer Weise entspricht[336]. Diese Form der antizipierenden Verweisung bedeutet effektiv eine Blanko-Vollmacht und entpuppt sich als Legislativdelegation, indem das Gesetzgebungsrecht materiell auf eine außerstaatliche Institution übergeht, „*die nicht von der deutschen Staatsgewalt legitimiert ist und auch nicht in das gewaltenteilige System des Grundgesetzes einbezogen [ist]*"[337].

ii) Der normkonkretisierende oder unselbständige dynamische Verweis: die Vermutungsanordnung

Diese zweite Form des dynamischen Verweises, auch als „*indirekte Rezeption*" bezeichnet[338], betrifft die Verwendung von Generalklauseln mit gleichzeitiger Bezeichnung bestimmter Regeln, bei deren Einhaltung *widerlegbar* die Erfüllung der Ansprüche der Generalklausel vermutet wird oder mit der Aufzählung von Institutionen, die befugt wären, derartige Standards zu entwickeln[339]. Als Beispiel hierzu kann aus dem technischen Sicherheitsrecht § 16 EnWG[340] gelten:

> *(1) Energieanlagen sind so zu errichten und zu betreiben, daß die technische Sicherheit gewährleistet ist. Dabei sind vorbehaltlich sonstiger Rechtsvorschriften die allgemein anerkannten Regeln der Technik zu beachten.*
>
> *(2) Die Einhaltung der allgemein anerkannten Regeln der Technik wird vermutet, wenn bei Anlagen zur Erzeugung, Fortleitung und Abgabe*
>
> *1. von Elektrizität die technischen Regeln des Verbandes Deutscher Elektrotechniker*
>
> *2. bei Gas die technischen Regeln des Deutschen Vereins des Gas- und Wasserfachs e.V.*
>
> *eingehalten worden sind.*

---

336 dies betont auch *Scholz*, Technik und Recht, S. 691, 704

337 *Osenbühl*, Zulässigkeit der Verweisung, DVBl. 1967, S. 401, S. 403; *BVerfG v. 1.3.78*, BVerfGE 47, S. 285, 312 spricht von einer *„schleichenden Komptenzverlagerung"*; ähnlich *Scholz*, Das Verhältnis von technischer Norm und Rechtsnorm, S. 85, 104; *Marburger*, Die gleitende Verweisung, S. 27, 37; speziell zu Rechnungslegungsvorschriften *Sonnenschein*, Podiumsgespräch, S. 105, 124; *Hommelhoff*, Deutscher Konzernabschluss, FS Odersky, S. 779, 791 m.w.N.; ähnlich wohl auch *Breidenbach*, Normensetzung, S. 218

338 siehe hierzu nur *Papier*, Recht der Technik, FS Luckes, S. 159, 163

339 *Biener*, Fachnormen statt Rechtsnormen, FS Clemm, S. 59, 60 zitiert in diesem Zusammenhang das vom BMJ herausgegebenen *„Handbuch der Rechtsförmlichkeit"*, das diese Vorgänge als einstufige bzw. zweistufige Vermutung bezeichnen soll; *Papier*, Recht der Technik, FS Luckes, S. 159, 163 spricht hier von der Verwendung von *„Schlüsselformeln"*; siehe hierzu auch *Fröhler*, Die Genehmigung technischer Anlagen, WiVerw 1991, S. 2, 7; *Marburger*, Die gleitende Verweisung, S. 27, 34; a.A. *Schäfer*, Rezeption von Sachverstand, S. 184 ff. der jeder Form der dynamischen Verweisung ablehnt, Regelwerke privater Gremien jedoch zur Konkretisierung von Generalklauseln als widerlegbare Vermutung heranzieht

340 *EnGW* v. 24.4.98, BGBl. 1998 I, S. 730

Die Verfassungsmäßigkeit dieser Gesetzgebungstechnik wird vielfach positiv beurteilt, da im Gegensatz zum normergänzenden Verweis bei dieser Ausgestaltung die verweisende Rechtsnorm vorab mit hinreichender Bestimmtheit ihre tatbestandliche oder rechtsfolgenmäßige Komplettierung festlegen würde, ungeachtet der Tatsache, dass jene gesetzliche Schutzziel- und Zweckbestimmung in Form einer partiell offenen Generalklausel auftritt.[341] Der Gesetzgeber selbst legt also ein geschlossenes Tatbestand-Rechtsfolgen-Programm vor, das private Gremium würde allein die (unschädliche) sachverhaltsbezogene Rechtsfolgenvermittlung übernehmen[342]. Der Schwerpunkt der Regelung liege eindeutig auf der Anordnung der Legislative, dass die anerkannten Regeln der Technik zu beachten seien. Damit hätte der Gesetzgeber die Pflichten der Rechtsanwender hinreichend genau und abschließend selbst bestimmt. Zusätzliche Hinweise auf technische Regelwerke, denen dabei die Wirkung von Beweislastregeln zukommt, haben hierauf keinen weiteren Einfluss, da das Verweisungsobjekt im Gegensatz zum normergänzenden Verweis nicht in die Verweisungsnorm inkorporiert wird[343]. Der Normadressat kann klar erkennen, welche Vorschriften im Einzelnen maßgebend sein sollen. Deshalb ist es hierbei wichtig, dass sich die Regelungen eines außerstaatlichen Normgebers nur auf minder wichtige Einzelheiten beziehen und der Kern des Rechtsinstituts unberührt bleibt.

Unter diesen Voraussetzungen wird die normkonkretisierende gleitende Verweisung als rechtsstaatlich unbedenklich angesehen, da diese Form des Verweises eher mit dem statischen als mit dem normergänzenden Verweis vergleichbar sei[344].

Entscheidend für die positive Einschätzung der normkonkretisierenden gleitenden Verweisung ist jedoch die Charakterisierung als rechtsunverbindliche

---

341 *Scholz*, Das Verhältnis von technischer Norm und Rechtsnorm, S. 85, 104; *Marburger*, Die gleitende Verweisung, S. 27, 37; zweifelnd bei einem Verweis auf ein externes Regelwerk *Hommelhoff*, Deutscher Konzernabschluss, FS Odersky, S. 779, 791

342 mit dieser Begründung letztendlich wohl auch *Küting/Hayn*, Konzernabschluss als Eintrittskarte, BB 1995, S. 662, 671, wonach der Gesetzgeber selbst die Entscheidung über die ersetzende Anwendbarkeit internationaler Standards treffen soll, die Entscheidung über die konkrete Umsetzung dieses Beschlusses aber einem Accounting Board überlassen werden sollte

343 so ausdrücklich die Begründung zu § 33 *UGB-KomE*, S. 500; *Marburger*, Regeln der Technik, S. 406; siehe hierzu das Beispiel bei *Brugger*, Rechtsprobleme der Verweisung, VerwA 1987, S. 1, 44. So hat der Gesetzgeber in § 26 I der Bundesverordnung über den Betrieb von Kraftfahrzeugen im Personenverkehr vom 21.6.75 (BO Kraft) bestimmt: *„Taxen müssen kenntlich gemacht sein 1. durch einen hell elfenbein-farbigen Anstrich; als Farbton ist zu wählen RAL 1015 [...] des Ausschusses für Lieferbedingungen und Gütesicherung (RAL) beim Deutschen Normenausschuss, 2. ...“* Der Gesetzgeber hat hier selbst den Unternehmen die Verpflichtung zu einem hellen Anstrich ihrer Kraftfahrzeuge verpflichtet. Die Konkretisierung der Farbe stellt damit keine weitergehende Belastung dar, sie garantiert vielmehr die gewünschte Einheitlichkeit der Taxen. Siehe auch *Scholz*, Technik und Recht, S. 691, 705; *Marburger*, Die gleitende Verweisung, S. 27, 34; *BVerfG v. 15.7.69*, BVerfGE 26, S. 338, 366-367

344 *Scholz*, Rechtsfragen zur Verweisung, FS G. Müller, S. 509, 524; *Backherms*, Recht und Technik, JuS 1980, S. 9, 11; *Fröhler*, Die Genehmigung technischer Anlagen, WiVerw 1991, S. 2, 11; *Fuss*, Verweisung, FS Paulick, S. 293, 299; mit gleichem Ergebnis *Breidenbach*, Normensetzung, S. 218; a.A. *Karpen*, Die Verweisung, S. 136, der alle Formen der gleitenden Verweisung ablehnt, ebenso Schäfer, Rezeption von Sachverstand, S. 184

Auslegungsofferte ohne Bindungswirkung für die Gerichte[345]. Somit obliegt die Konkretisierung der verweisenden Norm allein der Rechtsprechung, dies verschafft dem dynamischen Verweis die ansonsten fehlende sachlich-inhaltliche und organisatorisch-personelle Legitimation. Zwar kann der Regelanwender im Prozessfall die Richtigkeitsvermutung für sich verwenden, im gegensätzlichen Fall ist die Nicht-Anwendung des Verweisungssubstrates jedoch nicht per se als Gesetzesverstoß zu bewerten. Niemand kann zur Befolgung der Standards gezwungen werden[346], daher sind Abweichungen von ihnen stets möglich, wenn den Erfordernissen des Gesetzes auch auf anderer Weise als allein durch die Befolgung dieser privaten Regeln genüge getan ist oder wenn die vorgeschlagene Vorgehensweise im Zeitablauf nicht mehr den gesetzlichen Grundforderungen entspricht[347]. Damit erlangt das Verweisungssubstrat nicht den Charakter einer Rechtsnorm.

iii) Einbindung privater Regeln durch die Verwendung von Generalklauseln ohne Vermutungsanordnung

Als weitere Möglichkeit der Bezugnahme auf selbstregulatorisch entwickelte Standards der Rechnungslegung verbleibt dem Gesetzgeber die mit der normkonkretisierenden Verweisung eng verwandte Verwendung von Generalklauseln. Die Frage, ob es sich hierbei um eine eigenständige Gestaltungsmöglichkeit handelt oder diese Handlungsalternative bereits im vorangegangenen Abschnitt mit erfasst ist, ist hier ohne Belang und kann offen gelassen werden. Die Ähnlichkeit beider Vorgehensweisen ist offensichtlich: Nach entsprechender Festlegung seitens des Gesetzgebers kann auch zur Konkretisierung der Generalklauseln im Bereich der Rechnungslegung auf externe Quel-

---

345 eingehend bei *Marburger*, Die gleitende Verweisung, S. 27, 35; *ders.*, Regeln der Technik, S. 406; ähnlich *Schmidt-Preuß*, Private Regelwerke, S. 89, 95; *Backherms*, Recht und Technik, JuS 1980, S. 9, 11; *Fröhler*, Die Genehmigung technischer Anlagen, WiVerw 1991, S. 2, 9; *Marburger/Gebhard*, Umweltnormierungen, S. 1, 32 räumen im Zweifel dem in den Normierungsgremien versammelten Sachverstand Vorrang vor Einzelmeinungen ein; so auch *Brohm*, HbStR II, § 36 (Sachverständige Beratung des Staates), Tz. 26; nach *Lutter*, Diskussion, S. 163, 167 nehmen die Gerichte nicht nur, ausgehend vom Sachverstand dieser Gremien, eine Art „*Umkehr der Beweislast*" zugunsten der Empfehlungen vor, sondern sie werden bereit sein, einem institutionellen Gremium erfahrener Experten bis zum „*Beweis der Unvernunft*" zu folgen

346 so ausdrücklich auch *Bierich*, Podiumsgespräch, S. 143, 159; ebenso *Biener*, Offene Fragen, S. 3, 10

347 so auch *Ebert*, Private Normsetzung, S. 215; *Lamb*, Kooperative Gesetzeskonkretisierung, S. 94; *Karpen*, Die Verweisung, S. 133; *Reihlen*, Erscheinungsformen, S. 75, 83; *Backherms*, Recht und Technik, JuS 1991, S. 9 macht nochmals deutlich, dass die Widerlegbarkeit der Ordnungsmäßigkeitsvermutung unbedingt erforderlich sei, da ansonsten dem privaten Standardgeber Rechtssetzungsbefugnisse übertragen werden würden, siehe auch *BVerwG v. 18.12.90*, DVBl. 1991, S. 442, 445; *Wilke*, Rechtsnormen, S. 11, 19 verweist z.B. auf die Heranziehung von Sachverständigen im Bereich der Technik; dagegen sieht *Scheffler*, Internationale Rechnungslegung, DStR 1999, S. 1285, 1290 wohl fehlerhaft die Abweichungsmöglichkeit ausschließlich für den Fall „*wenn nachgewiesen wird, daß die empfohlene Handhabung nicht geeignet ist, die gesetzlichen Ziele zu verwirklichen und deshalb die abweichende Verfahrensweise gewählt wurde.*"; ebenso auch das *DRSC*, Aufgaben und Ziele: „*Eine davon abweichende Handhabung ist daher nur zulässig, wenn nachgewiesen wird, daß die empfohlene Handhabung nicht geeignet ist, die gesetzlichen Ziele zu verwirklichen und deshalb die abweichende Verfahrensweise gewählt wurde.*"; deutlich dagegen *IDW*, Stellungnahme E-DRS 4, WPg 2000, S. 615 wonach ein DRS ein vom Gesetz ausdrücklich zugelassenes Wahlrecht nicht ausschließen kann

len zurückgegriffen; allerdings ohne dass im Gesetz ein spezifisches Regelwerk genannt wird. Damit unterscheidet sich diese Praxis nicht grundlegend von der Vorgehensweise bei der normkonkretisierenden dynamischen Verweisung[348].

Die Verwendung von Generalklauseln bietet dabei ebenso wie die oben dargestellte normkonkretisierende dynamische Verweisung den Vorteil, durch eine flexible Auslegung auf Veränderungen der Zielsetzungen der Rechnungslegung, geänderte Methoden des betrieblichen Rechnungswesens und neue Finanzierungsinstrumente reagieren zu können.

Ein Beispiel für diese Vorgehensweise bietet das HGB mit dem Bezug auf die *„Grundsätze ordnungsgemäßer Buchführung"* in § 242 HGB. Auch hier bleibt der gesetzgeberische Tatbestand *„offen"*, seine Konkretisierung ist aber den gesetzesanwendenden Staatsorganen, also letztendlich den Gerichten vorbehalten[349]. Hierbei handelt es sich damit nicht um eine Verweisung auf drittes Recht oder einen dritten Rechtssetzer, obwohl selbstverständlich auch außerstaatliche Auslegungsvorschläge zur Interpretation des Gesetzesbefehls herangezogen werden können. In diesem Fall wird der Bilanzaufsteller selbständig die privaten Standards bei der Lösung von Bilanzierungsproblemen zur Hand nehmen, da er bei entsprechender Zusammensetzung des Gremiums und bei Einhaltung der rechtsstaatlich zu fordernden Verfahrensabläufe von einer hohen Interpretationsmacht derselben bei der an Schutzgut und Zweck des Jahresabschlusses auszurichtenden Konkretisierung der Generalklauseln ausgehen kann. Da bereits die normkonkretisierende dynamische Verweisung hinsichtlich des Alleinentscheidungsrechtes des Gesetzgebers über das tatbestandliche Normprogramm ohne verfassungsrechtlich bedenkliche Auswirkungen bleibt, gilt dies in noch stärkerem Maß für die hier zu untersuchende Handlungsalternative.

Damit verfügen also die Rechtsnormen des HGB über eine eigenständige Schutzgut- und Zweckbestimmung, der gesetzgeberische Normentscheid ist damit tatbestandlich abgeschlossen und komplett, ungeachtet der Tatsache, dass diese Schutzgut- und Zweckbestimmung in Gestalt der Generalklausel auftritt[350]. Der Unterschied zur normkonkretisierenden gleitenden Verweisung ist darin zu sehen, dass bei Ersterer im Gesetz explizit auf ein privates Regelwerk verwiesen wird, bei der reinen Generalklausel-Verwendung jedoch auf einen solchen Hinweis verzichtet wird. Findet die weiter unten vertretene These von der partiellen Bindungswirkung privater Standards im Falle der normkonkretisierenden Verweisung Zustimmung, dann hängt die allgemeine Akzep-

---

[348] in diesem Sinne auch *Schäfer*, Rezeption von Sachverstand, S. 185; grundlegend *Scholz*, Das Verhältnis der technischen Norm und Rechtsnorm, S. 85 ff; *Sonnenschein*, Podiumsgespräch, S. 105, 124 verwendet für die Generalklausel-Bezugnahme die Bezeichnung *„mittelbare Verweisung"*

[349] *Marburger*, Regeln der Technik, S. 393; *ders.*, Die gleitende Verweisung, S. 27, 31; *Schäfer*, Rezeption von Sachverstand, S. 185; *Biener*, Fachnormen statt Rechtsnormen, FS Clemm, S. 59 spricht bei den GoB von einer gleitenden Verweisung auf eine Generalklausel besonderer Art

[350] *Scholz*, Das Verhältnis von technischer Norm und Rechtsnorm, S. 85, 104

tanz dieser Standards im Falle der Generalklausel-Methode jedoch in noch weitaus stärkerem Maße von der Anerkennung seitens der Rechtsprechung ab, da bei diesem Vorgehen ein Wunsch des Gesetzgebers nach Einschränkung der inhaltlichen Überprüfung kaum konstruiert werden kann.

In einem gerichtlichen Verfahren stehen dann die Fragen nach der Zweckmäßigkeit der Standards zur Erreichung des gesetzlich vorgegebenen Schutzzwecks und die Möglichkeiten, diesen Schutzzweck auch durch andere Bilanzierungsmethoden zu erreichen, sehr viel stärker im Mittelpunkt, als dies bei der normkonkretisierenden Verweisung der Fall sein sollte[351]. Stehen die Gerichte den Standards jedoch im Allgemeinen positiv gegenüber und verzichteten sie bei deren Anwendung weitestgehend auf eigene Überlegungen, könnten sie sich auch ohne ausdrücklichen Hinweis des Gesetzes in der Rechnungslegungspraxis im Rahmen einer faktischen Verbindlichkeit schnell durchsetzen[352].

c) § 342 HGB als Beispiel einer normkonkretisierenden Verweisung

Nach der Verabschiedung des KonTraG besteht auch im Rechnungslegungsrecht durch § 342 HGB erstmals eine gesetzliche Vermutungsregel. Befolgt ein Konzernbilanzersteller die vom BMJ bekannt gemachten Empfehlungen des DRS, wird vermutet, dass sein Rechenwerk in Übereinstimmung mit den GoB steht.

> ***§ 342 Abs. 2 HGB***
>
> *Die Beachtung der die Konzernrechnungslegung betreffenden Grundsätze ordnungsmäßiger Buchführung wird vermutet, soweit vom Bundesministerium der Justiz bekannt gemachte Empfehlungen einer nach Absatz 1 Satz 1 anerkannten Einrichtung beachtet worden sind.*

Nachfolgend soll diese Vorschrift hinsichtlich ihrer rechtlichen Konsequenzen untersucht werden. Im Mittelpunkt stehen dabei die Fragen der Wirkung der Bekanntmachung durch das BMJ auf den Charakter der privatverbandlich entwickelten Standards sowie der Beurteilung einer Standardabweichung durch den Bilanzerstellter.

Diese Betrachtungen basieren auf der derzeit geltenden gesetzlichen Vermutungsanordnung für die DRS zum deutschen Konzernabschluss. Sie sind aber auf de lege ferenda-Überlegungen hinsichtlich der Standardentwicklung für

[351] *Karpen*, Die Verweisung, S. 134 weist darauf hin, dass in der Praxis die Aufstellung von Regelwerken durch Private wohl einer authentischen Auslegung gleich käme; so auch *Achleitner*, Normierung, S. 415

[352] siehe zu diesem wichtigen Aspekt *Ulmer*, Podiumsgespräch, S. 161. Danach trachtet im Zusammenhang mit den VDE-Richtlinien jeder Installateur nach ihrer Einhaltung, da die Gerichte die Nichtberücksichtigung als Sorgfaltsverstoß werten, der im Schadensfall zu einem Ersatzanspruch führen würde. Wegen der niedergelegten Sachkompetenz bilden sie letztlich bei der Ausfüllung der unbestimmten Rechtsbegriffe den entscheidenden Maßstab, vgl. hierzu auch *Brohm*, HbStR II, § 36 (Sachverständige Beratung des Staates), S. 225, Rz. 26

den Einzelabschluss übertragbar, sofern auch dort von einer Vermutungsregel Gebrauch gemacht werden sollte.

i) Die Wirkungsweise der gesetzlichen Vermutungsregel

ia) Keine Rechtskraft durch die gesetzliche Vermutungsanordnung

Die Formulierung dieser gesetzlichen Vermutungsanordnung seitens der Legislative und der anschließenden Bekanntmachung der Standards durch das BMJ kann den rechtlichen Charakter der privatverbandlich entwickelten Standards nicht ändern. So wie auch bei entsprechenden Anordnungen im Technik- und Umweltrecht kann privaten Standards auch im Rechnungslegungsrecht hierdurch keine rechtliche Bindungswirkung und damit kein Präjudiz für gerichtliche Entscheidungen zuerkannt werden, die allein staatlichen Normen zukommen kann[353]. Damit können die privaten Standards auch nicht als GoB bezeichnet werden, da diese als Rechtsnormen ausschließlich durch die Legislative oder die Judikative entstehen können. So ist auch die gesetzliche Formulierung zu verstehen, wonach die *GoB-Beachtung* vermutet wird, nicht aber das Vorhandensein von GoB.

Allerdings ist bei der rechtlichen Würdigung zu hinterfragen, welche Folgen der Vermutungsanordnung zugewiesen werden können. Offensichtlich beabsichtigte der Gesetzgeber durch die von ihm gewählte Gesetzesformulierung eine die Bedeutung des privaten Gremiums stärkende Vorgabe für die Judikative. Möglicherweise sollte die Vermutung der GoB-Beachtung eines nach DRS erstellten Konzernabschlusses nach seiner Auffassung nur dann zu widerlegen sein, wenn sich der zu beurteilende Sachverhalt als atypisch herausstellte und damit seine Erfassung durch die Standards nicht erfolgen kann oder die Standards selbst auf veralteten wissenschaftlichen Erkenntnissen beruhten.

Allerdings ist eine solche Wirkung privater Standards durch das Instrument der *„Vermutung"* nicht erreichbar. § 342 Abs. 2 HGB ist zwar oberflächlich betrachtet wie eine *Tatsachen*vermutung formuliert: Von der Beachtung der bekannt gemachten DRS wird auf die Beachtung der Konzern-GoB geschlossen. Materiell bedeutete dies eine inhaltliche Übereinstimmung der ordnungsgemäß zustande gekommenen Standards mit den GoB. Die Feststellung einer solchen Übereinstimmung kann nun aber gerade nicht als Tatsachenvermutung ausgestaltet werden. Wie bereits mehrfach ausgeführt, stellt die Entwicklung von GoB in erheblichem Ausmaß die Bewertung unterschiedlicher Interessen am Jahresabschluss dar. Die Empfehlungen des DRSC stellen somit nicht die

[353] sehr deutlich *OLG Köln v. 16.2.01*, AfP 2001, S. 1149, 151; eine solche Klarstellung in der Gesetzesbegründung hätte *Biener*, Offene Fragen, S. 3, 10 erwartet; vgl. auch *ders.*, Erwartungslücke, FS Havermann, S. 37, 57; deutlich auch *Schmidt-Preuß*, Normierung und Selbstnormierung, ZLR 1997, S. 249, 255; *Förschle*, Beck'scher Bilanz-Kommentar, Rz. 8 zu § 342; auch die Entscheidung *BVerwG v. 10.12.87*, ZLR 1988, S. 556, 562 betont dies ausdrücklich

wertungsfreie Wiedergabe des technisch-fachlichen Wissensstandes dar, sondern sie enthalten erhebliche normative Wertungen. Wertungen sind aber einer Tatsachenvermutung nicht zugänglich[354].

Verfehlt wäre es im Übrigen, die Bekanntmachung der DRS seitens des BMJ als Rechtsverordnung zu werten, die den DRS die fehlende rechtliche Bindungskraft vermitteln könnte. Da § 342 HGB keine Ermächtigung zum Erlass einer Rechtsverordnung enthält, kann die bloße *„Bekanntmachung"* den rechtlichen Charakter der DRS nicht erhöhen, eine gesetzliche Bindungskraft kann auf diesem Wege nicht entstehen[355].

Damit kann festgehalten werden, dass die DRS auch durch eine gesetzliche Vermutungsregel keine bindende Kraft entfalten können, bekannt gemachte DRS stellen lediglich eine von möglicherweise mehreren GoB-konformen Auslegungsvorschlägen dar[356]. Die Richtigkeitsvermutung des Gesetzes kann daher nur als eine Beweiserleichterung verstanden werden[357].

Im Folgenden ist abschließend die Bedeutung der privaten Standards für die Aufstellung der Konzernbilanz und als Prozessmittel festzustellen.

---

[354] so auch *Schwab*, Widerspruch zum geltenden deutschen Bilanzrecht, DB 2001, S. 880, 881; *ders.*, Standarisierungsvertrag für das DIN, Teil 1, BB 1999, S. 731, 732; *Hellermann*, Private Standardsetzung im Bilanzrecht, NZG 2000, S. 1097, 1098; *Ebke*, Aussichten für eine professionelle Entwicklung, ZIP 1999, S. 1197, 1202; *Ballwieser*, HGB-Konzernabschluss, FS Weber, S. 433, 445 mit der Betonung, dass gerichtliche Entscheidungen nicht vermutet werden können. Aber auch die Einordnung von § 342 Abs. 2 HGB als widerlegbare *Rechts*vermutung schlägt fehl. Diese Form der gesetzlichen Vermutungsanordnung knüpft an das Vorhandensein einer Tatsache die Vermutung einer bestimmten Rechtslage an, wobei der Gegenbeweis möglich sein muss. Dies ist aber nach der Vermutungsanordnung des § 342 HGB gerade nicht möglich. Die Vermutung basiert hier auf der Übereinstimmung der vom BMJ bekannt gemachten DRS mit den GoB. Der Gegenbeweis könnte nur erbracht werden, wenn ein Bilanzaufsteller für einen konkret zu beurteilenden Sachverhalt die Unvereinbarkeit der DRS mit den Konzern-GoB belegen könnte. Hier gilt jedoch das oben ausgeführte: Ein solcher *„Beweis"* kann nicht durch rechtserhebliche Tatsachen erbracht werden, die Frage der Vereinbarkeit der DRS mit den Konzern-GoB stellt das Ergebnis normativer Wertungen dar und ist letztendlich den Gerichten vorbehalten. Siehe allgemein zur gesetzlichen Vermutungswirkung auch *Schneider*, Gesetzgebung, Tz. 364-367 sowie speziell zu § 342 HGB eingehend *Hellermann*, Private Standardsetzung im Bilanzrecht, NZG 2000, S. 1097, 1099; *Schwab*, Widerspruch zum geltenden deutschen Bilanzrecht, DB 2001, S. 880, 881; ungenau dagegen *Beisse*, Die paradigmatischen GoB, FS W. Müller, S. 731, 748, der davon spricht, dass die *„Vermutung"* das Äußerste war, was der Gesetzgeber für die Standards tun konnte. Gleichzeitig erklärt er aber richtigerweise die Standards zu bloßen Fachnormen, zu *„potenziellen GoB"*; a.A. bezüglich der Rechtsvermutung *Ebke*, Aussichten für eine professionelle Entwicklung, ZIP 1999, S. 1197, 1202; *Ebert*, Private Normsetzung, S. 83

[355] dies betonen auch *Förschle*, Beck'scher Bilanz-Kommentar, Rz. 8 zu § 342; *Ebke*, Aussichten für eine professionelle Entwicklung, ZIP 1999, S. 1197, 1201; *Ernst*, Aktuelle Entwicklungen zur Rechnungslegung, WPg 1998, S. 1025, 1030; *Spanheimer*, Problemfelder des gesetzlichen Standardisierungsauftrages, WPg 2000, S. 997, 1005; *Beisse*, Normqualität und Normstruktur, BB 1999, S. 2180, 2185 befürchtet, dass der seiner Meinung nach rechtswidrige Rechtsverordnungscharakter Anhänger finden könnte

[356] so auch ausdrücklich *Hellermann*, Private Standardsetzung im Bilanzrecht, ZGR 2000, S. 1097, 1099; *Schwab*, Widerspruch zum geltenden deutschen Bilanzrecht, DB 2001, S. 880, 881; *Küting*, Rechnungslegung in Deutschland, DStR 2000, S. 38, 42 spricht in diesem Zusammenhang von *„Anwendungsempfehlungen"*

[357] so ausdrücklich *Förschle*, Beck'scher Bilanz-Kommentar, Rz. 9 zu § 342; *Hommelhoff/Schwab*, Selbststeuerung im Bilanzrecht, BFuP 1998, S. 38, 42

Obwohl nachgewiesen werden konnte, dass die „*Vermutung*" des Gesetzes in § 342 Abs. 2 HGB keine gerichtliche Beweislastregel entstehen ließ und damit die Gerichte bei ihren Entscheidungen durch die DRS nicht gebunden sein können, so darf doch der Wille des Gesetzgebers nach einer Einschränkung der richterlichen Rechtskonkretisierung und nach einer verstärkten Einbindung eines privatverbandlichen Gremiums nicht übersehen werden[358]. Somit stellen sich die Fragen nach der Behandlung von Konzernbilanzen, in denen von den DRS abgewichen wurde und nach der vollen inhaltlichen Überprüfung der Standards bei Anwendung der DRS seitens der Judikative.

IIa) Die Nicht-Anwendung der DRS

Aufgrund der eindeutig festgestellten fehlenden rechtlichen Bindungskraft der DRS lässt sich der erste Gedanke schnell zu einem Ergebnis führen: Kein Konzernbilanzersteller in Deutschland kann zu ihrer Anwendung gezwungen werden[359].

Wie auch bislang muss der Konzernabschluss den Konzern-GoB entsprechen, gemäß §§ 316, 317 HGB ist dies vom Abschlussprüfer zu überprüfen und Abweichungen sind gemäß § 321, 322 HGB im Prüfbericht und gegebenenfalls im Bestätigungsvermerk zu dokumentieren. Bewegt sich eine Konzernbilanz, die die DRS nicht oder nur teilweise beachtet, innerhalb der gesetzlichen Wahlrechte, so kann der Abschlussprüfer dies nicht im Sinne einer Pflichtverletzung rügen. Ebenso kann er keine Einwendungen erheben, wenn beispielsweise Berichtspflichten, die allein nach DRS bestehen, nicht nachgekommen wurden[360]. Somit obliegt bei Abweichungen der Bilanz von bekannt gemachten DRS die Feststellung der GoB-Konformität des gezeigten Verhaltens des Bilanzerstellers den Wirtschaftsprüfern[361]. Jedoch kann wohl davon ausgegangen werden, dass die Bilanzersteller schon bald dazu übergehen müssen, ihre Abweichungen von den DRS mit der trotzdem erreichten GoB-

358 diese Absicht des Gesetzgebers betont auch *Schwab*, Widerspruch zum geltenden deutschen Bilanzrecht, DB 2001, S. 880, 881; auch *Fröhler*, Die Genehmigung technischer Anlagen, WiVerw 1991, S. 2, 9 sieht durch die Verweisung auf den jeweils veröffentlichen Sachverstand eine gebotene Einschränkung der richterlichen Rechtsfortbildung; ähnlich *Ernst*, Akutelle Entwicklungen zur Rechnungslegung, WPg 1998, S. 1025, 1031, der dem Gesetzgeber unterstellt, eine starke *„faktische"* Bindungswirkung der Gerichte beabsichtigt zu haben; vorsichtiger *Spanheimer*, Problemfelder des gesetzlichen Standardisierungsauftrages, WPg 2000, S. 997, 1005, der vermutet, dass die Gerichte der Auffassung eines hochrangigen Expertengremiums erhöhte Aufmerksamkeit schenken werden

359 siehe hierzu speziell *Küting*, Rechnungslegung in Deutschland, DStR 2000, S. 38, 42

360 siehe erneut *IDW*, Stellungnahme E-DRS 4, WPg 2000, S. 615 wonach die DRS bestehende gesetzliche Wahlrechte nicht einschränken könnten. Interessant ist die Überlegung, die Grundsätze der Berichterstattung im Prüfungsbericht um den Hinweis zuweitern, dass die DRS, bei voller GoB-Konformität des Abschlusses, nicht beachtet wurden. Dies würde die freiwillige Anwendung der Standards sicher befördern.

361 diesem Gedanken folgt auch *Budde*, zitiert bei *Ballwieser*, HGB-Konzernabschlussbefreiung, FS Weber, S. 433, 444 *„unterliegen sie [die DRS] in jedem Einzelfall letztlich der Überprüfung durch die Gerichte, wobei sich das anwendende Unternehmen zu rechtfertigen hat, nicht der Standard Setter."*

Konformität zu rechtfertigen, um so dem Eindruck der Unkorrektheit entgegenzuwirken[362].

iiia) Reichweite der materiellen Überprüfung seitens der Gerichte

Schwieriger ist die Frage der inhaltlichen Kontrolle der DRS durch die Judikative zu beurteilen[363]. Trotz der eindeutigen Absicht des Gesetzgebers muss den Gerichten aus rechtsstaatlichen Gründen weiterhin eine umfassende Kontrolle der Übereinstimmung der DRS mit den Konzern-GoB zugebilligt werden. Gleichwohl würde ein solches Prüfungsverhalten zumindest gegen den Geist der gesetzlichen Regelung verstoßen.

Unter der Voraussetzung, dass die durch eine Vermutungsanordnung hervorgehobenen Standards bestimmten formellen und materiellen Anforderungen genügen[364], würde eine solche Überprüfung nicht nur die mit der Etablierung eines selbstregulatorischen Verfahrens verfolgten Ziele der Staatsentlastung, der Einbindung externen Sachverstandes und der Partizipation der Betroffenen konterkarieren, was allerdings bei rechtlicher Unmöglichkeit der Durchsetzung dieser Ziele hinzunehmen wäre. Sie würde darüber hinaus vielmehr die Zurückdrängung der Judikative durch den Gesetzgeber verhindern. Eine solche Relativierung der Rolle der Rechtsprechung, die durch das Parlament vorgenommen wird, ist mit rechtsstaatlichen Grundsätzen vereinbar, solange die Gerichte die selbstregulatorisch entwickelten Standards nicht unbesehen übernehmen müssen. Damit kann festgehalten werden, dass die Gerichte aufgefordert sind, insbesondere bei einer schnellen Verbreitung der DRS und einer von hohem Sachverstand und breiter Interessenvertretung geprägten Zusammensetzung der Entscheidungsgremien bei der inhaltlichen Überprüfung der Standards eine höchstmögliche Zurückhaltung an den Tag zu legen. Keinen Sinn macht es jedoch, die inhaltliche Kontrolle der Gerichte bei Anwendung der DRS durch die Bilanzierenden auf die Art des Zustandekommens der Standards zu beschränken[365], da diese Überprüfung bereits durch das BMJ bei seiner Entscheidung zur Bekanntmachung der Standards gemäß

[362] so auch *Schwab*, Widerspruch zum geltenden deutschen Bilanzrecht, DB 2001, S. 880, 881; zu eng dabei *Achleitner*, Normierung, S. 415, wonach der beklagte Bilanzaufsteller allein dann seine Gesetzeskonformität nachweisen kann, wenn er den Beweis erbringt, dass die anzuwendenden Regeln selbst gegen die Generalklausel verstoßen oder dass es in seinem individuellen Fall durch das Befolgen der Standards zu einem solchen Generalklauselverstoß käme; wie hier dagegen § 33 Abs. 1 *UGB-KomE* und § 162 Abs. 2 *UGB-ProfE*, wonach von eingeführten technischen Regelwerken abgewichen werden kann, wenn ein mindestens gleichwertiger Schutz vor Gefahren und eine mindestens gleichwertige Gefahrenvorsorge auf anderem Wege gewährleistet ist

[363] da der Konzernabschluss mangels formeller Feststellung weder anfechtbar ist noch für nichtig erklärt werden kann (siehe hierzu *OLG Köln v. 17.2.98*, DB 1998, S. 1855), besteht wohl nur in einem Haftungsprozess gegen den Wirtschaftsprüfer die Möglichkeit, einen Gegenbeweis geltend zu machen, so auch *Ebke*, Aussichten für eine professionelle Entwicklung, ZIP 1999, S. 1193, 1203, Fn. 136; *Förschle*, Beck'scher Bilanz-Kommentar, Rz. 9 zu § 342

[364] dies betont für das Technikrecht ausdrücklich *Rittstieg*, Anlagenrecht, S. 242; ähnlich auch *Kloepfer/Eisner*, Selbstregulierung, DVBl. 1996, S. 964, 971; siehe hierzu auch speziell das folgende Kapitel

[365] so aber *Hellermann*, Private Standardsetzung im Bilanzrecht, NZG 2000, S. 1097, 1100 mit Hinweis auf *BVerwG v.19.12.85* (Whyl), BVerwGE 72, S. 300, 321

§ 342 HGB stattgefunden haben sollte. Bei Zweifeln über die rechtsfehlerhaftsfreie Wahrnehmung dieser Nachprüfungspflicht steht im Übrigen der verwaltungsgerichtliche Rechtsweg offen, für eine erneute Kontrolle seitens der Gerichte im Zivilprozess verbleibt sinnvollerweise kein Raum.

ii) Zusammenfassende Bewertung der DRS: Einordnung als rechtsunverbindliche aber fachkundige Auslegungshilfe

Grundsätze ordnungsgemäßer Buchführung für den im Mittelpunkt dieser Arbeit stehenden Einzelabschluss werden deshalb auch zukünftig ausschließlich durch Entscheidungen des Gesetzgebers oder durch Gerichtsbeschluss entstehen, jede andere Sichtweise verkennt den Charakter der GoB als Rechtsnormen[366]. Damit unterliegen auch die künftigen Standards zum Einzelabschluss, so wie bereits jetzt die DRS zum Konzernabschluss, der vollen gerichtlichen Nachprüfung, auch wenn selbstverständlich nicht verkannt werden kann, dass die Empfehlungen von hohem Sachverstand geprägt sein werden und damit durchaus von einer faktischen Bindungswirkung gesprochen werden kann[367]. Dieser Effekt kann wohl am besten aus einem Zusammenwirken dreier Faktoren beschrieben werden[368]: Zum einen erzeugt die Möglichkeit zur Mitgliedschaft und Mitarbeit in dem Standardisierungsgremium eine Bereitschaft zur Standardbefolgung unter den Rechtsanwendern, dies erscheint einer der bedeutendsten Vorteile einer selbstregulatorischen Standardisierung zu sein. Hinzu tritt, dass der Markt, hier der Kapitalmarkt, bei einem anerkannt hohen fachlichen Niveau des Gremiums schnell eine Präferenz für diejenigen Unternehmen erkennen lassen wird, die die neuen Standards anwenden. Entscheidend ist jedoch das Verhalten des Staates: Bringt er durch eine gesetzliche Vermutungsanordnung unmissverständlich zum Ausdruck, dass er den Arbeitsergebnissen eine gewisse rechtliche Relevanz zukommen lassen will, so lassen sich nicht nur die oben beschriebenen positiven Auswirkungen auf die binnenverbandliche Kooperationsfähigkeit des Gremiums beobachten, die

[366] in diesem Sinne *Moxter*, Aufgaben und Bedeutung, DB 1998, S. 1425, 1426; Beisse, Normqualität und Normstruktur, BB 1999, S. 2180, 2185; zur Ermittlung der GoB mittels der handelsrechtlichen Deduktion ausführlich *Janke*, Grundsätze ordnungsmäßiger Bilanzierung, S. 15ff; a.A. aber *Spanheimer*, Problemfelder des gesetzlichen Standardisierungsauftrages, WPg 2000, S. 997, 1005 sieht durch die Bekanntmachung Konzern-GoB entstehen; ebenso *Scheffler*, Der deutsche Standardisierungsrat, BFuP 1999, S. 407, 414; *Biener*, Fortentwicklung der Rechnungslegung, FS Weber, S. 451, 458. Alle drei Autoren legen gleichzeitig großen Wert auf die Feststellung, dass die Letztentscheidungskompetenz der Gerichte hierdurch nicht getrübt würde. Hier zeigt sich die oben angeführte Verkennung des Charakters der GoB. Stellen sie - richtigerweise - Rechtsnormen dar, so würden insbesondere die Instanzgerichte durch sie selbstverständlich gebunden sein, bei höchstrichterlichen Entscheidungen wäre im Falle gesetzlich kodifizierter GoB eine Entscheidung contra legem nicht möglich, bei gerichtlich geschaffenen GoB greifen die Instrumentarien für eine abweichende Rechtsprechung verschiedener Senate ein

[367] ganz h.M., siehe hierzu *Beisse*, Normqualität und Normstruktur, BB 1999, S. 2180, 2185; *Ernst*, Aktuelle Entwicklungen zur Rechnungslegung, WPg 1998, S. 1025, 1031; *Ebke*, Aussichten für eine professionelle Entwicklung, ZIP 1999, S. 1197, 1203; die fehlende Bindungswirkung auf die Gerichte sehen dagegen *Böcking/Orth*, Offene Fragen, DB 1998, S. 1873, 1877 als Gefahr

[368] siehe hierzu auch *Voelzkow*, Staatliche Regulierung der verbandlichen Selbstregulierung, S. 105, 110

eine Grundvoraussetzung der privaten Standardisierung bilden[369], gleichzeitig zeigt dieses staatliche Verhalten auch der allgemeinen Öffentlichkeit die Bedeutung der so geförderten privatverbandlichen Standards.

iii) Zur Notwendigkeit einer Bilanz-Aufsichtsbehörde zur Durchsetzung der DRS

Diese - in Deutschland altbekannte - Situation lässt nun im Zuge privatverbandlicher Standard-Setzung den Ruf nach einer Aufsichts- und Sanktionsbehörde zur Durchsetzung der Standards laut werden. Werden wie in den USA Rechnungslegungsstandards selbstregulatorisch entwickelt, dann müsste demnach auch eine der SEC entsprechende Behörde errichtet werden[370]. Dass derartige Forderungen regelmäßig nach spektakulären Unternehmenszusammenbrüchen auftreten und ihre Ursachen vor allem in einem Vertrauensverlust gegenüber den Abschlussprüfern zu sehen sind, stellt zwar eine Erklärung, aber keine rechtliche Grundlage für eine solche Behörde dar.

Da die privatverbandlichen DRS, wie oben gezeigt, auch nach ihrer Bekanntmachung keine Rechtsverbindlichkeit erlangen, könnte sie die Nicht-Anwendung der DRS seitens der Bilanzierenden nicht automatisch per se als Rechtsverstoß werten und damit von den ihr ebenfalls zu übertragenden Sanktionsmöglichkeiten nicht automatisch Gebrauch machen[371]. Vielmehr müsste sie die GoB-Konformität der Bilanz überprüfen - eine Aufgabe, die den Wirtschaftsprüfern zukommt. Eine solche Behörde würde damit im Ergebnis keine Normdurchsetzungsinstanz, sondern allein eine Behörde zur Kontrolle des Berufsstandes der Wirtschaftsprüfer darstellen. Ob hierfür eine Notwendigkeit vorliegt, ist nicht Gegenstand dieser Arbeit, jedenfalls aus Gründen der Normdurchsetzung ist eine solche Behörde nicht notwendig.

Im Übrigen kommt auch der Einschätzung des Wirtschaftsprüfers keine endgültige Wirkung zu. Diese ist allein der Judikative überlassen. Ihr und dem Gesetzgeber bleibt es vorbehalten, abschließende Wertungsentscheidungen über die Interessendurchsetzung bei der Aufstellung der Bilanz zu treffen[372].

---

369 siehe hierzu ausführlich Kapitel F II (**Die Kooperationsfähigkeit eines privatverbandlichen Standardisierungsgremiums**), S.88

370 so ausdrücklich *Böckem*, Durchsetzung von Rechnungslegungsstandards, DB 2000, S. 1185, 1190

371 als Sanktionsmöglichkeit käme wohl vor allem die Festsetzung von Zwangsgeldern in Betracht. Hinzu tritt die Rücknahme der Börsenzulassung. Dabei ist jedoch zu beachten, dass börsennotierte Kapitalgesellschaften ab 2005 mindestens ihre Konzernabschlüsse nach IAS aufzustellen haben.

372 anders dagegen *Böcken*, Durchsetzung von Rechnungslegungsstandards, DB 2000, S. 1185, 1190. Die Wertungskompetenz von Gerichten und Legislative wird hier als *„traditionell"* bezeichnet, eine Übertragung der Normfortbildungskompetenz auf eine Bundesbehörde als *„formal systemfremd"*. Durch die Zusammenarbeit der Behörde mit dem DRSC solle dies jedoch *„geheilt"* werden. Hier zeigen sich grundlegende Missverständnisse über das Gewaltenteilungsprinzip, die Literatur zur Rechtsverbindlichkeit der DRS wird nicht zur Kenntnis genommen.
Beachtenswert ist dagegen der Gedanke zu einer deutschen Kontrollinstanz von *Hütten/Brakensiek*, Deutsche US-GAAP, BB 2000, S. 870, 872 die darauf hinweisen, dass deutsche

IV. Ergebnis: Privatverbandliche Standards für den handelsrechtlichen Einzelabschluss als Auslegungsofferte

Die Untersuchung hat gezeigt, dass der Gesetzgeber nicht gehindert ist, auf dem Wege des *statischen* Verweises zum Zeitpunkt der Gesetzesverabschiedung bereits feststehende Empfehlungen eines Rechnungslegungsgremiums in nationales deutsches Recht zu inkorporieren. Integriert der Gesetzgeber auf diesem Wege die Arbeitsergebnisse eines selbstregulatorischen Gremiums in eigene Gesetze, ist zum heutigen Zustand nur eine minimale Verbesserung eingetreten.

Jede Empfehlung und auch jede Änderung der privaten Regel muss den üblichen und daher langwierigen Weg der Gesetzgebung des Bundes beschreiten und besitzt damit wie jede Legaldefinition den Nachteil der Starrheit[373]. Da die Beratungen im Gremium die Verhandlungen im Bundestag und seinen Ausschüssen nicht ersetzen, kann das Verfahren auch nicht mit Hinweis auf die bereits geführten Diskussionen abgekürzt werden. Der bereits erwähnte Vorteil im Vergleich zur momentanen Situation liegt allein im gebündelten Sachverstand des Rechnungslegungsgremiums, dessen sich der Gesetzgeber bei seiner Arbeit bedienen kann. Das Gremium erhielte also lediglich den Status eines Parlamentsberaters[374].

Demgegenüber ist der *dynamische* Verweis auf zukünftige Arbeitsergebnisse des Gremiums im Sinne der normergänzenden gleitenden Verweisung nicht statthaft. Bei den Grundsätzen der Rechnungslegung handelt es nicht um nachprüfbare Naturgesetzlichkeiten, sondern in hohem Maße um politische Entscheidungen für oder gegen mögliche Ansatz- und Bewertungsalternativen, die weniger Fragen der sachlichen Richtigkeit, denn der subjektiv gefärbten Bewertung sind[375]. Diese Entscheidungen darf der Gesetzgeber nicht auf andere staatliche oder gar außerstaatliche Gremien übertragen.

Eine abschließende juristische Bewertung der normkonkretisierenden dynamischen Verweisung kann an dieser Stelle nicht gegeben werden. Festgehalten werden kann aber, dass ein gesetzlicher Verweis auf private Standards zur Konkretisierung von Generalklauseln und unbestimmten Rechtsbegriffen ein

Konzerne de lege lata bis 2005 zwar gemäß § 292a durch Anwendung der US-GAAP von der Pflicht, einen HGB-Abschluss aufstellen zu müssen, befreit werden können, sie aber in ihrer Anwendung der US-GAAP nicht der Kontrolle durch die SEC unterliegen. Hinzugefügt werden muss, dass ebenso die IAS-Konformität befreiender Abschlüsse bislang von keiner durch das IASC legitimierten Instanz überprüft wird.

373 so auch *Sonnenschein*, Podiumsgespräch, S. 105, 120; *Fröhler*, Die Genehmigung technischer Anlagen, WiVerw 1991, S. 2, 7; *Hunscha*, Die starre Verweisung, S. 75, 76; *Schmidt-Preuß*, Normierung und Selbstnormierung, ZLR 1997, S. 249, 253

374 *Breidenbach*, Normensetzung, S. 220

375 siehe erneut *Hommelhoff/Schwab*, Selbststeuerung im Bilanzrecht, BFuP 1998, S.41; so auch speziell zur Rechnungslegung *Herber*, Diskussion, S. 163; *Brand*, Private Rechnungslegungskommissionen, S. *53* m.w.N.; allgemein zu privatverbandlichen Normen *Schmidt-Preuß*, Verwaltung und Verwaltungsrecht, VVDStRL 56 (1997), S. 160, 203; *Gusy*, Wertungen und Interessen, UPR 1986, S. 241 ff; sowie die in Fn. 354 angeführten Quellen

verfassungsmäßig zulässiges legislatives Gestaltungsinstrument darstellen kann.

Beabsichtigt der Gesetzgeber dabei eine Reduzierung der richterlichen Nomenkontrolle, sind allerdings erhöhte, über den heutigen Wortlaut des Gesetzes in § 342 HGB hinausgehende, Anforderungen an die Zusammensetzung des Gremiums, den Regelgewinnungsprozess und die Ziele der selbstregulatorischen Regelgewinnung festzulegen, wie sie im nächsten Kapitel beschrieben werden[376]. Der Gesetzgeber muss Ziele formulieren, Strukturen schaffen, die personelle Zusammensetzung festlegen und die Organisation und Verfahren so ausrichten, dass die Durchsetzung der staatlichen Steuerungsziele und die Gemeinwohlausrichtung gewährleistet sind[377]. Gleichzeitig ist er auch zu einer materiellen Nachschau verpflichtet, die sich an den Zielen des Gesetzes zu orientieren hat. Für seine formelle und materielle Prüfungstätigkeit muss der um Transparenz bemühte Staat Prüfungsmaßstäbe entwickeln, über deren Ausgestaltung im Einzelfall zu berichten ist. Verzichtet der Gesetzgeber auf diese Möglichkeit der Einflussnahme auf den privatverbandlichen Standardgewinnungsprozess, so werden die Gerichte bei der Anwendung der so gewonnenen privaten Regeln auf ihr umfassendes Prüfungsrecht kaum verzichten, im ungünstigsten Fall werden die Standards bei der richterlichen Rechtsfortbildung zu einer unter vielen Stellungnahmen der Wissenschaft degradiert.

Den Vorteil einer weitgehenden inhaltlichen Selbstregulation mit nur maßvollen richterlichen Interventionen bietet die *Generalklauselmethode* nicht. Gleichwohl wird sie bezüglich der Normkonkretisierung im Rahmen der Selbstregulierung häufig als *„Königsweg"* bezeichnet werden[378], da sich der Staat des Sachverstandes, der Flexibilität und der Selbstverantwortung der Privaten bedienen kann, ihm aber andererseits seine Zugriffsoption und sein Letztentscheidungsrecht im Falle der privaten Schlechtleistung verbleibt. Die privaten Regeln können dabei auch hier als Auslegungsofferten angesehen werden, deren Bedeutung aber in noch stärkerem Ausmaß erst durch ihre Akzeptanz seitens der Verwaltung und vor allem der Gerichte entsteht[379]. Dabei werden die Gerichte umso wahrscheinlicher auf eigene Einschätzungen verzichten, je

---

[376] anders sieht dagegen *Ebert*, Private Normsetzung, S. 218 offensichtlich in § 342 die Vorgaben des Gesetzgebers als ausreichend an. Allerdings findet sich bei ihr auch keine eigentliche Diskussion über die Gremienzusammensetzung

[377] *Schulte*, Umweltnormung, S. 165, 166, *Stüer/Hermann*, Umweltnormung, UPR 1997, S. 361, 363; *Di Fabio*, Verwaltung und Verwaltungsrecht, VVDStRL 56 (1997), S. 235, 263, spricht davon, dass die öffentliche Gewalt auch dort identifizierbar bleiben und ihre Verfassungsbindung durchsetzen muss, wo *„sie sich in die Rolle des aus der Ferne Bewirkenden und Fäden Spinnenden zurückzieht."*; für *Hunscha*, Die starre Verweisung, S. 75, 78 ergibt sich die Schutzziel- und Zweckbestimmung seitens des Gesetzgebers aus der konkludenten Anwendung von Art. 80 Abs. 1 Satz 1 GG

[378] für alle *Schmidt-Preuß*, Private Regelwerke, S. 89, 95

[379] erneut *Schmidt-Preuß*, Private Regelwerke, S. 89, 95; *Korinek*, Normung im Spannungsfeld, DIN-Mitt. 75, 1996, S. 436, 437; *BVerwG* v. 22.5.87, BVerfGE 77, S. 285, 291 spricht von „Orientierungshilfen"; *Schulte*, Umweltnormung, S. 165, 180; die staatliche Eingriffsmöglichkeit und —pflicht im Falle nicht gemeinwohlorientierter Arbeitsergebnisse betont deutlich auch *Feldhaus*, Umweltnormung und Deregulierung, S. 137, 153; sowie die in Fn. 345 aufgeführte Literatur

sachkundiger - und alle Interessen berücksichtigend - der Normfindungsprozess gestaltet wurde[380].

Jede selbstregulatorische Regelgewinnung wird, mit unterschiedlicher Intensität in Abhängigkeit von den unmittelbaren Folgen der Normen, mit Bedenken sowohl hinsichtlich der verfassungsrechtlichen Legitimation der Gremien, als auch bezüglich einer drohenden einseitigen Interessendurchsetzung konfrontiert[381]. Daher ist zum einen eine verfassungsverträgliche Ausgestaltung der Normfindungsprozesse unabdingbar. Wenn aber gesamtgesellschaftlich zur Erhöhung der Normloyalität eine deutlichere Einbeziehung *„Betroffener"* in die Normfindung und damit eine stärkere Einwirkung privater Verbandsmacht akzeptiert werden soll, kann der zunehmende Substanz- und Bedeutungsverlust der verfassungsrechtlich vorgesehenen demokratisch legitimierten Entscheidungsorgane auch über den juristischen Diskurs hinaus nur durch eine staatliche Absicherung der demokratischen Strukturen und der Meinungsvielfalt in den privaten Gremien kompensiert werden[382].

Damit führen diese Gedanken unmittelbar in den Untersuchungsgegenstand des nächsten Kapitels über.

---

380 so auch *Kloepfner/Elsner*, Selbstregulierung, DVB1. 1996, S. 964, 970; *Schmidt-Preuß*, Normierung und Selbstnormierung, ZLR 1997, S. 249, 256; *ders.*, Private Regelwerke, S. 89, 95

381 siehe hierzu Kapitel E II (**Mögliche negative Gemeinwohlbeiträge einer privaten Regelbildung**), S. 76

382 siehe an dieser Stelle nur *Schmidt-Aßmann*, M/D, Art. 19 IV, Rz. 207; *Badura*, Gestaltungsfreiheit, FS Bachof, S. 169, 177; *Brugger*, Rechtsprobleme der Verweisung, VerwA 1987, S. 1, 25; *Denninger*, Normsetzung, S. 170 ff mit detailliertem Anforderungsprofil; *Lamb*, Kooperative Gesetzeskonkretisierung, S. 220; *Lübbe-Wolff*, Fragen der Normsetzung, ZG 1991, S. 219, 234

Kapitel I: Die verbleibende staatliche Verantwortung für die gemeinwohlorientierte Ausgestaltung der privaten Standardsetzung

Die früheren Ausführungen zu den möglichen Gemeinwohlbeiträgen einer privatverbandlichen Normierung haben deutlich gezeigt, welche positiven Elemente in einer selbstregulatorischen Standardisierung liegen können. Gleichzeitig wurden aber auch die Gefahren für das *bonum commune*, die insbesondere durch eine mögliche selektive Interessenberücksichtung selbstregulatorischer Prozesse drohen, dargestellt. Aus diesen allgemeinen, aber in die Standardisierung der Rechnungslegung übertragbaren Ausführungen sind nun Gedanken für die Organisation eines selbstregulatorischen Rechnungslegungsgremiums zu entwickeln, die unter den spezifischen Anforderungen, die der Charakter der Rechnungslegungsstandards an den Prozess ihrer Entwicklung stellt, die Vorteile fördert, gleichzeitig aber die möglichen negativen Begleiterscheinungen minimiert. Nur wenn auch diese zweite Voraussetzung, neben dem grundsätzlichen Bestehen positiver Gemeinwohlbeiträge, erfüllt ist, kann die staatlich veranlasste gesellschaftliche Selbstregulierung in den Fundus der dem Staat zur Verfügung stehenden rechtlichen Gestaltungsmöglichkeiten für die Entwicklung von Rechnungslegungsstandards aufgenommen werden.

Dabei soll an dieser Stelle noch einmal das dahinter stehende Konzept rekapituliert werden: Unter der Voraussetzung der Nichtexistenz eines Gemeinwohlmonopols des Staates ist es ihm innerhalb der verfassungsmäßigen Ordnung möglich, seine Verantwortung für das *bonnum commune* mit privaten Akteuren zu teilen. Allerdings verbleibt ihm als Garant des sozialen Interessenausgleichs auch nach einer Rücknahme seiner vorher beanspruchten Zuständigkeit für die fragliche öffentliche Aufgabe eine Verantwortung für die Gewährleistung des angestrebten Aufgabenziels. Die konkrete Ausgestaltung überlässt der Staat dabei aber im Sinne der freiheitsfördernden Grundrechte unter Aufgabe seiner Erfüllungsverantwortung Privaten. Dabei werden diese privaten Akteure innerhalb eines vorgegebenen strukturierten Handlungsrahmens selbständig tätig, der Staat selbst verharrt in einer beobachtenden Haltung, die ihn nur bei groben Verstößen gegen seine das Gemeinwohl sichernden Vorgaben aktiv werden lässt. Entscheidend für dieses Konzept ist nun aber im Folgenden die Ausgestaltung des Handlungsrahmens. Es ist jedoch nicht der Anspruch der Ausführungen, konkrete Ausgestaltungsempfehlungen im Sinne einer zukünftigen Satzung zu erarbeiten, da deren Aufstellung von einer Vielzahl von Kompromissen der daran beteiligten Gruppen abhängen wird, denen hier nicht vorgegriffen werden kann. Vielmehr sollen die Problemfelder aufgezeigt und denkbare Lösungsmöglichkeiten erörtert werden.

Die in dieser Arbeit wiederholt notwendig gewordene Differenzierung der künftigen Arbeit eines deutschen Rechnungslegungsgremiums bezüglich der Einzel- und Konzernabschlüsse wird auch hier fortgeführt werden müssen, da der unterschiedliche Adressatenkreis der Abschlüsse möglicherweise voneinander variierende staatliche Eingriffe erfordert.

I. Entwicklung von Rechnungslegungsstandards ist Interessendurchsetzung

Die Interessenlagen der einzelnen Gruppen, die mithilfe eines Unternehmens finanzielle Ziele erreichen wollen, sind nicht identisch. Sie haben dabei Ansprüche auf vertraglich festgelegte oder vom Periodenerfolg abhängige Zahlungen des Unternehmens beziehungsweise sie streben diese zukünftig an oder sie das wollen das betrachtete Unternehmen mit anderen vergleichen. Allen gemein ist, dass sie deshalb aus dem Jahresabschluss sowohl Informationen über mögliche positive oder negative Einflüsse der Vergangenheit und über Entwicklungslinien für die Zukunft gewinnen möchten, als auch bei erfolgsabhängigen Zahlungsansprüchen individuelle Interessen über die periodische Verteilung dieser Zahlungen haben[383]. Da die unterschiedlichen Auffassungen über die systemgerechte Anwendbarkeit einzelner Rechnungslegungsalternativen sich somit als ein Verteilungskampf um Informationen und Zahlungen darstellen, bei dem jede Gruppe auf eine möglichst intensive Berücksichtigung der eigenen Interessen dringt, hat die Rechnungslegung in den vergangenen Jahrzehnten eine politische Dimension erhalten.[384] Entscheidungen für oder gegen einzelne Ansatz- und Bewertungsalternativen, unabhängig davon, ob sie von einem selbstregulatorischen Standardisierungsgremium oder vom BFH vorgenommen werden, sind damit immer politische Entscheidungen *für ein* Interesse und *gegen ein* anderes[385].

1. Keine gesetzliche Hervorhebung eines Jahresabschlusszweckes

Dabei ist der Jahresabschluss ein „*Vielzweckinstrument*“[386], ohne dass die Hervorhebung eines Zweckes klar als vom Gesetzgeber intendiert angesehen werden kann. Bei der Betrachtung einzelner handelsrechtlicher Vorschriften wird zwar oftmals deutlich, dass durch sie eine der Jahresabschlussaufgaben in den Vordergrund gestellt wird, insgesamt gelingt es aber nicht, die Dominanz eines der Jahresabschlusszwecke zu erkennen. Vielmehr sind in der be-

---

383 siehe zu den hieraus folgenden Aufgaben für den Gesetzgeber *Wöhe*, Bilanzierung, S. 42

384 besonders deutlich bei *Großfeld*, Diskussion, S. 143, der feststellt, dass „*das Bilanzrecht nicht mehr reines Informationsrecht, sondern hochpolitisches Gestaltungsrecht*“ geworden sei; in diesem Sinne auch Rappaport, Economic Impact, JoA, May 1977, S. 89; *Achleitner*, Normierung, S. 47; *Kubin*, Diskussionsbeitrag, S. 135, 143; *Solomons*, The politicization of accounting, JoA, November 1978; S. 65 bemerkt, „*there was once a time, not so many years ago, when accounting could be thought of as an essentially nonpolitical subject. If it was not as far removed from politics as was mathmatics or astronomy, it was at least no more political than psychology or statistics.*“; *Kam*, Accounting Theory, S. 560 formuliert treffend: „*It must be understood that different groups want accounting standards to be beneficial to them.*“; *Subcommittee on Reports, Accounting and Management*, Improving, JoA January 1978, S. 88, 91

385 in diesem Sinne bereits *Horngren*, Accounting Standards, JoA, October 1973, S. 61, wenn er ausführt: „*The setting of accounting standards is as much a product of political action as of flaeless logic or empirical findings.*“

386 so *Schildbach*, Jahresabschluss, S. 30

triebswirtschaftlichen Literatur vielfältige Erklärungsversuche zu finden, die sich allesamt auf die gesetzlichen Regelungen des 3. Buches des HGB beziehen[387]. Dieser Charakter des deutschen handelsrechtlichen Jahresabschlusses erklärt auch die unterschiedlichen Auffassungen über seine Aufgaben und die divergierenden Zielvorstellungen, die einzelne Adressatengruppen mit ihm verbinden.

Somit kann festgehalten werden: Der Gesetzgeber des HGB hat ausdrücklich auf eine Hervorhebung eines Jahresabschlusszweckes verzichtet, da er nicht die Interessen einzelner Adressaten oder Adressatengruppen einseitig berücksichtigen wollte[388]. Vielmehr strebt er nach einem Ausgleich der zum Teil gegensätzlichen Interessen und weitet den Schutzbereich des Jahresabschlusses auf alle Adressaten aus[389]. Hinzu kommt die nach kontinentaleuropäischer Tradition nur in Grenzen mögliche Konkretisierbarkeit von Rechnungslegungsnormen. Daraus erklärt sich die oben bereits veranschaulichte Unmöglichkeit, Rechnungslegungsvorschriften streng naturwissenschaftlich und logisch aus den gesetzlichen Vorgaben abzuleiten. Da ein System konkretisierter Rechnungslegungsregeln die Gefahren in sich birgt, dem Einzelfall nicht gerecht zu werden, Ermessensentscheidungen zu erschweren und zukünftige Entwicklungen zu verhindern, ist ein Gesetzgeber des *code law* in hohem Maße zur Verwendung von Generalklauseln und unbestimmten Rechtsbegriffen gezwungen. Damit verlagert er aber die konkrete Entscheidung über die Abwägung der verschiedenen Interessen am Jahresabschluss bei der Abbildung eines bestimmten Geschäftsvorfalls auf die Interpretation dieser unbestimmten Rechtsbegriffe durch den Jahresabschlussaufsteller bzw. auf die Überprüfung seiner Vorgehensweise durch die Gerichte. Diesen ist es dann überlassen, durch Wertungen der verschiedenen Zwecke des Jahresabschlusses zu verbindlichen Ansatz- und Bewertungsregeln zu kommen. Regelbildung wird damit zur Interessenbildung[390].

Wie bereits an anderer Stelle bemerkt, verbietet es sich daher, bei der Beurteilung von Ansatz- und Bewertungsentscheidungen die Begriffe *„richtig"* oder *„falsch"* zu verwenden, da die Entwicklung der Regeln in der Rechnungslegung eben nicht naturgesetzlichen Erkenntnissen zu verdanken ist, sondern einer an dem für sachgerecht erkannten Bilanzzweck ausgerichteten normativen Bewertung unterschiedlicher Interessen. Dies leitet über in eine Fortführung der vergleichenden Gedanken zum Charakter der Standardisierung beim

---

387 so ausdrücklich bei *Baetge*, Bilanzen, S. 64; vgl. auch *Achleitner*, Normierung, S. 46 und *Rost*, Harmonisierungsprozess, S. 14; zum Zielpluralismus im deutschen handelsrechtlichen Jahresabschluss siehe speziell *Leffson*, GoB, S. 59-63

388 *Rappaport*, Economic impact, JoA, May 1977, S. 89 verweist zu Recht darauf, dass die Regelfestsetzung in der Rechnungslegung die Möglichkeit zur Umverteilung des gesellschaftlichen Wohlstandes in sich birgt; für *Hommelhoff/Schwab*, Selbststeuerung im Bilanzrecht, BFuP 1998, S. 38, 42 entspringt der staatliche Schutz seiner Bürger vor wirtschaftlicher Übermacht seiner *„Friedensfunktion"*

389 *Baetge*, Bilanzen, S. 64; *Havermann*, Aussagewert des Jahresabschlusses, WPg 1988, S. 612, 614

390 für die gerichtliche GoB-Entwicklung betont dies auch *Drüen*, Maßgeblichkeitsgrundsatz im Wechselspiel, FR 2001, S. 992, 95; damit entfällt auch das Argument, die Berufsangehörigen seien im Besonderen zur Regelbildung geeignet, so auch *Brand*, Rechnungslegungskommission, S. 57

DIN und in der Rechnungslegung[391]. Während weiter oben die Frage der Herleitung der verschiedenen Standardisierungsalternativen im Mittelpunkt stand, soll hier die anschließende Bewertung näher betrachtet werden.

2. Wertungen als konstitutiver Bestandteil nicht rein naturwissenschaftlicher Regelwerke

Diese Wertungsabhängigkeit der Regelbildung überrascht aber keinesfalls und ist nicht auf den Bereich der Rechnungslegung beschränkt. Sämtliche Regelwerke enthalten Wertungen, die von den gesellschaftlichen, wirtschaftlichen, sozialen und politischen Gegebenheiten zum Zeitpunkt der Regelentstehung abhängen.

Als Beispiel hierfür sei wiederum der DIN e.V. anzuführen. Sein Ziel ist die Standardisierung von Produkten im Interesse ihrer Einheitlichkeit, Vergleichbarkeit und Austauschbarkeit[392]. Die vom DIN entwickelten Regeln haben praktische Bedeutung für die Vereinheitlichung behördlicher Anforderungen an Qualität und Sicherheit der Erzeugnisse und geben eine Orientierungshilfe für die Entscheidungen der Exekutive und Judikative. Den Normausschüssen des DIN gehören neben Experten und Sachverständigen auch Vertreter bestimmter Branchen und Unternehmen an, die ihren Interessenstandpunkt in die Beratungen einbringen. Daher ist mit der Rechtsprechung festzustellen, dass die Beratungsergebnisse nicht unkritisch als *„geronnener Sachverstand“* oder reine Forschungsergebnisse betrachtet werden dürfen, da sie nicht den Anforderungen genügen, die an die Neutralität und Unvoreingenommenheit gerichtlicher Sachverständiger zu stellen sind[393]. Obwohl technische Regelwerke auf naturwissenschaftlichen Erkenntnissen und Erfahrungen beruhen, erweisen sie sich zum großen Teil nicht als bloße Transformation faktischer Gesetzlichkeiten und nicht als bloße Kodifikation der naturwissenschaftlich-technischen Erkenntnisse[394], sondern sie beinhalten auch Volitivakte, die versuchen, sachverhaltliche Gesetzmäßigkeiten mit ökonomischen Möglichkeiten und politisch-gesellschaftlichen Zielvorstellungen in einen Ausgleich zu bringen.[395]

---

[391] siehe hierzu erneut Kapitel G IV (**Private Standards im Recht der Rechnungslegung und der Technik: Unterschiede ihrer Herleitung**), S. 107

[392] so *BVerwG v. 22.5.87*, BVerwGE 77, S. 285, 291

[393] *BVerwG v. 22.5.87*, BVerwGE 77, S. 285, 291; ähnlich *BVerwG* v. *30.9.96*, NVwZ-RR 1997, S. 214, 215, wonach die DIN-Vorschriften deshalb nicht schon kraft ihrer Existenz die Qualität von anerkannten Regeln der Technik haben und sie den Rückgriff auf weitere Erkenntnismittel nicht ausschließen; so auch *Achleitner*, Normierung, S. 46, die klarstellt, dass Rechnungslegung kein neutrales Instrument zur objektiven Darstellung wirtschaftlicher Verhältnisse sein kann, sondern vielmehr unter spezifischen Zielvorstellungen gestaltet wird.

[394] hierunter versteht *Gusy*, Wertungen und Interessen, UPR 1986, S. 241, sog. Kausalgesetze, die technische Zwangsabläufe beschreiben; ähnlich *Wilke*, Rechtsnormen, S. 11, 18, wonach technische Regeln nicht nur faktische Phänomene und Prognosen über künftige Kausalverläufe darstellen, sondern kompromisshafte Willensentscheidungen der beteiligten Kreise darstellen; auch *Marburger*, Regeln der Technik, S. 283

[395] *Papier*, Rechtskontrolle, S. 81, 91; siehe auch die Begründung zum *UGB-KommE*, vor §§ 31-33, S. 494; *Burmeister*, Verfahrensstrukturierungsgebote, UTR 1988, S. 121, 153; *Welsch*, Demokratisierung technischer Normung, WSI-Mitt. 1990, S. 650, 656; *Voelzkow*, Ist die technische Normung demokratisch? DIN-Mitt 75, 1996, S. 193, 195; *Schwab*, Standardisierungsvertrag für das

Private Regelgewinnung kann daher, sowohl für die Rechnungslegung als auch, trotz aller aufgezeigten Unterschiede, im Bereich der Technik daher niemals wertfrei sein, da im Standardgewinnungsprozess neben fachtechnischen Erkenntnissen stets auch Einschätzungen, Kompromisse und Wertungen erforderlich sind, die von den individuellen, sozialen, ökologischen und ökonomischen Interessen der Beteiligten geprägt sind[396]. Für den Betrachter ist es allerdings oftmals unmöglich, kognitive und wertende Elemente der Regeln zu unterscheiden. Dadurch verlieren private Standards erheblich an Reputation als unabhängige, sachverständige Regel[397]. Der gewichtige Unterschied zwischen Regelwerken der Technik und der Rechnungslegung ist jedoch in der Herleitung der einer Bewertung zuzuführenden Auswahlalternativen auszumachen: Während diese im Bereich der Technik einzig durch die Naturwissenschaft und die technische Machbarkeit begrenzt werden, müssen sie in der Rechnungslegung mithilfe der aus den Jahresabschlusszwecken hergeleiteten betriebswirtschaftlichen Bilanztheorien entwickelt werden. Damit engt sich aber der Bereich möglicher Alternativen aufgrund der Grundsatzentscheidungen der Legislative erheblich ein.

II. Die staatliche Vorgabe eines Handlungsrahmens für die selbstregulatorische Normung

1. Der Staat als Garant eines gesellschaftlichen Interessenausgleichs

Die Ausführungen zu den Möglichkeiten der Interesseneinbringung bei der Standard-Setzung des DIN haben ein konkretes Beispiel für die Situation aufgezeigt, in der sich der Gesetzgeber in einem sozialen Rechtsstaat wie der Bundesrepublik Deutschland nach der Installierung selbstregulatorischer Verfahren befindet: Der Staat darf sich nicht völlig aus seiner Verantwortung zurückziehen, vielmehr ist er mindestens im Sinne der oben beschriebenen Auffangverantwortung bezüglich der Ausübung quasi-staatlicher Macht seitens einer privaten Instanz verpflichtet, die Beziehungen innerhalb des Gemeinwesens im Sinne eines übergreifenden Interessenausgleiches zu gestalten[398].

DRSC, Teil 1, BB 1999, S. 731; *Hommelhoff/Schwab*, Rechtserkenntnis, ZfbF Sonderheft 36/1996, S. 149, 168; *Hellermann*, Private Standardsetzung im Bilanzrecht, ZGR 2000, S. 1097, 1098; *Schmidt-Aßmann*, M/D, GG, Art. 19 IV, Tz. 207; *Gusy*, Wertungen und Interessen, UPR 1986, S. 241, 249 vergleicht technische Normen daher mit Rechtsnormen, da beide offen für das Einfließen von Wertungen und Interessen seien; zu undifferenziert dagegen *Moxter*, Aufgaben und Bedeutung, DB 1998, S. 1425, 1427

396 zu zögerlich, aber mit gleichem Ergebnis *Hommelhoff/Schwab*, Selbststeuerung im Bilanzrecht, BFuP 1998, S. 38, 41; deutlicher *Schmidt-Preuß*, Private Regelwerke, S. 89, 93; *ders.*, Verwaltung und Verwaltungsrecht, VVDStRL 56 (1997), S. 160, 203; *Brohm*, HbStR II, § 36 (Sachverständige Beratung des Staates), Tz. 27; *Lübbe-Wolff*, Fragen der Normsetzung, ZG 1991, S. 219, 235; *Papier* Recht der Technik, FS Lukes, S. 159, 161

397 so richtigerweise der Hinweis von *Burmeister*, Verfahrensstrukturierungsgebote, UTR 1988, S. 121, 153, Fn. 137

398 so im Ergebnis auch *Schmidt-Aßmann*, M/D, Art. 19 Abs. 4, Rn. 207; *Hommelhoff*, Zum Ersatz des deutschen Konzernabschlusses, S. 109, 127; ebenso *Deutscher Bundestag*, Ausschuss für Bildung, Wissenschaft, Forschung, Technologie und Technikfolgenabschätzung, BT-Drs. 13/6450, S. 51

Der moderne Staat kann sich eben nicht darauf beschränken, nur die Voraussetzungen gesellschaftlicher Selbstregulation zu garantieren. Vielmehr hat er eine Gesamtverantwortung für den Bestand und die Entwicklung des gesamten gesellschaftlichen Systems hinsichtlich der ökonomischen, sozialen und kulturellen Verhältnisse übernommen und muss daher in den Fällen intervenieren, in denen die Selbstregulation an diesen Stellen versagt[399]. Das Grundgesetz sanktioniert nicht das Recht des Stärkeren und versucht daher, einseitige inhaltliche Bestimmungen der parlamentarisch beschlossenen Gesetze durch die Repräsentanten einzelner Sonderinteressen mittels der Wahlrechtsgrundsätze, des freien Mandat der Bundestagsabgeordneten und der Gewährleistung der Oppositionsrechte zu verhindern[400].

Diese Berücksichtigung eines breiten Interessenspektrums muss in abgeschwächter Form auch für private Norminhalte gelten, sofern der Staat an einer Rezeption dieser Standards in seinen Normenkanon interessiert ist. Dabei enthalten Rechnungslegungsstandards ebenso wie technische Standards Wertungen im Sinne politischer Willensentscheidungen, die dazu führen, dass der Staat auch dort seiner Verantwortung nachkommen muss und dafür Sorgen zu tragen hat, dass während des Standardisierungsprozesses die als relevant angesehenen Interessen angemessen berücksichtigt und eine einseitige Durchsetzung einzelner Interessen verhindert werden.

Hierzu stehen im Wesentlichen drei Zugriffsoptionen offen, mit deren Hilfe der Staat im Sinne einer umfassenden Gemeinwohlorientierung eingreifen kann: Zum einen kann er durch organisatorische Vorschriften bereits vor Beginn der Standardisierungsarbeiten ein Höchstmaß an Transparenz und Mitwirkung der interessierten Kreise durchzusetzen suchen. Hierzu wäre auch eine finanzielle Unterstützung einzelner Gruppen zu zählen. Zum Zweiten könnte er sich eine eigene Mitwirkungsmöglichkeit an den Gremienarbeiten zusichern lassen und drittens legt der abschließende Rezeptionsakt dem entlasteten Staat sowohl eine Prüfung der Einhaltung der aufgegebenen organisatorischen Vorgaben als auch eine mindestens grobe materielle Nachschau hinsichtlich des Verbleibens in den Grundentscheidungen des Gesetzgebers und möglicher

[399] hierzu speziell *Grimm*, HbVerfR, § 15 (Verbände), Tz. 7; *ders*., Zukunft der Verfassung, S. 178 postuliert, dass der vom Grundgesetz geforderte Anspruch an die Gesellschaftsordnung nach sozialer Gerechtigkeit ohne Intervention des selbst mit keinem Interesse identifizierten Staates nicht gelingen kann; ähnlich auch *Hommelhoff/Schwab,* Selbststeuerung im Bilanzrecht, BFuP 1998, S. 38, 42, die es als Aufgabe des Staates ansehen, den Bürger vor Fremdbestimmung wirtschaftlicher, sozialer und informeller Übermacht seiner Mitbürger zu schützen. Auch dieses Schutzprinzip entstammt im Übrigen dem Subsidiaritätsprinzip. Die Entfaltung der wesenseigenen menschlichen Kräfte kann eben auch durch einseitige wirtschaftliche Machtverhältnisse eingeschränkt werden. In diesem Sinne kritisch gegenüber selbstregulatorischen Verfahren *Trute*, Selbstregulierung, DVBl. 1996, S. 950, 956; *Britz*, Die Mitwirkung Privater, VerwA 2000, S. 418, 435

[400] *Lübbe-Wolff,* Fragen der Normsetzung, ZG 1991, S. 219, 243; *Lange*, Staatliche Steuerung, VerwA 1991, S. 1, 16; ähnlich auch *Grimm*, Zukunft der Verfassung, S. 178; *Schmidt-Preuß,* Private Regelwerke, S. 89, 94 bemerkt, der Staat dürfe *„sich nicht an private Partikularinteressen ausliefern.“*; *Führ*, Technische Normen, ZUR 1993, S. 99, 100 vergleicht den Status nicht-ökonomischer Interessengruppen in selbstregulatorischen Gremien mit dem der parlamentarischen Opposition

Konsequenzen für andere Rechtsgebiete auf[401]. Bevor im Weiteren die verbleibenden Verantwortlichkeiten des Staates für die Organisation, die Verfahrensabläufe und die materiellen Ergebnisse eines selbstregulatorischen Standardisierungsprozesses diskutiert werden, soll zuvor die Wirkung der staatlichen Aufsicht auf die rechtliche Wertigkeit der Normen dargestellt werden.

2. Staatliche Maßnahmen zur Erhöhung der rechtlichen Wertigkeit der selbstregulatorischen Normen

Während die Mitarbeit eigener Repräsentanten in den Arbeitsgremien des selbstregulatorischen Prozesses eine direkte staatliche Beteiligung an der privaten Normung darstellen würde, bewegen sich die staatlichen Strukturvorgaben und die Überwachung ihrer Einhaltung außerhalb des eigentlichen Standardisierungsprozesses.

Es wurde dargestellt, dass auch die Erfüllung höchster demokratischer Ansprüche bezüglich ihrer Organisation und ihrer internen Verfahrensabläufe die fehlende demokratische Legitimation selbstregulatorischer Gremien nicht dahingehend ersetzen kann, dass dem Gesetzgeber die Übertragung realer Rechtssetzungsmacht auf einen solchen Zusammenschluss Privater möglich wäre[402]. Damit befreit die Anwendung selbstregulatorisch entwickelter Normen weder den Rechtsanwender noch die Gerichte von einer eigenen selbständigen Bewertung des Sachverhaltes. Insbesondere die Rechtsprechung kann zu einer unbesehenen Übernahme der Normen nicht gezwungen werden[403]. Dabei werden die Gerichte die selbstregulatorischen Standards jedoch umso stärker respektieren und damit unter Verzicht auf eigene Würdigungen zur Grundlage ihrer Entscheidungen machen, je fachlich qualifizierter, bezüglich der Interessen ausgewogener und überzeugender ihnen das Auslegungsangebot des privaten Gremiums erscheint[404].

Damit gewinnt die Frage der Ausprägung der demokratischen Strukturanforderungen für die Organisation der Gremienarbeit große Bedeutung, da sie im Mittelpunkt der gerichtlichen Anwendungsentscheidung steht. Da der Staat

---

[401] die bei *Schmidt-Preuß*, Private Regelwerke, S. 89, 94 zusätzlich erwähnte finanzielle Steuerungsperspektive trifft zwar beim DIN mit einem Bundeszuschuss von 10 Mio DM für das Jahr 2001 zu, das DRSC erhält jedoch keine staatlichen Zuwendungen. Siehe allerdings weiter unten den Hinweis auf eine mögliche staatliche Beteiligung an den Kosten für die Standardisierung des Einzelabschlusses mit der dann durchaus vorhandenen finanziellen Steuerungsebene

[402] verwiesen sei nochmals auf das Ergebnis im Kapitel H III.2.b)i) (**Der normergänzende oder selbständige dynamische Verweis**), S. 128

[403] siehe hierzu an dieser Stelle erneut nur *Marburger*, Formen, Verfahren und Rechtsprobleme, S. 24, 37; ebenso ausdrücklich für die Empfehlungen des DRSC *Scheffler*, Internationale Rechnungslegung, DStR 1999, S. 1285, 1292; dagegen sieht *Grüter*, Umweltrecht und Kooperationsprinzip, UTR 10, S. 95 eine de facto-Verbindlichkeit der privaten Normen und damit einen Verstoß gegen den grundgesetzlichen Gesetzesvorbehalt

[404] *Voelzkow*, Private Regierungen, S. 201 bezeichnet die Wirkung privater Standards durch ihre hohe Akzeptanz seitens der Rechtsprechung als *„Rechtssicherheitsfunktion"*; auch *Lamb*, Kooperative Gesetzeskonkretisierung, S. 93 betont, dass die Gerichte den privatverbandlichen Normen umso eher den Charakter einer zulässigen Gesetzeskonkretisierung zusprechen werden, desto weniger offensichtlich rechtlich für bedeutsam erachtete Schutzinteressen vernachlässigt werden

insgesamt demokratisch verpflichtet ist, muss seinen Organen eine weitgehend unbesehene Geltungsanordnung undemokratisch entstandener Normen verwehrt sein. Dies gilt insbesondere dann, wenn jedermann von diesen Normen betroffen sein kann, damit durch diese Form der Wahrnehmung öffentlicher Aufgaben durch private Gremien die demokratischen Fundamente des grundgesetzlichen Gemeinwesens nicht bedroht werden[405]. Daher erhöht die quasi reflexartige Beachtung der demokratisch-rechtsstaatlichen Mindeststandards die Chance auf die staatliche richterliche Privilegierung[406]. Dieses im Vorfeld zu beachten, ist Aufgabe sowohl des Gesetzgebers, der den Standards eine gewisse rechtliche Qualität zukommen lassen will, als auch des Standardisierungsgremiums selbst.

Daher steht im Weiteren die breite demokratische Basis der Normengewinnung insbesondere in den beiden Ausprägungskreisen „*Interessenbeteiligung*" und „*Verfahrensabläufe*" im Fokus des Interesses, da sie neben der fachlichen Qualität die wichtigste Voraussetzung für den Erfolg der selbstregulatorischen Standards ist. Da deren vollständige inhaltliche Überprüfung der beabsichtigten Staatsentlastung zuwider laufen würde, werden die Gerichte diese Determinanten als Hilfskriterium für die Sachgerechtheit der Standards heranziehen und damit intensiv die Art des Zustandekommens der Normen beobachten müssen[407].

3. Die demokratischen Strukturdeterminanten als Maßstab für die Akzeptanz der Normen

Der Erfolg privatverbandlicher Standardsetzung in der Rechnungslegung hängt also letztendlich von ihrer Akzeptanz seitens der Gerichte ab und wird daher im Wesentlichen von den demokratisch-rechtsstaatlichen Strukturdeterminanten bestimmt. Sollen die entwickelten Standards den Rechtsanwendern als Anhaltspunkt für ihre gesetzlichen Pflichten dienen, muss der Entstehungsprozess der Standards bestimmten Anforderungen an die Zusammensetzung des Gremiums, die Verfahren zur Regelgewinnung, die Beteiligung

---

405 *Voelzkow*, Ist die technische Normung demokratisch?, DIN-Mitt. 75, 1996, S. 193; *Marburger/Gebhard*, Umweltnormierungen, S. 1, 39

406 die freiwillige Befolgung dieser Regeln aus Eigeninteresse betont auch *Schmidt-Preuß*, Verwaltung und Verwaltungsrecht, VVDStRL 56 (1997), S. 160, 205; *ders.*, Normierung und Selbstnormierung, ZLR 1997, S. 249, 256; ähnlich *Drescher*, public versus private standard setting?, StuW 1998, S. 240, 252; allerdings kann der Staat wohl kaum auf eine präventive rechtliche Vorgabe Gesetzgebers über die personelle Gremienzusammensetzung und die Verfahrensabläufe verzichten, so auch *Hommelhoff*, Zum Ersatz des deutschen Konzernabschlusses, S. 109, 127 bereits präventiv eine rechtliche Vorgabe des

407 dies betont auch *Korinek*, Normung im Spannungsfeld, DIN-Mitt. 75, 1996, S. 436, 437; auch nach *Ebke*, Aussichten für eine professionelle Entwicklung, ZIP 1999, S. 1193, 1195 u. 1200 sind dies die entscheidenden Determinanten, die zur Beurteilung der Vorteilhaftigkeit privater Normungen heranzuziehen sind. Versagt das Gremium hier, entstünde in der Öffentlichkeit schnell der Wunsch nach gesetzlichen Regelungen und der Aufgabe des selbstregulatorischen Prozesses; *Eichener/Heinze/Voelzkow*, Techniksteuerung, S. 393, 414 setzen dabei weniger auf Freiwilligkeit, sondern sehen mehr die Notwendigkeit der staatlichen Anerkennung der selbstregulatorischen Standards bzw. den fortbestehenden Gesetzesvorbehalt als wirksames Instrument, die für die gerichtliche Selbstbeschränkung notwendige hohe demokratische Qualität der Standards zu gewährleisten. Damit ist wiederum der Bezug zur Regierungsfähigkeit privater Gremien hergestellt.

der interessierten Öffentlichkeit, den Minderheitenschutz, die Normpublizität und das Schiedsverfahren gerecht werden[408]. Insbesondere in einem Bereich wie der Rechnungslegung, in der die inhaltliche Vorgabe seitens des Gesetzgebers nur unvollständig und offen ausgestaltet werden kann und zu deren Standardisierung betriebswirtschaftliche Theorien herangezogen werden müssen, gewinnt die Festlegung der organisatorischen Ausrichtung eines privaten Gremiums zur Durchsetzung einer Allgemeinwohl-Orientierung an Bedeutung und ermöglicht erst den Rückzug des Staates von diesen Aufgaben[409].

Der Gesetzgeber kann sich auf diesem Wege seiner Gestaltungsaufgaben damit nur entziehen, wenn er einerseits präventiv durch Vorgaben über die Organisation des Gremiums und der zu verwendenden Verfahren und andererseits reaktiv vor einer staatlichen Übernahme die Beachtung seiner Vorgaben überprüfend die möglichst umfassende Berücksichtigung differierender Interessen sicherstellt, da ansonsten die Gerichte auf eine eigene umfassende Meinungsbildung nicht verzichten werden[410]. Hinzukommen muss dann in einem nächsten Schritt eine inhaltliche Plausibilitätsüberprüfung der empfohlenen Standards anhand der von ihm selbst normierten Ziele des Jahresabschlusses. Mit einer solchen Konzeption staatlicher Garantien für eine den rechtsstaatlichen Prinzipien folgende Standardgewinnung wäre ihm jedoch ausdrücklich keine umfassende, die staatsentlastende Wirkung zerstörende inhaltliche Standardkontrolle aufgegeben[411].

Im Nachfolgenden sollen anhand der oben beschriebenen Strukturdeterminanten untersucht werden, welche Systemeigenschaften die Normungsgremien aufweisen müssen, um von den Bilanzierenden, den Adressaten des Jahresabschlusses und vor allem von der Rechtsprechung im intermediären Sektor

---

408 so auch *Schmidt-Aßmann*, M/D, GG, Art. 19 IV, Tz. 207; bezüglich der bestehenden technischen Normungsverbände sehen *Marburger/Gebhard*, Umweltnormierungen, S. 1, 39 Defizite im Wesentlichen nur bei der Ausgewogenheit der Interessenberücksichtigung; siehe hierzu auch *Kunig*, Alternativen, S. 43, 62, für den gesteigerte Kommunikation ungeeignet ist, mangelnde demokratische Legitimation zu kompensieren

409 *Röhl*, Wissenschaftsbeirat, S. 165 allgemein für Beratungsgremien des Staates; *Hommelhoff*, Zum Ersatz des deutschen Konzernabschlusses, S. 109, 127; siehe auch für technische Standardisierungen *Lübbe-Wolff*, Fragen der Normsetzung, ZG 1991, S. 219, 243, ihre Aussagen sind aber auch auf den Bereich der Rechnungslegung übertragbar.

410 *Schwab*, Standardisierungsvertrag für das DRSC, Teil I, DB 1999, S. 731, 734; Hommelhoff, Zum Ersatz des deutschen Konzernabschlusses, S. 109, 127; die reaktive Nachschau betont auch *Drescher*, public versus private standard setting?, StuW 1998, S. 240, 252

411 so auch Begründung zu § 161 *UGB-ProfE*, S. 482; sowie Begründung zu § 32 *UGB-KomE*, S. 499; *Lange*, Staatliche Steuerung, VerwA 1991, S. 1, 12 leitet die Aufgabe des Staates nach Aufstellung entsprechender Vorgaben unmittelbar aus dem sich aus dem Rechtsstaats- und Demokratieprinzip und der Bindung der staatlichen Gewalt an das Gesetz gemäß Art. 20 Abs. 3 GG ergebenden Vorbehalt des Gesetzes ab. Danach ist dieses Prinzip nicht nur im Sinne einer Zielvorgabe für die Arbeitsergebnisse des Gremiums zu verstehen, vielmehr verpflichte der Vorbehalt des Gesetzes auch zur Aufstellung von Vorgaben über Zusammensetzung und Arbeitsverfahren der Gremien; ähnlich auch *Kloepfer/Elsner*, Selbstregulierung, DVBl. 1996, S. 964, 971 und bereits *Rittstieg*, Anlagenrecht, S. 242 der von einer problemadäquaten Zusammensetzung und Verfahrensweise als Bedingung für das Eintreten einer Vermutungswirkung spricht; siehe auch *Führ*, Technische Normen, ZUR 1993, S. 99, 100; für das Rechnungslegungsrecht stellt *Schwab*, Standardisierungsvertrag für das DRSC, Teil 1, BB 1999, S. 731, 732 zu Recht fest, dass bei Schaffung von §§ 342, 342a HGB derartige Festlegungen des Gesetzgebers unterblieben

zwischen staatlicher Regelung und Eigenverantwortung des Marktes akzeptiert zu werden[412].

III. Die verbleibende Organisations- und Verfahrensverantwortung des Staates

Das Ziel der staatlichen Vorgaben steht damit fest: Bei einer Maximierung der gemeinwohlfördernden Aspekte einer selbstregulatorischen Entwicklung von Rechnungslegungsstandards müssen gleichzeitig die für eine Reduzierung der gerichtlichen Kontrolldichte notwendigen rechtsstaatlich-demokratischen Erfordernisse optimiert werden. Hierzu dürften in erste Linie die Zusammensetzung des Gremiums, die Transparenz und Interessenabwägung während des eigentlichen Standardisierungsprozesses und die Finanzierung der Gremienarbeit gehören, wobei aber auch die notwendige Flexibilität, die eine selbstregulatorische Standardisierung im besonderen Maße bieten kann, nicht unberücksichtigt gelassen werden darf. Dabei ist, wie angekündigt, zu untersuchen, ob zwischen der Entwicklung von Standards für den Einzelabschluss und den Aufgaben bezüglich des Konzernabschlusses, der IAS-Anwendung und der Mitarbeit im IASC zu unterscheiden ist[413].

1. Zusammensetzung des Gremiums bezüglich seiner Größe und der Sachkunde der Mitglieder

a) Die Begrenzung der Teilnehmer auf die Fachöffentlichkeit als Folge der Art der Herleitung von Rechnungslegungsstandards

Zur Beurteilung der Umsetzung der gesetzlichen Verfahrensregulierung ist ein Vergleich mit der technischen Regelfindung hilfreich. In § 1 Abs. 2 des Vertrages zwischen der Bundesregierung und dem DIN e.V. wurde vereinbart, dass letzterer bei seinen Normungsarbeiten das öffentliche Interesse zu berücksichtigen habe[414]. Diese noch recht unspezifische Formulierung wird dann in der laut Vertrag einzuhaltenden DIN 820 präzisiert, wonach die *„interessierten Kreise“* an der Standardisierung zu beteiligen sind. Die

[412] siehe in diesem Zusammenhang bei *Voelzkow*, Ist die technische Normung demokratisch? DIN-Mitt. 75, 1996, S. 193, 196 auch die interessante Historie der Diskussion über die Zulässigkeit privater Normungen, die den Vertragsschluss zwischen dem Staat und dem DIN begleitete

[413] Die folgenden Ausführungen beziehen sich dabei auf die Einordnung der staatlich veranlassten gesellschaftlichen Selbstregulierung als Auswahlalternative zur Regulierung der Rechnungslegung und verstehen sich nicht als Entwicklungen eines detaillierten Anforderungsprofils für einen privatverbandlichen Normsetzungsprozess. Hierfür kann auf die Ausführungen bei *Achleitner*, Normierung, S. 55-60 verwiesen werden. Sie stellt dabei aus den ermittelten Anforderungen an Rechnungslegungsnormen, die im Übrigen nur teilweise bereichsspezifisch, zum größten Teil jedoch auf alle Normen übertragbar sind, folgenden Anforderungskatalog auf: Flexibilität des Verfahrens, Gewährleistung von Konsistenz durch Orientierungsnormen, d.h. ein Konsens über die Gewichtung der einzelnen Interessen und der generellen Zielsetzung der Normsetzung, Unabhängigkeit des Standardsetzers, Gewährleistung der Interessenabwägung, Fachkunde des Standardsetzers, Berücksichtigung von Empirie und Wissenschaft sowie die Kompatibilität mit dem Prozess der internationalen Harmonisierung. Dieser Katalog muss um die Kategorie der *„Verfassungskompatibilität“* erweitert werden, ähnlich auch *Schuppert/Bumke*, Verfassungsrechtliche Grenzen, S. 71, 98

[414] *DIN-Vertrag* v. 5.6.75, BA 1975, Beilage 19, S. 3

Kreise" an der Standardisierung zu beteiligen sind. Die Diskussion über die Beurteilung der Ausgewogenheit der berücksichtigten Interessen wird nun entscheidend durch unterschiedliche Sichtweisen über die Einordnung des Standardisierungsprozesses im Technikrecht geprägt.

Auch im Bereich der Standardisierung der Rechnungslegung herrscht hierüber kein Konsens. Je nach Standpunkt über den gesellschaftlichen oder den fachlichen Grundcharakter der Regelgewinnung werden unterschiedliche Schlussfolgerungen für die Zusammensetzung des Gremiums gezogen. Der Gesetzgeber selbst scheint in § 342 Abs. 1 HGB eher auf den fachlichen Charakter eines privaten Rechnungslegungsgremiums abzustellen. So formuliert er, dass allein ein solches Gremium anerkennungsfähig im Sinne des Gesetzes sei, in dem die Empfehlungen *„ausschließlich von Rechnungslegern*[415] *in einem Verfahren entwickelt und beschlossen werden, das die fachlich interessierte Öffentlichkeit einbezieht.*" Dabei ist es nach dem Wortlaut des Gesetzes dem Gremium wohl möglich, die Repräsentanz gesellschaftlicher Gruppen, wie beispielsweise der Gewerkschaften, zu beschränken.

Bei diesem Ergebnis ist jedoch der begrenzte Aufgabenbereich de lege lata des privaten Rechnungslegungsgremiums iSd § 342 HGB zu berücksichtigen, das allein im Bereich des im deutschen Handelsrecht zur Informationsergänzung dienenden Konzernabschlusses standardisierend tätig werden darf. Daher kann aus den Anforderungen des Gesetzes über die Zusammensetzung nicht ohne weiteres gefolgert werden, dass im Falle der Erweiterung der Aufgaben um die Entwicklung von Standards für den Einzelabschluss eine weite gesellschaftliche Beteiligung ausgeschlossen wäre. Vielmehr waren hierfür an anderer Stelle der Arbeit bereits grundlegende Überlegungen zur Art der Standardherleitung anzustellen. Als deren Ergebnis kann hier noch einmal festgehalten werden, dass sich die Standardisierung der Rechnungslegung in der Art der Herleitung der Standards grundlegend von der technischen Normung unterscheidet, da die zu bewertenden Bilanzierungsalternativen nicht das Ergebnis naturwissenschaftlicher Ableitungen darstellen, sondern sie im Wege des *Beisse'schen „Nachdenkens"* aus den betriebswirtschaftlichen Jahresabschlusstheorien entwickelt werden. Damit ist aber ein gesellschaftlicher Charakter der Standardisierung der Rechnungslegung nicht feststellbar, die Gremienarbeit stellt sich als Aufgabe der interessieren Fachöffentlichkeit, nicht jedoch als gesamtgesellschaftliche Obliegenheit dar. Wenn im Weiteren von der Notwendigkeit der pluralistischen Interessenberücksichtigung gesprochen wird, muss daher immer dieser Rahmen bedacht werden: Sie untersucht Mitwirkungs- und Mitentscheidungsmöglichkeiten der Fachöffentlichkeit, nicht je-

[415] hierunter sind nicht nur Angehörige des Berufsstandes der Wirtschaftsprüfer zu fassen, sondern alle Personen bezeichnen sollte, die nach Ausbildung und Examinierung beruflich mit der Rechnungslegung befasst sind; siehe hierzu *Biener*, Offene Fragen, S. 1, 10; *ders.*, Fachnormen statt Rechtsnormen, FS Clemm, S. 59, 70; die Standardfindung darf in keinem Falle allein dem Berufsstand der Wirtschaftsprüfer überlassen werden, wie die Erfahrungen in den USA zeigten. Wie bereits oben erwähnt, ist bei der Regelgewinnung eine klare Abtrennung zwischen Wertentscheidungen und fachlichem Ermessen kaum möglich, die Regelbildung wird daher zur Interessenbildung, siehe hierzu auch *Brand*, Rechnungslegungskommission, S. 57

doch der möglicherweise für die technische Normung relevanten allgemeinen gesellschaftlichen Gruppen.

b) Gremienarbeit für den Einzelabschluss: pluralistische Besetzung zur Steigerung der Regelakzeptanz

Diese Überlegungen leiten über in eine möglicherweise notwendige Differenzierung der künftigen Aufgaben eines deutschen Rechnungslegungsgremiums. Zwar wird das Hauptaugenmerk dieser Arbeit auf eine Entwicklung von Standards für den Einzelabschluss und damit auf eine faktische Normierung von Regeln gelegt, die einen unmittelbaren Einfluss auf die Liquidität des Unternehmens und die Befriedigung der Eigneransprüche haben. Gleichwohl muss aber hinterfragt werden, ob bezüglich der Gremienbesetzung und anschließend der Gremienfinanzierung zwischen beiden Rechenwerken unterschieden werden kann.

Hinsichtlich der Normierung des Einzelabschlusses scheint eine pluralistische Besetzung der Entscheidungsgremien in einem selbstregulatorischen Gremium zur Steigerung der Qualität der Empfehlungen, die größen- und rechtsformunabhängig für alle Unternehmen gelten, und damit auch für deren zukünftige Akzeptanz und ihre Befolgung unabdingbar zu sein.

Im bestehenden Zielkonflikt zwischen einem hohen Arbeitstempo auf der einen Seite und einer breiten fachlichen Beteiligung andererseits sollte der Gesetzgeber abweichend von dem von ihm selbst gewählten neuen Gesetzesbegriff des *„Rechnungslegers"* in § 342 HGB durch entsprechende Vorgaben gewährleisten, dass der teilnehmende Personenkreise erweitert wird[416]. Eine solche Zusammensetzung würde einer wirkungsvollen Einbringung der verschiedenen Interessenten am Jahresabschluss über die bloße Anhörung während des Standardisierungsprozesses hinaus zuträglich sein und im übrigen erneut an die mehrfach erwähnte Art der Herleitung von Rechnungslegungsstandards anknüpfen. Handelsrechtliche GoB werden auch bislang in einem weit angelegten Entwicklungsprozess sowohl induktiv durch die Rechnungslegungspraxis als auch deduktiv aus den Zwecken des Jahresabschlusses heraus entwickelt. Letztendlich entstehen sie durch *„Nachdenken"* aus den betriebswirtschaftlichen Jahresabschlusstheorien. Dieses Nachdenken darf nun aber auch in einem privatverbandlichen Gremium, trotz des fehlenden Rechtsnormcharakters seiner Standards, nicht allein den Bilanzerstellern und ihren Prüfern überlassen werden, vielmehr müssen auch die Wissenschaft und die Adressaten des Jahresabschlusses ausreichend vertreten sein. Betont wird an dieser Stelle noch einmal, dass damit nicht die Einbeziehung *„politischer"* Or-

---

[416] in dem ihr vertretenden Sinne verlangt *Schwab*, Standardisierungsvertrag für das DRSC, Teil I, BB 1999, S. 731, 734 bereits für das DRSC mit dem Hinweis darauf, dass Beschränkung des Gesetzgebers auf *„Rechnungsleger"* im engeren Sinne als verfassungswidrig anzusehen ist, Nachbesserungen im Standardisierungsvertrag; ebenso steht für *Moxter*, Aufgaben und Bedeutung, DB 1998, S. 1425, 1427 fest, dass der Begriff *„Rechnungsleger"* nicht nur die Rechenschaftspflichtigen umfassen darf, anders dagegen *Biener*, Fortentwicklung der Rechnungslegung, FS Weber, S. 451, 455, der aus der gesetzlichen Regelung folgert, es sei *„allein auf die Qualität der Mitglieder solcher Gremien und nicht auf deren ausgewogene Zusammensetzung"* abzustellen;

ganisationen wie der Arbeitgeberverbände oder der Gewerkschaften gefordert wird, da diese bereits im Vorfeld als nicht-relevante Interessenten herausgestellt wurden[417].

Ein so breit besetztes Gremium würde der ansonsten nahe liegenden Vermutung der Öffentlichkeit die Grundlage entziehen, die Unternehmen würden sich mithilfe eines von ihnen und ihren Prüfern dominierten privaten Gremiums der Verantwortung des Gesetzgebers für das Gemeinwohl entziehen und allein ihren Interessen nachkommende Standards über die Vermutungsregelung staatlich sanktionieren lassen[418]. Eine ausgewogene Repräsentanz der von der Rechnungslegung fachlich betroffenen Gruppen dagegen würde der Objektivität und Neutralität der Standards dienen[419]. Dem Rechnungslegungsgremium verbleibt in diesem Zusammenhang selbstverständlich auch ein Ges-

---

[417] im hier verstandenen Sinne auch *Langenbucher/Blaum*, Rechnungslegungsgremium, DB 1995, S. 2325, 2333,; *Pellens/Bonse/Gassen*, Perspektiven, DB 1998, S. 785, 790 sprechen zwar von der Gefahr eines *„Rundfunkrates für Rechnungslegung"*, gleichzeitig lehnen sie aber eine einseitige Ausrichtung des Gremiums ab; ähnlich *Ebert*, Private Normsetzung, S. 74; *Küting/Hayn*, Konzernabschluss als Eintrittskarte, BB 1995, S. 662, 671; für eine engere Besetzung des Gremiums aber *Ernst*, Aktuelle Entwicklungen zur Rechnungslegung, WPg 1998, S. 1025, 1031; völlig ablehnend gegenüber einer gesellschaftlichen Repräsentanz in einem Rechnungslegungsgremium *Biener*, Diskussionsbeitrag, S. 135, 139 *„Ein solches Gremium hat keine politische Verantwortlichkeit, sondern nur Fachverantwortung."*; *Scheffler*, Der Deutsche Standardisierungsrat, BFuP 1999, S. 407, 410, der bei einer zu großen Anzahl von Gremienmitgliedern die Arbeitsunfähigkeit desselben prognostiziert und die Einbeziehung aller interessierten Personen und Institutionen über die Verfahrensvorschriften sicherstellen möchte; ebenso *Knorr* im Gespräch mit dem Verfasser für Konzernabschluss und Einzelabschluss.
Dagegen bezweifelt *Schmidt*, Diskussionsbeitrag, S. 135, 137, ob die Gewerkschaften als wesentlichste Stakeholder ausgeschlossen werden können; *Hommelhoff/Schwab*, Selbststeuerung im Bilanzrecht, BFuP 1998, S. 38, 50 verlangen die Einbeziehung von Arbeitnehmervertretern; auch *Breidenbach*, Normensetzung, S. 209 erwähnt in ihrem Gremien-Modell als Abschlussadressaten Eigenkapitalgeber, Banken in ihrer Eigenschaft als Fremdkapitalgeber und die Arbeitnehmer, auf die Problematik potenzieller Investoren geht sie nicht ein. Unrealistisch wohl ihr Wunsch nach einem gewerkschaftsunabhängigen Arbeitnehmerzusammenschluss zur Interessenvertretung in einem Rechnungslegungsgremium.
Nicht weiterführend ist allerdings der Hinweis von *Biener*, Fortentwicklung der Rechnungslegung, FS Weber, S. 451, 455 auf die in § 342a Abs. 2 HGB gesetzlich vorgeschriebene Zusammensetzung des für den Fall der Nicht-Gründung eines privaten Gremiums ersatzweise zu bildenden Rechnungslegungsbeirates. Aus der Nichtberücksichtigung von Aktionären und Arbeitnehmervertretern folgert *Biener*, auch das private Gremium könne sich in der Zusammensetzung beschränken. Dieser Analogieschluss greift jedoch nicht. Bei dem Rechnungslegungsbeirat gemäß § 342a Abs. 2 HGB handelt es sich um ein staatliches Gremium, für dessen Zusammensetzung andere Kriterien gelten als für ein selbstregulatorisches Gremium iSd. § 342a Abs. 1 HGB. Entscheidend kann nur die Art der Herleitung von Rechnungslegungstandards sein.
Da mit dem DRSC ein Gremium iSd Abs. 1 besteht, wird im Übrigen in der Diskussion meist übersehen, dass die im Gesetz beschriebene Zusammensetzung dieses zurzeit nicht notwendigen staatlichen Beirates mit seiner Mehrheit privater Mitglieder hinsichtlich eines staatsberatenden Gremiums verfassungsrechtlich ausgesprochen bedenklich ist.

[418] dieser Ansatz findet sich auch bei *Kubin*, Diskussionsbeitrag, S. 135, 143; auch *Schwab*, Standardisierungsvertrag für das DRSC, Teil II, BB 1999, S. 783, 787 sieht einen Zusammenhang zwischen der pluralistischen Gremienbesetzung und der Akzeptanz der Normen in der Öffentlichkeit; *Ebert*, Private Normsetzung, S. 74 warnt vor einem Ausschluss von Gläubigern und Anlegern, da dies ein Versagen des Kapitalmarktes erzeugen könnte; siehe auch den Hinweis von *Horngreen*, Accounting Standards, JoA, October 1973, S. 61 bezüglich der breiten Akzeptanz unter den Adressaten: *„In a democratic society, getting acceptance is an exceedingly complicated process that requires skillful marketing in a political arena."*

[419] siehe hierzu allgemein auch *Vieweg*, Umweltschutz, UTR 1994, S. 509, 529; ähnlich auch *Kunig*, Alternativen, S. 43, 61; *Kunig/Rublack*, Aushandeln statt Entscheiden?, JURA 1990, S. 1, 11

taltungsspielraum, der staatliche Eingriffe nicht zu befürchten lässt. Nicht jeder Verband, der für sich die Vertretung betroffener Gruppen reklamiert, muss auch in dem Gremium stimmberechtigt mitwirken, obwohl der Gesetzgeber insgesamt unter dem Zwang steht, eine einseitige Ausrichtung der Gremienarbeit an gruppenspezifischen Sonderinteressen zu verhindern[420]. Bei der Auswahl der berücksichtigenswerten Institutionen und Organisationen ist dabei die notwendige Fachkunde der Mitarbeiter das entscheidende Kriterium, denn bei aller pluralistischen Grundausrichtung der Standardisierungsarbeit muss doch der ebenfalls bestehende fachliche Charakter der Regelgewinnung erhalten bleiben[421].

c) Gremienarbeit für den Konzernabschluss: geringere Anforderungen an die Gremienbesetzung

Anders kann die Frage der Gremienbesetzung dagegen bezüglich der Konzernabschlüsse gelöst werden, da die möglichen Aufgaben eines privatverbandlichen Gremiums keine unmittelbare rechtliche Auswirkung auf die von dem Unternehmen ausgehenden Zahlungen besitzen.

Hinzu kommt, dass kapitalmarktorientierte Konzerne ab 2005 ihren Konzernabschluss nach IAS aufstellen müssen, den übrigen Konzernen sollte dies nach den Ausführungen im 1. Teil der Arbeit wahlweise gestattet werden. Damit entfiele aber gleichzeitig ein großer Teil der bisherigen Aufgaben des DRSC. Die Arbeit eines künftigen privatverbandlichen Gremiums wird sich hinsichtlich der Konzernabschlüsse also vor allem auf eine Vertretung deutscher Interessen im IASC, eine Beratung der Bundesregierung im endorsement-Verfahren der EU zur Übernahme der IAS und auf Empfehlungen hinsichtlich der IAS-Anwendung bei aufkommenden national begründeten Schwierigkeiten[422] konzentrieren.

Auch für diese Aufgaben muss das Gremium selbstverständlich im Zuge eines Abwägungsverfahrens zu Wertungen und einer Meinungsbildung kommen. Allerdings können hieran wohl deutlich verminderte Anforderungen bezüglich

420 dies betonen auch *Hommelhoff/Schwab*, Selbststeuerung im Bilanzrecht, BFuP 1998, S. 38, 48; *Trute*, Selbstregulierung, DVBl. 1996, S. 950, 956; *Schuppert*, Privatisierung, S. 72, 105. Ein diesbezügliches Ermessen ist im Übrigen allein deshalb notwendig, um die vermeintliche Unterrepräsentanz der *„Betroffenen"* nicht in einer Übermachtstellung gegenüber Berufsangehörigen, Unternehmen und der Wissenschaft kommen zu lassen; einen Gestaltungsspielraum befürwortet auch *Sodan*, Kollegiale Funktionsträger, S. 420

421 *Biener*, Erwartungslücke, FS Havermann, S. 37, 57 ist dahingehend zuzustimmen, wenn er als entscheidenden Vorteil eines selbstregulatorischen Gremiums die Konzentration von Sachverstand und die möglichst geringe Einflussnahme der Politik anführt; *Marburger/Gebhard*, Umweltnormierungen, S. 1, 39 verstehen für die technische Normung wohl wegen deren vornehmlich fachlichen Charakters unter *„umfassender Interessenrepräsentation"* ausdrücklich keine politschallgemeinen Interessen; *Schmidt-Preuß*, Private Regelwerke, S. 89, 97 gibt zu bedenken, dass die staatlich durchgesetzte Mitarbeit von public interest groups dem selbstregulatorischen Charakter privater Normgebung widersprechen würde

422 festgehalten werden muss aber, dass die nationale Interpretation der übernommenen IAS gerade nicht im Sinne der EU-Strategie wäre, da damit die Vergleichbarkeit der Abschlüsse verloren ginge. Hier kann es sich im Wesentlichen nur um im Zusammenhang mit der Übersetzung auftretenden Interpretationsschwierigkeiten handeln

der demokratischen Strukturdeterminanten gestellt werden. Einerseits dienen die Standpunkte des Gremiums zum Konzernabschluss nur als Verhandlungsbasis, die Veränderungen zugänglich sein muss. Hinzu tritt, dass sie keine direkten Auswirkungen auf die Bilanzierung deutscher Unternehmen haben werden, sie also weder mit einer gesetzlichen Vermutungsanordnung versehen, noch gerichtlich nicht nachgeprüft werden können. Daher entfällt aber auch die Notwendigkeit, durch eine Betonung des Interessenausgleichs die Judikative von eigenen Wertungen abzuhalten. Auch das für den Einzelabschluss wichtige Argument der öffentlichen Wirkung greift hier nicht, da der Konzernabschluss weder gesellschaftsrechtlich noch, über die Maßgeblichkeit, steuerrechtlich zu zahlungswirksamen Konsequenzen führt.

d) Notwendigkeit und Zweckmäßigkeit einer staatlichen Unterstützung durchsetzungsschwacher Interessen

Damit stellen sich auch bei der Regelgewinnung in der Rechnungslegung die bereits im Zusammenhang mit dem DIN diskutierte Fragen der finanziellen oder personellen staatlichen Unterstützung durchsetzungsschwacher Interessen in einem selbstregulatorischen Standardisierungsprozess für den Einzelabschluss. Als Formen der Hilfestellung werden im Weiteren die finanzielle Förderung privater Ersatzrepräsentanten nur schwer oder überhaupt nicht organisierbarer Interessen einzelner Betroffenengruppen und bestehender Gruppierungen, denen die intensive Auseinandersetzung mit der Rechnungslegung aufgrund begrenzter Ressourcen nicht möglich wäre, die Aufnahme einer solchen Interessenvertretung in den staatlichen Aufgabenkatalog und bereits außerhalb der direkten Unterstützung die Installierung staatlicher Beobachter zur Wahrung des *bonum commune* diskutiert.

Bei aller Parallelität zwischen privater Standardisierung im Bereich des Technikrechts[423] und der Rechnungslegung darf jedoch wiederum der elementare Unterschied in der Standardherleitung nicht übersehen werden. Während im Technikrecht die Ersatzrepräsentation der so genannten *„gesellschaftlichen"* Gruppen im Vordergrund steht, die selbständig meist nicht in der Lage sind, die Aufwendungen für notwendige Experten aus ihren auf Spenden und Beiträgen basierenden Einnahmen zu tätigen, kann es hier nur darum gehen, eine wirkungsvolle Teilnahme der interessierten Fachöffentlichkeit zu gewährleisten[424].

---

423 zur Frage der Ersatzrepräsentanz im Technikrecht siehe erneut Kapitel G III.2 (**Die Ehrenamtlichkeit der Mitarbeit als Hauptproblem**), S. 104 und die dort aufgeführte Literatur und allgemein für staatliche Planungen *Ritter*, Staatliche Steuerung, JbStVW 1987, S. 321, 347 mit der Forderung nach *„Anwälten"* für Gruppen und Bedürfnisse, die sich nicht artikulieren oder artikulieren können.

424 insofern ist die umfangreiche Bibliographie bei *Hommelhoff/Schwab*, Selbststeuerung im Bilanzrecht, BFuP 1998, S. 38, 48, Fn. 57-69 zwar wertvoll in Bezug auf rechtsvergleichende Untersuchungen, in Hinblick auf die Anforderungen an die personelle Zusammensetzung eines Rechnungslegungsgremiums sind die Ansichten der dort genannten Autoren aber nur bedingt als Unterstützung geeignet.

i) Finanzielle Unterstützung einzelner Interessengruppen durch den Staat?

An dieser Bewertung muss sich die Frage einer staatlichen Unterstützung für Ersatzrepräsentanten zur Teilnahme an der Arbeit eines selbstregulatorischen Gremiums im Bereich der Rechnungslegung relativierend messen lassen. Die hieran zu beteiligenden organisierten Interessenten aus den Bereichen Wirtschaft, Berufsstand und Wissenschaft verfügen bereits über den für die Teilnahme an der Gremienarbeit notwendigen Sachverstand[425]. Somit verbleibt vor allem die Gruppe der (Klein)anleger und die der (Klein)gläubiger, die unter Umständen auf staatliche Unterstützung angewiesen wären, um ihre Interessen wirkungsvoll in den Standardisierungsprozess einbringen zu können.

Um zu verhindern, dass die Standardisierung der Rechnungslegung zu einem *closed shop* für die zum heutigen Zeitpunkt an deutschen Unternehmen Beteiligten wird, sollte erwogen werden, dass der Staat mithilfe derartiger Organisationen die Wahrnehmung der Interessen potenzieller Investoren sicherstellt[426]. Interessant erscheint in diesem Zusammenhang der Vorschlag, Anlegerinteressen durch die Börsenzulassungsstellen vertreten zu lassen[427]. Zwar verfügen sie durch ihre Tätigkeit über die allgemeinen Kenntnisse des Rechnungslegungsrechts hinaus über einschlägiges Wissen über jene Stellen, an denen Beurteilungsspielräume mit Risiken für die Anleger verbunden sein können. Auch sind sie selber keine Akteure des Wirtschaftslebens. Allerdings sind sie kaum als Ersatzrepräsentant für diese Interessengruppen geeignet. Zum einen werden die an den Börsen gehandelten Unternehmen ab 2005 ausschließlich nach den übernommenen IAS bilanzieren müssen, so dass die Zulassungsstellen bei ihrer Arbeit mit der Entwicklung der deutschen handelsrechtlichen Rechnungslegung für den Einzelabschluss nicht befasst sein werden.

---

425 wird abweichend von dieser Arbeit mit *Hommelhoff/Schwab*, Selbststeuerung im Bilanzrecht, BFuP 1998, S. 38, 50 auch die Einbeziehung von Arbeitnehmervertretern gefordert, so ist allerdings zuzustimmen, dass auch die Gewerkschaften nicht in den Genuss staatlicher Zuwendungen zur Teilnahme kommen können, da es sich sodann um eine Frage der gewerkschaftlichen Prioritätensetzung handelt, so auch *Marburger*, Regeln der Technik, S. 607.
Ein eindrucksvolles Beispiel aus dem Technikrecht, das den Zusammenhang zwischen den knappen Finanzmitteln und der wirkungsvollen Beteiligung deutlich aufzeigt, findet sich bei *Lübbe-Wolff*, Fragen der Normsetzung, ZG 1991, S. 219, 248 die einen Aufruf des Bundesverbandes Bürgerinitiativen Umweltschutz wiedergibt: *„HILFE! Wer kennt sich aus beim Abwasser folgender Branchen: Herstellung keramischer Erzeugnisse, Zuckerherstellung, Herstellung von Papier und Pappe, Tierkörperbeseitigung, Steine und Erden, Herstellung von Kohlenwasserstoffen, Erdölverarbeitung? Für die genannten Industriezweige hat das Bundesreaktorministerium Entwürfe für die branchenspezifischen Anhänge zur Rahmen-Abwasserverwaltungsvorschrift zur Stellungnahme an die betroffenen Industriezweige und die Umweltverbände geschickt. ... Wer sich in einer der genannten Branchen mit Abwasserreinigung und -vermeidung fundiert auskennt, wird gebeten, sich zwecks Formulierung etwaiger Einsprüche umgehend mit uns in Verbindung zu setzen. ...“*

426 ähnlich *Hommelhoff/Schwab*, Selbststeuerung im Bilanzrecht, BFuP 1998, S. 38, 50; anders dagegen *Breidenbach*, Normensetzung, S. 211. Ausgehend von einem Modell quotierter Sitze für die verschiedenen Interessengruppen plädiert sie für die Nichtbesetzung eines Sitzes für den Fall nicht genügender fachlicher Qualifikation innerhalb dieser Gruppe. Interessant erscheint auch der weitere Hinweis, für diesen Fall einen als neutral angesehenen Wissenschaftler zu berufen, der jedoch nicht Parteigänger sein soll; offen gelassen bei *Böcking/Orth*, Offene Fragen, DB 1998, S. 1873, 1877, die zwar die Beteiligung aller Rechnungsleger an der Gremienarbeit fordern, jedoch keinen Weg aufzeigen, wie dies zu verwirklichen wäre

427 so *Schwab*, Standardisierungsvertrag für das DRSC, Teil I, BB 1999, S. 731, 734

Daneben spricht aber auch ihre Stellung gegen den Vorschlag. Die Aufgabe der Zulassungsstellen besteht in der Regulierung und Sicherung der Funktionsfähigkeit des Marktes *„Börse"*, vor allem auch im internationalen Wettbewerb der Standorte. Eine besondere Nähe zu den ihr in Frage kommenden durchsetzungsschwachen Interessen kann ihnen nicht unterstellt werden.

ii) Keine staatliche Ersatzrepräsentanz

Des Weiteren ist die Frage nach einer staatlichen Ersatzrepräsentanz für die hier im Vordergrund stehenden Interessen am Jahresabschluss zu prüfen. Überlegungen zu dieser Form der Unterstützung müssen sich dabei auf jene Fälle beschränken, in denen sich eine Personengruppe auch nach finanzieller Unterstützung seitens des Staates nicht selbst artikulieren könnte. Eine Ausweitung einer solchen Ersatzrepräsentanz auf andere Konstellationen wäre unter dem Gesichtspunkt der erforderlichen *Notwendigkeit* staatlichen Handels im Sinne eines die Aktualisierung der Kompetenz-Kompetenz des Staates begrenzenden Subsidiaritätsprinzips grundsätzlich und von vornherein abzulehnen.

Damit dürfte der Kreis der in Frage kommenden Interessen für ein aktives staatliches Mitwirken zu deren Gunsten klein sein. Als Beispiel hierfür wäre wohl die Gruppe der Gläubiger zu nennen, sofern sie nicht in Gestalt von Geldinstituten auftreten.

Würde der Staat nun die Interessen dieser oder anderer ähnlicher Gruppen über eigene Vertreter in den entsprechenden Gremien selbst vertreten wollen, müsste er selber deren potenzielle Anforderungen an ein zukünftiges Rechnungslegungs-System formulieren und anschließend in einem explizit selbstregulatorischen Gremium durchzusetzen versuchen. Hiervor kann nur gewarnt werden!

Denn genau bei der Formulierung der Ziele seiner Arbeit liegt der entscheidende Unterschied zum Technikrecht[428]: Bei einer Abwägung hinsichtlich tolerierbarer Gesundheitsbelastungen, beispielsweise bei der Festlegung der Grenzwerte bei Mobilfunkantennen, wird jeder Grenzwert größer null zu einer Strahlenbelastung führen, deren Wirkung auf den menschlichen Organismus mit dem heutigen Stand der Wissenschaft nicht absolut sicher eingeschätzt werden kann. Der Staat könnte in diesem Fall ausgehend von bestehenden Untersuchungen einen Mindestschutz der Bevölkerung einfordern. Anders stellt sich dagegen die Situation im Rechnungslegungsrecht dar. Wie gezeigt, kann hier nicht von *„richtig"* oder *„falsch"*, *„schädlich"* oder *„unbedenklich"* gesprochen werden. Wollte der Staat hier als Ersatzrepräsentant tätig werden,

---

[428] das gewählte Beispiel aus dem Technikrecht soll allein den Unterschied bezüglich des Normungsziels ausdrücken, für weitere Vergleiche ist es wegen des dem Gesetzgeber im Bereich des Gesundheitsschutzes auferlegten Fürsorgeprinzips nicht geeignet.

müsste er sich die ökonomischen Ziele einer Interessengruppe zu Eigen machen[429].

Will der Staat daher seine notwendige Neutralität erhalten, muss er, abgesehen von der notwendigen Weichenstellung hinaus, der Selbstformulierung von Zielen der Rechnungslegung in einem selbstregulatorischen Verfahren entsagen.

Hinzu kommt, dass bei der Einrichtung eines Verfahrens zur Entwicklung von Rechnungslegungs-Standards durch ein privates Gremium die hierdurch mögliche Entlastung des überforderten Staates und die Aktivierung der interessierten Kreise im Vordergrund stehen, auch wenn hinsichtlich des Einzelabschlusses aus rechtlichen Gründen nicht von einer *„Selbstverwaltungsaufgabe der Wirtschaft"*[430] gesprochen werden sollte. Behält sich aber der Gesetzgeber durch eine entsprechende Klausel bereits vor dem Beginn der Arbeit eines selbstregulatorischen Gremiums die Vertretung der unspezifischen Interessen potenzieller Investoren und dass heißt eben auch potenzieller Nicht-Investoren, vor, so drückt er damit nicht nur sein generelles Misstrauen gegenüber einer privaten Lösung aus, sondern er reklamiert für sich ein praktisch unbeschränktes Vetorecht bei der Erarbeitung der Standards. Ein solches Verhalten würde daher die Eigeninitiative und Kreativität der interessierten Kreise an der Mitwirkung bei der Standard-Generierung deutlich schwächen, da aufgrund der nachfolgend notwendigen staatlichen Rezeption der privaten Standards ein Überstimmen des staatlichen Vertreters und der von ihm vorgetragenen Interessen die Gefahr einer anschließenden staatlichen Ablehnung der Standards als *„unausgewogen"* erhöhen dürfte[431].

Die hier vertretene Position bedeutet aber nicht, dass der Staat im Sinne einer bloßen Nachtwächterfunktion eine privatisierte Standard-Gewinnung nicht beobachten und im Falle der nicht ausreichenden Berücksichtigung des öffentlichen Interesses nicht eingreifen sollte[432]. Es ist im Gegenteil deutlich darauf

---

429 offen gelassen dagegen bei *Schwab*, Standardisierungsvertrag für das DRSC, Teil II, BB 1999, S. 783, 787 mit der allgemeinen Feststellung *„ [...] zum anderen ist es seine Aufgabe [des Staates], für das Interesse nicht-organisierbarer Gruppen einzutreten."*

430 so *Biener*, Fachnormen statt Rechtsnormen, FS Clemm, S. 59, 60, mit der Folge einer abweichenden Gremienzusammensetzung

431 ähnlich in Bezug auf die Begrenzung staatlicher Mitwirkung in privaten Gremien auch *Gusy*, Wertungen und Interessen, UPR 1986, S. 241, 250, wonach gerade aufgrund der Freiwilligkeit der Standardbefolgung eine *„natürliche Obergrenze"* für staatliche Interventionen bestehe; vgl. auch die Diskussion für das Technikrecht, vorsichtig im Sinne staatlichen Handelns *Trute*, Selbstregulierung, DVBl. 1996, S. 950, 964; *Marburger*, Recht der Technik, S. 607; allgemein *Grimm*, Zukunft der Verfassung, S. 185 für die Etablierung von Amtswaltern, die noch nicht erkannte oder artikulierte Interessen in verstärkter Weise in den Rechtssetzungsprozess einbringen sollen, um der unterschiedlichen Machtverteilung innerhalb der Gesellschaft entgegen zu wirken; siehe auch *Hoffmann-Riem,* Konfliktmittler, S. 23 mit der Tätigkeitsbeschreibung des *„Anwaltplaners"* bei der Stadtsanierung in den USA der siebziger Jahre, der mit einem kompensatorischen Auftrag zur Interessenwahrung unterprivilegierter Anwohner ausgestattet war; im Bereich der Rechnungslegung erwägen *Hommelhoff/Schwab,* Selbststeuerung im Bilanzrecht, BFuP 1998, S. 38, 50 die Berufung eines Ombudsmannes.

432 richtig in diesem Zusammenhang der Hinweis von *Biener*, Diskussionsbeitrag, S. 135, 139 auf § 4 Abs. 2 des DIN-Vertrages. Danach verzichtet die Bundesregierung auf eigene technische Normungsarbeiten, solange das öffentliche Interesse durch die Arbeit des DIN gewahrt ist.

hingewiesen worden, dass ein solches Gebot fortbestehender staatlicher Verantwortung zwangsläufig aus den sozialstaatlichen Forderungen des Grundgesetzes folgt. Die Mitarbeit im Wege der Ersatzrepräsentanz im Sinne der Funktion eines Ombudsmannes unterscheidet sich hiervon aber wie gezeigt sowohl in der dahinter stehenden Staatsaufgaben-Vorstellung als auch in der Funktion des Staates im Rahmen der bestehenden Wirtschaftsordnung und dem selbstregulatorischen Charakter der Rechnungslegungsstandards.

Bei der Gremienzusammensetzung für die Konzernabschlussaufgaben tritt im Übrigen ein weiteres Argument hinzu. Im rein privatverbandlich organisierten IASC würde eine wirkungsvolle Mitarbeit eines deutschen Gremiums mit staatlicher Beteiligung wohl kaum möglich werden.

iii) Staatliche Vertreter mit Beobachterstatus

Nach den Ausführungen für die zur Einrichtung eines selbstregulatorischen Standardisierungsprozesses konstitutive Rücknahme der staatlichen Verantwortungstiefe im Rahmen einer Verantwortungsteilung zwischen Staat und Privaten ist es zwingend, nachfolgend Überlegungen zur Teilnahme staatlicher Vertreter an den Standardisierungsarbeiten für den Einzelabschluss vorzunehmen.

Hierunter kann zum einen eine aktive Mitarbeit aus eigener, ummittelbarer Betroffenheit des Staates als Anwender der Rechnungslegungsstandards zu fassen sein. Dieser Bereich darf nicht unterschätzt werden, da er in Zukunft sowohl bei verstärkten Überführungen bislang im staatlich-hoheitlichen Bereich angesiedelter Aufgaben in erwerbswirtschaftliche Betreibermodelle im Sinne einer formalen Privatisierung, aber auch durch den zu beobachtenden langsamen Abschied von der kameralistischen Haushaltsführung anwachsen wird, so dass staatliche Hoheitsträger in verstärktem Maße Anwender der Rechnungslegungsstandards sein werden. Diese Form der Teilnahme behördlicher Mitarbeiter muss sich jedoch im Sinne des Gewaltenteilungsprinzips streng an das Prinzip unmittelbarer Betroffenheit durch die Rechnungslegung halten, wobei Interessenkonflikte mit dem die staatliche Rezeption zu verantwortenden Abteilungen des BMJ vermieden werden müssen.

Darüber hinaus muss sich die Mitarbeit staatlicher Vertreter bei der Entwicklung von Standards für den Einzelabschluss auf eine bloße Beobachtung beschränken, da sich der Staat aufgrund seiner grundsätzlichen Neutralität nicht zum Vertreter einzelner Interessen machen darf und um auch die politische Beeinflussung der privaten Regelgewinnung möglichst gering zu halten[433]. Ein solcher Beobachterstatus stellt damit auch keinen Verstoß gegen das Prinzip einer reinen privaten Standardisierungsarbeit dar. Vielmehr gewinnt dadurch beispielsweise speziell das Bundesjustizministerium die Möglichkeit, rechtzeitig auf die Konformität mit den EU-Richtlinien Einfluss zu nehmen und neueste

[433] in diesem Sinne auch *Langenbucher/Blaum*, Rechnungslegungsgremium, DB 1995, S. 2325, 2334

Entwicklungen auf europäischer Regierungsebene in die Arbeit des Gremiums einfließen zu lassen[434]. Würde eine Beteiligung der Regierung an der Regelgewinnung ausgeschlossen werden, so wäre jede Empfehlung vorab mit dem Makel ihrer möglichen Nicht-Übernahme seitens des BMJ behaftet. Durch eine beobachtende Mitwirkung könnte dagegen diese Gefahr deutlich minimiert werden[435]. Im Übrigen würde der private Charakter eines selbstregulatorischen Gremiums durch staatliche Beobachter nicht etwa geschwächt, sondern gerade gesteigert werden: Die Teilnahme staatlicher Vertreter bewiese über die gesetzliche Rahmenvorschrift zur Etablierung des Standardisierungsverfahrens hinaus die große Bedeutung des Gremiums und ließe damit aus dem Verkehr von gleich zu gleich den hohen Stellenwert dieser nicht-staatlichen Institution erkennen[436].

Die verbleibende Gremienarbeit für den Konzernabschluss kann dagegen ohne staatliche Vertreter ausgestaltet werden, da hier Notwendigkeit einer direkten Teilnahme zur Gewährleistung der Gemeinwohlausrichtung nicht erkannt werden kann. Hinzu kommt, dass ein nationales Gremium, dessen Vorschläge unter Mitwirkung des Staates entstehen, beim IASC mit großen Akzeptanzschwierigkeiten zu kämpfen hätte[437].

2. Die Initiatoren der Standardisierung

So bedeutend die Frage nach der möglichst optimalen Zusammensetzung des Rechnungslegungsgremiums für eine ausgewogene Repräsentanz der betroffenen Kräfte auch sein mag, so sehr ist es ebenfalls notwendig, die über die Mitentscheidung hinausgehenden Einbringungsmöglichkeiten der interessierten Öffentlichkeit zu betrachten.

a) „Jedermann" als Initiator der Gremienarbeit

Wie auch bei der Gremienzusammensetzung, so sind auch an die internen Entscheidungsprozesse bestimmte demokratische Mindestanforderungen zu knüpfen, die es dem Gesetzgeber erlauben, sich in gewünschter Weise mit der Rahmengesetzgebung zu begnügen und die Interpretation der verwende-

---

434 diesen Aspekt betonen auch *Küting/Hayn*, Konzernabschluss als Eintrittskarte, BB 1995, S. 662, 671

435 mit ähnlichem Ergebnis auch *Breidenbach*, Normensetzung, S. 211; offen, ob eine derartige Brückenfunktion zwischen der Regelentwicklung im Gremium und dem anschließenden Prüfungsprozess im BMJ wünschenswert sei *Hommelhoff*, Zum Ersatz des deutschen Konzernabschlusses, S. 109, 127; bereits heute besitzt ein Vertreter des BMJ Beobachterstatuts bei den Beratungen des DRSC. Allerdings wird diese Aufgabe zurzeit nur äußerst zurückhaltend wahrgenommen. Dies zeigt, dass die Einrichtung eines privatverbandlichen Standardisierungsverfahrens nicht nur eine Staatsentlastung zur Folge hat, sondern sich auch neue staatliche Verantwortungen ergeben können.

436 so auch *Ludwig*, Privatisierung staatlicher Aufgaben, S. 273 speziell zum DIN

437 hierauf verwies *Frau Knorr* gegenüber dem Verfasser

ten unbestimmten Rechtsbegriffen und der Generalklauseln praktisch einem selbstregulatorischen Gremium zu überlassen[438].

In diesem Bereich ist ein Vergleich mit der Ausgestaltung des Prozesses beim DIN nicht nur hilfreich, sondern auch möglich. Nach DIN 820, Blatt 4 kann nicht nur *jedermann* einen Antrag auf Normung stellen, mit der Antragsstellung ist auch das Recht verbunden, an den weiteren Beratungen der Normausschüsse als Gast teilzunehmen oder sogar temporär in den Kreis der Mitarbeiter aufgenommen zu werden. Letztere Form der Beteiligung, die speziell an die Erfordernisse einer technischen Normung angepasst ist, kann zwar im Bereich der Rechnungslegung entfallen, auf die persönliche Anhörung des Vorschlagenden sollte jedoch aus Gründen der Transparenz der Gremienarbeit nicht verzichtet werden.

Hiervon ausgehend sollte das Initiativrecht zur Erarbeitung eines neuen Standards bzw. zur Überarbeitung bestehender Regeln im Rahmen eines selbstregulatorischen Gremiums zur Rechnungslegung, abweichend von der Regelung beim DIN, zweigeteilt sein. Während bei der technischen Normung, beispielsweise aus Gründen der technischen Sicherheit und des Gesundheitsschutzes, Standardisierungswünsche des Staates eine bedeutende Rolle spielen, werden staatliche Forderungen zur Aufstellung von Rechnungslegungsvorschriften nicht geäußert werden[439]. Der Gesetzgeber hat sich mit der Formulierung von Generalklauseln und unbestimmten Rechtsbegriffen begnügt und überlässt bereits de lege lata der Judikative die Konkretisierung der von den Jahresabschlusserstellern zu beachtenden Vorschriften. Hieran wird die Installierung eines privatverbandlichen Standardisierungsverfahrens nichts ändern. Somit kommen als Auslöser für die Arbeit des Gremiums nur das eigenständige Aufgreifen von Fragestellungen durch das Gremium und die Beantragung neuer Standards durch „*Jedermann*" in Frage. Eine solche breite Antragsberechtigung ist zur Erhöhung der Akzeptanz der Standards unter den Rechnungslegungslegern unabdingbar[440].

Zur bestmöglichen Befriedigung dieses Anspruches ist es im Folgenden erforderlich, der interessierten Öffentlichkeit auch im weiteren Verlauf der Gremienarbeit jederzeit die Gelegenheit zu geben, selbst direkt in die Verhandlungen einzugreifen und sie mit eigenen Vorschlägen fortzuentwickeln. Hierfür

---

438 in diesem Sinne auch *Eichener/Heinze/Voelzkow,* Techniksteuerung, S. 393, 413; auch *Trute*, Selbstregulierung, DVBl. 1996, S. 950, 964 fordert eine hinreichende Gemeinwohlausrichtung der Entscheidungsprozesse, um eine verfassungsrechtlich akzeptierte Staatsentlastung zu erreichen

439 staatliche Aufträge zur technischen Normung, bei sich anschließend die beauftragenden Ämter die DIN-Normen inhaltich zu Eigen machen, haben im Übrigen auch urheberrechtiche Folgen, da diese Normen als amtliche Verlautbarungen vom Urheberschutz nicht erfasst werden, siehe hierzu *BGH v. 26.4.90*, GRUR 1990, S. 1003, 1004; dagegen aber für die DRS *OLG Köln v. 16.2.01*, AfP 2001, S. 149, 151 mit dem Hinweis darauf, dass sich das BMJ die durch den Vertrag mit dem DRSC von diesem aufgestellten Standards durch die Bekanntmachung nicht zu Eigen mache.

440 auch *Laßmann*, Podiumsgespräch, ZGR Sonderheft 2, S. 105, 110 betont die Bedeutung des „*Jedermann*"-Rechts; *Biener*, Erwartungslücke, FS Havermann, S. 37, 48 spricht sich ebenfalls für eine breite Antragsberechtigung aus, da die Gerichte lediglich im Streitfall zu Entscheidungen kämen

ist es notwendig, einem weiteren Vorbild des DIN zu folgen und sämtliche Standard-Anträge, unabhängig von ihrer Aufnahme in das Arbeitsprogramm, das künftige Arbeitsprogramm des Gremiums, einen ersten Standard-Entwurf und gegebenenfalls auch einen Letztentwurf vor der Endabstimmung in bewährten oder neu zu schaffenden Zeitschriften zu veröffentlichen[441]. So kann die Öffentlichkeit über den Diskussionsstand bei der Standarderstellung informiert und die Diskussion intensiviert oder auf neu aufgekommene Fragestellungen ausgeweitet werden.[442] Hierauf muss ein befristeter Zeitraum zu Stellungnahme mit einem anschließenden Schlichtungsverfahren folgen.

Ziel der Einspruchsmöglichkeiten muss es sein, den Kreis der Interessen, die in die Standardentwicklung einfließen, durch Öffentlichkeitsbeteiligung zu erweitern[443]. Auch diejenigen Interessenten, denen aufgrund der Zusammensetzung der Gremien eine direkte Mitarbeit nicht möglich ist, hätten so die Möglichkeit der Einflussnahme und Berücksichtigung ihrer Auffassungen. Dieses Verfahren würde damit aber vor allem auch ein wichtiges Kontrollinstrument über die Arbeit des Gremiums darstellen[444].

Die Auswirkungen dieser Vorgaben auf die Akzeptanz der Standards sind offensichtlich: So wie der demokratische Willensbildungsprozess innerhalb des Staates von der Transparenz des politischen Prozesses lebt, um den Bürgern vor Wahlen die Möglichkeit zu geben, sich ein eigenes Urteil bilden zu können, so ist es auch für die Arbeit eines selbstregulatorischen Gremiums von entscheidender Bedeutung, dass die hiervon Betroffenen die Entscheider identifizieren, Entscheidungsverläufe nachvollziehen und potenziell in den Entscheidungsprozess eingreifen können[445]. Wichtig erscheint auch der Aspekt steigenden Druckes auf die Mitglieder des Gremiums im Sinne der Gewinnung neutraler und ausgewogener Lösungen zu sein[446].

Nicht nötig und wohl im Sinne einer raschen und fachbezogenen Entscheidungsfindung auch kontraproduktiv wäre eine vollständig öffentliche Verhandlung des Gremiums, da die notwendige Sachlichkeit im Lichte der Öffentlichkeit schnell einer Profilierungssucht Einzelner weichen könnte[447]. Auf eine

---

441 als Publikationsform hierfür bietet sich hinsichtlich einer schnellen Information der interessierten Kreise das Internet an. Zu berücksichtigen ist dabei aber das Finanzierungsargument: Die Herausgabe einer eigenen Zeitschrift könnte zur Finanzierung der Gremienarbeit beitragen. Daher wäre die kostenlose Zugänglichkeit entsprechender Internet-Seiten zu überprüfen.

442 so auch *Brand*, Rechnungslegungskommission, S. 111; dagegen aber *Luik*, Podiumsgespräch, ZGR Sonderheft 2, S. 105, 113 mit der Sorge, dass die Veröffentlichung von Standards die Fachdiskussion abschneiden würde

443 hierzu *Lamb*, Kooperative Gesetzeskonkretisierung, S. 79

444 die Kontrollfunktion betont auch *Müller-Foell,* Bedeutung technischer Normen, S. 94

445 diese Zusammenhänge betont auch *Hesse*, Grundzüge des Verfassungsrechts, S. 69, Rz. 159; so auch *Eichener/Heinze/Voelzkow*, Techniksteuerung, S. 393, 414; für *Kirchhof*, Gesetzgebung und private Regelsetzung, ZGR 2000, S. 681 verbürgt die Öffentlichkeit im parlamentarischen Verfahren *„das staatlich erreichbare Maß an Vernünftigkeit und Gemeinwohldienlichkeit des Gesetzesinhalts.“*; ebenso *Ossenbühl*, HbStR III , § 64 (Rechtsquellen), Tz. 20

446 diesen Gesichtspunkt betont auch *Müller-Foell,* Bedeutung technischer Normen, S. 94; ebenfalls auf das Technikrecht bezieht *Vieweg*, Umweltschutz, UTR 1994, S. 509, 531, seine Feststellung, dass die Publikation der Arbeitsergebnisse der Objektivität der Arbeit diene.

447 siehe in diesem Zusammenhang den Hinweis von *Brohm*, HbStR II, § 36 (Sachverständige Beratung des Staates), S. 245, Rz. 52 der analog zur Verfahrensweise bei der Bundesgesetzgebung

Empfehlung bezüglich der erforderlichen Mehrheit für die Herausgabe neuer Standards wird an dieser Stelle bewusst verzichtet, da jedes vorstellbare und in der Literatur vertretene[448] Quorum willkürlich gesetzt wäre.

Die hier beschriebenen Anforderungen an die Entscheidungsfindung innerhalb des Rechnungslegungsgremiums dienen der Erweiterung der Öffentlichkeitsbeteiligung und sind daher geeignet, Qualität und Akzeptanz der Standards zu erhöhen. Im Sinne einer möglichst zügigen Entscheidungsfindung ist jedoch trotz der erwünschten breiten Diskussion der Standards in allen Stadien ihrer Erarbeitung darauf zu achten, dass es insbesondere durch das Einspruchsverfahren nicht zu problematischen Verzögerungen der Standard-Setzung kommt. Nur so kann das Gremium seinem Anspruch, flexibler als Legislative und Judikative auf die Veränderungen im Wirtschaftsprozess reagieren zu können, gerecht werden.[449]

b) Keine gutachterliche Tätigkeit für die Judikative

Als Initiator für die Gremienarbeit wurde hier bislang das Gremium selbst und jeder Interessent beschrieben. Da Streitigkeiten über konkrete Ausgestaltungen im Rechnungslegungsrecht nur im Falle gerichtlicher Auseinandersetzungen an die Öffentlichkeit geraten, bedarf der Gedanke, auch Gerichte könnten die Arbeit eines selbstregulatorischen Gremiums initiieren, einiger Überlegungen. Vorstellbar wäre es, dass das Gremium im Sinne eines gerichtlichen Gutachters um eine Stellungnahme zu dem zu entscheidenden Bewertungs- bzw. Bilanzierungsproblem gebeten wird.

Eine solche gutachterliche Arbeit des Gremiums ist jedoch aus mehreren Gründen abzulehnen.

Zum einen können die Ergebnisse der Beratungen eines privatverbandlichen Gremiums der Rechnungslegung aufgrund der Wertungsabhängigkeit seiner Entscheidungen und der damit verbundenen Interessenverfolgung der Gremienmitglieder nicht als reine wissenschaftliche Forschungsergebnisse verstanden werden. Die Standards genügen nicht den Anforderungen, die an ei-

---

die Öffentlichkeit von den Arbeitssitzungen beratender Gremien ausschließen möchte: *„Der Profilierungssucht einzelner fehlt der Resonanzboden."* Im erwähnten Legislativverfahren des Bundes tagen nur die Plenen von Bundestag und Bundesrat in öffentlicher Sitzung; nach *Frau Knorr* sträuben sich im vergleichbaren britischen Standardisierungsrat vor allem die Vertreter des Berufsstandes der Wirtschaftsprüfer gegen öffentliche Verhandlungen

[448] so lässt sich beispielsweise bei *Breidenbach*, Normensetzung, S. 217 die Forderung nach einer 5:2 Mehrheit finden; *Laßmann*, Podiumsgespräch, ZGR Sonderheft 2, S. 105, 110 verlangt *„eine hohe Mehrheit, wenn nicht sogar Einstimmigkeit"*; interessant wieder der Vergleich zum DIN. Hier sollen die Normen im Wege gegenseitigen Einverständnisses nach Möglichkeit unter Vermeidung formeller Abstimmungen festgelegt werden. Dieser in DIN 820, Teil 4, Ziff. 6, DIN-Normenheft 10, S. 331, 335 selbst gewählte Anspruch muss aber vor dem Hintergrund der technischen Normung gesehen werden. Technische Regeln sollen den Stand der Technik wiedergeben, so dass auch in den Abstimmungen gewährleistet werden muss, dass der in der Fachwelt herrschende Konsens im Standard widergespiegelt wird; siehe hierzu auch *Müller-Foell*, Bedeutung technischer Normen, S. 92; im Bereich der Rechnungslegung, wo in noch stärkerem Ausmaß die Standardgewinnung von Wertungsentscheidungen abhängt, werden sich Abstimmungen kaum vermeiden lassen.

[449] auch *Breidenbach*, Normensetzung, S. 215 betont die Notwendigkeit zeitnaher Standards, um den Unternehmen rechtzeitig eine Hilfestellung bei der Jahresabschluss-Erstellung zu geben.

nen gerichtlich bestellten Gutachter hinsichtlich der Neutralität und der Unvoreingenommenheit gestellt werden müssen und werden dadurch in ihrem Wert als Streitschlichtungsinstrument vor Gericht deutlich gemindert.[450]

Zum anderen ist auf die Stellung eines privatverbandlichen Standardisierungsgremiums im Zusammenspiel der staatlichen Rechtsfindungsinstanzen abzustellen: Wenn die Arbeitsergebnisse, wie gezeigt wurde, aufgrund der fehlenden demokratischen Legitimation allein fachlich hochstehende Auslegungsmöglichkeiten darstellen, denen eine rechtliche Bindungswirkung nicht zukommen kann[451], so würde diese Grenzziehung zwischen staatlichem Hoheitsbereich und privater Normierung verschwimmen: Ein Gericht, das ein solches Gremium zu einer gutachterlichen Stellungnahme oder zu einer Standardisierung auffordert, käme bei seinem Spruch wohl kaum umhin, diese Äußerung des Gremiums umfassend zu berücksichtigen. Damit wäre aber der Ermessensspielraum der Legislative in unzulässiger Weise beschnitten, die privaten Standards erhielten eine ihnen nicht zukommende Wirkungskraft für die Allgemeinheit.

Ungeachtet dessen kann natürlich auch während einer laufenden gerichtlichen Auseinandersetzung jede der beteiligten Parteien die Erarbeitung eines neuen Standards zu dem zu verhandelnden Sachverhalt anregen. Einer möglichen Verlautbarung käme dann der oben beschriebene Stellenwert zu, den selbstregulatorisch entwickelte und mittels steuernder Rezeption in den staatlichen Bereich integrierte private Standards im demokratischen Rechtsstaat nur haben können. Das beurteilende Gericht wird durch sie nicht von eigenen Überlegungen befreit und ist an ihre Anwendung nicht gebunden.

Hinzu tritt bei einer Standardentwicklung auf Initiative eines quasi *„vorlegenden"* Gerichtes die zeitliche Komponente: Jeder von einem Rechnungslegungsgremium entwickelte Standard stellt eine Abwägung zwischen verschiedenen Ansatz- und Bewertungsmöglichkeiten dar. Mit der Veröffentlichung des Standards gilt, eine entsprechende gesetzgeberische Anordnung vorausgesetzt, die Vermutung der Ordnungsmäßigkeit der Bilanz bei Anwendung der Standards. Das Gericht muss aber die vorliegende Bilanzierungsentscheidung der Streitpartei rückwirkend zu einem Zeitpunkt bewerten, zu dem der Standard des Gremiums noch nicht vorlag. Damit ist dem Gericht aber eine doppelte Prüfungspflicht aufgegeben: Zum einen muss es wie bei jeder Standardabweichung überprüfen, ob mit der gewählten Bilanzierungsalternative die Anforderungen des Gesetzes erfüllt sind. Hinzu tritt aber, dass zum Zeitpunkt der Bilanzerstellung der Standard nicht vorhanden war, das Unternehmen also nicht bewusst von diesem abwich. Damit muss aber der Maßstab, der ansonsten bei der Überprüfung von Standardabweichungen angelegt wird, deutlich vermindert werden und das Gericht die Entscheidung des Unternehmens selbständig aus dem System der Handelsbilanz heraus bewerten. Dabei ist

---

450 in diesem Sinne zwar für die technische Normung, aber übertragbar *BVerwG v. 22.5.87*, BVerwGE 77, S. 285, 291; ebenso *Kloeper/Elsner*, Selbstregulierung, DVBl. 1996, S. 964, 970

451 siehe erneut sehr detailliert die Ergebnisse am Ende der Betrachtungen zu den Möglichkeiten der Rezeption der selbstregulatorischen Standards in Kapitel H IV (**Ergebnis: Privatverbandliche Standards für den handelsrechtlichen Einzelabschluss als Auslegungsofferte**), S. 141

aber die Situation vorstellbar, dass das Gericht die gewählte Bilanzierungsweise des Unternehmens als nicht vollkommen willkürlich und GoB-widrig einstufen müsste und damit eine Abweichung von dem von ihm selbst initiierten Standard zulässig wäre. Dies würde sowohl der richterlichen Glaubwürdigkeit als auch der Reputation des Gremiums Schaden zufügen.

3. Die Finanzierung der Gremienarbeit

Der Erfolg einer selbstregulatorischen Normenbildung im Bereich der Rechnungslegung hängt neben der Bereitschaft der poten ziellen Teilnehmer zur Mitarbeit ebenfalls entscheidend von der Wirkung der Standards in der Öffentlichkeit ab. Die Dominanz einiger weniger Gruppen würde hierauf jeweils negative Auswirkungen haben.

Wie bereits bei der Gremienzusammensetzung gebietet auch die Frage nach der Finanzierung der Gremienarbeit eine Differenzierung in die beiden möglichen Teilaufgaben eines privatverbandlichen Standardisierers.

Für den Einzelabschluss muss dabei in stärkerem Ausmaß, parallel zur Gremienbesetzung, gelten, dass durch die Art der Mittelaufbringung der Eindruck vermieden werden sollte, das Gremium würde sich der Gefahr einer einseitigen Interessenausrichtung der Arbeitsergebnisse aussetzten. Daher muss für ein deutsches Rechnungslegungsgremium, sofern es auch für die Entwicklung von Standards für den Einzelabschluss verantwortlich sein soll, ein Finanzierungsmodell gefunden werden, dass einerseits die notwenigen Ressourcen eröffnet, gleichzeitig aber die zu tragende Last auf möglichst viele Schultern verteilt. Da die Standardisierung der Rechnungslegung vor allem das Ergebnis von Wertungen darstellt, darf in der Öffentlichkeit nicht der Eindruck entstehen, Großunternehmen und Wirtschaftsprüfungsgesellschaften könnten über ihre Finanzbeiträge diese Wertungen in ihrem Sinne maßgeblich beeinflussen[452]. Da der Erlös aus Publikationen in absehbarer Zeit kaum die Bedeutung annehmen wird, die er für die Arbeit des FASB hat, ist für das deutsche Gremium eine staatliche Beteiligung an den entstehenden Kosten zu erwägen, wie sie bei der DIN-Normung ebenfalls üblich ist[453]. Eine solche Subventionie-

[452] ebenfalls für eine möglichst dezentrale Mittelaufbringung *Hommelhoff/Schwab*, Selbststeuerung im Bilanzrecht, BFuP 1998, S. 38, 51; *Schwab*, Standardisierungsvertrag für das DRSC, Teil II, BB 1999, S. 783, 787; *Schildbach*, Das private Rechnungslegungsgremium, DB 1999, S. 645, 647; kritisch hinterfragt *Ebke*, Aussichten für eine professionelle Entwicklung, ZIP 1999, S. 1193, 1200, die geplante Spendenfinanzierung des DRSC. Seiner Argumentation folgend, ergibt sich die Forderung nach einer Offenlegung der Spender ab einem bestimmten Betrag, wie sie für politische Parteien im Gesetz vorgesehen ist; ohne grundsätzliche Bedenken zur Spendenfinanzierung *Biener*, Offene Fragen, S. 1, 9, der die Mittelaufbringung als eine Aufgabe der *„betroffenen Kreise"* ansieht. Bei dem in seinem Aufgabenbereich beschränkten DRSC entstammen ca. 97% der Mittel aus Beiträgen der Vereinsmitglieder, 2% aus der Standardverwertung und 1% aus Kapitalerträgen. Siehe zur Finanzierungsstruktur des FASB *Carsberg*, The Role and Future Plans, S. 41, 55; und *Luttermann*, Unternehmen, Kapital und Genussrechte, S. 389 mit dem Hinweis, dass in USA der Hauptteil der Zuwendungen sowohl aus dem Kreis der Wirtschaftsprüfungsgesellschaften wie aus dem des corporate sector jeweils von einigen wenigen Unternehmen stammt; siehe auch die Angaben in *FAF*, Annual Report 2002, S. 32-34 mit einem Anteil der Publikationserlöse von 65%.

[453] beim DIN entstammen 10 Mio € oder 10 % der Gesamteinnahmen aus zweckgebundenen staatlichen Zuschüssen; *Ebert*, Private Normsetzung, S. 206 erwägt eine paritätische Teilung der Kos-

rung der Gremienarbeit würde aber zumindest in finanzieller Hinsicht den Vorteil der *„Staatsentlastung“* teilweise wieder zunichte machen. Damit ist klar, dass durch die Etablierung eines selbstregulatorischen Verfahrens nicht sämtliche theoretisch erkannten Vorteile auch in der Praxis durchzusetzen sind.

Interessant erscheint auch die Überlegung zu sein, über die Börsenzulassungsgebühren eine allgemeine Umlage zur Finanzierung der Gremienarbeit zu erheben. Dabei ist jedoch wieder auf den Aufgabenbereich einer privatverbandlichen Standardisierung zurückzukommen: Sofern dieser, wie bislang, auf die kapitalmarktorientierten Unternehmen beschränkt bleibt, erscheint eine solche Umlage unter den hiervon unmittelbar betroffenen Gesellschaften sinnvoll zu sein, um der Abhängigkeit von den Vereinsmitgliedern zu entgehen. Sofern der Aufgabenbereich aber auf den Einzelabschluss ausgedehnt würde, wäre fraglich, ob die börsennotierten Unternehmen die free-rider Position der nicht in diese Kategorie fallenden Unternehmen akzeptieren würden. Eine Teilfinanzierung der jeweiligen Aufgabenbereiche einerseits durch zwangsweise Beiträge der börsennotierten Unternehmen, deren nationale Interessen in den Prozess des IASC eingebracht werden und andererseits durch einen staatlichen Anteil für die Aufgaben der Standardisierung des Einzelabschlusses böte sich hier als Lösung an.

Für das zweite mögliche Arbeitsgebiet eines privatverbandlichen Gremiums, die oben beschriebenen Aufgaben hinsichtlich des Konzernabschlusses, sind dagegen geringere Anforderungen an die Mittelherkunft zu stellen. Hierbei handelt es sich im Wesentlichen um eine Lobbyarbeit im IASC und bei der Bundesregierung ohne eine eigenständige Formulierung allgemein gültiger Standards, die insoweit kaum zu unmittelbaren und direkt auf das Gremium zurückführbaren Auswirkungen auf die von einem Unternehmen ausgehenden Zahlungsströme haben wird.

IV. Zur Ergebnisverantwortung des Staates

Wie bereits oben bemerkt, obliegt dem grundgesetzlichen Staat eine umfassende Verantwortung für einen breiten Interessenausgleich im politischen und sozialen Leben der Bundesrepublik Deutschland. Obgleich die deutsche Ver-

ten zwischen der Börse, dem Berufsstand der Wirtschaftsprüfer und dem Staat, da diese drei Institutionen von der Arbeit des Gremiums am stärksten profitieren würden; für *Schwab*, Standardisierungsvertrag für das DRSC, Teil II, BB 1999, S. 783, 787 stellen staatliche Zuwendungen ebenfalls eine verbesserte Möglichkeit zur Wahrnehmung der Interessen nicht-organisierbarer Gruppen dar; ebenso folgern *Pellens/Bonse/Gassen*, Perspektiven, DB 1998, S. 785, 790 aus der Möglichkeit des Staates, über finanzielle Beiträge zur Normungsarbeit die Gemeinwohlorientierung der Arbeitsergebnisse zu beeinflussen, die Notwendigkeit staatlicher Subventionen bis hin zu einer vollständigen Staatsfinanzierung der Gremienarbeit.

Nach anfänglichen Irritationen steht nun auch eindeutig fest, dass ein privates Rechnungslegungsgremium den für die Verwertung der Arbeitsergebnisse notwendigen Urheberschutz für sich beanspruchen darf. Bestritten wurde dies einerseits mit dem Hinweis, das unterstellte bloße *„Abschreiben“* der IAS und US-GAAP sei nicht schützenswert und andererseits mit dem Argument, aufgrund der Bekanntmachung durch das BMF gewönnen die DRS amtlichen Charakter, siehe aber dagegen deutlich *OLG Köln v. 16.2.2001*, AfP 2001, S. 149, 151 fassung hinsichtlich der wirtschaftlichen Prozesse auch auf eine möglichst große Aktivierung der privaten Kräfte ausgelegt ist, kann der Staat seine Aktivitäten bei der privatverbandlichen Entwicklung von Rechnungslegungsstandards nicht auf Verfahrens- und Organisationsregelungen beschränken. Im Sinne der Auffangverantwortung hätte er in den privaten Standardisierungsprozess spätestens bei der Übernahme der Standards in seinen Normenkanon steuernd einzugreifen.

1. Die Beachtung der Vorgaben hinsichtlich der Organisation und der Verfahrensabläufe

Wenn dem Gesetzgeber die Pflicht zukommt, einem selbstregulatorischen Gremium, dessen Standards er im Rechtsverkehr eine herausgehobene Bedeutung zumessen will, Vorgaben hinsichtlich der personellen Zusammensetzung und der organisatorischen Abläufe der Gremienarbeit aufzuerlegen, kann dies nur dann die gewünschten Effekte auf eine möglichst umfassende Interessenberücksichtigung bei der Standardentwicklung ausüben, wenn staatliche Stellen die Einhaltung dieser Vorgaben auch reaktiv überwachen.[454] Auch der oben beschriebene staatliche Beobachterstatus würde dem dienlich sein.

2. Die materielle Ergebnisverantwortung

Bei der Frage der materiellen Ergebnisverantwortung des Staates ist erneut auf die Gründe für eine selbstregulatorische Standardisierung abzustellen. Eines der maßgeblichen Ziele für diese Form der Regelgewinnung ist die Entlastung des Staates durch die Einbeziehung externen Sachverstandes sowie die höhere Flexibilität und Reagibilität privater Verfahrensabläufe. Würde staatlichen Instanzen nun am Ende des Standardisierungsprozesses eine umfassende materielle Prüfungsverpflichtung auferlegt, wären diese entlastenden Vorteile einer privaten Lösung in Frage gestellt.

Dieses hier pragmatisch klingende Ergebnis stand aber auch am Ende einer verfassungsrechtlichen Untersuchung hinsichtlich der Rezeption des fremden Sachverstandes. Da die Judikative ihr Letztentscheidungsrecht auch durch ein privates Rechnungslegungsgremium nicht verlieren kann, ist eine umfassende materielle Überprüfung im Vorfeld der Anwendung weder erforderlich noch notwendig. Im Übrigen wäre es auch aus Gründen der Gewaltenteilung nicht unbedenklich, wenn das BMJ bei der materiellen Beurteilung der vorgelegten Standards die in den gesetzlichen Bestimmungen verborgenen Wertungsmaßstäbe des Gesetzgebers durch eigene Beurteilungskriterien ersetzen würde[455]. Dies entspricht im Übrigen auch den Ansprüchen, die das Grundgesetz an seine Bürger stellt: Die Eigenverantwortung des einzelnen Bilanzerstellers soll durch ein selbstregulatorisches Gremium nicht aufgehoben werden. Dies

[454] siehe hierzu insbesondere *Hommelhoff/Schwab*, Selbststeuerung im Bilanzrecht, BFuP 1998, S. 38, 51; *Hommelhoff*, Zum Ersatz des deutschen Konzernabschlusses, S. 109, 127; *Schwab*, Standardisierungsvertrag für das DRSC, Teil I, BB 1999, S. 731, 734

[455] in diesem Sinne auch *Moxter*, Aufgaben und Bedeutung, DB 1998, S. 1425, 1427

bedeutet nun aber nicht, dass das Risiko der Rechtmäßigkeit der Standards damit auf die Anwender der Vorschriften abgeschoben wird. Bei Akten staatlicher Rezeption wird wohl dauerhaft zur Konkretisierung der politischen Verantwortung des Staates für den Interessenausgleich eine grobe Kontrolle der Plausibilität der Standards notwendig sein, die insbesondere die Frage eines allgemeinen Interessenausgleichs zum Inhalt haben muss[456].

3. Die Wahrnehmung der Ergebnisverantwortung de lege lata und de lege ferenda

Die Bewertung der derzeitigen Wahrnehmung der staatlichen Ergebnisverantwortung muss vor dem Hintergrund des nach § 342 HGB beschränkten Aufgabenbereiches des DRSC erfolgen. Nach Auskunft des Gremiums liegen bislang keine Erkenntnisse darüber vor, ob und in welcher Form das BMJ die vorgelegten Standards vor der Bekanntmachung im Bundesanzeiger materiell überprüft[457]. Bislang seien die Standards, wenn auch mitunter erst nach lange Zeit, kommentarlos bekannt gemacht worden.

Sollte ein privatverbandliches Gremium jedoch de lege ferenda mit der Standardisierung für den Einzelabschluss beauftragt werden, würde ein solcher intransparenter Prüfungsvorgang wohl nicht den rechtsstaatlichen Anforderungen genügen. Vielmehr müsste das BMJ hierfür sowohl eigene Prüfungskriterien und einen vorgesehenen Zeitplan der Nachschau entwickeln, als auch nach der Bekanntmachung der Standards oder einer ebenfalls möglichen Verweigerung der Veröffentlichung über die erfolgte Prüfung berichten, da der Staat nur so seine Wahrnehmung der hier beschriebenen verbliebenen Verantwortung im erforderlichen Umfang nachweisen kann[458].

V. Ergebnis: Der Staat als Garant der Gemeinwohlorientierung einer selbstregulatorischen Normung

Im bisherigen Verlauf der Arbeit wurde, ausgehend von einer veränderten Einschätzung der Erfüllung staatlicher Aufgaben, zum einen das Konzept einer Verantwortungsteilung zwischen dem Staat und privaten Akteuren, zum anderen die *„staatliche veranlasste gesellschaftliche Selbstregulierung“* als rechtliche Gestaltungsalternative für die Gewinnung von Standards Zur Umsetzung

---

[456] dies betonen auch *Hommelhoff*, Zum Ersatz des deutschen Konzernabschlusses, S. 109, 127; *Schwab*, Standardisierungsvertrag für das DRSC, Teil I, BB 731, 734; *Ebert*, Private Normsetzung, S. 88; *Hommelhoff/Schwab*, Selbststeuerung im Bilanzrecht, BFuP 1998, S. 38, 51 betonen zwar langfristig eines Beschränkung auf eine *Plausibilitätsprüfung*, erwägen aber für die ersten Arbeitsergebnisse eines selbstregulatorischen Gremiums auch eine stärkere materielle Überprüfung; auch *Moxter*, Aufgaben und Bedeutung, DB 1998, S. 1425, 1427 sieht das BMJ mit einer solchen Aufgabe überfordert, da die Verwaltung hierzu die verborgenen Wertungsmaßstäbe des Gesetzgebers durch eigene ersetzen müsse. Daher sei die materielle Überprüfung weiterhin eine Aufgabe der Rechtsprechung

[457] so *Frau Knorr* im Gespräch mit dem Verfasser

[458] siehe den Hinweis von *Förschle*, Beck´scher Bilanz-Kommentar, Rz. 7 zu § 342, wonach bereits de lege lata das BMJ mindestens die Kontrolle vorzunehmen habe, ob die Standards mit den Prioritäten und Zielen des Gesetzes übereinstimmten

einer derartigen Verantwortungsteilung vorgestellt. Als Vorausaussetzungen für eine Übertragung beider Ansätze auf eine privatverbandliche Normierung der Rechnungslegung wurden dabei nicht nur der bloße Nachweis positiver Gemeinwohlbeiträge durch Private, sondern vor allem die Möglichkeit genannt, die drohenden negativen Auswirkungen auf das *bonum commune* durch organisatorische Maßnahmen kontrollieren zu können. Diese Kontrolle käme dabei dem sich durch den Rückzug auf die Gewährleistungsverantwortung entlastenden Staat zu, da er unbestreitbar auch nach einer Aufgabenprivatisierung der Garant für die Erhaltung der demokratischen Ordnung unseres Staates bliebe. Dies gilt umso mehr, als dass es sich hier um eine so genannte funktionale Privatisierung handeln würde.

Im endenden Kapitel wurden diese Gedanken nun fortentwickelt und dabei zuerst herausgearbeitet, dass die demokratischen Strukturdeterminanten zwar für die binnenverbandliche Organisation privater Vereine keine Gültigkeit erlangen, dass diese jedoch durch die der Normung nachfolgende Rezeption der Standards in den staatlichen Normkanon höchste Bedeutung erlangen, da die Rechtsprechung ihre Ausprägungen als maßgebliches Indiz für die Notwendigkeit eigener detaillierter Prüfungen heranziehen wird. Hieran schloss sich eine Darstellung der wesentlichsten Teilgebiete an, auf denen die organisatorische Verantwortung des Staates sein Eingreifen nötig macht.

Erneut wurde dabei der Grundcharakter des Standardisierungsprozesses in der Rechnungslegung beschrieben, der eine breite Beteiligung der gesellschaftlich relevanten Gruppen nicht notwendig erscheinen lässt und die fachliche Qualität der Gremienarbeit in den Vordergrund stellt. Bei der Frage der konkreten Mitwirkungsberechtigung über das bloße Recht zur Stellungnahme hinaus ist wiederum in die Aufgabenbereiche *„Konzernabschluss"* und *„Einzelabschluss"* zu trennen.

Hinsichtlich des Einzelabschlusses wurde festgestellt, dass ein eng verstandener Begriff des *„Rechnungslegers"* nicht geeignet zu sein scheint, einen privatverbandlichen Standardisierungsprozess wirkungsvoll einzurichten. Daher ist der Kreis der Mitwirkenden über die heute für das DRSC gültigen Formulierungen in § 342 HGB und dem Standardisierungsvertrag insbesondere um Anleger- und Gläubigerinteressen sowie Vertreter der Wissenschaft zu erweitern.

Die hier vorgenommene Einordnung der Standardisierung erfolgt dabei aus zwei Ansätzen: Im Zentrum steht selbstverständlich, dass sich eine Verlagerung der Normierung aus dem unmittelbar staatlichen Verantwortungsbereich heraus gleichwohl auch danach an den wesentlichen Grundentscheidungen der Verfassung orientieren muss, da von der Anwendung der Standards gerade nicht nur deren Urheber berührt werden. Deshalb kann die Entwicklung der Rechnungslegung nicht allein der bilanzierenden Wirtschaft und dem Berufsstand der Wirtschaftsprüfer als *„Selbstverwaltungsaufgabe"* übertragen werden. Vielmehr müssen die Standards, wie bislang die GoB, durch *„Nachdenken"* einer Vielzahl von fachlich qualifizierten und unterschiedliche Aspekte vertretenden Gremienmitgliedern entwickelt werden. Im Übrigen hat auch der

Staat die Pflicht, eine einseitige Interessendurchsetzung zu verhindern und die schwächeren Glieder im Wirtschaftsprozess zu schützen. Nur so kann er sich im Sinne des Konzepts der Gewährleistungsverantwortung zurückziehen und den privaten Akteuren Spielraum gewähren. Hieraus wurde die besondere staatliche Verantwortung für die Gremienzusammensetzung, die Verfahrensabläufe und die Finanzierung der Arbeit gefolgert, da der Staat nur so trotz seiner Entlastung die notwendige Wahrung der demokratischen Strukturdeterminanten garantieren kann.

Zu den hier vertretenden Schlussfolgerungen hinsichtlich einer breiten Teilnahme der Fachöffentlichkeit führen aber nicht nur Überlegungen zur rechtlichen Wirkung der Standards. Zum gleichen Ergebnis führen auch Gedanken zur praktischen Akzeptanz der Standards sowohl bei den Abschlusserstellern, als auch bei den direkten Abschlussempfängern und der allgemeinen Öffentlichkeit. Dabei bleibt der erste Schritt zur allgemeinen Akzeptanz privatverbandlicher Standards natürlich deren rechtliche Einordnung in den staatlichen Normenkanon und die davon ausgehende Rechtssicherheit. Hinzu muss aber auch die Überzeugung in der Öffentlichkeit treten, dass es durch die Etablierung einer privatverbandlichen Standardisierung der Rechnungslegung nicht zu einer einseitigen Interessendurchsetzung zugunsten der Unternehmensleitungen und Mehrheitseigner kommt. Nur unter diesen Voraussetzungen können die nach privatverbandlichen Standards aufgestellten Abschlüsse auf das Vertrauen der Öffentlichkeit hoffen. Dieser Gedanke muss gerade deshalb besonders hervorgehoben werden, da sich die Einbeziehung Privater in die staatliche Aufgabenerfüllung in Deutschland noch in einer Entwicklungsphase befindet und aus diesem Grund mit Sicherheit intensiv beobachtet werden wird. Eine breitere Zusammensetzung der Gremienmitglieder über den Kreis der *„Rechnungsleger"* im Sinne des § 342 HGB hinaus, sollte daher nicht nur aufgrund rechtlicher Überlegungen, sondern auch aus psychologischen Gründen vereinbart werden. Insbesondere der Wissenschaft wird ein hohes Maß an Neutralität zugestanden. Es darf nicht vergessen werden, dass sich ein selbstregulatorisches Gremium das für seine erfolgreiche Arbeit notwendige Vertrauen erst noch erarbeiten muss. Allerdings wurde ebenfalls festgestellt, dass eine private Zuständigkeit für den Einzelabschluss noch der notwendigen parlamentarischen Zustimmung bedürfte. Zumindest zurzeit muss aufgrund der Mehrheitsverhältnisse im Deutschen Bundestag durchaus damit gerechnet werden, dass speziell den Gewerkschaften Teilnahmemöglichkeiten eingeräumt werden, die über ein allgemeines Recht zur Stellungnahme hinausgehen.

Für den Aufgabenbereich *„Konzernabschluss"*, der zukünftig im Wesentlichen aus einer Mitwirkung an der Arbeit des IASC und Beratungs- bzw. Konsultierungsfunktionen für die Bundesregierung und die EU-Gremien besteht, könnten dagegen hinsichtlich der Gremienzusammensetzung und der Finanzierungswege deutlich geringere Anforderungen gestellt werden, da dem Gremium hier, im Gegensatz zum Einzelabschluss, kein faktisches Rechtssetzungsrecht zugesprochen werden kann.

Daneben ist zu gewährleisten, dass innerhalb des als relevant angesehenen poten ziellen Teilnehmerkreises eine einseitige Interessendurchsetzung vermieden wird. Daher sollten die Kosten der Standardisierung für den Einzelabschluss auf eine möglichst breite Basis verteilt werden, möglicherweise werden auch staatliche Zuschüsse notwenig werden. Für die Gremienarbeit hinsichtlich des Konzernabschlusses kann dagegen die bisherige Form der Finanzierung des DRSC beibehalten werden.

Gegenüber den hier bezeichneten vielfältigen Anforderungen hinsichtlich der Organisation der Gremienarbeit kann der Staat seine materielle Nachschau der privaten Standards vor deren Veröffentlichung auf eine grobe Überprüfung am Gesetzeszweck reduzieren. Dies ist zulässig, da er sich die selbstregulatorischen Standards nicht zu Eigen macht, sondern sie auch durch die staatliche Veröffentlichung ihren Charakter als private Standards nicht verlieren. Zum anderen würde eine umfassende materielle Prüfungspflicht seitens des BMJ eine eigenständige rechtliche Wertung erfordern. Dies kommt jedoch der Exekutive nicht zu und wäre mit dem Prinzip der Gewaltenteilung nicht vereinbar. Die Bewertung der Standards hinsichtlich ihrer Übereinstimmung mit den gesetzlichen Vorgaben ist Aufgabe der Rechtsprechung.

Zur Transparenz des gesamten selbstregulatorsichen Standardisierungsprozesses ist es notwendig, dass das BMJ im Gegensatz zum aktuellen Vorgehen bei der Veröffentlichung der DRS, Kriterien für seine nachschauenden Aktivitäten entwickelt und den Verlauf seiner Verantwortungswahrnehmung dokumentiert. Nur so werden die Rechtsanwender das notwendige Vertrauen in die privaten Standards entwickeln. Gleichzeitig wurde auch die Bedeutung des Staates für die interne Regierungsfähigkeit privater Verbände aufgezeigt. Ist den Gremienmitglieder nicht klar, nach welchen Maßstäben das BMJ die erarbeiteten Standards überprüft, ist damit eine Form von Unsicherheit verbunden, die langfristig die Teilnahmebereitschaft gefährden könnte.

Zwischenergebnis: Die verbleibende staatliche Verantwortung bei der Entwicklung privatverbandlicher Rechnungslegungs-standards dient der Erhöhung deren rechtlicher Wirkung

Die Ausführungen zur Umsetzung einer staatlich veranlassten gesellschaftlichen Selbstregulierung können wie folgt zusammengefasst werden:

Eine kurze Einführung in die Arbeit des Deutschen Instituts für Normung e.V. hat dargestellt, welche Probleme insbesondere hinsichtlich der Beteiligung der interessierten Öffentlichkeit am Normungsprozess entstehen können. Dabei wurden die Standardisierungsprozesse für das Technikrecht und die Rechnungslegung einer vergleichenden Betrachtung unterzogen. Eine solche Gegenüberstellung liegt aufgrund der privatverbandlichen und selbstregulatorischen Organisationsform beider Standardisierungen nahe.

Bei der Standardisierung der Rechnungslegung werden die einer Bewertung zu unterziehenden Bilanzierungsalternativen aus den betriebswirtschaftlichen Bilanztheorien hergeleitet, während diese Alternativen im Recht der Technik naturwissenschaftlich begründbare Ergebnisse des technisch Möglichen darstellen. Damit sind die Anforderungen hinsichtlich einer breiten gesellschaftlichen Zusammensetzung, die gegenüber dem DIN erhoben werden, nicht unbesehen auf die Rechnungslegung übertragbar.

Als wichtiger Ausblick für die weiteren Untersuchungen wurde festgestellt, dass die DIN-Normen keine eigenständige Rechtskraft erlangen können und ihr rechtliches Schicksal von Übernahmeentscheidungen des Staates abhängt. Damit bestehen in der rechtlichen Wirkung der Standards Parallelen zwischen beiden Rechtsgebieten.

Einem privatverbandlichen Selbstregulierungsgremium kann unabhängig von der zu regelnden Materie nach dem Grundgesetz für die Bundesrepublik Deutschland außer für die eng umgrenzten Fälle der funktionalen Selbstverwaltung weder eine originäre noch eine derivative Rechtssetzungskompetenz zugestanden werden. Zu diskutieren und abzulehnen war in diesem Zusammenhang die Möglichkeit eines solchen Gremiums als Subdelegatar im Sinne des Art. 80 GG eingesetzt zu werden. Aufgrund der über den Kreis der Verbandsmitglieder hinausgehenden Wirkung selbstregulatorisch entwickelter Rechnungslegungsstandards kann die Gremienarbeit auch nicht als funktionale Selbstverwaltung eingeordnet werden.

Das privatverbandliche Gremium ist daher aufgrund der fehlenden originären rechtlichen Bedeutung seiner Standards auf Übernahmeentscheidungen seitens des Staates angewiesen. Die Normloyalität der Rechtsanwender und die

Bereitschaft potenzieller Gremienmitglieder zur Ressourcenhingabe werden mit steigender rechtlicher Verbindlichkeit der Standardisierung zunehmen.

Die starre textliche Aufnahme der Standards in das Gesetz und der statische Verweis auf außerrechtliche Standards sind dabei für eine Fortentwicklung der Rechnungslegung unpraktikabel, da sie die beschriebenen positiven Gemeinwohlbeiträge einer selbstregulatorischen Standardisierung nur unzureichend initiieren könnten.

In den Vordergrund tritt daher das Instrument des dynamischen Verweises auf die privaten Standards. Hier wurden die rechtlichen Bedingungen herausgearbeitet, unter denen dem Gesetzgeber eine solche gleitende Verweisung möglich wäre. Dabei stellt die Einbindung der Standards im Wege einer gesetzlichen Vermutungsanordnung eine praktikable Lösung dar, die den Standards ein Höchstmaß an rechtlicher Bedeutung zuerkennt.

Trotz einer Vermutungsanordnung können die Standards ihren Charakter als private Auslegungsofferte nicht verlieren, sie gewinnen keine gesetzesähnliche rechtliche Bindungskraft. Dies bedeutet, dass sie auch weiterhin der vollen materiellen richterlichen Nachprüfung unterliegen. Allerdings macht der Gesetzgeber mit seiner Vermutungsanordnung deutlich, dass er diese Nachprüfung auf ein Minimum reduzieren möchte. Hierbei wird er umso erfolgreicher sein, je mehr die Entwicklung der Standards eine Gewähr sowohl für ein hohes fachliches Niveau der Regeln, aber auch für einen umfassenden Interessenausgleich bietet. Gelingt ihm dies, wird den privatverbandlich entwickelten Standards ein hohes Maß an faktischer rechtlicher Bindungskraft zukommen. Gleichzeitig darf aber nicht übersehen werden, dass kein Rechtsanwender zur Befolgung der privaten Standards gezwungen werden kann. Allerdings träfe ihn die Beweispflicht, dass er auch ohne die Anwendung der Standards den gesetzlichen Anforderungen nachkommt.

Die Entwicklung von Rechnungslegungsstandards stellt keine mathematisch-logische Ableitung von Regeln dar. Nach einer betriebswirtschaftlich orientierten Bestimmung von Bilanzierungsalternativen aus den Jahresabschlusszwecken müssen in einem solchen Prozess unterschiedliche Interessen gegeneinander abgewogen werden. Damit wird aber die Entwicklung von Rechnungslegungsstandards zur Interessendurchsetzung. In einem solchen Verfahren hat der Staat die Pflicht, als Garant für einen umfassenden Interessenausgleich aufzutreten. Dieses Verhalten des Staates ist aber nicht selbstlos. Vielmehr stellen die demokratischen Strukturdeterminanten einen Maßstab für die Akzeptanz der Normen durch die nachprüfenden Gerichte dar. Diese werden nur dann im vom Gesetzgeber gewünschten Umfang auf eine eigenständige materielle Überprüfung der Standards verzichten, wenn die für das Gemeinwesen grundlegenden Prinzipien des Interessenausgleichs und des Minderheitenschutzes beachtet wurden.

Damit verbleibt dem sich entlastenden Staat auch nach der Installierung einer staatlich veranlassten gesellschaftlichen Selbstregulierung einerseits eine Organisations- und Verfahrensverantwortung, andererseits auch eine materielle Ergebnisverantwortung. Während sich Letztere auf eine grobe Nachschau reduzieren lassen wird, stehen Fragen der binnenverbandlichen Organisation und der Arbeitsabläufe im Vordergrund der Überlegungen. Dabei ist in die Arbeiten zum Einzel- und zum Konzernabschluss zu unterscheiden. Hinsichtlich des Einzelabschlusses gebieten die erkannten Gefahren für die Normakzeptanz bei den Anwendern, der Öffentlichkeit und den die Strukturdeterminanten zur Grundlage ihrer Prüfungsintensität machenden Gerichten, dass der Eindruck einseitiger Interessendurchsetzungen, der durch eine Beschränkung der Gremienbesetzung und hohe finanzielle Einzelbeiträge auftreten könnten, vermieden werden muss. Dabei wurden die Thesen vertreten, dass sowohl eine möglichst breite fachliche Zusammensetzung der Arbeitsgremien als auch eine breite Finanzierungsbasis notwendig sind. Eine Beteiligung politisch agierender Verbände an der Standardisierung wurde abgelehnt. Dem Staat käme unter Umständen die Aufgabe zu, ebenfalls Beiträge zur Finanzierung der Standardisierungsarbeit zu leisten. Hinsichtlich der Arbeiten zum Konzernabschluss, die sich vor allem auf Mitarbeit im IASC konzentrieren dürften, wurden geringere Anforderungen gestellt.

Mit diesen Schlussfolgerungen wird auch der Zusammenhang zu den theoretischen Ausführungen hinsichtlich der veränderten staatlichen Verantwortungsebenen im 1. Teil der Arbeit deutlich. Auch der gesellschaftliche Selbstregulierungen veranlassende Staat kann sich seiner Verantwortung für das Gemeinwohl nicht vollständig entziehen, er verbleibt als dessen Garant jedoch im Hintergrund und wird nach Festlegung allgemeiner Organisationsprinzipien nur im Falle von Gemeinwohlstörungen selbst aktiv eingreifen.

4. Teil: Der mögliche Bedeutungswandel einer nationalen Fortentwicklung der Rechnungslegung durch die europäische Einigung

Kapitel J: Der EuGH und die künftige Entwicklung der deutschen Rechnungslegung

Im Zuge der fortschreitenden europäischen Integration kann eine Untersuchung über die zukünftige Bedeutung eines privatverbandlichen nationalen Rechnungslegungsgremiums mit einer Zuständigkeit für den handelsrechtlichen Einzelabschluss ohne eine Betrachtung möglicher Auswirkungen dieser Integration auf dessen Arbeit nicht vollständig sein. Konkret muss der für die Erkenntnisgrundlagen des Gremiums entscheidenden Frage nachgegangen werden, welchen Einfluss das Gemeinschaftsrecht auf die nicht nach IAS aufzustellenden Einzelabschlüsse gewinnen kann[459]. Diese Frage ist für den deutschen Rechtsraum besonders bedeutend, da, wie im Weiteren detailliert dargestellt werden wird, die Art der Umsetzung der hier besonders einschlägigen 4. EG-Bilanzrichtlinie Anlass für eine kontroverse Diskussion der mit dem Gemeinschaftsrecht verbundenen Rolle des EuGH bietet.

Zunächst wird aber das dem EuGH für seinen möglichen Einfluss auf die deutsche Rechnungslegung zur Verfügung stehende rechtliche Instrumentarium dargestellt werden. Hieran schließt sich eine kurze, aber für das Verständnis der zu beobachtenden deutschen Vorlagezurückhaltung wichtige Darstellung der Rechtsfolgen einer unterlassenen Einbeziehung des EuGH bei der Auslegung von EU-Recht an.

Im Mittelpunkt steht dann die Diskussion über die Notwendigkeit einer richtlinienkonformen Auslegung des deutschen Handels- und Steuerbilanzrechts und der damit gegebenenfalls verbundenen Entscheidungskompetenz des EuGH.

I. Das Vorabentscheidungsverfahren gemäß Art. 234 EGV: Instrument zur Wahrung der Rechtseinheit

Eine der wichtigsten Aufgaben des Europäischen Gerichtshofs stellt gemäß Art. 220 EGV die Wahrung des Rechts bei der Auslegung und Anwendung des Vertrages gegenüber den Mitgliedstaaten und den Organen der Gemeinschaft dar[460]. Hierfür stehen ihm eine Reihe prozessualer Instrumente zur Verfügung, vor allem das Organstreitverfahren (Art. 230 Abs. 1-3 EGV), das Vertragsver-

[459] im Weiteren wird angenommen, dass die Bundesrepublik die ihr durch die Mitgliedstaatswahlrechte ermöglichte Ausweitung der IAS-Anwendung auf die Konzernabschlüsse der nichtkapitalmarktorientierten Unternehmen beschränkt

[460] *Biener*, Spannungsfeld, StBJb 1995/96, S. 29, 38

letzungsverfahren (Art. 226 EGV) und das Vorabentscheidungsverfahren (Art. 234 EGV)[461], wobei Letzteres im Mittelpunkt der weiteren Ausführungen steht.

Da die nationalen Gerichte der Mitgliedstaaten der Gemeinschaft berufen sind, im Rahmen ihrer Rechtsschutzverpflichtung das Gemeinschaftsrecht in *eigener* Verantwortung und richterlicher Unabhängigkeit anzuwenden, stellte sich das Problem divergierender Auslegungen des Gemeinschaftsrechts durch die Gerichte der einzelnen Mitgliedstaaten[462]. Zur Verhinderung einer solchen integrationshemmenden Entwicklung ist es Aufgabe des EuGH, im Wege des Vorabentscheidungsverfahrens gemäß Art 234 EGV das Gemeinschaftsrecht einheitlich auszulegen und dessen Beachtung zu gewährleisten, wobei das oberste Ziel die gleiche Wirkung des Gemeinschaftsrechts in allen Mitgliedstaaten darstellt[463]. Das Vorabentscheidungsverfahren soll die Kooperation zwischen der einzelstaatlichen und der gemeinschaftlichen Gerichtsbarkeit zur einheitlichen Rechtsanwendung sichern. Dabei geht das Verfahren von der funktionalen Zusammenarbeit gleichrangiger Rechtsprechungsorgane aus, es ist nicht auf eine hierarchische Über- und Unterordnung angelegt[464].

Der EuGH übt seine Tätigkeit somit nicht innerhalb der nationalen Rechtszüge, sondern im Sinne der beschriebenen strikten Aufgabenteilung zwischen gemeinschaftlicher und einzelstaatlicher Gerichtsbarkeit neben den nationalen Gerichten aus. Seinem Wesen nach ist das Vorabentscheidungsverfahren also ein Zwischenverfahren innerhalb des vor dem nationalen Gericht beginnenden und endenden Gesamtverfahrens, es eröffnet sich damit keine weitere Revisionsinstanz. [465] Der EuGH beschränkt sich in seinen Urteilen ausschließlich darauf, die Bedeutung der in Frage stehenden Normen des Gemeinschaftsrechts aus dem Wortlaut und dem Geist des Vertrages abzuleiten. Die anschließende Subsumption des Sachverhaltes unter das von ihm konkretisierte Gemeinschaftsrecht stellt eine exklusive Aufgabe des vorlegenden nationalen Gerichts dar[466].

Eine direkte Klagemöglichkeit von Privaten ist im Vertrag ebenso wenig vorgesehen wie die Überprüfung der Rechtmäßigkeit innerstaatlicher Maßnahmen oder die Auslegung innerstaatlicher Rechtsnormen. Konsequenterweise ist daher der EuGH auch nicht befugt, die nationalen Transformationsgesetze

---

[461] mit dem Vertrag von Amsterdam v. 2.10.97 wurde der Vertrag zur Gründung der Europäischen Gemeinschaft v. 25.3.57 grundlegend neu strukturiert. Hieraus resultiert eine Neunummerierung der in dieser Arbeit einschlägigen Vertragsartikel. Das Vorabentscheidungsverfahren gemäß Art. 234 EGV wurde bisher in Art. 177 EGV(alt) geregelt. Im Text wurde dies berücksichtigt, in Urteilszitaten und Literaturverweisen dagegen die originale Artikelverwendung beibehalten

[462] *Borchardt* in: Lenz, EG-Vertrag, Art. 234, Rz. 1; *BVerfG v. 13.10.70*, BVerfGE 29, S. 198, 209; *Krück* in: von der Groeben, EG/EU-Vertrag, Art. 177, Rz. 4

[463] *EuGH v. 16.1.74* (Rheinmühlen), Slg. 1974, S. 33, 38, Tz. 2; *EuGH v. 18.1.79*, (van Wesemael), Slg. 1979, S. 35, 51, Tz. 21; *BVerfG v. 31.5.90*, BVerfGE 82, S. 159, 192; *Geiger*, EG-Vertrag, Art. 177, Rz. 1; *Wohlfahrt* in: Grabitz/Hilf, KommEU, Art. 177, Rz. 7

[464] *Dauses*, Vorabentscheidungsverfahren, S. 123; *ders.* Aufgabenteilung, FS Everling, S. 223, 224

[465] *Wohlfahrt* in: Grabitz/Hilf, KommEU, Art. 177, Rz. 2; *Geiger*, EU-Vertrag, Art. 177, Rz. 23; *Groh*, Bilanzrecht, DStR 1996, S. 1206, 1206

[466] *EuGH v. 27.3.63* (Da Costa), Slg. 1963, S. 63, 81; *Dauses*, Aufgabenteilung, FS Everling, S. 223, 226

auszulegen oder ihre Vereinbarkeit mit den gemeinschaftsrechtlichen Vorgaben zu prüfen. Dieses obliegt wiederum allein den nationalen Instanzen[467].

Somit sind zwei folgenschwere Verfahrensumstände zu feststellbar: Einerseits wird der Gerichtshof nur auf Ersuchen der nationalen Gerichte tätig, zum anderen urteilt er in den strittigen Sachverhalten nicht selbst, sondern er gibt den vorlegenden Gerichten für die Auslegung des Gemeinschaftsrechts Kriterien vor, anhand derer sie das Gemeinschaftsrecht in ihrer eigene Entscheidung anwenden[468].

1. Die Einleitung des Vorabentscheidungsverfahrens gemäß Art. 234 EGV

Gemäß Art. 234 Abs. 2 EGV ist *jedes* mitgliedstaatliche Gericht berechtigt, dem EuGH die in dessen Aufgabenbereich fallenden strittigen Auslegungsfragen zur Vorabentscheidung vorzulegen, sofern eine Entscheidung über Gemeinschaftsrecht zum Erlass seines eigenen Urteils erforderlich ist.

Gerichte, deren Entscheidungen nach innerstaatlichem Recht im normalen Instanzenweg mit keinen Rechtsmitteln mehr angefochten werden können, sind gemäß Art. 234 Abs. 3 EGV zu einer solchen Vorlage verpflichtet. Diese Anordnung des Vertrages hat die Verhinderung der Herausbildung einer nationalen Rechtsprechung, die nicht im Einklang mit den Normen des Gemeinschaftsrechts steht, zum Ziel[469].

Wie weiter unten gezeigt werden wird, haben nach Auffassung des EuGH allein die nationalen Gerichte, unabhängig davon, ob sich eine Vorlage an das europäische Gericht für sie als Möglichkeit oder als Pflicht darstellt, sowohl die Erforderlichkeit der Vorlageentscheidung für ihren eigenen Spruch als auch die rechtliche Zulässigkeit der von ihnen dem Gerichtshof vorlegten Fragen zu beurteilen, der EuGH selbst überprüft die Gründe für das Auslegungsersuchen grundsätzlich nicht[470].

---

467 siehe hierzu nur *EuGH v. 13.3.84* (Prantl), Slg. 1984, S. 1299, 1323: „*... kann der Gerichtshof im Rahmen des Artikel 177 EWG-Vertrag nicht über die Auslegung und die Gültigkeit nationaler Rechtsvorschriften entscheiden. Der Gerichtshof ist jedoch, wie er wiederholt entscheiden hat, befugt, dem nationalen Gericht Kriterien für die Auslegung des Gemeinschaftsrechts an die Hand zu geben, die dieses Gericht in die Lage versetzen, die ihm vorliegende Frage selbst zu entscheiden.*"; so auch *Oppermann*, Europarecht, Tz. 652; Borchardt in: Lenz, EG-Vertrag, Art. 234, Rz. 16; *Wohlfahrt* in: Grabitz/Hilf, KommEU, Art. 177, Rz. 24-25; sowie zur ausdrücklichen Betonung der nationalen Instanzen Biener, Spannungsfeld, StBJb 1995/96, S. 29, 40; *Thiele*, Maßgeblichkeitsprinzip, GmbHR 1999, S. 1241, 1244; siehe auch die vom EuGH herausgegebenen „*Hinweise zur Vorlage von Vorabentscheidungsersuchen durch die innerstaatlichen Gerichte*", NJW 1997, S. 1765f.

468 *EuGH v. 18.10.90* (Dzodzi), Slg. 1990 I, S. 3763, 3793, Tz. 33

469 *EuGH v. 24.5.77* (Hoffmann-La Roche), Slg. 1977, S. 957, 972, Tz. 5

470 siehe hierzu bereits *EuGH v. 16.6.81* (Salonia), Slg. 1981, S. 1563, 1576, Rz. 6; die Aufgabenteilung könnte auf die Formel: „*Die Auslegung liegt in den Händen des EuGH, die Anwendung des Gemeinschaftsrechts obliegt allein den nationalen Richtern*" gebracht werden; im Spruch *EuGH v. 18.10.90* (Dzodi), Slg. 1990 I, S. 3763, 3793, Tz. 34 im Zusammenhang mit dem hier weiter unten speziell interessierenden nationalen Recht, das auf Gemeinschaftsrecht Bezug nimmt, ausdrück-

2. Zur Bindungswirkung von EuGH-Entscheidungen

Zur Durchsetzung des Entscheidungsprimats des EuGH sind inter partes im Ausgangsverfahren grundsätzlich sowohl das vorlegende, als auch jedes andere Gericht, das in demselben Rechtsstreit zu entscheiden hat, durch die Beantwortung des Vorabentscheidungsersuchens durch den EuGH gebunden[471]. Sollte die Vorabentscheidung die einschlägigen Rechtsfragen nach Auffassungen eines mit dem Ausgangsverfahren befassten Gerichtes nicht mit der gebotenen Klarheit beantwortet haben oder sind zwischenzeitlich neue Fragen entstanden, ist dabei eine erneute Vorlage beim EuGH statthaft[472]. Die Bindungswirkung der nationalen Gerichte im gesamten Instanzenzug entsteht, indem sie das für den Erlass ihrer eigenen Entscheidung relevante Gemeinschaftsrecht in der vom EuGH vorgebenden Weise anwenden[473]. Allerdings verbleibt die Entscheidung darüber, ob das Gemeinschaftsrecht überhaupt entscheidungsrelevant ist, in jedem Fall bei den nationalen Gerichten, der EuGH beurteilt diese Einschätzung nicht[474].

In der einschlägigen Fachliteratur dagegen bislang ungeklärt ist die Frage der Bindungswirkung von Auslegungsurteilen des EuGH für künftige Verfahren. Der Gerichtshof selbst geht wohl mindestens für letztinstanzliche Gerichte von einer Bindung auch in Folgeverfahren aus[475], da diese Gerichte nur dann von ihrer Vorlagepflicht befreit seien, wenn die gleiche Streitfrage bereits Gegens-

---

lich bestätigt; hierzu auch *Borchardt* in: Lenz, EG-Vertrag, Rz. 11 zu Art. 234; für *Hermanns*, Fragen des deutschen Bilanzrechts, GmbHR 1999, S. 1123, 1130 ist die derzeitige Aufgabenteilung unbefriedigend, die Zulässigkeitsfrage sollte, wohl erst nach einer Änderung von Art. 234 EGV, vom EuGH selbst beantwortet werden.

471 *BVerfG v. 8.6.77*, BVerfGE 45, S. 142, 162; *BVerfG v. 25.7.79*, BVerfGE 52, S. 187, 200 (speziell zur Gebundenheit des BVerfG); *BVerfG v. 22.10.86* (Solange II), BVerfGE 73, S. 339, 370; *EuGH v. 24.6.69* (Mich- Fett- und Eierkontor), Slg. 1969, S. 165, 178; *Krück* in: von der Groeben, EU/EG-Vertrag, Art. 177, Rz. 87

472 *EuGH v. 27.3.63* (Da Costa), Slg. 1963, S. 63, 81; deutlich auch *BGH v. 21.4.94*, BGHZ 125, S. 382, 389; *Wegener* in: Callies/Ruffert, EUV/EGV, Art. 234, Rz. 32

473 siehe zur *„inter partes"*-Wirkung und zur Frage einer Bindungswirkung auch außerhalb des Ausgangsverfahrens (*„inter omnes"*-Wirkung) für Ungültigkeits- und Auslegungsurteile *Borchardt* in: Lenz, EG-Vertrag, Art. 234, Rz. 51; *Müller*, Der Europäische Gerichtshof, FS Claussen, S. 707, 714; speziell für das Bundesverfassungsgericht urteilte das *BVerfG v. 25.7.79*, BVerfGE 52, S. 201: *„Die Bindung des Bundesverfassungsgericht an die Auslegung [...] durch die Vorabentscheidung des Gerichtshofs [...] schließt es jedenfalls aus, diese Vertragsvorschriften für den Hoheitsbereich der Bundesrepublik Deutschland im Widerspruch zu dieser Vorabentscheidung auszulegen."*; zu kurz greift jedoch *Thömmes*, EG-rechtlicher Rahmen, S. 75, 80 mit seinem Hinweis auf die Urteilsaufhebung *BVerfG v. 8.4.87*, BVerfGE 75, 223, 234. Zwar stellt hier das Gericht fest, dass der BFH wegen seiner Abweichung vom Spruch des EuGH dessen erneute Anrufung in willkürlicher Weise unterlassen habe, gleichzeitig zeigt das BVerfG im Weiteren aber detailliert auf, dass es letztendlich allein die Grenzen der richterlichen Rechtsfortbildung durch den EuGH anders beurteilt als der BFH. Allein hierdurch entsteht das Verdikt *„Willkür"*, nicht durch das Abweichen als solches, hierzu zur sog. *„Kloppenburg-Kontroverse"* speziell Fn. 507

474 wie im Urteil *BGH v. 12.1.98*, BGHZ 137, S. 378, 384 zu sehen ist, kann sich die Einschätzung der Relevanz des Gemeinschaftsrechts für den eigenen Spruch während eines Verfahrens durchaus ändern, siehe hierzu kritisch Fn. 479

475 undifferenziert und damit unklar *Haselmann/Schick*, Phasengleiche Aktivierung, DB 1996, S. 1529, 1531; ausführlich *Krück* in: von der Groeben, EU/EG-Vertrag, Art. 177, Rz. 89; *EuGH v. 6.10.82* (C.I.L.F.T.), Slg. 1982, S. 3415, 3429

tand einer früheren Vorlage war. Für nicht-letztinstanzliche Gerichte, denen eine Vorlage stets freisteht, kann eine solche Bindung jedoch nicht entnommen werden, woraus die Möglichkeit einer abweichenden Auslegung zu folgern ist[476].

Damit ähnelt die Präjudizwirkung der EuGH-Entscheidungen der von höchstrichterlichen Entscheidungen der nationalen Instanzen. Auch diese entfalten außerhalb des Ausgangsverfahrens keine unmittelbar verbindliche Wirkung, aufgrund der Aufhebungsmöglichkeit seitens der Rechtsmittelinstanz und der Anerkennung der Rechtseinheitswahrungsaufgabe der obersten Gerichte kommt ihnen aber eine faktische Bindung zu[477].

Die Bindung der nationalen Gerichte durch Entscheidungen des EuGH zeigt die Grenzen nationaler Souveränität unter den Verträgen von Rom und Maastricht auf. Dass der Gerichtshof bei seiner Entscheidungsfindung die Verträge monopolistisch auslegt und damit das Recht der Europäischen Union fortbildet, ist nicht nur logische Konsequenz der Verträge, sondern für die Wahrung der Rechtseinheit innerhalb der Union auch wünschenswert. Insbesondere die Rechtsfortbildung steht dem EuGH zu, da die Mitgliedstaaten die Union mit einem Gerichtshof ausstatten wollten, dem sämtliche Rechtsfindungswege offen stehen, die in jahrhundertelanger europäischer Rechtsüberlieferung und Rechtskultur entwickelt wurden.[478]

3. Stellt die geringe Entscheidungsdichte für das deutsche Handelsbilanzrecht einen Rechtsverstoß dar?

Sowohl in der wissenschaftlichen Erörterung aktueller Rechnungslegungsfragen, als auch in der Diskussion über die Entwicklung neuer GoB und die Rolle eines nationalen Rechnungslegungsgremiums fällt der seltene Bezug auf Entscheidungen des EuGH zu deutschem Bilanzrecht auf, ohne dass dieser Umstand einer näheren Untersuchung unterzogen wird. Ersichtlicherweise kam es bislang erst in drei Fällen auf Grund der Vorlage eines deutschen Gerichts zur Auslegung von Vorschriften der 4. EG-Richtlinie durch die europäische Instanz[479]. Die danach prophezeite wachsende Bedeutung für die deutsche

---

[476] so auch *Schwarze* in: Schwarze, EU-Kommentar, Art. 234, Rz. 66; mit Hinweis auf die sachliche Unabhängigkeit der nicht-letztinstanzlichen Gerichte sieht auch *Wegener*, EUV/EGV, Art. 234, Rz. 34 keine Vorlagepflicht der unteren Instanzen; a.A. *Dauses*, Vorabentscheidungsverfahren, S. 155

[477] hierzu auch *Müller*, EuGH und GoB, S. 87, 93; hierbei ist allerdings nur auf die kontinentaleuropäische Rechtstradition abgestellt, nicht auf das angelsächsische *common law* ; siehe auch *Borchardt* in: Lenz, EG-Vertrag, Art. 234, Rz, 55; *Krück* in: von der Groeben, EU/EG-Vertrag, Art. 177, Rz. 92; *BGH v. 21.4.94*, BGHZ 125, S. 382, 388, EuZW 1994, S. 637, 639; zurückhaltend dagegen *Oppermann*, Europarecht, Tz. 661

[478] hierzu deutlich *BVerfG v. 16.6.BVerfG v. 8.4.87*, BVerfGE 75, S. 223, 243

[479] *EuGH v. 27.6.96* (Tomberger), Slg. 1996 I, S. 3145 ff.; *EuGH v. 14.9.99* (DE + ES), Slg. 1999 I, S. 5331 ff.; und jüngst *EuGH v. 7.1.03* (BIAO), DB 2003, S. 181ff.. Die beiden letzten Urteile beruhen auf einer FG-Vorlage, der „*Tomberger*"-Fall auf eine Vorlage des BGH. Als ausgesprochen ärgerlich ist dabei jedoch der Ausgang dieses Verfahrens zu bezeichnen. Nach erfolgtem EuGH-Spruch erklärte der BGH in seiner Entscheidung v. *12.1.98*, BGHZ 137, S. 378, 384 die vorgelegten Fragen für nicht entscheidungserheblich, obwohl der EuGH die im Vorlagebeschluss geäußerte Meinung des BGH zur phasengleichen Aktivierungspflicht ausdrücklich bestätigte, und wies die Klage ab. Damit hat er retrospektiv betrachtet das Vorabentscheidungsverfahren missbräuchlich

Rechtsfindung ist bislang noch nicht zu beobachten[480]. Nachfolgend soll deshalb in einem zweigeteilten Vorgehen sowohl auf kommunitärer als auch auf nationaler Ebene untersucht werden, ob diese Zurückhaltung der deutschen Gerichte als Rechtsverstoß zu werten ist, welche Konsequenzen sich hieraus ergäben und ob darauf folgend eine Änderung des nationalen Vorlageverhaltens zu erwarten ist.

a) Das Vorabentscheidungsersuchen als Instrument zur Rechtsfindung der Instanzgerichte

Jedes deutsche Instanzgericht ist gemäß Art. 234 Abs. 2 EGV zur Vorlage einer Entscheidungsfrage vor dem EuGH berechtigt, sofern es die Auslegung des Vertrages als entscheidungserheblich ansieht und eine Vorabentscheidung des EuGH für erforderlich hält. Daraus folgt zum einen, dass das Instanzgericht auch zur eigenen Vertragsauslegung berechtigt ist, und zum anderen, dass eine Anrufung des Gerichtshofes nicht verbindlich ist. Vielmehr handelt es sich um ein echtes Wahlrecht beispielsweise eines über die steuerliche Maßgeblichkeit europarechtliche Bezüge vermutenden Finanzgerichtes, das vom BFH in keinster Weise überprüft wird[481].

Letztinstanzliche Gerichte sind dagegen gemeinschaftsrechtlich zur Vorlage jeder sich stellenden Auslegungsfrage verpflichtet, sofern nach Auffassung des nationalen Gerichtes Gemeinschaftsrecht zur Entscheidung in den anhängigen Streit herangezogen werden muss[482]. Das Ermessen über die Entscheidungsrelevanz verbleibt bei dem nationalen Gericht, es ist zu einer solchen Vorlage allein aufgrund des Verlangens der Parteien nicht verpflichtet[483].

---

genutzt, da es den nationalen Gerichten allein bei Entscheidungserheblichkeit des Gemeinschaftsrechts für die eigene Urteilsfindung offen steht. Zu vermuten bleibt, dass die vom EuGH gewünschte Mitteilung über die Berücksichtigung der Vorabentscheidung im Ausgangsverfahren wohl unterblieben ist, siehe hierzu *EuGH*, Hinweise zur Vorlage von Vorabentscheidungsersuchen durch die innerstaatlichen Gerichte, NJW 1997, S. 1765, 176. Siehe zur Chronologie des Verfahrens speziell *Hoffmann/Sauter*, Vom Gipfel der Rechtsprechung zur Beerdigung dritter Klasse, GmbHR 1998, S. 318, 319.

Zur Vorlagefreudigkeit deutscher Gerichte siehe auch *Heß*, Vorabentscheidungsverfahren, ZZP 1995, S. 59, der beispielsweise für den BGH bis 1993 die Zahl der Vorlagen bis Ende 1993 auf 49 beziffert. Eine Zusammenstellung der Gründe für die mangelnde Vorlagefreudigkeit finden sich bei *Basedow*, Bundesgerichtshof, FS Brandner, S. 651, 671ff.

480 hoffnungsvoll z.B. *Schüppen*, Orakel oder Lösung, DB 1996, S. 1481, 1484; skeptisch *Schulze-Osterloh*, Aktivierung von Dividendenansprüchen, ZIP 1996, S. 1453, 1457

481 *BFH v. 2.4.96*, BFHE 180, S. 231, 235; *BFH v. 3.2.87*, BStBl. 1987 II, S. 305, bestätigt durch *BVerfG v. 3.10.89*, HFR 1990, S. 446, jedoch ohne ausdrückliche Entscheidung zur Vorlagepflicht der FG; *BFH v. 25.6.91*, BFH/NV 1992, S. 286; *BFH v. 9.1.96*, BFH/NV 1996, S. 652, 653; a.A. *Schauhoff*, Vorabentscheidung, IStR 1996, S. 494, 495

482 *EuGH v. 6.10.82* (C.I.L.F.I.T), Slg. 1982, S. 3451, 3428, Tz. 13-16; *BVerfG v. 9.11.87*, NJW 1988, S. 1456, 1457 spricht bestätigend davon, dass die Vorlage die Regel, die Nichtvorlage dagegen die Ausnahme zu sein hat; richtigerweise verweist *Meyer-Arndt*, Zuständigkeit des Europäischen Gerichtshofs, BB 1993, S. 1623, 1625 darauf, dass die Vorlagepflicht nicht von Auslegungszweifel, sondern allein von der Entscheidungserheblichkeit des Gemeinschaftsrechts abhängt.

483 *EuGH v. 6.10.82* (C.I.L.F.I.T), Slg. 1982, S. 3451, 3428, Tz. 9; *Tipke/Lang*, Steuerrecht, § 22, Tz. 305; *Jesse*, Einspruch und Klage im Steuerrecht, S. 302, C 349

Allerdings gestattet der EuGH auch Ausnahmen von dieser Vorlageverpflichtung. Sie entfällt demnach alternativ, wenn

- die gestellte Frage tatsächlich bereits in einem früheren Verfahren Gegenstand einer EuGH-Entscheidung war,[484]
- eine gesicherte Rechtsprechung des EuGH vorliegt, durch die die gestellte Rechtsfrage gelöst ist, auch wenn die strittigen Fragen nicht völlig identisch sind,
- *„die richtige Anwendung des Gemeinschaftsrechts derart offenkundig [...] [ist], daß keinerlei Raum für einen vernünftigen Zweifel an der Entscheidung der gestellten Frage bleibt. Das innerstaatliche Gericht darf jedoch nur dann davon ausgehen, daß ein solcher Fall vorliegt, wenn es überzeugt ist daß auch für die Gerichte der übrigen Mitgliedstaaten und den Gerichtshof die gleiche Gewißheit bestünde."*[485]

Mit dieser Rechtsprechung folgt der EuGH damit im Wesentlichen einem objektivierten Klarheitsbegriff[486] und erteilt der subjektiven Perzeption des Prozessgerichtes eine Absage. Nur mit dieser Konstruktion ist das grundsätzliche Auslegungsmonopol des EuGH, die Wahrung der einheitlichen Rechtsausübung innerhalb der Union und damit weiterer Integrationsfortschritte möglich[487].

b) Rechtsfolgen der Nicht-Vorlage durch nationale Gerichte

Wie dargestellt, ist ein letztinstanzliches Gericht kommunitär stets dann zur Vorlage beim EuGH verpflichtet, wenn es die Auslegung des Gemeinschaftsrechts für erforderlich hält, jedem anderen Gericht steht eine solche Vorlage frei. Die Erforderlichkeit wird im Falle der Entscheidungsvorlage jedoch vom Gerichtshof nicht überprüft, er stellt die Vorlage damit voll in das Ermessen der nationalen Gerichte. Legt das nationale Gericht dagegen nicht vor, so haben weder der EuGH noch die Prozessbeteiligten vor dem nationalen Gericht die Möglichkeit, dieses zu erzwingen[488].

Zu untersuchen ist daher, inwieweit im Nachhinein sowohl auf gemeinschaftsrechtlicher als auch auf nationaler Ebene eine Ahndungsmöglichkeit für unter-

---

[484] so bereits *EuGH v. 27.3.63* (Da Costa), Slg. 1963, S. 63, 80

[485] *EuGH v. 6.10.82* (C.I.L.F.I.T), Slg. 1982, S. 3451, 3428, Tz. 13-20

[486] sog. *„acte-clair"*-Doktrin des französischen Rechts, allerdings dahingehend modifiziert, dass sich die Eindeutigkeit der Rechtsnorm aus dem gemeinschaftsrechtlichen Kontext ergeben muss, siehe *Heß*, Vorabentscheidungsverfahren, ZZP 1995, S. 59, 81; detailliert hierzu siehe *Möller*, Der Europäische Gerichtshof, S. 28

[487] *Dauses*, Vorabentscheidungsverfahren, S. 117, so auch *BVerfG v. 9.11.87*, NJW 1988, S. 1456. Der EuGH selbst verweist in Tz. 31 der C.I.L.F.I.T.-Entscheidung auf verschiedene sprachliche Fassungen, besonderen gemeinschaftsrechtlichen Terminologien und unterschiedlichen nationalen Interpretationen von Rechtsbegriffen.

[488] *Geiger*, EG-Vertrag, Art.177, Rz. 36; *Tipke/Lang*, § 22, Tz. 305

lassene Vorlagen besteht und welche Konsequenzen sich hieraus gegebenenfalls ergeben.

i) Gemeinschaftsrechtliche Konsequenzen: Einleitung eines Vertragsverletzungsverfahrens

Kommen nationale Gerichte ihrer Vorlageverpflichtung gemäß Art. 234 EGV entsprechend der oben entwickelten Kriterien pflichtwidrig nicht nach, liegt ein Verstoß gegen das Gemeinschaftsrecht vor, der gemäß Art. 226 und 227 EGV Gegenstand eines von der Kommission oder eines anderen Mitgliedstaates angestrengten Vertragsverletzungsverfahrens vor dem EuGH sein kann[489]. Stellt der Gerichtshof eine Vertragsverletzung fest, so kann er jedoch die nationalen Gerichte nicht zur Vorlage zwingen, da das strittige Ausgangsverfahren im nationalen Instanzenzug zu diesem Zeitpunkt beendet sein dürfte. Hierin liegt wohl der Grund für die festzustellende Zurückhaltung bei der Klageeinreichung[490]. Der Vertrag hat vielmehr die Beseitigung der festgestellten Vertragsverletzungen den zuständigen nationalen Staatsorganen mit der Folge übertragen, dass der verurteilte Mitgliedstaat verpflichtet ist, den rechtswidrigen Zustand zumindest ex nunc zu beseitigen. Der Spruch des EuGH wendet sich im Falle der Verurteilung eines Mitgliedstaates an alle staatlichen Organe des vertragsverletzenden Staates. Dieses bedeutet beispielsweise, dass auch die nationalen Gerichte nach der Verkündung des Urteils die mit dem Gemeinschaftsrecht unvereinbaren Entscheidungen anderer Gerichte bei ihrer eigenen Spruchfindung nicht länger zugrunde legen dürfen.

Bei einer möglichen Verurteilung der Bundesrepublik Deutschland aufgrund der unzureichenden Vorlagepraxis deutscher Gerichte in Fragen der Bilanzierung greift dieser im Vertrag vorgesehene allgemeine Mechanismus jedoch aus drei Gründen nicht: Aufgrund der Unabhängigkeit der Gerichte ist weder die Bundesregierung noch das Parlament in der Lage, tätig zu werden[491], einer Abänderung der Urteile auf dem Instanzenweg steht in der Regel ihre Rechtskraft entgegen und die Existenz eines ungeschriebenen nationalen Rechtsbehelfs zur Beseitigung der Rechtskraft aufgrund des Vorranges des Gemeinschaftsrechts konnte sich bislang in der Rechtswissenschaft nicht durchsetzen[492]. Damit ist die unbefriedigende Situation festzustellen, dass die Bestandskraft des angefochtenen Urteils des nationalen Gerichtes auch durch eine vom EuGH festgestellte Vertragsverletzung mit kommunitären Mitteln

489 siehe auch *Wassermeyer*, Vorlage von Bilanzierungsfragen, FS Lutter, S. 1633, 1638; *Heißenberg*, Europäischer Gerichtshof, KÖSDI 1996, 10825, 10832

490 so auch *Groh*, Bilanzrecht, DStR 1996, S. 1206, 1207; *Meier*, Zur Einwirkung des Gemeinschaftsrechts, EuZW 1991, S. 11, 14

491 *Wohlfahrt* in Grabitz/Hilf, KommEU, Art. 177 Rz. 55; *Borchardt* in : Lenz, EG-Vertrag, Art. 234, Rz. 44; *Groh*, Bilanzrecht, DStR 1996, S. 1206, 1207

492 *Krück* in: von der Groeben, EG/EU-Vertrag, Art. 177, Rz. 78; befürwortend *Borchardt* in: Lenz, EG-Vertrag, Art. 234, Tz. 47; siehe speziell zur Möglichkeit der analogen Zulässigkeit der Restitutionsklage mit dem Ziel der Wiederaufnahme eines abgeschlossenen Verfahrens und der Nachholung der unterlassenen Vorlage nach Einleitung des Vertragsverletzungsverfahrens *Meier*, Zur Einwirkung des Gemeinschaftsrechts, EuZW 1991, S. 11, 14

nicht erschüttert werden könnte[493]. Daher gilt die Einleitung des Vertragsverletzungsverfahrens nur als ultima ratio für den Fall grundsätzlicher und systematischer Verweigerung der Inanspruchnahme des Vorabentscheidungsverfahrens seitens der obersten nationalen Gerichte. Der einzige bislang in der Literatur dokumentierte Versuch der Kommission ein solches Verfahren einzuleiten blieb ohne rechtliche Konsequenzen[494].

ii) Nationale deutsche Konsequenzen: Überprüfung des Rechts auf den gesetzlichen Richter

Das Fehlen wirksamer gemeinschaftsrechtlicher Konsequenzen einer Vorlagepflichtverletzung schließt selbstverständlich nicht aus, dass bereits das nationale Recht Sanktionen an die Pflichtverletzung knüpfen kann[495]. Zu untersuchen sind daher die Einlegung der Revision und eine Verfassungsbeschwerde aufgrund der unterlassenen Vorlage.

Durch das Rechtsinstitut der Revision, für das finanzgerichtliche Verfahren in § 115 FGO geregelt, bzw. einer Nichtzulassungsbeschwerde ist es möglich, noch innerhalb des Instanzenweges eine unterlassene Vorlage zu rügen und die obere Instanz zu einer nochmaligen Überprüfung der Vorlagenotwendigkeit zu bewegen[496]. Dieses Instrument ist hier jedoch von nachrangigem Interesse: Zum einen muss die Revision vom Finanzgericht zugelassen bzw. der Nichtzulassungsbeschwerde durch den BFH stattgegeben werden. Dabei muss die klagende Partei die grundsätzliche Bedeutung des Sachverhaltes nachweisen, was bei der zu beobachtenden Vorlagezurückhaltung auf Schwierigkeiten stoßen dürfte. Zum anderen aber sollen hier gerade untersucht werden, welche Möglichkeiten bestehen, die zu beobachtende Zurückhaltung bei Vorabentscheidungsersuchen *innerhalb* des bilanz-und steuerrechtlichen Rechtsweges aufzubrechen.

Von größerer Bedeutung ist daher die Betrachtung der nach deutschem Recht den Parteien des Ausgangsverfahrens nach Beendigung des ordentlichen In-

---

493 *Geiger*, EG-Vertrag, Art.177, Rz. 36; es verbleibt allein die in § 228 EGV vorgesehene Verhängung eines Pauschalbetrages oder eines Zwangsgeldes; zu den politischen Konsequenzen einer Verurteilung eines Mitgliedstaates siehe besonders *Nicolaysen*, Streit, EuR 2000, S. 495, 509

494 *Krück* in: von der Groeben, EU/EG-Vertrag, Art. 177, Rz. 78; Note der Kommission an den deutschen Außenminister SG (90)/D/A/90/0406, zitiert nach *Meier*, Zur Einwirkung des Gemeinschaftsrechts, EuZW 1991, S. 11; siehe auch *Wegener* in: Calliess/Ruffert, EUV/EGV, Art. 234 EGV, Rn. 26

495 *Dauses*, Vorabentscheidungsverfahren, S. 121; die Zweiteilung der Untersuchung in gemeinschaftsrechtliche und nationale Aspekte ist bei gemeinschaftsrechtlichem Bezug der untersuchten Materie nicht nur sinnvoll, sondern wird allein der zunehmenden Verknüpfung beider Rechtskreise gerecht. Sie wiederholt sich im weiteren Verlauf der Arbeit bei der Frage der richtlinienkonformen Auslegung des deutschen Handels- und Steuerbilanzrechts

496 ob ein fehlendes Vorabentscheidungsersuchen ein Revisionsgrund iSd § 115 FGO darstellt, ist höchstrichterlich noch nicht entschieden, siehe jedoch befürwortend für den ähnlichen § 132 VwGO *BVerwG 22.10.86*, NJW 1988, S. 664 und für § 554b ZPO *BVerfG v. 16.12.93*, NJW 1994, S. 2017, sowie *Borchardt* in: Lenz, EG-Vertrag, Art. 234, Rz. 46; *Biener*, Spannungsfeld, StBJb 1995/96, S. 29, 39; *Heißenberg*, Europäischer Gerichtshof, KÖSDI 1996, S. 10825, 10828

stanzenweges offen stehenden Klage vor dem Bundesverfassungsgericht. Nachdem dieses den EuGH hinsichtlich der Auslegung des EU-Rechts als gesetzlichen Richter anerkannte[497], kann die Entscheidung letztinstanzlicher Gerichte zur Nichtvorlage eine Verfassungsbeschwerde auslösen. Dabei konzentrieren sich die Überprüfungen des Gerichtes auf die Verletzung des Rechts auf den gesetzlichen Richter gemäß Art. 101 Abs. 1 Satz 2 GG[498].

Während das BVerfG die gesetzlichen Formvorschriften des Art. 104 Abs. 1 Satz 1 GG, wenn auch stets unter Wahrung eines Beurteilungsspielraumes durch die Instanzgerichte, voll durchprüft, verzichtet es bei strittiger Richterzuständigkeit auf eine umfassende Prüfung der Rechtslage[499]. Da das Grundgesetz nicht gegen Verfahrensfehler aufgrund eines Irrtums des verhandelnden Gerichtes schütze[500], attestiert es einen Verfassungsverstoß nur für die Konstellationen, in denen das Gericht seine Vorlagenverpflichtung *willkürlich* außer Acht ließ. Danach wird das grundgesetzliche Recht auf den gesetzlichen Richter nur dann verletzt, wenn *„die Entscheidung sich bei der Anwendung und Auslegung von Zuständigkeitsnormen so weit von dem diese Normen bestimmenden Grundsatz des gesetzlichen Richters entfernt, daß die Gerichtsentscheidung nicht mehr zu rechtfertigen ist“*, die Entscheidung somit nicht mehr verständlich erscheint und damit unhaltbar ist[501].

Das BVerfG schränkt jedoch aufgrund der Besonderheiten des Gemeinschaftsrechts seine eigene Willkür-Rechtsprechung ein. Demnach ist insbesondere die funktionale Eingliederung des EuGH in die Gerichtsbarkeit der Mitgliedstaaten zum Zweck der Rechtsanwendungsgleichheit zu berücksichtigen. Auch diese Gleichheit der Rechtsanwendung sei demnach ein Element des Willkürmaßstabes. Hinzu kommt die Gefahr eines Vertragsverletzungsverfahrens im Falle einer willkürlich unterlassenen Vorlageverpflichtung. [502]

---

[497] st. Rspr., siehe erstmals *BVerfG v. 22.10.86* (Solange II), BVerfGE 73, S. 339, 387: *„Solange die Europäischen Gemeinschaften, insbesondere die Rechtsprechung des Gerichtshofs der Gemeinschaften einen wirksamen Schutz der Grundrechte gegenüber der Hoheitsgewalt der Gemeinschaften gewährleisten, der dem vom Grundgesetz als unabdingbar gebotenen Grundrechtsschutz im Wesentlichen gleichzuachten ist, zumal den Wesensgehalt der Grundrechte generell verbürgt, wird das Bundesverfassungsgericht seine Gerichtsbarkeit über die Anwendbarkeit von abgeleitetem Gemeinschaftsrecht, [...], nicht mehr ausüben und dieses Recht mithin nicht am Maßstab der Grundrechte des Grundgesetzes überprüfen.“ BVerfG v. 8.4.87*, BVerfGE 75, S. 223, 234; dagegen noch offen gelassen BVerfG *v. 13.10.70*, BVerfGE 29, S. 198, 207

[498] siehe nur *Geiger*, EG-Vertrag, Art. 177, Rz. 37; *BVerfG v. 22.10.86* (Solange II), BVerfGE 73, S. 339ff.

[499] *BVerfG v. 9.11.87*, NJW 1988, S. 1456, 1457 spricht davon, dass seine Aufgabe nicht die eines obersten *„Vorlagen-Kontroll-Gerichtes“* sei, im Übrigen liege auch im Falle der Prüfung einer Vorlagepflichtverletzung ausschließlich eine Frage des nationalen Rechts vor.

[500] sog. *„error in procedendo“*, siehe zur st. Rspr. nur *BVerfG v. 26.2.54*, BVerfGE 3, S. 359, 365

[501] *BVerfG v. 30.7.70*, BVerfGE 29, S. 45, 49; *BVerfG v. 13.10.70*, BVerfGE 29, S. 198, 207; bestätigt in *BVerfG v. 10.7.90*, BVerfGE 82, S. 286, 299; siehe auch bereits *BVerfG v. 16.1.57*, BVerfGE 6, S. 45, 53 und *BVerfG v. 11.5.65*, BVerfGE 19, S. 38, 43

[502] hierzu besonders instruktiv *BVerfG v. 9.11.87*, NJW 1988, S. 1456. Das Gericht spricht davon, dass alle deutschen Gerichte gehalten seien, eine derartige Gefahr nicht herbeizuführen; insofern ungenau *Schauhoff*, Vorabentscheidung, IStR 1996, S. 494, 496

In Berücksichtigung dieser Einschränkungen liegt nach der neueren Rechtsprechung des Bundesverfassungsgerichts ein willkürlicher Entzug des gesetzlichen Richters danach (1.) dann vor, wenn ein letztinstanzliches Gericht die Vorlagepflicht grundsätzlich verkennt, d.h., wenn es trotz seiner Meinung nach bestehender Entscheidungsrelevanz des Gemeinschaftsrechts und trotz bestehender Zweifel über die richtige Beantwortung der einschlägigen Frage eine Vorlage vor dem EuGH überhaupt nicht in Erwägung zieht. Ebenfalls willkürlich wäre (2.) eine Nichtvorlage in den Fällen, in denen das deutsche Gericht bewusst von einer Entscheidung des EuGH abweicht und gleichwohl nicht oder nicht erneut vorlegt.[503] In den Fällen, in denen (3.) eine einschlägige Rechtsprechung des EuGH noch nicht oder nicht vollständig vorliegt, verletzt das deutsche Gericht die Gewährung des gesetzlichen Richters aber nur dann, wenn es in seiner Entscheidung den ihm notwendigermaßen zukommenden Bewertungsrahmen *„in unvertretbarer Weise überschritten hat [...].Dies kann insbesondere der Fall sein, wenn mögliche Gegenauffassungen zu der entscheidungserheblichen Frage des Gemeinschaftsrechts gegenüber der vom Gericht vertretenen Meinung eindeutig vorzuziehen sind.“*[504].

Damit stellen sich für die Streitbeteiligten auch die nationalen Instrumente als wenig wirksam dar, eine vermeintlich unterlassene Vorlageverpflichtung korrigieren zu lassen, da einzig die Einschätzung des prüfenden Gerichts über die Entscheidungserheblichkeit des EU-Rechts der Maßstab sein Vorlageverhalten sein kann. Da aber, wie im Weiteren gezeigt werden wird, die Frage der Entscheidungserheblichkeit der 4. EG-Richtlinie für das Handelsrecht der Einzelunternehmen und Personengesellschaften und für das deutsche Steuerrecht heftig umstritten ist und die obersten Bundesgerichte bislang noch keine Klärung herbeiführten, sind dabei alle Entscheidungen möglich.

c) Zwischenergebnis: Nicht-Vorlage an den EuGH ohne praktische rechtliche Folgen

Damit bleibt festzuhalten, dass kein Grund erkennbar ist, der auf eine Änderung des Vorlageverhaltens deutscher Gerichte schließen lassen kann, auch wenn dies am Ende der Untersuchungen zur richtlinienkonformen Auslegung

---

[503] bewusstes Abweichen ohne Vorlagebereitschaft, siehe *BVerfG v. 8.4.87*, BVerfGE. 75, S. 223, 245

[504] *BVerfG v. 31.5.90*, (Absatzfonds), BVerfGE 82, S. 159, 196 (Hervorhebung im Original); *BVerfG v. 9.11.87*, NJW 1988, S. 1456, 1457; geringere Anforderungen dagegen noch in *BVerfG v. 13.10.70*, BVerfGE 29, S. 198, 208, das BVerfG verlangte nicht, dass der BFH seine Abwägung zur Frage der Vorlagenotwendigkeit explizit darstellt. Siehe hierbei die Abweichungen zur Rechtsprechung des EuGH: Nach der *C.I.L.F.I.T.*-Entscheidung ist eine Vorlage bereits bei Zweifeln über den Inhalt des anzuwendenden Gemeinschaftsrechts zu veranlassen, während das BVerfG die Nicht-Vorlage akzeptiert, sofern sie sachlich einleuchtend begründet wird. Aus verfassungsprozessualen Gründen werden zukünftig Begründungen für die Nicht-Annahme von Verfassungsbeschwerden wegen einer unterbliebenen Vorlage an den EuGH kaum noch erfolgen, da mit der Schaffung von § 92a II BVerfGG dem Gericht ein weitgehender Annahmespielraum ohne die Pflicht zur Entscheidungsbegründung (§ 93d I 3 BVerfGG) eingeräumt wurde. Hierzu siehe auch kritisch *Kindler*, Karlsruhe und das Europäische Gemeinschaftsrecht, NJW 1993, S. 3120; eine Übersicht zur Vorlagepraxis deutscher Gerichte bietet *Heß*, Vorabentscheidungsverfahren, ZZP 1995, S. 59, 83

des deutschen Handels- und Steuerbilanzrechts als Rechtsverstoß bewertet werden sollte. Diese Aussage betrifft dabei sowohl zivil- als auch finanzgerichtliche Verfahren.

Die Gründe hierfür wurden genannt: Zum einen stellen die europarechtlichen Konsequenzen kein wirksames Instrumentarium dar, die Vorlagebereitschaft nationaler Gerichte zu erhöhen.

Zum anderen muss bezüglich des deutschen Rechts festgestellt werden, dass trotz des verschärften Anforderungskataloges des BVerfG der Ermessensspielraum für die letztinstanzlichen Gerichte groß geblieben ist[505]. Nach dessen Rechtsprechung ergibt sich die Situation, dass nach Art. 234 Abs. 3 EGV ein letztinstanzliches Gericht zwar stets zur Vorlage einer aus seiner Sicht entscheidungsrelevanten Frage verpflichtet ist, es sei denn, vernünftige Zweifel an der Beantwortung dieser Frage sind gemeinschaftsweit nicht erkennbar. Verfassungswidrig ist die Nichtvorlage aber nur dann, wenn bestehende Gegenauffassungen zur rechtlichen Beurteilung des Gerichtes eindeutig vorzuziehen sind[506]. Das Verfassungsgericht ist als Konsequenz hieraus bei Urteilsaufhebungen aufgrund der willkürlichen Entziehung des gesetzlichen Richters wegen einer Vorlagepflichtverletzung äußerst zurückhaltend[507].

Für die unteren Gerichte aller Instanzen stellt sich damit die Situation, dass ihnen nur in Ausnahmefällen eine verfassungswidrige Willkür nachgewiesen werden kann. In dieser Ausgangslage werden viele Gerichte die Auseinandersetzung mit dem EU-Recht aber vermeiden wollen, da andererseits auch eine erfolgte Vorlage und die Berücksichtigung der EuGH-Entscheidung wiederum von der unterlegenden Seite im Wege der Revision und der Verfassungsbeschwerde anfechtbar sein werden. Damit laufen aber die verfassungsrechtli-

---

[505] so auch *Groth*, Bilanzrecht, DStR 1996, S. 1206, 1208; siehe eingehend zu den einzelnen Fallkonstellationen einer Nicht-Vorlage *Möller*, Der Europäische Gerichtshof, S. 77 ff.

[506] *Schauhoff*, Vorabentscheidung, IStR 1996, S. 494, 497

[507] **Urteilsaufhebung**: In der sog. *„Kloppenburg-Kontroverse"* hob das *BVerfG v. 8.4.87*, BVerfGE. 75, S. 223; 245 eine Entscheidung des *BFH v. 25.4.85*, BFHE 143, S. 383-391 auf. Der BFH hatte sich in diesem Urteil an eine vom FG Niedersachsen eingeholte Vorabentscheidung des *EuGH v. 22.2.84* (Kloppenburg), Slg. 1984, S. 1075-1087 für nicht-gebunden erklärt, da der EuGH die Grenze zwischen zulässiger Rechtsfortbildung und unzulässiger Rechtssetzung überschritten habe. Auch das BVerfG hat gegen eine absolute Bindungswirkung der gemeinschaftsrechtlichen Urteile Stellung bezogen und den EuGH-Spruch an den Grenzen der übertragenen Rechtsprechungshoheit überprüft. Hierbei kam das Gericht dann allerdings zu einem anderen Ergebnis als der BFH und sah die Entscheidung des EuGH von dessen Kompetenz abgedeckt.
Siehe hierzu auch *Hirsch*, Vorabentscheidungsverfahren, FS Offerhaus, S. 103, 110; irrig dagegen *Dziadkowski*, Bilanzrecht, FR 1999, S. 1300, der eine Parallele zwischen *„Kloppenburg"* und dem Vorlagebeschluss FG Hamburg vom 22.4.99 zieht. *„Kloppenburg"* behandelte ausdrücklich den Fall eines bewussten Abweichens von einer EuGH-Entscheidung, während die Vorlage des FG Hamburg die Frage der Zuständigkeit für nicht-harmonisiertes Steuerrecht betraf.
Urteilsbestätigung: *BVerfG v. 13.10.70*, BVerfGE 29, S. 198; *BVerfG v. 31.5.90*, BVerfGE 82, S. 159; *BVerfG v. 22.10.86* (Solange II), BVerfGE 73, S. 339; *BVerfG v. 9.11.87*, NJW 1988, S. 1456; *BVerfG v. 27.8.91*, NJW 1992, S. 678; siehe hierzu kritisch *Meilicke*, Bedeutung der richtlinienkonformen Auslegung, BB 1992, S. 969, 969, die hier (1992) geäußerte Hoffnung, jüngere Instanzrichter würden ihre durch Art. 234 EGV gestärkte Position nutzen, sich gegen die Auffassungen des BFH durchzusetzen, kann im Zeitablauf bislang nicht bestätigt werden. Siehe auch *Meier*, Zur Einwirkung des Gemeinschaftsrechts, EuZW 1991, S. 11, 13, der die Willkür-Definition des BVerfG zwar als grundgesetzkonform einstuft, gleichzeitig aber einen Verstoß gegen Art. 5 EGV postuliert und hieraus eine Änderung der BVerfG-Spruchpraxis fordert.

chen Sanktionen einer unterbliebenen Vorlage an den EuGH praktisch ins Leere.

II. Die Frage der richtlinienkonformen Auslegung des deutschen Handels- und Steuerbilanzrechts

Nach der Darstellung des Vorabentscheidungsverfahrens und der rechtlichen (Nicht-)Folgen einer unterlassenen Vorlage seitens der deutschen Gerichte folgt nun der eigentliche Untersuchungsgegenstand des vierten Teils der Arbeit. Hierbei ist die Frage zu diskutieren, ob deutsche Gerichte bei ihrer Urteilsfindung zur Rechtmäßigkeit von Ansatz- und Bewertungsentscheidungen im handelsrechtlichen Einzelabschluss die Vorschriften des Europarechts berücksichtigen und damit im Ergebnis bei Zweifeln über die korrekte Anwendung des EU-Rechts die europäische Instanz zur Erlangung einer Auslegungshilfe zwischenschalten müssen. Schlagwort hierfür ist die Frage nach einer *„richtlinienkonformen Auslegung"* des deutschen Handels- und Steuerbilanzrechts. Würde eine solche Prüfung positiv im Sinne einer Anwendbarkeit der europarechtlichen Vorschriften ausfallen, hätte dies erhebliche Auswirkungen einerseits auf die Erkenntnisgrundlagen der Fortentwicklung der handelsrechtlichen Rechnungslegung und andererseits auch auf die verfahrensmäßige Umsetzung einer selbstregulatorischen Standardisierung hinsichtlich der Wirksamkeit gesetzlicher Vermutungsanordnungen.

Einen Ansatzpunkt für eine mögliche richtlinienkonforme Auslegung des deutschen Handels- und Steuerrechts bietet das 1985 verabschiedete Bilanzrichtliniengesetz (BiRiLiG). Mit diesem Gesetz, das im Wesentlichen auf einer Umsetzung der Vierten, Siebten und Achten EG-Richtlinie beruhte, wurde erstmals in Deutschland die Rechnungslegung für alle Gesellschaftsformen umfassend kodifiziert, nachdem davor allein für Aktiengesellschaften entsprechende Regelungen festgeschrieben waren. Seit der Schaffung des BiRiLiG steht nun fest, dass Bilanzierungsfragen als Rechtsfragen zu verstehen sind und daher auch mit den Methoden der juristischen Auslegung zu beantworten sind[508].

Die hier im Vordergrund stehende Vierte (bilanzrechtliche) EG-Richtlinie 78/660/EWG[509] harmonisierte allein das Rechnungslegungsrecht für Kapitalgesellschaften innerhalb der Gemeinschaft. Die der Umsetzung dieser Richtlinie dienenden deutschen Normen der §§ 242 ff. HGB besitzen dagegen un-

---

[508] dies betont deutlich auch *Schulze-Osterloh*, Gesellschaftsrecht im Banne der Globalisierung, ZIP 2001, S. 1433, 1437

[509] *Vierte Richtlinie des Rates v. 25.7.1978* (78/660/EWG) aufgrund von Art. 54 Abs. 3, Buchstabe g des Vertrages über den Jahresabschluss von Gesellschaften bestimmter Rechtsformen, ABl. EG L 222 v. 14.8.78, S. 11-31, abgedruckt bei *Lutter*, Europäisches Unternehmensrecht (ZGR-Sonderheft I), 4. Auflage, 1996, S. 147; der Anwenungsbereich der 4. Richtlinie wurde durch die GmbH & Co. KG-Richtlinie (*Richtlinie des Rates v. 8.11.90, 90/605/EWG, ABl. EG L 317, S. 60*) auf Personengesellschaften ausgedehnt, bei denen nur Kapitalgesellschaften als persönlich haftende Gesellschafter auftreten. Nachfolgend werden auch solche Gesellschaften unter den Begriff der *„Kapitalgesellschaft"* gefasst

verkennbar einen Doppelcharakter. So sollen sie nicht nur die 4. Richtlinie für Kapitalgesellschaften umsetzen, sondern gleichzeitig auch zunächst formell gleich lautendes Recht für Einzelunternehmen und Personenhandelsgesellschaften schaffen, um dem weitverbreiteten Wunsch nach gesetzlichen Vorschriften für den Jahresabschluss der Personenhandelsgesellschaften und Einzelunternehmer über die Regelungen der alten §§ 38ff. HGB hinaus nachzukommen[510]. Dass sich die für diese Gesellschaftsformen kodifizierten Normen mit denen für Kapitalgesellschaften weitgehend decken, verwundert angesichts der im Grundsatz übereinstimmenden Funktionen des Jahresabschlusses nicht.

Über den in § 5 EStG normierten Grundsatz der Maßgeblichkeit der handelsrechtlichen Grundsätze ordnungsmäßiger Buchführung, der nach § 8 KStG für Körperschaften übernommen wird, erhalten die handelsrechtlichen GoB auch für die steuerliche Gewinnermittlung Relevanz und das Steuerrecht ist damit ebenfalls auf gemeinschaftsrechtliche Einflüsse zu überprüfen.

Festzuhalten bleibt dabei, dass die Rechnungslegung der Einzelunternehmen und Personenhandelsgesellschaften ebenso wenig Regelungsbestandteil der Richtlinie war wie das Recht der direkten Steuern. Damit nehmen sowohl die Vorschriften des Ersten Abschnittes des 3. Buches des HGB als auch die Normen der steuerlichen Gewinnermittlung nach den Grundsätzen des Maßgeblichkeitsprinzips gemäß § 5 Abs. 1 Satz 1 EStG rein äußerlich auf harmonisiertes Gemeinschaftsrecht Bezug, ohne selbst der Regelungsmaterie anzugehören[511].

Da der EuGH, wie gezeigt, die Überprüfung der materiellen Reichweite einer solchen nationalen Verweisung den einzelstaatlichen Gerichten zuweist, ist entscheidend, wie dieses freiwillige Vorgehen des deutschen Gesetzgebers zu beurteilen ist. Diese Frage der Reichweite der Inbezugnahme ist innerhalb des betriebswirtschaftlichen und juristischen Schrifttums heftig umstritten, wobei Versuche, die Folgen des gesetzgeberischen Handelns strukturiert und umfassend zu untersuchen, die Ausnahme bilden.

Nachfolgend wird die richtlinienkonforme Auslegung der Normen beider Rechtskreise untersucht werden, in beiden Fällen sowohl anhand gemein-

---

510 *Schulze-Osterloh*, Bilanzrecht, DStZ 1997, S. 281, 283

511 die Praxis der nationalen Gesetzgeber, auf EU-Recht basierende Novellen in bestehende Gesetzeswerke zu integrieren, stellt alle Rechtsanwender vor große Herausforderungen, da häufig aus den neu geschaffenen Gesetzen der auf kommunitärem Recht beruhende Bereich kaum zu erkennen ist; hierzu *Everling*, Auslegung, ZGR 1992, S. 376, 385; nach *Basedow*, Bundesgerichtshof, FS Brandner, S. 651, 661 liegt der Grund für dieses Vorgehen der nationalen Gesetzgeber in dem Versuch begründet, den Zerfall ihrer nationalen Kodifikationen, die über viele Jahrzehnte gewachsen sind, zu vermeiden. Weitere Beispiele hierfür im deutschen Recht sind die Umsetzung der *Richtlinie des Rates v. 18.12.86* zur Koordinierung der Rechtsvorschriften der Mitgliedstaaten betreffend die selbständigen Handelsvertreter (86/653/EWG), ABl. EG 1986, L 382/17 in dem beispielsweise auch für Reisebüros und Versicherungsagenten geltenden §§ 84ff. HGB und die Umsetzung der Ersten gesellschaftsrechtlichen *Richtlinie des Rates v. 9.3.68*, ABl. EG 1968, L 65/8 durch § 15 HGB mit der Publizitätspflicht über die von der Gemeinschaft geregelten Rechtsformen hinaus.

schaftsrechtlicher und nationaler Anforderungen[512], wobei sich die Ausführungen auf die strittigen Bereiche des Handelsrechts der Einzelunternehmen und Personengesellschaften sowie das Steuerrecht beschränken werden. Das Handelsrecht der Kapitalgesellschaften ist nach herrschender Meinung richtlinienkonform auszulegen[513].

1. Die Bedeutung der 4. EG-Richtlinie für das Handelsrecht der Einzelunternehmen und Personenhandelsgesellschaften

a) Gemeinschaftsrechtliche Forderungen nach richtlinienkonformer Auslegung der §§ 242-263 HGB

Nach ständiger Rechtsprechung des EuGH besteht für die Mitgliedstaaten der Europäischen Union die Pflicht zur richtlinienkonformen Auslegung ihres auf gemeinschaftsrechtlichen Vorgaben beruhenden nationalen Rechts[514]. Grundlagen dieser zwingenden Orientierung am Gemeinschaftsrecht ist zum einen Art. 249 Abs. 3 EGV, wonach die Richtlinien für jeden Mitgliedstaat hinsichtlich des zu erreichenden Ziels verbindlich sind und zum anderen der so genannte Grundsatz der Gemeinschaftstreue in Art. 10 EGV.

Diese den klassischen Kanon der juristischen Auslegungsmethoden ergänzende und dabei im Bereich der kommunitär begründeten nationalen Normen dominierende Auslegungsmethode will die einheitliche Auslegung des angeglichenen Rechts innerhalb der gesamten Union sicherstellen. Verhindert werden soll eine schleichende Entharmonisierung durch differierende Auslegungen derjenigen Rechtsbereiche, die dem Normtext nach harmonisiert wurden[515]. Allerdings gilt diese Forderung des Gemeinschaftsrechts nach richtlinienkonformer Auslegung nicht allumfassend: sie endet dort, wo die Grenzen des Anwendungsbereichs der fraglichen kommunitären Vorschrift erreicht werden.

i) Der Anwendungsbereich der 4. EG-Richtlinie als Auslegungsgrenze

Mit der richtlinienkonformen Auslegung nationalen Rechts soll, wie ausgeführt, die Harmonisierung des Rechts innerhalb der Union auch über die Angleichung der reinen nationalen Gesetzestexte hinaus sichergestellt werden, letz-

---

512 eine solche Unterscheidung in gemeinschaftsrechtliche und nationale Gründe für die richtlinienkonforme Auslegung treffen auch *Jarass*, Grundfragen, S. 89; *Hennrichs*, EG-Bilanzrichtlinie, ZGR 1997, S. 66, 76; *ders.*, Maßgeblichkeitsgrundsatz, StuW 1999, S. 138, 149; *Ahmann*, Bilanzrichtlinie, FS Schmidt, S. 269, 276; die Notwendigkeit eines solchen Vorgehens ergibt sich, wie zu zeigen sein wird, zwingend aus der Rechtsprechung des EuGH

513 dagegen aber *Moxter*, Entscheidungskompetenz, BB 1995, S. 1463, 1464; für die h.M. siehe nur *Hennrichs*, EG-Bilanzrichtlinie, ZGR 1997, S. 66, 70

514 vgl. *EuGH v. 13.11.90*, (Marleasing), Slg. 1990 I, S. 4135, 4159, Tz. 8; *EuGH v. 10.4.84* (von Colson und Kamann), Slg. 1984, S. 1891, 1909, Tz. 26; *EuGH v. 10.4.84* (Harz), Slg. 1984, S. 1921, 1942, Tz. 26; auch der BFH geht von diesem Grundsatz aus, siehe hierzu nur *BFH v. 5.4.84*, BFHE 140, S. 393, 396; *BFH v. 13.12.84*, BFHE 142, S. 327, 332; *Hatje* in: Schwarze, EU-Kommentar, Rz. 27 zu Art. 10 EGV

515 zu den Auslegungsmethoden an dieser Stelle nur *Lutter*, Auslegung angeglichenen Rechts, JZ 1992, S. 593, 604, wie hier auch *Hennrichs*, Maßgeblichkeitsgrundsatz, StuW 1999, S. 138, 149

te Instanz hierfür ist der gemeinschaftsübergreifend tätige EuGH. Wenn aber hierin der Sinn und Zweck der richtlinienkonformen Auslegung liegt, dann lassen sich damit auch ihre Grenzen bestimmen: Die gemeinschaftsrechtliche Pflicht zur richtlinienkonformen Auslegung muss dort enden, wo auch der gemeinschaftsrechtliche Anwendungsbereich der fraglichen Richtlinie endet. Jenseits dieser Grenze besteht kein gemeinschaftsrechtlicher Harmonisierungsauftrag, der durch eine entsprechende Auslegung sichergestellt werden muss[516].

Für den hier interessierenden Fall der §§ 242-263 HGB gilt aber, dass sich deren subjektiver kommunitärer Anwendungsbereich allein auf das Gesellschaftsrecht der Kapitalgesellschaften erstreckt, Einzelunternehmen und Personenhandelsgesellschaften aber von dem umgesetzten Gemeinschaftsrecht nicht berührt werden[517]. Damit muss aber vorläufig die Nichtexistenz einer gemeinschaftsrechtlichen Forderung nach richtlinienkonformer Auslegung festgestellt werden.

ii) Die Unzulässigkeit einer geltungserweiternden nationalen Verweisung

Grundsätzlich ist es den deutschen Gesetzgebern aller Hierarchiestufen gestattet, zur Vermeidung von Dopplungen bei ihrer eigenen Rechtssetzung auf andere Normen zu verweisen. Diese Aussage bezieht sich dabei generell auch auf Normen, die zu einem früheren Zeitpunkt nicht von ihnen selbst formuliert wurden[518].

Um im Ergebnis trotz des eingeschränkten subjektiven Geltungsbereiches der 4. EG-Richtlinie eine gemeinschaftsrechtliche Forderung nach einer richtlinienkonformen Auslegung der in Frage stehenden Normen des HGB festzustellen, hätte dem deutschen Gesetzgeber nach den Ausführungen zum Anwendungsbereich der 4. EG-Richtlinie das Instrument einer so genannten „*geltungserweiternden*“ Verweisung zur Verfügung stehen müssen. Bestünde dieses Mittel der Rechtssetzungstechnik, könnte der Geltungsbereich kommunitärer Vorschriften durch eine nationale Entscheidung über ihren eigentlichen gemeinschaftsrechtlichen Regelungsbereich hinaus auf andere Sachzusammenhänge übertragen werden. In dem hier zu untersuchenden Fall würde dies eine Ausdehnung des Geltungsbereichs der 4. EG-Richtlinie auf das Handelsrecht der Einzelunternehmen und Personenhandelsgesellschaften durch eine solche Verweisung bedeuten.

---

516 vielmehr verbleibt den Mitgliedstaaten außerhalb des Harmonisierungsbereichs ihre souveräne Handlungsfreiheit. Siehe hierzu *Bärenz*, Die Auslegung der überschießenden Umsetzung von Richtlinien, DB 2003, S. 375; *Niessen*, Bindungen und Freiheiten, FS Everling, Bd. II, S. 971, 971; insbesondere auch *Hennrichs*, EG-Bilanzrichtlinie, ZGR 1997, S. 66, 77; *Brechmann*, Richtlinienkonforme Auslegung, 273, 289; wohl auch *Lutter*, Auslegung angeglichenen Rechts, JZ 1992, S. 586, 605

517 dieses Ergebnis sieht auch *Hennrichs*, EG-Bilanzrichtlinie, ZGR 1997, S. 66, 77

518 so *BVerfG v. 15.7.69*, BVerfGE 26, S. 338, 366; speziell für die Übernahme von Landesrecht durch den Bundesgesetzgeber *BVerfG v. 1.3.78*, BVerfGE 47, S. 285, 312, auch private Normen sind in dieser generellen Aussage eingeschlossen; siehe hierzu ausführlich Kapitel H III (**Einbindung privatverbandlicher Standards in die Gesetzgebung des Bundes**), S. 124 der Arbeit, hier käme eine generell zulässige statische Verweisung in Frage

Eine solche Änderung des Normcharakters steht aber im Widerspruch zum gängigen Verständnis der Verweisungswirkungen[519]. Danach bewirkt eine Verweisung ausschließlich die Inkorporation des in Bezug genommenen Verweisungsobjektes, nicht aber eine Ausweitung dessen Geltungsbereiches. Das Verweisungsobjekt gilt kraft Verweisung nur deshalb, weil der verweisende Normgeber dies angeordnet hat, es tritt aufgrund des Geltungsbefehls der Verweisungsnorm in Kraft und ist damit folgerichtig auch mit dessen Rechtscharakter ausgestattet[520]. Hinzu kommt, dass bei der Verweisung auf *„fremde"* Normen es möglicherweise nicht der Absicht des ursprünglichen Normsetzers entspricht, dass der Geltungsbereich seiner Normen erweitert wird.

Damit ist festzustellen, dass dem deutschen Gesetzgeber eine geltungserweiternde Verweisung auf die 4. EG-Richtlinie mit der Folge einer gemeinschaftsrechtlich begründeten Forderung nach richtlinienkonformer Auslegung für das Handelsrecht der Einzelunternehmen und Personenhandelsgesellschaften versagt war[521]. Da damit eine kommunitäre Forderung nach richtlinienkonformer Auslegung ihre Grenze an dem durch die Richtlinie selbst bezeichneten Adressatenkreis findet, kann aus der Art der Umsetzung der 4. Richtlinie in deutsches Recht keine automatische Geltung des EU-Rechts für das Handelsrecht der Einzelunternehmen und Personengesellschaften eintreten.

iii) Keine Überprüfung der materiellen Reichweite nationaler Verweisungen auf das Gemeinschaftsrecht durch den EuGH

Diese Feststellung kann nun aber nicht die Überlegungen abbrechen: Es verbleibt die Tatsache, dass der deutsche Gesetzgeber im Zuge der Richtlinienumsetzung einen auf der Richtlinie basierenden *„Allgemeinen Teil für alle Kaufleute"* geschaffen hat, auch wenn dies keine direkte Geltungserweiterung bedeuten kann. Zu prüfen ist daher, ob die für die Sicherung der Rechtseinheit innerhalb der Union zuständige Instanz in ihrer Rechtsprechung für diejenigen Sachverhalte, in denen das nationale Recht ohne europarechtliche Vorgaben gemeinschaftsrechtliche Vorschriften für Rechtssubjekte für anwendbar erklärt, die selbst nicht unter die Richtlinie fallen, aus den Zielsetzungen der Europäischen Verträge eine hier zu untersuchende gemeinschaftsrechtliche Forderung ableitet und wie diese gegebenenfalls aus nationaler Sicht bewertet werden muss.

Der EuGH hat sich in mehreren Vorlageentscheidungen zu seiner Zuständigkeit für derartige nationale Regelungssachverhalte geäußert, also zu den Fäl-

---

519 siehe hierzu nur *Haratsch*, Verweisungstechniken, EuR 2000, S. 42, 46 m.w.N.

520 *Ossenbühl*, Zulässigkeit der Verweisung, DVBl 1967, S. 401, 402; ebenso *Karpen*, Die Verweisung, S. 32; *Schenke*, Die verfassungsrechtliche Problematik dynamischer Verweisungen, NJW 1980, S. 743

521 *Harrasch*, Verweisungstechnik, EuR 2000, S. 42, 46ff. sieht für geltungserweiternde Verweisungen allerdings einen sehr engen, hier jedoch in keinem Fall zutreffenden Anwendungsbereich

len, in denen „*eine nationale Stelle sich freiwillig und einseitig dafür entschieden hat, es* [das Gemeinschaftsrecht] *als Bezugspunkt für die Festlegung eigener Regeln zu verwenden.*"[522] Dabei sieht er sich in allen Fällen, in denen das vorlegende Gericht von der Relevanz einer gemeinschaftsrechtlichen Auslegung für die eigene Entscheidung ausgeht, verpflichtet, die Vorlage zur Entscheidung anzunehmen[523]. Hierbei argumentiert der Gerichtshof streng teleologisch: „*Weder aus dem Wortlaut des Artikel 177 noch aus dem Zweck des durch diesen Artikel eingeführten Verfahrens ergibt sich, daß die Verfasser des Vertrages solche Vorlagen von der Zuständigkeit des Gerichtshofes ausschließen wollten, die eine Gemeinschaftsbestimmung in dem besonderen Fall betreffen, daß das nationale Recht eines Mitgliedstaats auf den Inhalt dieser Bestimmung verweist, um die auf einen rein internen Sachverhalt dieses Staats anwendbaren Vorschriften zu bestimmen.*"[524]

Auch in diesen Fällen postuliert der EuGH für die Gemeinschaftsrechtsordnung innerhalb der Europäischen Union das unabdingbare Bedürfnis, jede Bestimmung des Gemeinschaftsrechts, sofern es anwendbar ist, einer einheitlichen Auslegung zu unterwerfen, damit in Zukunft abweichende Rechtsentwicklungen in den stets zahlreicher werdenden Mitgliedstaaten verhindert werden können[525].

Entscheidend für die Beurteilung des deutschen Vorgehens und des Selbstverständnisses des EuGH im Falle derartiger nationaler Anbindungsakte ist seine gleichzeitig formulierte (Selbst-)Beschränkung: „*In einem solchen Fall ist es jedoch im Rahmen der in Artikel 177 vorgesehenen Verteilung der Rechtsprechungsaufgaben zwischen den nationalen Gerichten und dem Gerichtshof allein Sache des nationalen Gerichts, die genaue Tragweite dieser Verweisung auf das Gemeinschaftsrecht zu beurteilen; die Prüfung des Gerichtshofs beschränkt sich auf die Prüfung der gemeinschaftsrechtlichen Bestimmungen.*

---

522 Schlussantrag des *Generalanwalts G. Federico Mancini* in: *EuGH v. 26.9.95* (Thomasdünger), Slg. 1985, S. 3001, 3003

523 so *EuGH v. 18.10.90* (Dzodzi), Slg. 1990 I, S. 3763, 3793, Tz. 35 und erneut *EuGH v. 7.1.03* (BIAO), DB 2003, S. 181, 183

524 erstmals in: *EuGH v. 18.10.90* (Dzodzi), Slg. 1990 I, S. 3763, 3793, Tz. 36; danach bestätigt in: *EuGH v. 8.11.90* (Gmurzynska-Bscher), Slg. 1990 I, S. 4003, 4018, Tz. 25; *EuGH v. 25.6.92* (Federconsorzi), Slg. 1992 I, S. 4035, 4064, Tz. 7 für vertragliche Verweise auf Gemeinschaftsrecht; *EuGH v. 12.11.92* (Fournier), Slg. 1992 I, S. 5621 ohne direkte Bemerkung, siehe aber vor allem den Schlussantrag von *Generalanwalt Francis G. Jacobs*, S. 5646-5647; *EuGH v. 17.7.97* (Leur-Bloem), Slg. 1997 I, S. 4200, Rz. 26 geht noch weiter: Ein von einem nationalen Gericht gestelltes Ersuchen kann nur zurückgewiesen werden, „*wenn sich zeigt, daß das Gemeinschaftsrecht auf den konkreten Sachverhalt weder mittelbar noch unmittelbar angewandt werden kann.*"; der Gerichtshof differenziert hier jedoch nicht zwischen „*Vorlagerecht*" und „*Vorlagepflicht*", siehe hierzu *Schulze-Osterloh*, Bilanzrecht, DStZ 1997, S. 282, 284, dagegen entnimmt de *Weerth*, Anm. zu Leur-Bloem, IStR 1997, S. 543 der EuGH-Entscheidung eine Vorlagepflicht; noch ohne eindeutige Aussage aber im Ergebnis gleich *EuGH v. 26.9.85* (Thomasdünger), Slg. 1985, S. 3001, 3009, Tz. 11

525 *EuGH v. 25.6.92* (Federconsorzi), Slg. 1992 I, S. 4035, 4064, Tz. 7; Auch die EU-Kommission stimmt dieser Ansicht zu, da von den Entscheidungen der nationalen Gerichte in Fällen nur mittelbarer Geltung des Gemeinschaftsrechts eine Rückwirkung auch auf die unmittelbare Auslegung und Anwendung der gemeinsamen Rechtsvorschriften ausgeht, siehe dazu *Stellungnahme der Kommission* in: *EuGH v. 8.11.90* (Gmurzynska-Bscher), Slg. 1990 I, S. 4003, 4007

Für die Berücksichtigung der Grenzen, die der nationale Gesetzgeber der Anwendung des Gemeinschaftsrechts auf rein innerstaatliche Sachverhalte setzten wollte, gilt nämlich das nationale Recht, so daß dafür ausschließlich die Gerichte des Mitgliedstaates zuständig sind."[526]

Damit reklamiert aber das Gericht nicht die Zuständigkeit der Reichweitenüberprüfung und damit die Kompetenz zur Interpretation einzelstaatlicher Rechtsvorschriften für sich, sondern es akzeptiert in diesen Fällen lediglich die Zuständigkeitszuweisung durch die nationalen Gerichte[527]. Hier wiederholt sich also, was bereits an anderer Stelle zur Konstruktion der Zusammenarbeit zwischen Gerichtshof und nationalen Gerichten ausgeführt wurde: So wie allein Letztere über Vorabentscheidungsvorlagen entscheiden und faktisch allein in nationalen Verfahren eine Nicht-Vorlage gerügt werden kann, so entscheiden auch allein sie über die Reichweite der nationalen Verweisung.[528]

Damit kann aus der EuGH-Rechtsprechung gefolgert werden, dass der Gerichtshof die Frage eines Vorlagerechts bzw. einer Vorlageverpflichtung in das Ermessen der nationalen Gerichte gestellt hat[529]. Der Gerichtshof wird sich

---

[526] st. Rspr., siehe nur *EuGH v. 17.7.97* (Leur-Bloem), Slg. 1997 I, S. 4161, 4202, Tz. 33;*EuGH v. 7.1.03*, (BIAO), DB 2003, S. 181, 183, Tz. 88; ebenso die Entscheidung *„Giloy"* vom selben Tag, *EuGH v. 17.7.97*, Slg. 1997 I, S. 4291, 4304, Tz. 28

[527] wie hier auch *Bärenz*, Gemeinschaftsrechtliche und nationale Vorlagepflichten, StuB 2001, S. 862, 863; ihm folgt in der 21. Auflage nun inzwischen auch *Weber-Grellet*, Schmidt, EStG (2002), § 5, Rz. 4, in den Vorauflagen wurde noch davon gesprochen, der EuGH *„reklamiere"* die Entscheidungszuständigkeit für sich; so spricht auch *Euler*, Steuerbilanzielle Konsequenzen, StuW 1998, S. 15, 24 davon, *„... daß sich der Europäische Gerichtshof die Kompetenz zur Beurteilung der GoB-Vorfrage anmaßt und damit deutsches Bilanzrecht entscheidet.*"; ähnlich auch noch *Weber-Grellet*, Anmerkung zu EuGH v. 14.9.99 (DE + ES), DStR 1999, S. 1648; zumindest missverständlich auch *Drüen*, Maßgeblichkeitsgrundsatz im Wechselspiel, FR 2001, S. 992, 996

[528] so auch *BFH v. 9.9.98*, BFHE 187, S. 215, 219; nochmals *EuGH v. 16.7.98* (ICI), Slg. 1998 I, S. 4695, 4725; *Rainer*, Anmerkung zu EuGH v. 17.7.97 (Leur-Bloem), IStR 1997, S. 544; *Herlinghaus*, „Tomberger", IStR 1997, S. 529, 537; *Kahle*, Europarechtliche Einflüsse, StuW 2001, S. 126, 128; einen solchen mehrstufigen Prüfungsprozess auch bei angeglichenen Normen sieht *Lutter*, Europäisches Unternehmensrecht, S. 30. Mit dieser Entscheidung hat der EuGH zwar Stellung zu seiner Entscheidungskompetenz bezogen, wohl aber kaum in dem Sinne, den *Meyer-Arndt*, Zuständigkeit des Europäischen Gerichtshofs, BB 1993, S. 1623, 1625 von einem solchen Spruch erhofft hat, da letztendlich die Vorlagefrage in Händen des nationalen Gerichts verbleibt.
Legt ein Gericht dann aber vor, stellt sich dieses Ersuchen dem EuGH als Ergebnis dessen Reichweitenprüfung dar, einer eigenen Entscheidung über die Auslegung des so national in Bezug genommenen Gemeinschaftsrechts kann sich der Gerichtshof in diesen Fällen außer bei evidentem Missbrauch des Vorlagerechts nicht verschließen; diese Erklärung für das Entscheidungsverhalten des EuGH, das sich unmittelbar aus seiner Rechtsprechung ergibt, lässt sich im Schrifttum nur selten finden, meist wird eher die mangelnde Überprüfung der Vorlagen beklagt. Wie hier aber *Weber-Grellet*, Europäisiertes Steuerrecht, StuW 1995, S. 336, 349; ähnlich auch *Wassermeyer*, Vorlage von Bilanzierungsfragen, FS Lutter, S. 1633, 1635; *Schulze-Osterloh*, Handels- und Steuerbilanz, ZGR 2000, S. 594-603 mit Bedenken hinsichtlich der Vorlageentscheidung durch die Finanzgerichte: diese könnten bestimmen, welches Gericht über die Auslegung bilanzrechtlicher Tatbestände zu entscheiden habe, der EuGH oder der BFH.

[529] dieser Ermessensspielraum sollte dabei aber aus gemeinschaftsrechtlicher Sicht jedoch nicht schrankenlos bestehen, vielmehr sind die vorlegende Gerichte auch hier stets verpflichtet, nur im Falle einer klaren Bedeutsamkeit der gemeinschaftsrechtlichen Auslegung für ihren eigenen Spruch den EuGH anzurufen. Ansonsten hätten Entscheidungen des EuGH nicht länger die Wahrung einer einheitlichen Rechtsauffassung innerhalb der Gemeinschaft zum Ziel, sondern wären als ein Vorgang *„sui generis"* eine bloße Hilfe für nationale Gerichte bei der Anwendung allein nationaler Vorschriften - eine Aufgabe, deren Wahrnehmung dem Gericht durch Art. 234 EGV ausdrücklich untersagt ist; siehe hierzu *Generalanwalt G. Federico Mancini* in: *EuGH v. 26.9.85*

allein der Überprüfung nur *„modellhaft“* nachgeformter Regeln des nationalen Rechts entziehen. Jedoch können aus der Spruchpraxis des EuGH keine Kriterien entnommen werden, nach denen die Frage der *„Modellhaftigkeit“* eindeutig zu beantworten ist. Vielmehr bleibt dies in das Ermessen der nationalen Instanzen gestellt, die den Willen des verweisenden Gesetzgebers herausarbeiten müssen[530]. Diesen hinsichtlich der Handelsbilanz der Nicht-Kapitalgesellschaften zu ermitteln wird Aufgabe des nächsten Abschnitts.

iv) Zwischenergebnis: Keine gemeinschaftsrechtliche Forderung nach richtlinienkonformer Auslegung

Damit kann als Zwischenergebnis festgehalten werden, dass zwar eine gemeinschaftsrechtliche *Forderung* nach richtlinienkonformer Auslegung der §§ 242-263 HGB nicht besteht, gleichwohl bei einer rein national veranlassten Anbindung an das Gemeinschaftsrecht aus Sicht des EuGH eine Vorlage*mög-*

(Thomasdünger), Slg. 1985, S. 3001, 3003; die Generalanwaltschaft leistete gegen Entscheidungsannahmen für die hier beschriebenen Sachverhalte lange Widerstand, siehe insbesondere auch die Schlussanträge des *Generalanwalts Marco Darmon* in: *EuGH v. 18.10.90* (Dzodzi), Slg. 1990 I, S. 3763, 3780: *„Naturgemäß betrifft dieser Zweck des Vorabentscheidungsverfahrens, die Einheitlichkeit der Wirkungen des Gemeinschaftsrechts zu gewährleisten, selbstverständlich nur den Anwendungsbereich des Gemeinschaftsrechts, so wie er in diesem und nur in diesem definiert wird.*" (Hervorhebungen im Original) und in: *EuGH v. 8.11.90* (Gmurzynska-Bscher), Slg. 1990 I, S. 4003, 4009, Tz. 5-7.; zustimmend *Habersack/Mayer*, Die überschießende Umsetzung von Richtlinien, JZ 1999, S. 913, 919; ebenso *Generalanwalt Francis G. Jacobs* in *Leur-Bloeum*, Slg. 1997 I, S. 4182-4189, speziell Tz. 77, wonach das Gericht nur entscheiden sollte, sofern der Rahmen des Rechstreites innerhalb des Regelungszwecks der Gemeinschaftsvorschrift liegt.
In neuerer Zeit scheint die Generalanwaltschaft ihre bisherige Haltung aufgegeben zu haben und billigt nun die Rechtsprechung des Gerichtshofs. So der Schlussantrag des *Generalanwaltes Léger* in *EuGH v. 14.9.99* (DE + ES), Slg. 1999 I, S. 5331, 5340, Tz. 27
Die vieldiskutierte Entscheidung des EuGH im Fall *„Leur-Bloem“* (*EuGH v. 17.7.97*, Slg. 1997 I, S. 4161) zeigt, dass die häufig postulierte Kehrtwende des Gerichtshofes bei der Beurteilung seiner Zuständigkeit, die dem Richterspruch im Fall *„Kleinwort-Benson“* (*EuGH v. 28.3.95*, Slg. 1995 I, S. 615) entnommen wurde, nicht eingetreten ist, siehe dazu beispielsweise *Weber-Grellet*, Europäisiertes Steuerrecht?, StuW 1995, S. 336, 349, Fn. 167; vorsichtiger *Schulze-Osterloh*, Bilanzrecht, DStZ 1997, S. 281, 284. Zwar negierte der EuGH hier erstmals die Zulässigkeit der Vorlageentscheidung in einem Verfahren, in dem die Vorschriften des nationalen Rechts kraft einer autonomen Regelung des mitgliedstaatlichen Gesetzgebers auf gemeinschaftsrechtliche Vorschriften Bezug nehmen. Mit dieser Entscheidung wollte der EuGH aber ganz offenkundig nicht seine bisherige Rechtsprechung ändern, sondern nur präzisieren. *Kleinwort-Benson* betraf im Ausgangsfall eine Regelung des britischen Prozessrechts, in der zwar auf europarechtliche Normen Bezug genommen wurde, in der aber auch vorgesehen war, dass evtl. ergehende Urteile des EuGH zur Normauslegung für die britischen Gerichte nur nicht-bindende Empfehlungen darstellen sollten. Nach Ansicht des EuGH ließ dieses Vorgehen des Gesetzgebers keinen Zweifel daran, dass ein zwingend am Europarecht orientiertes Verständnis der Normen nicht im Interesse des Gesetzgebers lag, er vielmehr seine eigenen Vorschriften nur nach dem *„Modell“* der gemeinschaftsrechtlichen Regelungen geschaffen hat. S. 639, Tz. 16: *„... daß das nationale Gesetz, [...] keineswegs eine unmittelbare und unbedingte Verweisung auf das Gemeinschaftsrecht enthält, wodurch dieses Recht in der internen Rechtsordnung anwendbar würde, sondern sich darauf beschränkt, das Übereinkommen als Muster zu nehmen, und dessen Begriffe zum Teil wiedergibt.*"

530 siehe hierzu auch *Schön*, Handels- und Steuerrecht, JbFfSt 1996/97, S. 77, 80; *Herlinghaus*, „Tomberger“, IStR 1997, S. 529, 535, Fn. 118; zu widersprechen ist hier *Weber-Grellet*, Europäisiertes Steuerrecht?, StuW 1995, S. 336, 349, Fn. 167. Es war auch gemeinschaftsrechtlich niemals bestritten, dass das Steuerrecht seine eigenen Regelungen treffen kann. Die entscheidende Frage ist, ob der deutsche Steuergesetzgeber bei der Verankerung der Maßgeblichkeit in § 5 I 1 EStG eine enge Anbindung an die Vorschriften der 4. Richtlinie beabsichtigte.

lichkeit besteht, die sich jedoch einzig nach der Reichweite der nationalen Verweisung zu richten hat und daher vom EuGH nur grob nachgeprüft wird.

Dies ergab sich aus der Überlegung, dass der originäre Anwendungsbereich der 4. EG-Richtlinie jenseits des Rechts der Kapitalgesellschaften endet und eine geltungserweiternde Verweisung mit der Folge direkter EU-rechtlicher Konsequenzen dem deutschen Gesetzgeber nicht möglich war. Für die Sachverhalte, in denen das Gemeinschaftsrecht zwar nicht direkt anwendbar ist, für die der nationale Gesetzgeber aber durch eine Anpassung seiner innerstaatlichen Rechtsvorschriften eine formale Angleichung an das Gemeinschaftsrecht angeordnet hat, gilt nach der Rechtsprechung des EuGH zwar ebenfalls die generelle Zuständigkeit des Gerichtshofs für die kommunitäre Rechtsauslegung, gleichzeitig überträgt er aber den nationalen Instanzen die materielle Reichweitenüberprüfung dieser Verweisung auf das Gemeinschaftsrecht, da die autonome Verweisung der Mitgliedstaaten den Charakter der verweisenden Norm als rein nationales Recht nicht ändern kann[531]. Damit interpretierte der EuGH aber stets nur die einschlägige gemeinschaftsrechtliche Rechtsgrundlage, nie jedoch das einzelstaatliche Recht[532].

Mit dieser Vorgehensweise bestätigt der EuGH einerseits ausdrücklich die hier vertretende Auffassung, dass Verweisungen der nationalen Gesetzgeber nicht (gemeinschaftsrechts-)geltungserweiternd wirken, sondern ausschließlich nationale Konsequenzen nach sich ziehen können. Zum anderen stellt der Gerichtshof das vertraglich verankerte Vorlagegebot letztinstanzlicher Gericht unter die rein national zu überprüfende Bedingung einer vollständigen materiellen Angleichung des verweisenden nationalen Rechts auf gemeinschaftsrechtliche Bestimmungen.

b) Aus der nationalen Richtlinienumsetzung folgende Forderungen nach richtlinienkonformer Auslegung der §§ 242-263 HGB

Die Entscheidung über die Grenzen, die das nationale Recht bei einem Verweis auf gemeinschaftsrechtliche Regelungen setzt, obliegt somit allein den nationalen Instanzen[533]. Damit stellt sich, bezogen auf die Rechnungslegung der Einzelunternehmen und Personenhandelsgesellschaften die Frage nach der materiellen Tragweite des Verweises auf die 4. EG-Richtlinie. Bestünde

---

531 so deutlich auch *Bärenz*, Die Auslegung der überschießenden Umsetzung von Richtlinien, DB 2003, S. 375; *Weber-Grellet*, Anmerkung zu EuGH v. 7.1.03 (BIAO), DStR 2003, S. 67, 69

532 so beispielsweise hinsichtlich der Entscheidungen *Tomberger* und *De+ES*. In beiden Fällen kam es nicht zu einer Auslegung des deutschen Steuerrechts; siehe hierzu deutlich *Bärenz*, Gemeinschaftsrechtliche und nationale Vorlagepflichten, StuB 2001, S. 862; wohl missverständlich hinsichtlich des Selbstverständnisses des EuGH aber *Kussmaul/Klein*, Überlegungen zum Maßgeblichkeitsprinzip, DStR 2001, S. 546, 549

533 so noch einmal *EuGH v. 18.10.90* (Dzodzi), Slg. 1990 I, S. 3763, 3793, Tz. 42; *EuGH v. 25.6.92* (Federconsorzi), Slg. 1992 I, S. 4035, 4064, Tz. 10; auch für *Niessen*, Bindungen und Freiheiten, FS Everling, Bd. II, S. 971, 973 ist die Frage der Verweisung keine gemeinschaftsrechtlich-juristische, sondern vielmehr eine rechtspolitisch-nationale Entscheidung hinsichtlich der Unterwerfung der vom EU-Recht nicht erfassten Bereiche unter das Gemeinschaftsrecht durch den nationalen Gesetzgeber; ebenso deutlich *BFH v. 9.9.98*, BFHE 187, S. 215, 219 sowie *BFH v. 15.7.98*, BStBl. 1998 II, S. 728, 231

über den Ersten Abschnitt des 3. Buches des HGB eine enge und unbedingte Anbindung deren Rechnungslegung an die dort umgesetzten Bestandteile der 4. EG-Richtlinie, so hätte dies zwei für die Fortentwicklung deutscher Rechnungslegungsstandards entscheidende Konsequenzen: Zum einen wären deutsche Gerichte bei ihrer Auslegung des fraglichen nationalen Rechts zu einer richtlinienkonformen Auslegung gezwungen. Gleichzeitig würde der Wunsch des Gesetzgebers, rein innerstaatliche Normen an das Gemeinschaftsrecht anzubinden auch die Art der Rechtsfindung kommunitär ausrichten, da ein solcher Verweisungsakt darauf gerichtet wäre, bei Zweifeln über diese richtlinienkonforme Auslegung Vorlagen an den EuGH notwenig werden zu lassen. Dies bedeutete damit eine durch die Art der nationalen Richtlinienumsetzung ausgelöste umfassende national begründete Vorlageberechtigung bzw. Vorlagepflicht für die deutschen Gerichte, deren Verletzung auf dem einzelstaatlichen Rechtsweg überprüft werden könnte.

i) Der Doppelcharakter des BiRiLiG

Das Regelungsziel der 4. EG-Richtlinie war *„die Koordinierung der einzelstaatlichen Vorschriften über die Gliederung und den Inhalt des Jahresabschlusses und des Lageberichts sowie über die Bewertungsmethoden und die Offenlegung dieser Unterlagen, insbesondere bei der Aktiengesellschaft und der Gesellschaft mit beschränkter Haftung [...], im Hinblick auf den Schutz der Gesellschafter sowie Dritter"*, sowie die Herstellung gleichwertiger rechtlicher Mindestbedingungen für miteinander im Wettbewerb stehende Gesellschaften in der Gemeinschaft[534].

Obwohl die 4. EG-Richtlinie allein das Bilanzrecht der Kapitalgesellschaften innerhalb der EU harmonisiert, sollte das der Umsetzung in deutsches Recht dienende BiRiLiG zwei Aufgaben erfüllen: Primärer Zweck war die europarechtlich gebotene Transformation der 4. Richtlinie. Daneben wurde aber auch das nationale Ziel einer Kodifizierung der GoB verfolgt[535].

Soweit die Vorschriften der §§ 242-263 HGB also von Kapitalgesellschaften angewendet werden, für die sie die so genannte *„Umsetzungsmasse I"* darstellen, greift das gemeinschaftsrechtliche Gebot richtlinienkonformer Auslegung[536]. Für Personenhandelsgesellschaften und Einzelunternehmen besteht jedoch kein kommunitärer Zusammenhang mit der 4. Richtlinie. Für sie stellen sie originär-nationale Normen dar[537]. Die folgenden Überlegungen konzentrie-

---

[534] vgl. die Erwägungsgründe im Vorspruch zur *4. EG-Richtlinie*, ABl. EG Nr. L 222 v. 14.8.78, S. 1, 11

[535] siehe hierzu nur *Beisse*, Hundert Jahre GoB, Gedächtnisschrift für Knobbe-Keuk, S. 385, 405 und *Biener/Berneke*, BiLiRiG, S. 7

[536] zur Begrifflichkeit der *„Umsetzungsmasse"* siehe *Beisse*, Bilanzgesetzgebung, StVj 1989, S. 295, 304; gegen die ganz h. M. hinsichtlich der richtlinienkonformen Auslegung für Kapitalgesellschaften *Moxter*, Entscheidungskompetenz, BB 1995, S. 1463, 1464

[537] siehe hierzu nur *Schön*, Einkünfteermittlung, FS Flick, S. 573, 574; *Habersack/Mayer*, Die überschießende Umsetzung von Richtlinien, JZ 1999, S. 913ff. sprechen insoweit von einer *„überschießenden Umsetzung"* der Bilanzrichtlinie mit weiteren Beispielen, in denen das deutsche Recht den Anwendungsbereich von EU-Richtlinien erweitert; ebenso *Bärenz*, Die Auslegung der

ren sich auf die Folgen des Doppelcharakters der Vorschriften des Ersten Abschnitts, die sowohl Umsetzungsmasse darstellen, aber auch eigenständigen Regelungscharakter für Einzelunternehmen und Personenhandelsgesellschaften haben. Auf den ersten Eindruck hin erscheint es fraglich, ob nach nationalem deutschen Recht die Normen des 1. Teils des 3. Buches des HGB je nach Rechtsform des Rechtsanwenders verschieden ausgelegt werden können. Die Folgen wären weitreichend: Bei einem Verbot einer so genannten normspaltenden Auslegung würde aufgrund der Anforderungen des EuGH eine nationale Forderung nach richtlinienkonformer Auslegung bestehen, die mit einem Bedeutungsverlust der nationalen Rechtsfindungs- und Rechtssetzungsgremien verbunden wäre.

Nachfolgend werden daher zunächst die abstrakte rechtliche Zulässigkeit einer solchen normspaltenden Auslegung und anschließend das konkrete Vorgehen für den Allgemeinen Teil des 3. Buchs des HGB untersucht.

ii) Zur abstrakten Zulässigkeit einer normspaltenden Auslegung im deutschen Recht

Generell besteht in der juristischen Auslegungstechnik die Bestrebung, die „*Einheit des Rechts*" zu wahren. Darunter wird ein logisches und widerspruchsfreies, in den Kontext der auszulegenden Rechtsnormen einfügbares Auslegungsergebnis verstanden. Es besteht im Allgemeinen eine Wechselbeziehung zwischen einer einzelnen Sinnäußerung in Gestalt einer einzelnen Rechtsnorm und dem größeren Sinnzusammenhang eines Gesetzes, in den diese Norm eingebunden ist. Daher ist es zulässig, generell davon auszugehen, dass sich der Gesetzgeber eines einheitlichen Sprachgebrauchs bedienen wird, damit dem gleichen Wort in verschiedenen Normen auch die gleiche Bedeutung zugemessen wird.

Dieser „*Einheitlichkeit der Terminologie*" wird nun aber in der juristischen Methodenlehre kein allzu großes Gewicht beigemessen[538]. Vielmehr entlässt diese allgemein formulierte Regel der Einheitlichkeit den einzelnen Rechtsanwender nicht aus seiner Pflicht, sich aus dem Wortlaut, dem Zweck der einschlägigen Norm und dem engeren Zusammenhang von eben dieser Einheitlichkeit zu überzeugen, die Systematik einer Norm wird so zur entscheidenden Auslegungsmethode[539].

überschießenden Umsetzung von Richtlinien, DB 2003, S. 375; *Fresl*, Europäisierung des deutschen Bilanzrechts, passim., spricht von „*Übersollerfüllung*"

538 so beispielsweise *Zippelius*, Methodenlehre, S. 53;

539 *Bydlinski*, Methodenlehre, S. 448; zur „*Relativität der Rechtsbegriffe*" siehe *Engisch*, Einführung in das juristische Denken, S. 94 mit dem ausdrücklichen Hinweis darauf, dass der Gesetzgeber häufig mit ein und demselben Wort auch innerhalb eines Gesetzes einen verschiedenen Sinn verbinde; darauf beziehend *BVerfG v. 27.12.91*, BStBl. 1992, S. 212, 213; ebenfalls für die methodische Zulässigkeit der normspaltenden Auslegung *Lutter*, Europäisches Unternehmensrecht, S. 30; *Schulze-Osterloh*, Bilanzrecht, DStZ 1997, S. 281, 284 bezeichnete dieses Vorgehen zwar als „*unerfreulich*" aber gleichzeitig als zulässig; ähnlich *Basedow*, Bundesgerichtshof, FS Brandner, S. 651, 663; *Ahmann*, Bilanzrichtlinie, FS Schmidt, S. 269, 276 lehnt dieses an sich zulässige Vorgehen aus Gründen gleichmäßiger Besteuerung aus nationaler Sicht im Ergebnis aber ab; aus methodischen Gründen a.A. aber *Bärenz*, Die Auslegung der überschießenden Umsetzung von

Festzuhalten bleibt damit, dass unabhängig von den nachfolgenden Überlegungen aus methodischer Sicht ein Verbot der normspaltenden Auslegung der §§ 242-263 HGB nicht feststellbar ist.

iii) Zur konkreten Zulässigkeit einer normspaltenden Auslegung der §§ 242-263 HGB

Nachdem die generelle methodische Zulässigkeit einer rechtsformspezifischen Auslegung der §§ 242-263 HGB festgestellt wurde, ist nun zu untersuchen, welche Hinweise sich auf die Verweisungsreichweite im Sinne der EuGH-Rechtsprechung in der Entwicklungsgeschichte des Gesetzes und dem Willen des deutschen Gesetzgebers, verbunden mit den Vorgaben des Grundgesetzes, finden lassen. Dieser historische Wille kann dabei auch noch heute für sich Gültigkeit beanspruchen[540]. Würde der heutige Gesetzgeber die Reichweite der Verweisung anders beurteilen, so ist es ihm selbstverständlich nicht verwehrt, entsprechend gesetzgeberisch tätig zu werden. Sein Nicht-Handeln muss daher als Einverständnis angesehen werden.

ia) Der Wille des historischen Gesetzgebers als Maßstab für die Reichweite der Verweisung

Die Motive des deutschen Gesetzgebers bei der Umsetzung der 4. EG-Richtlinie sind aus heutiger Sicht betrachtet widersprüchlich und bedürfen daher einer näheren Untersuchung[541].

Einerseits wurde nach umfangreichen Veränderungen des ursprünglichen Regierungsentwurfs die noch heute gültige Struktur des 3. Buchs des HGB mit einem *„Allgemeinen Teil für alle Kaufleute"* und einem *„Ergänzenden Teil für Kapitalgesellschaften"* geschaffen. Der Allgemeine Teil besteht dabei aus den bereits vor der Novellierung für alle Kaufleute geltenden Regelungen der §§ 38 HGB a.F., die durch Vorschriften der 4. Richtlinie angereichert wurden, die den bereits bislang geltenden *„Grundsätzen ordnungsmäßiger Buchführung"* entsprachen, während der Ergänzende Teil jene Bereiche der 4. Richtlinie umfasst, die aus nationalem Gesichtswinkel rechtsformspezifisch allein für Kapitalgesellschaften umzusetzen waren und damit keine GoB darstellen (*Umsetzungsmasse II*). Es drängt sich durch diese Einteilung die Schlussfolgerung auf, dass der Gesetzgeber durch sein Vorgehen gleich lautendes Recht für alle Kaufleute schaffen wollte[542].

Richtlinien, DB 2003, S. 375, 376; auch noch *Beisse*, Bilanzgesetzgebung, StVj 1989, S. 295, 305 mit einem ausdrücklichen *„Verbot der gespaltenen Auslegung"*; *Habersack*, Europäisches Unternehmensrecht, S. 173, Tz. 269, sieht die Möglichkeit, aus dem Dzodzi-Urteil des EuGH ein solches Verbot zu folgern, schließt sich dem aber nicht an, siehe dazu auch *Habersack/Mayer*, Die überschießende Umsetzung von Richtlinien, JZ 1999, S. 913, 921

540 auf diesen Aspekt verweist zu Recht *Hennrichs*, Maßgeblichkeitsgrundsatz, StuW 1999, S. 138, 150

541 siehe für die Entstehungsgeschichte des BiRiLiG die umfangreiche Darstellung bei *Fresl*, Europäisierung des deutschen Bilanzrechts, S.37-54

542 so beispielsweise *Bärenz*, Gemeinschaftsrechtliche und nationale Vorlagepflichten, StuB 2001, S. 862, 864; *Meilicke*, Zur Vorlagepflicht des BFH, BB 2001, S. 40, 41; ähnlich unterstellen *Her-*

Andererseits wurde hinreichend dokumentiert, dass der Gesetzgeber ein Ausstrahlen der gemeinschaftsrechtlich für Kapitalgesellschaften vorgeschriebenen Regeln auf die nicht von der Richtlinie erfassten Gesellschaftsformen ausdrücklich verhindern wollte[543]. Entscheidend für die Tendenz bei der Neuschaffung des 3. Buchs des HGB war wohl folgender Abschnitt aus dem Bericht des Rechtsausschusses des Deutschen Bundestages: *„Der Rechtsausschuss weist darauf hin, daß alleiniger Anlaß des Gesetzesentwurfs die Anpassung des deutschen Rechts an die drei in den Regierungsentwürfen bezeichneten gesellschaftsrechtlichen Richtlinien des Rates der EG ist. [...] Nach Auffassung der Ausschußmehrheit besteht keine Veranlassung, die Vorschriften über die Rechnungslegung, deren Prüfung und Publizität weitergehend zu reformieren, als durch die Richtlinien vorgeben ist."*[544]

Festzuhalten bleibt damit, dass der Gesetzgeber bei der Schaffung des BiRiLiG die Möglichkeit einer Ausstrahlung der für Kapitalgesellschaften erlassenen Richtlinienvorschriften auf Personengesellschaften und Einzelunternehmen deutlich sah. Der Schluss, dass er eine solche Übertragung auch bei Gefahr einer Normspaltung unbedingt verhindert wollte, liegt aufgrund der eindeutigen Stellungnahmen ebenfalls nahe[545].

Damit bestehen somit folgende Interpretationsmöglichkeiten für den eigentlichen Willen des Gesetzgebers: Entweder wollte er mit den §§ 242-263 einen Normbereich schaffen, der trotz damit drohender europarechtlicher Einflüsse für sämtliche Gesellschaftsformen gleich auszulegen ist und damit eine Normspaltung verhindern. Oder es stand in seiner Absicht, bei Gefahr einer solchen Spaltung der Auslegung in Abhängigkeit von der Gesellschaftsform die nicht von der 4. EG-Richtlinie erfassten Unternehmen vor einem Ausstrahlen kommunitärer Normen zu schützen[546].

Dieser vermeintliche Widerspruch des Gesetzgebers muss vor dem Hintergrund seines Verständnisses von der Geltungsreichweite des *„true and fair view-Grundsatzes"*, der im BiRiLiG nur für Kapitalgesellschaften anwendbar werden sollte, betrachtet werden. Es scheint vieles dafür zu sprechen, dass der Gesetzgeber der so genannten *„Abkopplungsthese"* folgte, wonach dem Einblicksgebot des true and fair view, dass aus dem britischen Recht in die EU-Richtlinie Eingang gefunden hat, ausschließlich im Anhang der Kapitalge-

kenroth,/Körner/Rodewald, Vorlagefähigkeit bilanzsteuerlicher Fragen, DStR 1999, S. 9, 11 dies mit der Stellung der auch in der Richtlinie enthaltenen kodifizierten GoB, ohne die Struktur des 3. Buches näher zu betrachten; *Herzig/Rieck*, Europäisierung der Gewinnermittlung, IStR 1998, S. 309, 317 sehen Ähnliches für das Steuerrecht; ebenso *Herzig*, Internationalisierung der Rechnungslegung, WPg 2000, S. 104, 107;

543 dabei äußerte die Ausschussmehrheit, dass sie befürchte, *„daß die für Kapitalgesellschaften einzuführenden Regelungen auf Personenhandelsgesellschaften und Einzelkaufleute übertragen werden."*; *Beschlussempfehlung des Rechtsausschusses des Deutschen Bundestages*, BT-Drs. 10/4268, abgedruckt bei Biener/Bernecke, BiRiLiG, S. 7

544 Beschlussempfehlung des *Rechtsausschusses des Deutschen Bundestages*, BT-Drs. 10/4268, abgedruckt bei *Biener/Bernecke*, BiRiLiG, S. 5

545 siehe die Begründung zu § 264 HGB in der endgültig verabschiedeten Fassung des BiRiLiG bei *Biener/Bernecke*, BiRiLiG, S. 131 und auch den während der Gesetzesberatungen veränderten *Regierungsentwurf zum BiRiLiG*, BT-Drs. 10/317; siehe hierzu auch *Beisse*, True and fair view, DStZ 1998, S. 310, 312, *Hennrichs*, Maßgeblichkeitsgrundsatz, StuW 1999, S. 138, 150; ebenso *Fresl*, Europäisierung des deutschen Bilanzrechts, S. 70

546 zum Zielkonflikt des Gesetzgebers auch *Kellersmann*, Zur Diskussion um die Vorlagepflicht, StuB 2001, S. 122, 127

sellschaften, nicht jedoch in der Bilanz und der GuV nachgekommen werden muss[547]. Damit löst sich aber das oben beschriebene widersprüchliche Verhalten des Gesetzgebers auf: Oberstes Ziel war es, die Geltung der EU-Vorschriften auf den Jahresabschluss der unter den Anwendungsbereich der Richtlinie fallenden Gesellschaftsformen zu beschränken. Da er gleichzeitig von der Geltung der Abkopplungsthese überzeugt war, die ein Einstrahlen des true and fair view auf Bilanz und GuV der Kapitalgesellschaften und damit auch auf die Gewinnermittlung der Personengesellschaften und Einzelunternehmen verhindern würde, war er in der Lage, einen für alle Gesellschaftsformen gleich lautenden Allgemeinen Teil zu schaffen, der sich ihm ohne europarechtlichen Einfluss darstellte.

Die Abkopplungsthese ist umstritten, der EuGH selbst hat sie wohl als nicht wirksam bezeichnet[548]. Ihre Ablehnung kann aber hier zu keinem anderen Ergebnis führen, da damit zwar für die Nebenbedingung des Gesetzgebers eine Auswirkung erkennbar ist, nicht jedoch für seine Grundintention: Ohne Abkopplungsthese wäre ihm zwar die Schaffung gleich lautenden Rechts für alle Gesellschaftsformen nicht möglich gewesen. An seiner Absicht, Einzelunternehmen und Personengesellschaften vor einer Einwirkung EU-rechtlicher Konsequenzen zu schützen, ändert dies aber nichts. Dieses eigentliche Motiv seines Handels bleibt auch bei einem Irrtum des Gesetzgebers hinsichtlich seiner gewählten Gesetzestechnik bestehen.

Für die Auslegung des 1. Teils des 3. Buches des HGB bedeutet dieser Befund über den historischen Willen des deutschen Gesetzgebers unabhängig von der Geltung der Abkopplungsthese die Zulässigkeit einer normspaltenden Auslegung der §§ 242-263 HGB, gegen die auch aus methodischen Gründen keine überzeugenden Einwände erhoben werden können[549].

iia) Das „Maastricht-Urteil" des BVerfG: Verbot dynamischer Verweisungen auf EU-Recht

Mit der Entscheidung des BVerfG zum Vertrag von Maastricht[550] werden die Bedeutung des ursprünglichen Willens der deutschen Legislative und die rein

---

547 siehe hierfür nur *Beisse*, True and fair view, DStZ 1997, S. 310, 316 sowie die Zusammenstellung der Diskussionsbeiträge bei *Euler*, Grundsätze ordnungsmäßiger Bilanzierung, S. 131, Fn. 461

548 *EuGH v. v. 27.6.96* (Tomberger), Slg. 1996 I, S. 3133, 3153, Tz. 17; *EuGH v. 14.9.99* (DE + ES), Slg. 1999, S. 5331, 5358, Tz. 26; siehe dazu auch *Kessler*, Vorabentscheidungsersuchen des FG Hamburg, IStR 2000, S. 531, 538; *Weber-Grellet*, Anmerkung 1 zu EuGH v. 27.6.1996 (Tomberger), DStR 1996, S. 1094

549 so erneut *Schulze-Osterloh*, Bilanzrecht, DStR 1997, S. 281, 285; anders dagegen *Bärenz*, Gemeinschaftsrechtliche und nationale Vorlagepflichten, StuB 2001, S. 862, 864

550 *BVerfG v. 12.10.93* (Maastricht), BVerfGE 89, S. 155, 187 stellt einen Verstoß gegen Art. 38 GG in Aussicht, sofern ein Gesetz bei der Übertragung von Rechten an Gemeinschaftsorgane den Verlagerungsumfang nicht hinreichend genau bestimmen würde: *„Steht nicht fest, in welchem Umfang und Ausmaß der deutsche Gesetzgeber der Verlagerung der Ausübung von Hoheitsrechten zugestimmt hat, so wird die Inanspruchnahme nicht benannter Aufgaben und Befugnisse durch die Europäischen Gemeinschaften ermöglicht. Dies käme einer Generalermächtigung gleich und wäre damit eine Entäußerung, gegen die Art. 38 GG schützt."*; siehe hierzu auch *Weber-Grellet*, Europäisiertes Steuerrecht?, StuW 1995, S. 336, 344; besonders stark betont auch *Beis-*

einzelstaatliche Reichweitenüberprüfung der nationalen Verweisung aus nationaler deutscher Sicht hervorgehoben[551].

Die Vertragswerke der EU sind bei der Übertragung nationaler Souveränität an die Union entscheidend vom Grundsatz der Einzelermächtigung geprägt, daher stellt die EU-Rechtssetzung kein in sich geschlossenes System dar, sondern umfasst bruchstückartig allein die Bereiche übertragener Kompetenz. Damit kann ein einzelnes Vertragsziel zwar zur Auslegung der Vertragsbestimmungen herangezogen werden, die Erweiterung von Aufgaben und Befugnisse zur besseren Erfüllung eines solchen Ziels kann hieraus aber nicht gefolgert werden. Diese Schlussfolgerung findet ihre Stütze im EU-Vertrag selbst[552]. In Art. 48 EUV ist die Prozedur einer Vertragsänderung ausführlich geregelt. Diese Regelung der im Übrigen einstimmigen Vertragsänderung muss aber auch Folgerungen für die Einzelermächtigungen haben: Eine Verlagerung von Kompetenzen auf die Ebene der Union und ihrer Organe auf dem Wege der Rechtsfortbildung ist nicht möglich, als *ultra vires* erkanntes Gemeinschaftsrecht wird für den deutschen Hoheitsbereich für unanwendbar erklärt[553].

---

se, True and fair view, DStZ 1998, S. 310, 315 dieses Urteil, das für ihn Anlass war, seine bisherige Auffassung zur hier untersuchten Frage ausdrücklich aufzugeben.

551 siehe hierzu bereits aus früherer Zeit die klaren Aussage *BVerfG v. 11.6.80*, BVerfGE 54, S. 277, 297/298: *„Zumal bei zeitlich neuen und sachlich neuartigen Regelungen kommt den anhand des Gesetzgebungsverfahrens deutlich werdenden Regelungsabsichten des Gesetzgebers erhebliches Gewicht bei der Auslegung zu, sofern Wortlaut und Sinnzusammenhang der Norm Zweifel offenlassen. Über die erkennbare Regelungsabsicht darf die Auslegung in solcher Lage nicht hinwegsehen."*

552 somit können die Mitgliedstaaten aufgrund ihres Veto-Rechts gemäß Art. 48 EUV bei Vertragsänderungen auch als *„Hüter der Verträge"* bezeichnet werden, so *Cremer* in: Calliess/Ruffert, EUV/EGV, Art. 48 EUV, Rn. 4; in der Rechtsprechung von BVerfG und EuGH kommt auch ein unterschiedliches Verfassungsverständnis beider Gerichte zum Ausdruck. Dem Prinzip der *„Supranationalität"* des EuGH steht die *„intergovernementale"* Auffassung des BVerfG gegenüber, siehe hiezu ausführlich *Nicolaysen*, Streit, EuR 2000, S. 495, 511; ebenfalls zum gespannten Verhältnis des BVerfG zum EuGH *Folz*, Demokratie und Integration, S. 6-35; *Tomuschat*, Die Europäische Union, EuGRZ 1993, S. 489, 495; dass die Verträge einzig durch das in ihnen selbst geregelte Verfahren geändert werden können, betont auch *EuGH v. 8.4.76* (Defrenne), Slg. 1976, S. 455, 478, Rn. 56/58

553 *„Indem die Gründungsverträge den Europäischen Gemeinschaften einerseits in umgrenzten Tatbeständen Hoheitsrecht einräumen, andererseits die Vertragsänderung – [....] – regeln, hat diese Unterscheidung auch Bedeutung für die zukünftige Handhabung der Einzelermächtigungen. Wenn eine dynamische Erweiterung der bestehenden Verträge sich bisher auf eine großzügige Handhabung des Art. 235 EWGV im Sinne einer „Vertragsabrundungskompetenz", auf den Gedanken der inhärenten Zuständigkeiten der Europäischen Gemeinschaften („implied powers") und auf eine Vertragsauslegung im Sinne einer größtmöglichen Ausschöpfung der Gemeinschaftsbefugnisse („effet utile") gestützt hat, so wird in Zukunft bei der Auslegung von Befugnisnormen durch Einrichtungen und Organe der Gemeinschaften zu beachten sein, daß der Unions-Vertrag grundsätzlich zwischen der Wahrnehmung einer begrenzt eingeräumten Hoheitsbefugnis und der Vertragsänderung unterscheidet, seine Auslegung deshalb in ihrem Ergebnis nicht einer Vertragserweiterung gleich kommen darf; eine solche Auslegung von Befugnisnormen würde für Deutschland keine Bindungswirkung entfalten."*, *BVerfG 12.10.93* (Maastricht), BVerfGE 89, S. 155, 210; kritisch Streinz, Rechtsprechung des Gerichtshofs, FS Everling, S. 1491.

Gleichzeitig hebt das höchste deutsche Gericht seine eigene Bedeutung bei der Überprüfung der vorgegebenen Kompetenzabgrenzungen durch eine Abschwächung der *„Solange II-Entscheidung"* wieder hervor. So heißt es im fünften Leitsatz der Entscheidung: *„Das Bundesverfassungsgericht prüft, ob Rechtsakte der europäischen Einrichtungen und der Organe sich in den Grenzen der ihnen eingeräumten Hoheitsrechte halten oder aus ihnen ausbrechen,"* da nur so sichergestellt wer-

Damit betont das BVerfG die nationale Reichweitenbestimmung auch für den Fall, dass der EuGH durch eine Änderung seiner bisherigen Rechtsprechung zukünftig möglicherweise dieses Überprüfungsrecht für sich selbst reklamieren sollte.

iiia) Zwischenergebnis: keine nationale Forderung nach richtlinienkonformer Auslegung durch die Ausgestaltung der §§ 242-263 HGB

Bei der Frage der fortschreitenden Integration der Europäischen Union kommt der Rechtsfortbildung durch den EuGH zwar Bedeutung zu, eine weitere (stillschweigende) Kompetenzverlagerung ist ohne einen ausdrücklichen Willensakt der Mitgliedstaaten in dem dafür vorgesehenen Verfahren nicht möglich. Im Mittelpunkt der Überlegungen muss daher die Frage stehen, ob der deutsche Gesetzgeber bei der Schaffung des BiRiLiG den 1. Abschnitt des 3. Buches des HGB bewusst an gemeinschaftsrechtliche Vorschriften anband und die damit verbundenen Folgen einer Notwendigkeit richtlinienkonformen Auslegung anstrebte.

Der deutsche Gesetzgeber sah die Möglichkeit der Übertragung der Richtlinien-Anforderungen auf Personenhandelsgesellschaften und Einzelkaufleute durch die Struktur des 3. Buches des HGB. Ein solches Ausstrahlen der kommunitären Vorschriften auf nicht von der Richtlinie erfasste Gesellschaftsformen wollte er jedoch verhindern. Dies hat er durch seine Begründungen klargestellt. Die Erklärung für die von ihm gewählte Gesetzessystematik, die insoweit zu Missverständnissen führen kann, ist in der von ihm unterstützen Abkopplungsthese zu finden. Auch wenn diese abgelehnt werden sollte, verbleibt die ursprüngliche Absicht des Schutzes der Nicht-Kapitalgesellschaften, es widerspricht der Absicht des Gesetzgebers, ihm zu unterstellen, er wäre bei der Schaffung des BiRiLiG bereit gewesen Normen zu schaffen, durch die über den Bereich der ihm aus dem EG-Vertrag aufgetragenen Transformationsverpflichtung hinaus die nationale Auslegungskompetenz an ein Gemeinschaftsorgan übertragen werden soll[554]. Würde somit der EuGH über Vorabentscheidungsverfahren entscheidenden Einfluss auf die Fortentwicklung der von der 4. Richtlinie nicht erwähnten GoB gewinnen, hätte sich das deutsche Parlament in der Sprache des BVerfG *„seiner Rechte entäußert"*[555]. Spätes-

den kann, dass der Schutzbereich von Art. 38 GG gewährleistet bleibt; zweifelnd *Hirsch*, EuGH-Rechtsprechung, DStZ 1998, S. 489, 491; eingehend zum Selbstverständnis des BVerfG auch *Thömmes*, EG-rechtlicher Rahmen, S. 75, 78

554 siehe hierzu auch *BFH v. 28.3.00*, BFHE 191, S. 340, 346 und aus dem Schrifttum vor allem *Beisse*, Hundert Jahre GoB, Gedächtnisschrift Knobbe-Keuk, S. 385, 406 in ausdrücklicher Aufgabe seiner bisherigen Auffassung; dieselbe Begründung auch bei *Biener*, Spannungsfeld, StBJb 1995/96, S. 29, 42; ebenso bereits vor dem Erlass des Maastricht-Urteils *Ahmann*, Bilanzrichtlinie, FS Schmidt, S. 269, 287 mit detaillierter Begründung

555 nichts erhärtet die Ansicht, dass eine Pflicht zur richtlinienkonformen Auslegung und damit zur Einflussnahme des EuGH auf das Handelsbilanzrecht der Nicht-Kapitalgesellschaften und das Bilanzsteuerrecht *„für den Gesetzgeber voraussehbar im Vertrag umschrieben und durch ihn im Zustimmungsgesetz hinreichend bestimmbar normiert worden"* ist. Dies wäre aber nach *BVerfG*

tens nach der *ultra-vires* Rechtsprechung des Bundesverfassungsgerichtes zu den Gemeinschaftsrechts-Kompetenzgrenzen erscheint ein Vorrang des Gemeinschaftsrechts gegenüber dem erklärten Willen des deutschen Gesetzgebers nicht länger möglich zu sein.

Als Konsequenz der hier vertretenden Auffassung ist auch materiell eine Normspaltung, d.h. eine rechtsformspezifische Auslegung der §§ 242-263 HGB, zulässig[556]. Ein solcher Vorgang wäre zwar hinsichtlich der gemeinsamen Grundlagen des Handelsrechts aller Rechtsformen unerfreulich, jedoch aus rechtlichen Gründen nicht zu vermeiden[557].

Damit steht als Ergebnis in der Terminologie des EuGH fest[558], dass für die Personenhandelsgesellschaften und Einzelkaufleute die 4. EG-Richtlinie nur ein „*Muster*" war, dessen Begriffe vom deutschen Gesetzgeber auf diese Gesellschaftsformen teilweise, nämlich so weit sie bereits vor Erlass der Richtlinie nach deutschem Verständnis für diese Gesellschaftsformen galten, übernommen wurden[559]. Damit ist die Ausgangsfrage nach der Reichweite der nationalen Verweisung auf das Gemeinschaftsrecht eindeutig beantwortet; für Vorabentscheidungsvorlagen deutscher Gerichte bezüglich des Handelsrechts der Nicht-Kapitalgesellschaften verbleibt nach dem einzig Ausschlag geben-

12.10.93 (Maastricht), BVerfGE 89, S. 155, 188 Voraussetzungen für eine wirksame Kompetenzverlagerung.

556 unbeachtlich ist daher, ob die normspaltende Auslegung, die diesen Überlegungen als Möglichkeit zwangsläufig folgt, für die Erreichung der Jahresabschlussfunktionen der beiden Gruppen von Rechtsformen zweckmäßig oder sinnvoll ist. Hier muss, möglicherweise ungewöhnlich für eine betriebswirtschaftliche Untersuchung, streng juristisch argumentiert werden, da die Argumente ansonsten an der Hürde des Bundesverfassungsgerichtes scheitern. Anders sehen das allerdings noch *Schulze-Osterloh*, Vorabentscheidungen, ZGR 1995, S. 170ff. ; *ders.*, Aktivierung von Dividendenansprüchen, ZIP 1996, S. 1453, 1457, Fn. 147; *Beisse*, Bilanzgesetzgebung, StVj 1989, S. 295, 305 sprach von einem Verbot der gespaltenen Auslegung (beide Autoren haben inzwischen die hier noch vertretende Meinung ausdrücklich aufgegeben, siehe hierzu jetzt Fn. 560); *Wassermeyer*, Vorlage von Bilanzierungsfragen, FS Lutter, S. 1633, 1642; *Kropff*, Gewinnvereinnahmung, ZGR 1997, S. 115, A 128; *Groh*, Bilanzrecht, DStR 1996, S. 1206, 1209, wohl auch *Heißenberg*, Europäischer Gerichtshof, KÖSDI 1996, S. 10825, 10829; *Schön*, Handels- und Steuerrecht, JbFfStR 1996/97, S. 77, 78; *ders.*, Einkünfteermittlung, FS Flick, S. 573, 580; *Lutter* in: Lutter, UmwG, Einleitung, Rz. 30 in ausdrücklicher Aufgabe der in der Vorauflage geäußerten Auffassung; zum selben Ergebnis kommt auch *Herlinghaus*, „Tomberger", IStR 1997, S. 529, 537; siehe auch *FG Hamburg*, Vorlagebeschluss v. 22.4.99, EFG 1999, S. 1022, 1023 mit einer ausführlichen ablehnenden Prüfung des Vorlagebeschlusses an den GrS des BFH; wohl auch *Kraft*, Schlussfolgerungen, WPg 2001, S. 2, 5; *Müller*, EuGH und GoB, S. 87, 93 postuliert, dass eine normspaltende Auslegung „*nicht der Fall sein darf*"; ähnlich auch *Bärenz*, Die Auslegung der überschießenden Umsetzung von Richtlinien, DB 2003, S. 375, 376, der im Ergebnis zwar nicht eine Vorlageberechtigung bzw. -pflicht deutscher Gerichte bei einer überschießenden Richtlinienumsetzung befürwortet, aber eine Bindung der nationalen Gerichte für die hier interessierenden Sachverhalte an diejenigen EuGH-Urteile feststellt, die für umgesetztes Gemeinschaftsrecht ergingen, zu einfach allerdings die Schlussfolgerung von *Lausterer*, Anmerkung zum Vorlagebeschluss FG Hamburg, IStR 1999, S. 639, 640

557 so auch *Schulze-Osterloh*, Bilanzrecht, DStZ 1997, S. 281, 285

558 *EuGH v. 28.3.95* (Kleinwort-Benson), Slg. 1995 I, S. 615, 639, Tz. 16

559 dagegen *Herlinghaus*, „Tomberger", IStR 1997, S. 529, 537, der das 3. Buch nicht im Sinne von „*Kleinwort-Benson*", sondern analog zu „*Leur-Bloem*" versteht

den Recht der Bundesrepublik Deutschland kein Raum, ein solches Vorgehen wäre dagegen als verfassungswidrig zu bezeichnen[560].

c) Ergebnis: keine Zuständigkeit des EuGH für die Auslegung der §§ 242-263 HGB

Als Ergebnis der Ausführungen bleibt somit festzuhalten, dass sich weder aus kommunitärer noch aus nationaler Perspektive heraus eine Verpflichtung zur richtlinienkonformen Auslegung der §§ 242-263 über den Anwendungsbereich der 4. EG-Richtlinie hinaus ergeben kann, allein die rechtsformspezifischen Normen der 2. Teils des 3. Buches des HGB sind europäischem Einfluss ausgesetzt. Dabei hat die hier getroffene Unterscheidung zwischen gemeinschaftsrechtlicher und nationaler Vorlagepflicht keineswegs nur rein theoretische Bedeutung: Während die C.I.L.F.I.T-Rechtsprechung des EuGH bei einer gemeinschaftsrechtlichen Vorlagepflicht nur wenig Spielraum für das Unterlassen einer solchen Vorlage lässt, könnten sich rein aus nationalem Recht entstehende Vorlagepflichten nach Auffassung des Bundesverfassungsgerichts wohl auf Grundsatzfragen beschränken[561].

Für die Zukunft der deutschen Rechnungslegung bedeutet dieses Ergebnis, dass sich der Einfluss des EuGH auf das Handelsbilanzrecht der Kapitalgesellschaften begrenzen wird. Für die übrigen rechnungspflichtigen Unternehmen werden diese Urteile aufgrund der gleichgelagerten Aufgaben der Jahresabschlüsse den Charakter eines gewichtigen Diskussionsbeitrages gewinnen. Allerdings setzt dies voraus, dass entsprechende Vorlagen bezüglich des Handelsrechts der Kapitalgesellschaften beim EuGH eingehen. Dies wird für die Zukunft zumindest seitens deutscher Gerichte kaum zu erwarten sein. Bilanzrechtliche Verfahren vor deutschen Zivilgerichten sind bekanntermaßen selten, der BGH fiel deshalb in der Vergangenheit als Entwickler von GoB

---

[560] nach dem Maastricht-Urteil müssten derartige Vorlagen als Verstoß gegen Art. 38 GG zu werten sein. Hinsichtlich des Vorlageverbots ebenso *Beisse*, Hundert Jahre GoB, Gedächtnisschrift Knobbe-Keuk, S. 385, 407; *ders.*, Die paradigmatischen GoB, FS W. Müller, S. 731, 738; *Schulze-Osterloh*, Bilanzrecht, DStZ 1997, S. 281, 286; *Weber-Grellet*, Europäisiertes Steuerrecht?, StuW 1995, S. 336, 349; *ders.*, Bilanzrecht, DB 1996, S. 2089, 2092, *ders.*, Anmerkung 1 zu EuGH v. 27.6.1996 (Tomberger), DStR 1996, S. 1094, 1095; *Hennrichs*, EG-Bilanzrichtlinie, ZGR 1997, S. 66, 84; *Ahmann*, Bilanzrichtlinie, FS Schmidt, S. 269, 276; *Lutter*, Europäisches Unternehmensrecht, S. 30; *Habersack/Mayer*, Die überschießende Umsetzung von Richtlinien, JZ 1999, S. 913, 921; Schroller, Zukunft des Maßgeblichkeitsgrundsatzes, FS Brönner, S. 361, 366; wohl auch *Müller*, Der Europäische Gerichtshof, FS Claussen, S. 707, 722; *Biener*, Spannungsfeld, StBJb 1995/96, S. 29, 42 weist zu Recht darauf hin, dass dem Gesetzgeber nur bei den Normen, die er aufgrund seiner kommunitären Verpflichtungen heraus geschaffen hat auch der Wille besteht, zukünftig seinen eigenen Vorstellungen möglicherweise nicht entsprechenden Auslegungen durch die EU-Organe zu folgen; unsicher *Meyer-Arndt*, Zuständigkeit des Europäischen Gerichtshofs, BB 1993, S. 1623, 1625, der zwar der hier vertretenden Auffassung folgt, sich aber für erste *„Probevorlagen"* seitens deutscher Gerichte ausspricht und damit wohl in Verkennung der Aufgabenverteilung den EuGH über die zukünftige Zulässigkeit entscheiden lassen möchte; wenn *Basedow*, Bundesgerichtshof, FS Brandner, S. 651, 663 davon spricht, dass aus Gründen der Rechtssicherheit nationalen Gerichten auch dann die Möglichkeit einer Vorlage eingeräumt werden sollte, wenn die anhängige Frage nicht im Anwendungsbereich des Gemeinschaftsrechts liegt, geht er wohl davon aus, dass dies den deutschen Gerichten bislang verwehrt ist.

[561] so auch *Bärenz*, Keine gemeinschaftsrechtliche Vorlagepflicht, DStR 2001, S. 692, 695; siehe erneut *EuGH v. 6.10.82* (C.I.L.F.I.T), Slg. 1982, S. 3451, 3428, Tz. 13-20

weitgehend aus. Damit wird der EuGH jedenfalls über die direkte handelsrechtliche Auslegung des deutschen Bilanzrechts keine Bedeutung für die Fortentwicklung der deutschen Rechnungslegung erlangen.

2. Die Bedeutung der 4. EG-Richtlinie für die Auslegung des deutschen Steuerrechts

Gleichwohl die vorliegende Arbeit die möglichen Aufgaben eines privatverbandlichen Gremiums zur Gewinnung von handelsrechtlichen Rechnungslegungsstandards zum Thema hat, kann die Frage eines europarechtlichen Einflusses nicht auf die erfolgten Ausführungen zu den §§ 242-263 HGB beschränkt werden. Vielmehr ist es aufgrund des Maßgeblichkeitsgrundsatzes ebenfalls notwendig, die Einwirkungsmöglichkeiten des EuGH auf das deutsche Steuerrecht zu untersuchen und gegebenenfalls bei positivem Ausgang dieser Prüfung die hieraus folgenden Auswirkungen auf die Aufstellung handelsrechtlicher Rechnungslegungsstandards durch das private Rechnungslegungsgremium darzustellen.

Dabei muss als Vormerkung festgestellt werden, dass die folgenden Ausführungen isoliert von der abgeschlossenen Diskussion zu den §§ 242-263 betrachtet werden müssen. Eine einfache Übernahme der handelsrechtlichen Ergebnisse für das Steuerrecht liegt zwar nahe, würde aber verkennen, dass der hier vorgetragenen Auffassung zur richtlinienkonformen Auslegung des deutschen Handelsrechts im Schrifttum teilweise widersprochen wird. Daher gebietet es die Bedeutung möglicher europarechtlicher Einwirkungen auf das Rechnungslegungsgremium, quasi im Wege eines Hilfsgutachtens, zusätzlich auch die steuerrechtliche Situation darzustellen.

Gemäß § 5 Abs. 1 Satz 1 EStG ist bei buchführungspflichtigen Gewerbetreibenden „für den Schluss des Wirtschaftsjahres das Betriebsvermögen anzusetzen, das nach den handelsrechtlichen Grundsätzen ordnungsgemäßer Buchführung auszuweisen ist." Auch bezüglich des Steuerrechts erscheint es daher notwendig zu sein, eine richtlinienkonforme Auslegung der handelsrechtlichen Gewinnermittlungsvorschriften zur Grundlage der nationalen Rechtsfindung zu machen, sofern das Steuerrecht keine eigenen, handelsbilanziell unabhängigen Regelungen getroffen hat. Das Maßgeblichkeitsprinzip könnte damit zu einer Europäisierung des deutschen Rechts der direkten Steuern führen[562] und der BFH damit seine bisherige Rolle als wichtigste Quel-

[562] *Groh*, Bilanzrecht, DStR 1996, S. 1206, 1210; *Hoffmann*, Bilanzverständnis, DB 1996, S. 1051, 1056; *Schüppen*, Orakel oder Lösung, DB 1996, S. 1481, 1484; *Kropff*, Gewinnvereinnahmung, ZGR 1997, S. 115, 128; *Streck/Olgemöller*, Das Recht der Europäischen Gemeinschaften, DStR 1999, S. 417, 423; so auch noch *Schulze-Osterloh*, Vorabentscheidungen, ZGR 1995, S. 170, 177; mindestens für Kapitalgesellschaften auch *Dautzenberg*, Anmerkung zu EuGH v. 17.7.97 (Leur-Bloem), FR 1997, S. 690, 691 allerdings mit dem Verweis auf die *„Goldene Brücke"* des EuGH, der für die Fälle der nur mittelbaren Geltung des Gemeinschaftsrechts den nationalen Instanzen die Prüfung der Rechtsanalogie überlässt; allerdings siehe auch den jede Erörterung der Vorlageberechtigung vermissenden Vorlagebeschluss *FG Köln v. 16.7.97*, EFG 1997, S. 1166-1167, dazu kritisch *Moxter*, Pauschalrückstellungen, DB 1998, S. 269, 269; unentschieden dage-

le für die Feststellung des Bilanzrechts in Zukunft an den EuGH verlieren[563], sofern der Verweis in § 5 EStG die gemeinschaftsrechtlichen Bestimmungen mit einschlösse.

Wie bereits im vorangegangenen Abschnitt, so muss auch bei der Untersuchung einer richtlinienkonformen Auslegung des deutschen Steuerrechts zwischen einem kommunitären und einem nationalen Gebot einer solchen Einwirkung gemeinschaftsrechtlicher Regelungen unterschieden werden[564].

a) Gemeinschaftsrechtliche Forderungen nach richtlinienkonformer Auslegung des deutschen Steuerbilanzrechts

i) Der Anwendungsbereich der 4. EG-Richtlinie als Auslegungsgrenze

Die Ausgangsüberlegungen des vorangegangenen Abschnitts zu den gemeinschaftsrechtlichen Forderungen nach Berücksichtigung der EU-Normen bei der Auslegung des deutschen Handelsrechts gelten auch für das deutsche Steuerrecht: Auch in jenen steuerlichen Fragen, in denen aufgrund der Maßgeblichkeit gemäß § 5 I 1 EStG handelsbilanzielle Probleme zu entscheiden sind, ist die direkte Zuständigkeit des EuGH nur dann gegeben, sofern die 4. Richtlinie aufgrund gemeinschaftsrechtlicher oder nationaler Bezüge berührt wird[565].

---

gen *Herzig*, Anmerkung, DB 1996, S. 1401; siehe hierzu auch *Lausterer*, Anmerkung zum Vorlagebeschluss zu FG Hamburg, IStR 1999, S. 639, 640, der zur Klärung der Vorlageverpflichtung einem Irrtum unterliegt: Einerseits betont er, dass allein nationale Gerichte über die Reichweite einer nationalen Verweisung auf Gemeinschaftsrecht entscheiden, andererseits erhofft er sich von dem Vorlagebeschluss des FG Hamburg eine endgültige Klärung der Streitfrage durch den EuGH. Dieser Wunsch kann aufgrund der eindeutigen Kompetenzregelung der Europäischen Verträge und dem Maastricht-Urteil des BVerfG nicht erfüllt werden, allein deutsche Gerichte, d.h. letztendlich das Bundesverfassungsgericht, sind dazu befugt. So auch die Ausrichtung des *BVerfG v. 12.10.93*, BVerfGE 89, 155, 210. Diese Argumentation fügt sich auch in die bisherige Antwort-Praxis des EuGH ein: Liegen ihm Vorabentscheidungsersuchen nationaler Gerichte vor, liegt aufgrund der Überprüfung der Reichweite der nationalen Verweisung seitens des vorliegenden Gerichts quasi ein *„prima-facie“*-Beweis für die Anwendbarkeit der gemeinschaftsrechtlichen Regelungen und ihrer Interpretation durch den EuGH vor.

563 so *Meyer-Arndt*, Zuständigkeit des Europäischen Gerichtshofs, BB 1993, S. 1623, 1627; siehe auch *Meilicke*, Bedeutung der richtlinienkonformen Auslegung, BB 1992, S. 969, 972, der daher eine deutliche personelle Ausstattungserweiterung für den EuGH fordert; ähnlich noch *Schulze-Osterloh*, Vorabentscheidungen, ZGR 1995, S. 170, 178; *Thiele*, Maßgeblichkeitsprinzip, GmbHR 1999, S. 1241, 1246

564 siehe für die ausschließlich nationale Beurteilungs- und Entscheidungskompetenz über die Reichweite des Maßgeblichkeitsprinzip nur *Hermanns*, Fragen des deutschen Bilanzrechts, GmbHR 1999, S. 1123, 1127 m.w.N.

565 unstrittig war bislang der Umkehrschluss: In allen steuerlichen Fragen abseits von Maßgeblichkeit und 4. EG-Richtlinie sind Vorlagen unzulässig, siehe hierzu nur *BFH v. 25.10.94*, BStBl. 1995 II, S. 312, 315; *BFH v. 15.7.98*, BStBl. 1998 II, S. 728, 731; *Thiele*, Maßgeblichkeitsprinzip, GmbHR 1999, S. 1241, 1245; *Dautzenberg*, Anmerkung zu EuGH v. 17.7.97 (Leur-Bloem), FR 1997, S. 690, 691; noch eine Einzelmeinung ist wohl *Hoffmann*, Mentor deutschen Bilanzrechts, DStR 1999, S. 1687. Dieser hält nach der *„DE + ES“*-Entscheidung undifferenziert fest: *„Der EuGH ist kompetent, deutsches Steuerbilanzrecht zu beurteilen.“* Dabei unterscheidet er materiellrechtlich hinsichtlich dieser vermeintlichen Entscheidungskompetenz nicht zwischen den Teilen des deutschen Steuerrechts, für die über § 5 EStG der Rückgriff auf die GoB notwendig ist und die Teile, die auf eigenständigen Regelungen der Steuergesetze beruhen. Um die Verfahren vor den deutschen Steuergerichten nicht zu verlängern und eine Überlastung des EuGH zu verhindern [sic!] plädiert er im Anschluss daran aber dafür, *„gewisse Grenzpflöcke“* einzuschlagen und einige Re-

Wie oben gezeigt, muss eine gemeinschaftsrechtliche Forderung nach richtlinienkonformer Auslegung stets dann scheitern, sofern der Anwendungsbereich der in Frage kommenden Richtlinie überschritten wird. Ein solcher Fall liegt aber bei der Auslegung von Handelsbilanzrecht im Rahmen der steuerlichen Gewinnermittlung unzweifelhaft vor, da die 4. EG-Richtlinie in sachlicher Hinsicht gesellschaftsrechtlicher Natur ist, ihr Zweck war allein die Angleichung des Gesellschaftsrechts, nicht des Steuerrechts innerhalb der Gemeinschaft[566]. Wo der Anwendungsbereich einer Richtlinie endet, kann nun aber kein gemeinschaftsrechtlicher Harmonisierungserfolg gesehen werden, der durch eine richtlinienkonforme Auslegung und die Einschaltung des EuGH sichergestellt werden muss. Somit kann aus gemeinschaftsrechtlicher Perspektive eine Forderung nach richtlinienkonformer Auslegung der deutschen steuerlichen Gewinnermittlungsvorschriften nicht festgestellt werden[567].

ii) Keine Ausdehnung des gemeinschaftsrechtlichen Anwendungsbereichs der 4. EG-Richtlinie durch nationale Verweisung

In Übernahme der Ausführungen zum Handelsbilanzrecht kann festgestellt werden, dass dem deutschen Gesetzgeber eine geltungserweiternde Verweisung mit der Folge einer unmittelbaren Geltung kommunitärer Vorschriften auf andere als von ihnen erfasste Sachverhalte nicht möglich ist[568].

---

gelungsbereiche, nämlich in der Konsequenz diejenigen mit eigenständigen steuerrechtlichen Normierungen, aus der Vorlageverpflichtung herauszunehmen. Folgerichtig ist dann aber sein Ausblick auf die Zeit nach einer möglichen Aufgabe des Maßgeblichkeitsprinzips. Da auch ein autochthones Steuerrecht auf grundlegende Begriffe wie Realisation, Einzelbewertung etc. zurückgreifen müsse, sieht er bei der Auslegung dieser Begriffe über den Gemeinsamen Senat der obersten Bundesgerichte den EuGH erneut Einfluss nehmen; zur Verfahrensdauer siehe im Übrigen *Basedow*, Bundesgerichtshof, FS Brandner, S. 651, 673 der davon berichtet, dass ein Vorabentscheidungsersuchen im Zivilrecht eine Verfahrensverlängerung von ca. anderthalb Jahren bedeutet; dagegen aber *Kremer*, Bericht über die Diskussion, ZGR 1992, S. 396, 397 mit dem Hinweis, dass die unterlassene Vorlage durch die mögliche Einschaltung des BVerfG auch im nationalen Instanzenzug eine erhebliche Verfahrensverlängerung verursachen würde.

566 könnte der hier vertretenden Argumentation bezüglich des Gesellschaftsrechts der Einzelunternehmen und Personenhandelsgesellschaften noch entgegengehalten werden, auch eine Harmonisierung über die subjektive Reichweite der 4. EG-Richtlinie hinaus sei im Sinne der EG/EU-Verträge, so versagt dieser Einwand doch im Steuerrecht vollends. In den Verträgen ist die Übertragung von Hoheitsrechten im Bereich der direkten Steuern nicht vorgesehen, die Einführung von Art. 95 (Art. 100a alt) EGV durch die EEA 1986, der diesen Rechtskreis ausdrücklich von Mehrheitsentscheidungen des Europäischen Rates ausgenommen hat, bestätigt diese Ansicht. Siehe hierzu speziell *Herrnfeld* in: Schwarze, EU-Kommentar, Tz. 17 zu Art. 95; *Röttinger* in: Lenz, EG-Vertrag, Tz. 2 zu Art. 95; auch *Kreile*, Vorentwurf einer EG-Richtlinie, DB 1988, Beilage 18, S. 3 weist darauf hin, dass die Kommission in dem Richtlinienentwurf zur Harmonisierung der steuerlichen Gewinnermittlungsvorschriften auf die Angabe einer Rechtsgrundlage für diesen Entwurf verzichtet hat.

567 so auch *Hennrichs*, Maßgeblichkeitsgrundsatz oder eigenständige Prinzipien?, DStJG 24 (2001), S. 301, 306, Fn. 24

568 siehe hierzu erneut nur *Harrasch*, Verweisungstechniken, EuR 2000, S. 42, 46

iii) Zwischenergebnis: Keine Forderung nach richtlinienkonformer Auslegung durch Gemeinschaftsrecht

Damit verbleibt für gemeinschaftsrechtliche Forderungen nach richtlinienkonformer Auslegung der deutschen steuerlichen Gewinnermittlungsvorschriften aufgrund der sachlichen Begrenztheit der 4. EG-Richtlinie auf das Handelsrecht kein Raum.

b) Aus der nationalen Verweisung in § 5 EStG folgende nationale Forderungen nach richtlinienkonformer Auslegung des deutschen Steuerbilanzrechts

Ebenso wie im Bereich der Handelsbilanz muss auch bezüglich des deutschen Steuerbilanzrechts für eine aufgrund nationaler Gesetzgebungsakte entstehende Forderung nach richtlinienkonformer Auslegung die ursprüngliche Verweisungsreichweite überprüft werden. Eine richtlinienkonforme Auslegung und damit eine Vorlageverpflichtung vor dem EuGH ließe sich nur begründen, sofern in der gesetzlichen Verweisung in § 5 Abs. 1 Satz 1 EStG einerseits eine zwingende Gleichbehandlung handels- und steuerbilanzieller Sachverhalte vorgesehen und eine unterschiedliche Interpretation der handelsrechtlichen Vorschriften in beiden Rechtskreisen damit ausgeschlossen wäre und zum anderen der steuerliche Verweis auf handelsrechtliche Begriffe eine unmittelbare Anbindung an das Europarecht darstellen soll[569].

Dabei ist hinsichtlich des Steuerrechts festzuhalten, dass der zu ermittelnde Verweisungswille, entgegen der handelsrechtlichen Lösung, nicht rechtsformverschieden gefunden werden kann. Aufgrund der notwendigen Gleichmäßigkeit der Besteuerung ist eine normspaltende Auslegung der Gewinnermittlungsnormen nicht zulässig.

i) Kein Wille zur Anbindung an gemeinschaftsrechtlich beeinflusste Normen durch § 5 Abs. 1 Satz 1 EStG

Dabei kann auch bezüglich der steuerlichen Gewinnermittlung auf eine umfangreiche Dokumentation zurückgegriffen werden[570]. Demnach wollte der Gesetzgeber klarstellen, dass sich der GoB-Verweis des § 5 EStG auf den Bereich der seiner Meinung nach ohne kommuitären Einfluss für alle Kaufleute geltenden Grundsätze beschränkt. Von den ergänzenden Vorschriften für Kapitalgesellschaften wurde, wohl zu Recht, eine negative Wirkung auf die Steuerlast der Unternehmen befürchtet, die Steuerneutralität der Richtlinien-

---

569 die Vermeidung einer Entscheidungsdivergenz zwischen Finanzgerichten und Zivilgerichten sieht *Schön*, Einkünfteermittlung, FS Flick, S. 573, 580 als entscheidendes Merkmal von § 5 Abs. 1 EStG an; ihm folgend *Herlinghaus*, „Tomberger", IStR 1997, S. 529, 538

570 siehe hierzu die Beschlussempfehlung des Rechtsausschusses des Deutschen Bundestages bei *Biener/Bernecke*, BiRiLiG, S. 4-10, speziell S. 7: *„Der Rechtsausschuss ist ferner mit der Bundesregierung der Auffassung, daß der Grundsatz der Maßgeblichkeit beibehalten werden muss und daß die Anpassung des deutschen Rechts an die Vierte Richtlinie der EG steuerneutral erfolgen muss [...]"*

Umsetzung stand daher ganz besonders im Fokus der gesetzgeberischen Tätigkeit[571]. Nach dem heutigen Verständnis des EuGH zur Geltung des true and fair view-Grundsatzes auch für Bilanz und GuV der Kapitalgesellschaften beschränkt sich der Verweisungswille damit auf den „Allgemeinen Teil" des 3. Buches des HGB, wie er für Personengesellschaften und Einzelunternehmen anwendbar ist[572].

Damit soll nach dem Willen des deutschen Gesetzgebers die 4. EG-Richtlinie in ihrer Wirkungsebene nicht auf die steuerliche Gewinnermittlung erweitert werden. Einer „*1:1*"-Übersetzung des europäisierten Handelsrechts der Kapitalgesellschaften in das deutsche Steuerrecht und damit also eine Erweiterung sowohl seines sachlichen wie subjektiven Anwendungsbereichs, hat der Gesetzgeber klar widersprochen[573].

ii) Keine Harmonisierung des Rechts der direkten Steuern innerhalb der Europäischen Union

Hinzu tritt ein zweites, speziell aus der nationalen deutschen Sicht entscheidendes Argument hinsichtlich der Reichweite der europäischen Harmonisierung des Steuerrechts der Mitgliedstaaten. Bislang beschränkt sich die Angleichung des Steuerrechts innerhalb der Europäischen Union auf den Bereich der indirekten Steuern, da deren Unterschiedlichkeit als größere Gefährdung eines einheitlichen Binnenmarktes angesehen wird. Während in Art. 93 EGV die Möglichkeiten zur Harmonisierung der indirekten Steuern geregelt sind, fehlt eine solche Vorschrift für die direkten Steuern, allenfalls über Art. 94 EGV könnten auch in diesem Bereich bei einer unmittelbaren Auswirkung auf die Errichtung oder das Funktionieren des Gemeinsamen Marktes Maßnahmen ergriffen werden. Dabei dürfte es sich jedoch nur um Spezialregelungen hin-

---

571 für den Gesetzgeber standen dabei sowohl die Maßgeblichkeit der handelsrechtlichen GoB als auch die steuerneutrale, d.h. eine das Steuerrecht nicht berührende, Umsetzung im Vordergrund seines Handelns, siehe hierzu *Weber-Grellet*, Maßgeblichkeitsgrundsatz, BB 1999, S. 2659, 2663, Fn. 44

572 nach *Beisse*, Verhältnis von Bilanzrecht und Betriebswirtschaftslehre, StuW 1984, S. 1, 5 ist dieser Bereich als „*Schicht II*" zu bezeichnen; wie hier auch *Euler*, Steuerbilanzielle Konsequenzen, StuW 1998, S. 15, 24

573 so *BFH v. 9.9.98*, BFHE 187, S. 215, 220; *Hennrichs*, Maßgeblichkeitsgrundsatz, StuW 1999, S. 138, 149 mit Bezug auf die Terminologie der „*Leur-Bloem*"-Entscheidung des EuGH; *Moxter*, Entscheidungskompetenz, BB 1995, S. 1463, 1465 erweitert diese Aussage auf alle Mitgliedstaaten mit dem Instrument der Maßgeblichkeit; a.A. *Kessler*, Vorabentscheidungsverfahren des FG Hamburg, IStR 2000, S. 531, 532, der in § 5 EStG einen eindeutigen Bindungswillen des Gesetzgebers an das Gemeinschaftsrecht erkennt; ebenso *Herzig*, Internationalisierung der Rechnungslegung, WPg 2000, S. 104, 107; verschwommen dagegen *Wassermeyer*, Vorlage von Bilanzierungsfragen, FS Lutter, S. 1633, 1644, der einerseits die Berechtigung des EuGH zur Auslegung der Bilanzrichtlinie auch in deutschen Steuerbilanzfragen betont, die auf der Maßgeblichkeit beruhen, anderseits aber „*die Verantwortung dafür, daß das, was für die Kapitalgesellschaft gilt, für den Einzelkaufmann bzw. innerhalb des Steuerrechts entsprechend gelten muss, hat das vorlegende einzelstaatliche Gericht zu übernehmen.*" Diese Argumentation verfolgt zwar die Linie des EuGH, wonach die Vorlageberechtigung in das Ermessen der nationalen Gerichte gestellt wird, ist aber hinsichtlich der Gewaltenteilung problematisch. Es ist nicht ersichtlich, wie es der Judikative möglich sein soll, entgegen der ausdrücklichen Absicht der Legislative eine enge und unmittelbare Anbindung des deutschen Steuerrechts an die EG-Richtlinie anzunehmen. Damit erübrigen sich aber auch Vorabentscheidungsersuchen.

sichtlich grenzüberschreitender Vorgänge handeln, nicht jedoch um eine allgemeine Angleichung der Gewinnermittlung[574].

Würde aber dem EuGH über das Vorabentscheidungsverfahren mittels einer Auslegung der auf der 4.EG-Richtlinie basierenden handelsrechtlichen Vorschriften eine Einwirkungsmöglichkeit auf das deutsche Steuerrecht zugestanden werden, so müsste dies als indirekte Harmonisierung des Rechts der direkten Steuern und damit als nicht von den europäischen Verträgen gedeckt bezeichnet werden. Hinzu tritt die bereits erwähnte deutsche Verfassungsrechtsproblematik aufgrund der fehlenden Zustimmung des deutschen Gesetzgebers zu einer solchen Übertragung seiner Hoheitsrechte[575].

iii) Kein abweichendes Verständnis des Bundesfinanzhofs

Auch der Bundesfinanzhof hat bislang in seiner Rechtsprechung die Einleitung von Vorabentscheidungsverfahren zur steuerlichen Gewinnermittlung vor dem EuGH stets abgelehnt. Leider hat sich der BFH bislang jedoch noch nicht zu einer eindeutigen Stellungnahme zu der hier interessierenden Frage entschließen können. Vielmehr könnte gerade den jüngsten Urteilen entnommen werden, dass sich das Gericht bewusst bemühen würde, eine deutliche Klarstellung zu vermeiden. Während im Vorlagebeschluss v. 9.9.98[576] im Wesentlichen die auch hier vertretenden Argumente hinsichtlich des fehlenden Anbindungswillens des Gesetzgebers an die gemeinschaftsrechtlichen Vorschriften nachvollzogen werden, lassen spätere Entscheidungen klare Aussagen vermissen, häufig gelingt dem BFH dies durch einen Rückzug auf Formalien[577].

Auch der Entscheidung des Großen Senats GrS 2/99[578] kann, im Gegensatz zu der teilweise in der Kommentierung vertretenen Auffassung, eine eindeutige Vorentscheidung hinsichtlich einer zukünftigen Entscheidung nicht ent-

574 *Stumpf* in: Schwarze, EU-Kommentar, Rz. 27 zu Art. 93 EGV; *Wolffgang* in: Lenz, EG-Vertrag, Vorbemerkung Art. 90-93, Rz. 14; auch *Generalanwalt Tesauro in EuGH v. 16.7.98* (ICI), Slg. 1998 I, S. 4695, 4704, Tz. 15

575 siehe zur *„ultra-vires"*-Problematik erneut *BVerfG v. 12.10.93* (Maastricht), BVerfGE 89, S. 155, 187 sowie die Hinweise in Fn. 550; wichtig in diesem Zusammenhang auch der Hinweis von *Schulze-Osterloh*, Phasengleiche Aktivierung, ZGR 2001, S. 497, 510, wonach auch die punktuellen Urteile des EuGH (z.B. *EuGH v. 14.2.95*, Schumacker, Slg. 1996 I, S. 249ff. hinsichtlich der Grenzpendlerproblematik), in denen das Gericht einzelne Vorschriften der direkten Steuern an den Grundfreiheiten der Europäischen Verträge maß, an dieser Einschätzung nichts änderten; so auch *Birk*, Besteuerungsgleichheit, DStJG 19 (1996), S. 63, 75

576 *BFH v. 9.9.98*, BFHE 187, S. 215ff., in der Fassung des Änderungsbeschlusses v. 17.11.99, DB 2000, S. 25; wiederholt in *BFH v. 16.12.98*, BStBl. 1999 II, S. 551, 558

577 so zieht sich beispielsweise der *1. Senat v. 8.11.00*, BFHE 193, S. 399, 404 nach seiner Rücknahme des Vorlagebeschlusses (*BFH v. 8.11.00*, BFHE 193, S. 398) darauf zurück, dass die Entscheidung über die Frage des Vorabentscheidungsersuchens für das eigene Urteil keine Relevanz habe. Es ist kaum nachvollziehbar, dass der Senat für diese Erkenntnis zwei Jahre benötigt haben sollte.

578 *GrS-BFH v. 7.8.00*, BFHE 192, S. 339, 351 kritischen Anmerkungen u.a. bei *Schulze-Osterloh*, Phasengleiche Aktivierung, ZGR 2001, S. 497, 508; *Luttermann*, Kommentar zu GrS-BFH v. 7.8.00, FR 2000, S. 1131; *Kraft*, Schlussfolgerungen, WPg 2001, S. 2, 5; ähnlich auch in *BFH v. 28.3.00*, BFHE 191, S. 340, 346.

nommen werden. Nachdem der BFH für das konkrete Verfahren eine Zwischenschaltung des EuGH aufgrund des zeitlich vor dem Erlass des BiRiLiG liegenden strittigen Sachverhaltes ablehnte, muss untersucht werden, ob dem BFH in der Nicht-Vorlage des strittigen Sachverhaltes vor den GmS-OGB eine Tendenz hinsichtlich der Vorlageverpflichtung deutscher Finanzgerichte unterstellt werden kann. In dem Urteil lehnte der BFH die Einleitung eines Verfahrens vor dem GmS-OGB trotz seines von einem Urteil des BGH abweichenden Spruches ab, da hinsichtlich des Wertaufhellungsprinzips Handels- und Steuerrecht unterschiedlichen Sachgesetzlichkeiten folgten, der BFH insoweit also bei seiner steuerrechtlichen Entscheidung nicht von der Spruchpraxis des BGH abwiche. Dem BFH ist daraufhin vorgeworfen worden, er würde durch die Betonung der unterschiedlichen Sachgesetzlichkeiten eine gegen die gesetzliche Intention in § 5 EStG gerichtete Abkoppelung des Steuerrechts von der Handelsbilanz betreiben, durch Rechtsfortbildung das Maßgeblichkeitsprinzip eleminieren und damit gleichzeitig auch den möglichen Einfluss des EuGH auf das deutsche Steuerrecht verhindern[579].

Bei näherer Betrachtung des fraglichen Urteils erscheinen die Vorwürfe gegen den BFH jedoch nicht sachgerecht zu sein. Der BFH hat sein vom BGH abweichendes Urteil nicht mit einer Abtrennung des Steuerrechts begründet und damit auch keine daraus folgenden eigenständigen Steuerbilanz Aussicht gestellt. Nicht übersehen werden darf, dass eine solche Aufhebung des Maßgeblichkeitsprinzips im Übrigen dem allgemeinen Parlamentsvorbehalt unterliegen würde und nicht durch richterliche Rechtsfortbildung betrieben werden könnte.

Aufgrund des Maßgeblichkeitsgrundsatzes interpretiert der BFH bei der steuerlichen Gewinnermittlung letztinstanzlich handelsrechtliche Begriffe und kann somit, nachdem der Rechtsbegriffscharakter der GoB anerkannt ist[580], als eigentliche „*GoB-Quelle*" bezeichnet werden. Handels- und Steuerbilanz bestehen dabei als zwei selbständige Rechtsinstitute, denen verschiedene Zwecke zugrunde liegen und die in getrennten Akten auszulegen sind. Es ist *Beisse* zuzustimmen, wenn er bemerkt, dass die Übernahme der handelsrechtlichen GoB in die steuerliche Gewinnermittlung an sich systemfremd sei[581]. Diese

---

579 *Hoffmann*, Grundsätze ordnungsmäßiger steuerlicher Bilanzierung, DStR 2000, S. 1809, 1813 folgert aus dem BFH-Spruch die künftige Entwicklung von „*Grundsätzen ordnungsmäßiger steuerlicher Bilanzierung (GosB)*", ähnlich *Kraft*, Überlegungen zur phasengleichen Dividendenaktivierung, FS W. Müller, S. 755, 767; dies zielt in die gleiche Richtung, die Weber-Grellet gegen heftigen Widerstand bereits seit langem beschreitet, siehe hierzu nur *Weber-Grellet* in: Schmidt, EStG (2002), Rz. 28 zu § 5 EStG, *ders.*, Bilanzrecht, DB 1996, S. 2089, 2092; ähnlich auch *Thiel*, Bilanzrecht, S. 91, Rz. 217 mit ausdrücklichem Hinweis auf Leistungsfähigkeitsprinzip und Gleichheitssatz; kritisch hinsichtlich der unterbliebenen Vorlage vor dem GmS-OGB beispielsweise *Blaum/Kessler*, Vereinnahmung von Beteiligungserträgen, StuB 2000, S. 1233ff.; *Schulze-Osterloh*, Phasengleiche Aktivierung, ZGR 2001, S. 497ff.; *Kraft*, Schlussfolgerungen, WPg 2001, S. 2ff.; *Beisse*, Die paradigmatischen GoB, FS W. Müller, S. 731, 751

580 erneut *Schulze-Osterloh*, Gesellschaftsrecht im Banne der Globalisierung, ZIP 2001, S. 1433, 1437

581 *Beisse*, Verhältnis von Bilanzrecht und Betriebswirtschaftslehre, StuW 1984, S. 1, 5; siehe zur gesetzlichen Erwägung bei der Einführung des Maßgeblichkeitsprinzips die Begründung zu § 33 Abs. 2 EStG 1920, zitiert bei *H/H/R*, EStG, Tz. 49e zu § 5; ebenfalls *Erle*, Maßgeblichkeitsprinzip – ein Phantom?, S. 177, 179. Allgemein gelten Vereinfachungen für den Steuerpflichtigen durch

Einschätzung hat jedoch eine weitreichende und auch vom BFH akzeptierte Folgerung: Die Gewinnung von GoB ist damit als eine rein handelsrechtliche Auslegung zu betrachten, bei der steuerliche Aspekte keine Rolle spielen. Dies ist der eigentliche Inhalt der auch weiterhin geltenden Aussage: *„Der Bundesfinanzhof interpretiert Handelsrecht“*[582]. Erst in einem zweiten, steuerrechtlichen Auslegungsakt muss im Anschluss daran die Übernahme des so gewonnenen GoB in die Steuerbilanz, also über die Reichweite des Maßgeblichkeitsgrundsatzes entschieden werden. In diesem Sinne ist auch der BFH zu verstehen: Er selbst hat sich zur Frage der handelsrechtlichen Vorgehensweise in dem fraglichen Sachverhalt, also zur Frage der GoB, nicht geäußert und insoweit auf den BGH verwiesen, ohne ausdrücklich Stellung zu beziehen. Steuerrechtlich aber hält er aufgrund von Steuergerechtigkeitsüberlegungen eine Einschränkung des Maßgeblichkeitsprinzips für geboten, um willkürlichen Steuerverschiebungen entgegen zu treten[583].

Es würde demnach den Charakter der Maßgeblichkeit des § 5 EStG verfehlen, wenn das Maßgeblichkeitsprinzip im Sinne einer *„1:1“*-Übertragung missverstanden werden würde. Vielmehr erscheint es angemessen zu sein, ungeschriebene Grenzen der Übernahme handelsrechtlicher Interpretationen dort für möglich zu halten, wo sich die Zwecke der handelsrechtlichen und der steuerlichen Gewinnermittlung widersprechen[584]. So wie das Steuerrecht aufgrund eigenständiger fiskalischer oder wirtschaftspolitischer Entscheidungen des Gesetzgebers eine Fülle von normierten Abweichungen von den GoB enthält, so muss ebenfalls dem Handelsrecht interpretierenden BFH zugestanden werden, aus der Natur des Steuerrechts als öffentliches, d.h. zwingendes Recht entspringende Abweichungen zur gesellschaftsrechtlichen Gewinnermittlung aufzuzeigen und in der Folge abweichend zu entscheiden[585].

---

die Aufstellung nur einer Bilanz, der Teilhaber-Gedanke, der den Fiskus mit den Anteilseignern gleichsetzt und die Ansicht, dass die ordentliche handelsrechtliche Geschäftsbilanz die *„relativ sicherste Grundlage“* auch für die Steuerbilanz sei als ursächlich für das Maßgeblichkeitsprinzip.

582 so *Schulze-Osterloh*, Handels- und Steuerbilanz, ZGR 2000, S. 594, 598; siehe auch *Hennrichs*, Maßgeblichkeitsgrundsatz, StuW 1999, S. 138, 144; *Beisse*, Verhältnis von Bilanzrecht und Betriebswirtschaftslehre, StuW 1984, S. 1, 6, wonach das Steuerrecht im ersten Schritt die GoB so zu unternehmen habe, *„wie es sie vorfindet“*; für *Knobbe-Keuk*, Bilanz- und Unternehmenssteuerrecht, S. 20 liegt hier die Begründung dafür, dass die Pflege des Handelsbilanzrechts in den Händen der Steuergerichte liegt; ebenso *Drüen*, Maßgeblichkeitsgrundsatz im Wechselspiel, FR 2001, S. 992, 994; dagegen betont *Pezzer*, Bilanzierungsprinzipien, DStJG 1991, S. 3, 19, Fn. 74, der BFH betreibe bei der Auslegung des Handelsbilanzrechts steuerliche Rechtsauslegung

583 zustimmend *Hennrichs*, Maßgeblichkeitsgrundsatz, StuW 1999, S. 138, 147

584 so deutlich *Hennrichs*, Maßgeblichkeitsgrundsatz, StuW 1999, S. 138, 146; ähnlich *Tipke*, Steuerrechtsordnung, Bd. II, S. 614; siehe auch zur Reichweite des Maßgeblichkeitsgrundsatzes *Costede*, Aktivierung von Wirtschaftsgütern, StuW 1995, S. 115, 116; *Lauth*, Abschied von der Einheitsbilanz?, DStR 2000, S. 1365, 1366; *Erle*, Maßgeblichkeitsprinzip – ein Phantom?; S. 177, 189; *Gail*, Abhängigkeiten von Steuer- und Handelsbilanzen, FS Havermann, S. 109, 117; *Schreiber*, Maßgeblichkeitsprinzip, FS Beisse, S. 491, 506. Mit der hier vertretenden Position wird nicht die Abtrennung eines eigenständigen Steuerrechts propagiert, in diese Richtung aber *Weber-Grellet*, Steuerbilanzrecht, S. 22ff.; *ders.* in: Schmidt, EStG (2002), Tz. 27 zu § 5; *ders.* Maßgeblichkeitsprinzip, BB 1999, S. 2659, 2661

585 auch für *Kraft*, Schlussfolgerungen, WPg 2001, S. 2, 7 sind Abweichungen von den handelsrechtlichen Wertentscheidungen zulässig, sofern es bei deren Übernahme zur Gefährdung wesentlicher Steuergerechtigkeitsüberlegungen käme; siehe auch zum Vorrang des jeweiligen steuerlichen Bedeutungszusammenhangs bei aus dem Zivilrecht übernommenen Tatbeständen speziell

Hinsichtlich des fraglichen Urteils hat der BFH damit mitnichten die von ihm stets betonte Einheit von handelsrechtlichem Vermögensgegenstand und steuerlichem Wirtschaftsgut aufgegeben, sondern sie noch einmal ausdrücklich betont[586]. Er hat aber darauf hingewiesen, dass der Zeitpunkt der Vermögensgegenstandsdefinition nach handelsrechtlichen Gesichtspunkten unter Umständen vor dem entsprechenden steuerlichen Zeitpunkt gezogen werden könnte, da insoweit das Steuerrecht eine seitens des Steuerpflichtigen zu beinflussende willkürliche Beeinflussung des Grundes und der Höhe des staatlichen Besteuerungsanspruchs aus Gründen der Steuergerechtigkeit ausgeschlossen werden muss. Damit hat der BFH, auch in Fortführung seines „*Wahlrechte-Beschlusses*"[587], aber nur für einen äußerst peripheren Bereich des Steuerrechts eine aus seiner Aufgabenstellung hinaus entstehende abweichende Sachgesetzlichkeit festgestellt, während er die grundsätzliche Deckungsgleichheit gerade nicht aufgeben wollte. Dem Urteil ist eine solche Absicht jedenfalls nicht zu entnehmen. Vielmehr bestätigt der BFH, dass von jedem Prinzip auch Ausnahmen zugelassen werden müssen, um dessen Lebensfähigkeit, hier des Maßgeblichkeitsprinzips, zu gewährleisten und den aufrecht zu haltenden Grundsatz auf Veränderungen reagieren zu lassen[588].

Damit kann dem BFH also nicht unterstellt werden, er betreibe die Ablösung des Steuerrechts von der Handelsbilanz über die steuerlichen Ausnahmeregelungen hinaus[589]. Vielmehr muss das Urteil als Versuch verstanden werden, durch flexible Lösungen in Randgebieten die grundsätzliche Übereinstimmung beider Bilanzwerke zu erhalten. Damit kann aber der hier erörterten Passage des Urteils in den Ausführungen zu den Sachgesetzlichkeiten keine eindeutige Tendenz des Großen Senats hinsichtlich der Vorlageentscheidung entnommen werden[590].

---

sehr deutlich *BVerfG v. 27.12.91*, BStBl. 1992, S. 212, 213, dabei insbesondere *Tipke/Lang*, Steuerrecht, § 1, Tz. 19; *Ruppe* in H/H/R, EStG, Anm. 457 zu Einf. EStG und *Schulze-Osterloh*, Zivilrecht und Steuerrecht, AcP 1990, S. 139, 154 folgend

586 *BFH v. 8.7.00*, BFHE 192, S. 339, 345

587 *GrS-BFH v. 3.2.69*, BStBl. 1969, S. 291, 293 zu den Ansatzwahlrechten: *„Da es dem Sinn und Zweck der steuerrechtlichen Gewinnermittlung entspricht, den vollen Gewinn zu erfassen, kann es nicht im Belieben des Kaufmanns stehen, sich durch Nichtaktivierung von Wirtschaftsgütern, die handelsrechtlich aktiviert werden dürfen, oder durch den Ansatz eines Passivpostens, der handelsrechtlich nicht geboten ist, ärmer zu machen, als er ist. Bilanzierungswahlrechte im Steuerrecht stünden auch schwerlich im Einklang mit dem verfassungsrechtlichen Grundsatz der Gleichheit der Besteuerung."*, fortgeführt durch *BFH v. 21.10.93*, BStBl. 1994 II, S. 176, 178 zu den Bewertungswahlrechten

588 damit sind selbstverständlich entgegen der Auffassung von *Schulze-Osterloh*, Phasengleiche Aktivierung, ZGR 2001, S. 497, 512 zukünftig weiterhin vorlagepflichtige Divergenzen zwischen BFH und BGH denkbar, insoweit ist aber seinem Schluss zuzustimmen: *„Wenn der Bundesfinanzhof steuerbilanzrechtliche Fragen entscheidet, interpretiert er Handelsrecht"*.

589 so auch *Drüen*, Maßgeblichkeitsgrundsatz im Wechselspiel, FR 2001, S. 992, 997; anders dagegen *Hoffmann*, Grundsätze ordnungsmäßiger steuerlicher Bilanzierung, DStR 2000, S. 1809, 1813

590 einen solchen Zusammenhang sieht aber wohl vorsichtig *Kempermann*, Kommentar zu GrS-BFH v. 7.8.00, FR 2000, S. 11330, 1131; ebenfalls *Hoffmann*, Grundsätze ordnungsmäßiger steuerlicher Bilanzierung, DStR 2000, S. 1809, 1812; *Kahle*, Europarechtliche Einflüsse, StuW 2001, S. 126, 128, Fn. 23; ohne Prognose zwar *Arndt/Wiesbrock*, Der EuGH als gesetzlicher Richter, DStR 1999, S. 350ff., dafür aber mit Ausführungen zu möglichen Konsequenzen einer Bejahung der Vorlagepflicht durch den GrS.

iv) Schlussfolgerung: keine Forderung nach richtlinienkonformer Auslegung durch nationales Recht

Wie bereits für das Handelsrecht der Einzelunternehmen und Personenhandelsgesellschaften, so vermag auch bei der steuerlichen Gewinnermittlung kein nationales Gebot zur richtlinienkonformen Auslegung erkannt zu werden. Dieses Urteil muss sich aufgrund der Gleichmäßigkeit der Besteuerung auf sämtliche Steuerpflichtige beziehen, die unter dem Einfluss des Maßgeblichkeitsprinzips stehen und gilt damit rechtsformunabhängig.

Es wurde gezeigt, dass der Verweisungswille des Gesetzgebers endet, wo europarechtliche Einflüsse auf die steuerliche Gewinnermittlung zu befürchten sind. § 5 Abs. 1 EStG stellt damit nicht die Eingangspforte für eine Europäisierung des deutschen Ertragsteuerrechts da. Ein solches Einwirken würde im Übrigen auch zu einer Ungleichbehandlung der Bundesrepublik Deutschland in der Europäischen Union führen, da der EuGH in jenen Staaten, die das Instrument der Maßgeblichkeit nicht in ihren steuerlichen Vorschriften verankert haben, keinen Einfluss gewinnen könnte[591].

c) Ergebnis: keine Zuständigkeit des EuGH für die steuerliche Gewinnermittlung

Als Ergebnis der Untersuchungen kann festgehalten werden, dass das steuerliche Maßgeblichkeitsprinzip weder eine gemeinschaftsrechtliche noch eine nationale Forderung nach richtlinienkonformer Auslegung des deutschen Steuerbilanzrechts nach sich zieht.

3. Ergebnis: Kein Bedeutungszuwachs des EuGH bei der Entwicklung deutscher Rechnungslegungsvorschriften durch die Form der nationalen deutschen Umsetzung der 4. EG-Richtlinie

Spätestens seit den ersten Entscheidungen des EuGH zum deutschen Bilanzrecht wird dem obersten europäischen Gericht in Teilen des Schrifttums bei der Fortentwicklung der deutschen Rechnungslegungsvorschriften eine gesteigerte und entscheidende Rolle zugestanden, einzelne Finanzgerichte machen von ihrem vermeintlichen Recht auf Erlangung einer Vorabentscheidung gemäß Art. 234 EGV Gebrauch[592].

In der Debatte über die GmS-OGB Vorlage wird dagegen eine andere Urteilspassage des Großen Senats übersehen, die durchaus als Hinweis auf eine mögliche künftige Entscheidung hinsichtlich der Vorlageverpflichtung verstanden werden kann. So rechtfertigt der BFH seine vom EuGH abweichende Entscheidung hinsichtlich der phasengleichen Aktivierung von Dividendenansprüchen mit seiner steuerrechtlichen Sichtweise (S. 349, 7.). Dies kann nichts anders bedeuten, als dass für den BFH die Reichweite der Verweisung in § 5 EStG einen Einschluss der EuGH-Zuständigkeit für das Steuerrecht nicht umfasst; so auch *Blaum/Kessler*, Vereinnahmung von Beteiligungserträgen, StuB 2000, S. 1233, 1241

591 in diesem Zusammenhang verweist *Schulze-Osterloh*, Phasengleiche Aktivierung, ZGR 2001, S. 497, 511 darauf, dass Vorlagebeschlüsse hinsichtlich der steuerlichen Gewinnermittlung aus anderen Mitgliedstaaten bislang nicht bekannt geworden seien

592 siehe erneut *FG Köln v. 16.7.97*, EFG 1997, S. 1166ff; *FG Hamburg v. 22.4.99*, EFG 1999, S. 1022ff;

Die Ausführungen dieses Kapitels näherten sich dem Themenkomplex bewusst durch juristische Untersuchung der rechtlichen Wirkungen, die die 4. EG-Richtlinie sowohl originär als auch durch die Art des vom deutschen Gesetzgeber gewählten Umsetzungsaktes für die Auslegung und Entwicklung der deutschen GoB entfalten kann.

Dabei bleibt festzustellen, dass eine direkte Einflussnahme weder auf gemeinschaftsrechtlicher noch auf nationaler Basis besteht und eine richtlinienkonforme Auslegung sowohl der handelsrechtlichen Vorschriften über den Einzelabschluss der Nicht-Kapitalgesellschaften als auch der steuerlichen Gewinnermittlung nicht statthaft ist. Die Stichworte hierfür sind der auf das Rechnungslegungsrecht der Kapitalgesellschaften begrenzte kommunitäre Anwendungsbereich der 4. EG-Richtlinie, die rein einzelstaatliche Überprüfung der Reichweite nationaler Verweisungen auf das Gemeinschaftsrecht, die dessen Anwendungsbereich übersteigen und der fehlende Willen des deutschen Gesetzgebers, das Handelsrecht der Einzelunternehmen und Personengesellschaften sowie das nicht auf eigenständigen Vorschriften beruhende deutsche Steuerrecht an das Gemeinschaftsrecht anzubinden. Es wurde ebenfalls gezeigt, dass der ursprüngliche Wille des historischen Gesetzgebers, die Jahresabschlüsse der nicht von der Richtlinie betroffenen Gesellschaftsformen vor europarechtlichen Einflüssen zu schützen, sein Hauptanliegen anlässlich der Richtlinientransformation war. Insofern war das Bemühen, in den §§ 242-263 HGB gleich lautendes Recht für alle Gesellschaftsformen zu schaffen, nur eine bei dieser Gelegenheit umgesetzte Nebenabsicht, deren Verwirklichung an die Gültigkeit der von ihm befürworteten Abkopplungsthese geknüpft war. Die Folge der hier vertretenden Ansicht ist eine mögliche normspaltende, rechtsformspezifische Auslegung der §§ 242-263 HGB. Hinsichtlich der Gleichartigkeit der Aufgaben der Jahresabschlüsse aller Unternehmen würde eine solche Entwicklung einen tiefen Einschnitt in das deutsche Handelsrecht bedeuten. Angesichts der nur auf Kapitalgesellschaften bezogenen Reichweite der 4. EG-Richtlinie ist dies jedoch aus rechtlichen Gründen unvermeidbar. Im Übrigen kann bereits heute über die Befreiungsmöglichkeit des § 292a HGB und die neue EU-Verordnung zur Rechnungslegung von einer Einheitlichkeit mindestens der Regeln für Einzel- und Konzernabschluss nicht mehr gesprochen werden.

Damit bleibt festzuhalten, dass der Einzelabschluss der Nicht-Kapitalgesellschaften sowie die Steuerbilanz sämtlicher Gesellschaftsformen nicht unter dem Einfluss einer an den EU-Richtlinien orientierten Auslegung stehen, diese sind nicht zu den hinzuzuziehenden Erkenntnisquellen zu rechnen.

Im Sinne der notwendigen Rechtssicherheit ist angesichts vorlegender Finanzgerichte die Rücknahme des Vorlagebeschlusses seitens des 1. Senats des BFH zu bedauern. Letztendlich kann die Streitfrage jedoch aufgrund der grundlegenden Bedeutung, die eine Einbeziehung der europäischen Instanz nicht nur für das Recht der Rechnungslegung, sondern auch für weitere

Rechtsgebiete hätte, bei denen die nationale Souveränität noch nicht an die Union abgetreten wurde, wohl nur durch ein Verfahren vor dem Bundesverfassungsgericht abschließend geklärt werden.

Auch wenn dies von einem integrationsfreudigen Standpunkt unbefriedigend erscheinen mag, so muss doch festgestellt werden, dass die Europäischen Verträge in ihrer momentanen Fassung letztendlich allein die dafür zuständigen nationalen Instanzen über die Geltungsreichweite europäischer Normen für Sachverhalte entscheiden, die nicht Bestandteil des eigentlichen kommunitären Harmonisierungskomplexes waren. Fragen an den EuGH hinsichtlich der nationalen Vorlageverpflichtung sind daher nicht nur verfassungswidrig, sondern auch hinsichtlich einer Klärung der Rechtslage überflüssig. An dieser Einschätzung würde, wie das BVerfG im „*Maastricht*"-Urteil deutlich betonte, auch eine Änderung der bisherigen Rechtsprechung des EuGH zur Prüfungskompetenz nichts ändern können.

Nach der hier vertretenden Meinung sind die deutschen Zivil- und Finanzgerichte somit daran gehindert, dem EuGH Vorabentscheidungsersuchen vorzulegen, sofern es sich entweder um handelsrechtliche Verfahren handelt, die den Jahresabschluss von Einzelunternehmen und Personengesellschaften betreffen, oder um steuerliche Prozesse, bei denen aus Gründen des Maßgeblichkeitsprinzips auf handelsrechtliche Begriffe zurückgegriffen werden muss. In beiden Fallgestaltungen dürfte es einem vorlagewilligen Gericht nicht gelingen zu verdeutlichen, dass der Gesetzgeber mit seiner gewählten Gesetzgebungstechnik hinsichtlich der strittigen Norm eine enge und unmittelbare Verknüpfung mit der 4. EG-Richtlinie und damit eine Auslegungskompetenz des EuGH herstellen wollte.

Dem EuGH verbleibt demnach die aus der 4. EG-Richtlinie abgeleitete Auslegung des Handelsrechts für Kapitalgesellschaften, sofern es auf kommunitären Vorschriften beruht. Es darf als sicher gelten, dass sowohl Rechtsprechung als auch Schrifttum die Entscheidungen des EuGH darüber hinaus in ihrer eigenen Rechtsfindungsarbeit für die Nicht-Kapitalgesellschaften als gewichtige Meinungsäußerung berücksichtigen werden, auch wenn der true and fair view-Grundsatz in ihrer Arbeit keine Auslegungsgrundlage bildet. Dies wird auch für ein mögliches privates Gremium mit Zuständigkeit für den Einzelabschluss von Nicht-Kapitalgesellschaften gelten. Zu berücksichtigen ist aber auch die beschriebene Zurückhaltung des EuGH zu dogmatischen Herleitungen. Über die Entscheidungskompetenz des EuGH für den Einzelabschluss der Kapitalgesellschaften wird auch der darüber hinausgehende Bereich der Nicht-Kapitalgesellschaften daher nicht ohne indirekten Einfluss einer europäisierten Betrachtungsweise verbleiben.

Das hier vertretende Ergebnis hinsichtlich des partiellen Einflusses des EuGH gilt unabhängig von einer möglichen Entscheidung des nationalen Gesetzgebers, ein privatverbandliches Gremium mit der Standardisierung der Rechnungslegung zubeauftragen. Käme es de lege ferenda zu einer Etablierung eines selbstregulatorischen Standardisierungsprozesses in Deutschland, ist bei der Betrachtung der rechtlichen Bedeutung der künftigen Standards zum handelsrechtlichen Einzelabschluss zwischen der Rechtsform der Standardanwender zu unterscheiden: Für Nicht-Kapitalgesellschaften gilt das oben entwickelte Ergebnis hinsichtlich der Übernahme der Standards in den deutschen Rechtskanon. Mithilfe einer Vermutungsanordnung, die Beachtung der beschriebenen Voraussetzungen angenommen, könnte den privaten Standards ein hoher Grad an rechtlicher Verbindlichkeit zuerkannt werden, der eine materielle richterliche Nachprüfung überflüssig machte.

Für den Einzelabschluss der Kapitalgesellschaften kann dieses Urteil allerdings nicht unumschränkt übernommen werden. Wie gezeigt, sind Standards hier richtlinienkonform auszulegen, die Aufgabe des EuGH, innerhalb der Europäischen Union eine Auseinanderentwicklung der harmonisierten Rechnungslegung zu verhindern, ist zu beachten. Mit dieser Aufgabe wäre es kaum zu vereinbaren, wenn die einzelstaatlichen Gerichte bei Zweifeln über die richtlinienkonforme Auslegung nationaler Rechnungslegungsstandards unter Hinweis auf eine nationale Vermutungsanordnung auf Vorlagen an den EuGH verzichten würden. Hier drohte die Gefahr, dass bei ähnlichen Regelungen in allen Mitgliedstaaten das Entscheidungsrecht des EuGH praktisch ohne jede Wirkung bliebe und die Harmonisierungsfortschritte verloren gingen. Daher wird es auch im Hinblick auf eine mögliche Vertragsverletzung bei unterlassenen Vorlagen dem einzelstaatlichen Gesetzgeber nicht möglich sein, durch eine Vermutungsanordnung EuGH-Vorlagen zu beschränken.

Den privaten Standards für den Abschluss der Kapitalgesellschaften muss daher in ihrer rechtlichen Wirkung ein niedrigeres Niveau zuerkannt werden, da sie unter dem Vorbehalt einer auch materiellen Überprüfung seitens des EuGH stehen. Relativierend wird jedoch erneut auf die Ausführungen zu den bisherigen Entscheidungen des EuGH zum deutschen Bilanzrecht verwiesen. Würde sich der EuGH darauf beschränken, entsprechend seiner bisherigen Praxis allein die Vereinbarkeit der privaten Standards mit der Richtlinie zu beurteilen und auf eigene Bewertungen der Streitfragen verzichten, hielte sich der drohende Bedeutungsverlust des Gremiums und seiner Arbeitsergebnisse in engen Grenzen.

III. Die Grundlagen bisheriger EuGH-Entscheidungen: Eine alternative Untersuchung zur künftigen Bedeutung des EU-Rechts

Da die in dieser Arbeit getroffene Einschätzung hinsichtlich der Zulässigkeit von Vorabentscheidungsersuchen bei gerichtlichen Auseinandersetzungen über den Jahresabschluss von Nicht-Kapitalgesellschaften und über die steuerliche Gewinnermittlung im Schrifttum umstritten ist, darf an dieser Stelle auch ein Ausblick auf eine mögliche direkte Einflussnahme des EuGH auf das Bilanz- und Steuerrecht nicht unterlassen werden. Sollten der Große Senat des BFH und das Bundesverfassungsgericht deutsche Vorlagen, die die kommunitäre Reichweite der Richtlinie übersteigen, für notwendig und zulässig erachten, so wären praktische Folgen für das Steuerrecht kaum zu erwarten. Hier würde wohl der Gesetzgeber entweder durch eine vollständige Aufgabe des Maßgeblichkeitsgrundsatzes oder durch eine entsprechende Einschränkung des Verweises in § 5 EStG[593] sofort korrigierend eingreifen, um die ansonsten drohende Entziehung der souveränen Gestaltung der Steuerbemessungsgrundlagen zu verhindern.

Daher ist hier nur handelsrechtlich zu betrachten, ob die von den Befürwortern deutscher Vorlagen häufig gewünschte europäisierte Fortentwicklung des GoB-Systems durch den EuGH erwartet werden kann. Hieran bestehen große Zweifel, die in der Aufgabe des EuGH begründet liegen und die in seiner bisherigen bilanzrechtlichen Rechtsprechung bereits deutlich zum Ausdruck kamen.

Art. 234 EGV beschränkt, wie oben beschrieben, die Aufgabe des EuGH auf die Auslegung der Normen des Gemeinschaftsrechts. Diese Aussage beinhaltet unter anderem, dass der Gerichtshof keineswegs über die sachverhaltsbezogene Anwendung des Gemeinschaftsrechts zu entscheiden hat. Während ihm die *Auslegung* zukommt, steht die *Anwendung* allein den einzelstaatlichen Gerichten zu[594].

Eine besondere Zurückhaltung bei dieser oft schwierigen Gratwanderung legt sich der EuGH zusätzlich auf, wenn er um die Auslegung unbestimmter Rechtsbegriffe gebeten wird. In diesen Vorlagen überlässt er deren Ausfüllung weitgehend den vorlegenden Gerichten als Tatsachenfrage und ist bemüht, eine Präjudizwirkung seiner Entscheidung zu vermeiden[595].

Unter diesen Voraussetzungen sind auch die bisherigen drei Entscheidungen des Gerichtshofs bezüglich des deutschen Bilanzrechts zu verstehen[596]. Dabei stellt sich der teilweise beklagte dürftige materielle Erkenntniswert der Entscheidungen als direkte Folge der Aufgabenbeschreibung des Gerichtes und seiner Zurückhaltung zur Anwendung des Gemeinschaftsrechts sowie der Funktion der 4. EG-Richtlinie dar[597]. Es muss daran erinnert werden, dass die

[593] eine solche Einschränkung befürwortet *Hennrichs*, Maßgeblichkeitsgrundsatz oder eigenständige Prinzipien, DStJG 24 (2001), S. 301, 306 bereits heute, um die seiner Auffassung nach geltende Rechtslage durch einen eindeutigen Akt des Gesetzgebers festzuschreiben; eine solche Klarstellung, allerdings hinsichtlich eines eindeutigen Bekenntnisses für den EU-Einfluss befürworten ebenfalls *Kussmaul/Klein*, Überlegungen zur Maßgeblichkeit, DStR 2001, S. 546, 549

[594] siehe hierzu erneut für die st. Rspr. des EuGH nur *EuGH v. 27.3.63* (Da Costa), Slg. 1963, 63, 81 sowie Kapitel J I.1 (**Die Einleitung des Vorabentscheidungsverfahrens gemäß Art. 234 EGV**), S. 181

[595] so *Dauses*, Vorabentscheidungsverfahren, S. 83; dies sehen z.B. für das „*Tomberger*"-Verfahren deutlich *Herzig/Rieck*, Europäisierung der Gewinnermittlung, IStR 1998, S. 309, 312

[596] erneut *EuGH v. 27.6.96* (Tomberger), Slg. 1996 I, S. 3145 ff.; *EuGH v. 14.9.99* (DE + ES), Slg. 1999 I, S. 5331 ff.; *EuGH v. 7.1.03* (BIAO), DB 2003, S. 181ff..

[597] insofern kann die Enttäuschung bei *Kessler*, Vorabentscheidungsersuchen des FG Hamburg, IStR 2000, S. 531, 537 nur durch ein Missverständnis hinsichtlich des Aufgabenbereiches begründet sein, wenn er beklagt, dass das DE + ES-Urteil keine Hilfestellung bei der Sachverhaltssubsumti-

Richtlinie eine Harmonisierung, jedoch keine Standardisierung der Rechnungslegung in den Mitgliedstaaten erreichen wollte. Deshalb wurde aus kommuitärer Sicht nur das zu erreichende Ziel verbindlich definiert, während die Entscheidung über die Wahl der Form und der notwendigen Mittel bei den Mitgliedstaaten verblieb[598].

Eine weitere unmittelbare Folge der beiden erwähnten Aspekte, nämlich der Zurückhaltung des EuGH bei der Auslegung unbestimmter Rechtsbegriffe im Allgemeinen und der speziellen Intention, die mit der 4. EG-Richtlinie verbunden war und die die Verantwortung der einzelstaatlichen Rechtsprechung für die Auslegung der Richtlinie betont, ist die fehlende dogmatische Begründetheit der EuGH-Entscheidungen. Dies kann jedoch keineswegs verwundern. Die 4. EG-Richtlinie stellte einen Kompromiss zwischen den beteiligten Mitgliedstaaten dar, der Spielraum für nationale Rechnungslegungstraditionen belässt und ausdrücklich auf eine Harmonisierung abstellte. Dies muss die Herausbildung einer einheitlichen Gewinnermittlungsdogmatik erschweren, wenn nicht sogar unmöglich machen.

Es ist daher zu erwarten, dass der EuGH auch zukünftig im Angesicht dieser Situation eine detaillierte Auseinandersetzung mit den Bilanzierungsprinzipien der Richtlinie vermeidet und deren Auslegung, wie wohl im Kern der Richtlinie angelegt, den einzelstaatlichen Gerichten überlässt[599]. Die Entwicklung einer eigenständigen *„europäischen“* Gewinnermittlungsdogmatik wird ihm anhand der bestehenden bilanzrechtlichen Richtlinien jedenfalls kaum gelingen. Auch im jüngsten bilanzrechtlichen Urteil des EuGH wird diese Linie konsequent weiter verfolgt[600].

---

on leiste. In dieser Entscheidung *EuGH v. 14.9.99* (DE + ES), Slg. 1999 I, S. 5331, S. 5359, Tz. 34 hat der EuGH in seinem Spruch zwar konkret festgestellt, dass eine Pauschalbewertung der fraglichen Rückstellungen das geeignete Mittel für den true and fair view sei. Allerdings war die Frage nach der Zulässigkeit der Pauschalbewertung auch bereits im Ausgangsverfahren vor dem Finanzamt unstrittig, es ging allein um die Höhe der Rückstellung. Diesbezüglich hielt sich das Gericht zurück und verwies auf den *„notwendigen Betrag“*, der national zu bestimmen sei (Tz. 44). Auch im Tomberger-Verfahren hat der EuGH allein entschieden, dass eine phasengleiche Aktivierung von Dividendenansprüchen nicht gegen EU-Recht verstoße (Tz. 24). Damit sind aber keine Aussagen über das Bestehen einer Aktivierungspflicht oder eines Wahlrechtes seitens eines Mitgliedstaates verbunden; wie hier *Groh*, Der Fall Tomberger, DStR 1998, S. 813, 816

598 siehe hierzu erneut die Ausführungen in Kapitel B (**Harmonisierung und Standardisierung: Begriffsbestimmungen**), S.13; zustimmend auch *Groh*, Bilanzrecht, DStR 1996, S. 1206; *Küting*, Die phasengleiche Dividendenvereinnahmung, DStR 1996, S. 1947 fasst dies unter die Begriffe *Rechtsangleichung* und *Rechtsvereinheitlichung*; der EuGH spricht wiederholt davon, dass die Richtlinie Grundsätze enthalte, die zwar für alle Mitgliedstaaten gelten, die aber auch den Erlass nationaler Regelungen, die je nach Buchführungspraxis voneinander abweichen könnten, benötigten. So zuletzt in *EuGH v. 7.3.03* (BIAO), DB 2003, S. 181, 183 (Tz. 88)

599 so auch *Thiele*, Zeitkongruente Aktivierung, IStR 1996, S. 395, 397; zustimmend *Küting*, Die phasengleiche Dividendenvereinnahmung, DStR 1996, S. 1947

600 das Urteil *EuGH v. 7.1.03* (BIAO), DB 2003, S. 181 verdeutlicht besonders anschaulich den beschränkten Aufgabenbereich, den der EuGH für Vorabentscheidungsersuchen statuiert und zeigt ebenfalls die falsche Bedeutung, die das *FG Hamburg v. 22.4.99*, EFG 1999, S. 1022ff. diesem Verfahren zumisst. Zum einen betont der EuGH erneut die ausschließlich bei den nationalen Instanzen liegende Prüfungskompetenz bezüglich der Reichweite einer nationalen Verweisung auf EU-Recht (Tz. 88). Bereits insoweit ist die erste Vorlagefrage des FG verfehlt. Noch deutlicher wird der Gerichtshof jedoch bei der Beantwortung der materiellen Fragen des FG. Hier betont der EuGH wiederum deutlich die von ihm erkannte Bedeutung des true and fair view-Grundsatzes und

Somit dürfte sich der Einfluss des EuGH auf die Fortentwicklung der deutschen GoB auch für den Fall einer von dieser Arbeit abweichenden Entscheidung der obersten Bundesgerichte zumindest auf absehbare Zeit in Grenzen halten, da konkrete, sachverhaltsbezogene Entscheidungen, wie sie von den deutschen Finanz- und Zivilgerichten getroffen werden müssen und beispielsweise vom FG Hamburg gewünscht wurden, nicht zu erwarten sind und bislang die Entwicklung einer EU-Bilanzierungsdogmatik nicht erkennbar ist.

Die nationale Sachverhaltssubsumption verbleibt bei den nationalen Gerichten und damit wohl auch die deutsche GoB-Dogmatik. Dieses Urteil müsste revidiert werden, sofern der deutsche Gesetzgeber auch für den Einzelabschluss eine Anbindung an die übernommenen IAS beschließen sollte.

leitet daraus allgemeine Aussagen ab, wonach die 4. EG-Richtlinie bestimmte Praktiken nicht ausschließe oder nicht erfordere. Konkreten Bewertungen, beispielsweise hinsichtlich der vom FG gewünschten Entscheidung über die Messung des Grades einer Risikowahrscheinlichkeit oder die Art der Jahresabschlussdarstellung eines nach dem Bilanzstichtag weggefallenen Garantierisikos, verschließt sich der EuGH und verweist auf die Ausgestaltung seitens des nationalen Rechts (Tz. 118, 125). Siehe ebenfalls kritisch zur Vorlage des FG Hamburg *Bärenz*, Keine gemeinschaftsrechtliche Vorlagepflicht, DStR 2001, S. 692, 695

Zusammenfassung

1. Die EU-Verordnung vom 27.5.2002 zur Anwendung internationaler Rechnungslegungsstandards wird, unabhängig vom Umfang der Inanspruchnahme der in der Verordnung enthaltenen Mitgliedstaatenwahlrechte zu umfangreichen Veränderungen in der deutschen Rechnungslegung führen. Kapitalmarktorientierte Unternehmen werden ab dem Jahr 2005 ihre Konzernabschlüsse zwingend nach den durch das Komitologieverfahren übernommenen IAS aufzustellen haben. Die deutsche Gesetzgeber sollte die ihm eingeräumten Mitgliedstaatenwahlrechte zur Ausdehnung des Anwendungsbereiches der Verordnung nur maßvoll einsetzen und sich in der Abwägung zwischen der Aufrechterhaltung der bisherigen Einheit von Einzel- und Konzernabschluss und den Folgen, die eine IAS-Anwendung für den Einzelabschluss hätte, gegen die IAS für den Einzelabschluss entscheiden. Da für die meisten Unternehmen eine Bilanzierung nach internationalen Standards nicht notwendig erscheint, könnten damit weitreichende Veränderungen im deutschen Gesellschafts- und Steuerrecht vermieden werden. Einer IAS-Anwendung in sämtlichen Konzernabschlüssen stehen dagegen keine grundsätzlichen Bedenken gegenüber, da bereits heute § 292a HGB das Instrument des befreienden Konzernabschlusses kennt.

2. Sowohl der materielle Inhalt, als auch die Struktur der nationalen Rechnungslegungsvorschriften stellen sich als Folge der rechtlichen und wirtschaftlichen Entwicklung einer Volkswirtschaft dar. Die hierfür relevanten Umweltfaktoren müssen vor einer Übernahme fremder Standards oder fremder Formen der Standardisierung bedacht werden. Dabei entstammen Abweichungen in der hier im Vordergrund stehenden Art der Regulierung der Rechnungslegung vor allem Unterschieden in den nationalen Rechtssystemen. Vor einer harmonisierenden Übernahme der im angelsächsischen und supranationalen Bereich üblichen selbstregulatorischen Standardisierung sind zuvor die hierfür geltenden Bedingungen der nationalen Rechtsordnung zu überprüfen.

3. Das Subsidiaritätsprinzip kann dem Grundgesetz nicht als allgemeines Handlungsgebot entnommen werden. Allerdings ist seine Aufgabe als freiheitssicherndes Korrektiv bei der Aktualisierung der staatlichen Kompetenz-Kompetenz zur Übernahme öffentlicher Aufgaben in den staatlichen Aufgabenkanon nicht zu unterschätzen.

   Das staatliche Selbstentscheidungsrecht bedingt, dass sich der Staat von zuvor zuerkannten Aufgaben mittels Privatisierungen wieder lösen kann. Die selbstregulatorische Standardisierung der Rechnungslegung wäre unter den Begriff der *„funktionalen Privatisierung“* zu fassen, da bei fortbestehender Aufgabenverantwortung des Staates für die Normierung der Rechnungslegung die konkrete Erstellung entsprechender Standards auf private Akteure übertragen werden würde.

4. Zur Bezeichnung der unterschiedlichen Intensität staatlicher Ergebnisverantwortung für die öffentlichen Aufgaben dient das Konzept der Verantwortungsebenen. Dabei muss dem Staat aufgrund der Grundentscheidungen der Verfassung stets die Letztverantwortung für das Gemeinwohl verbleiben.

   Dieser Entwurf ist auf die Regulierung der Rechnungslegung übertragbar. Danach kann der Staat die Verantwortung für die Standardisierung mit privaten Akteuren teilen, bleibt aber stets gezwungen, deren Handeln im Sinne einer Auffangverantwortung zu beobachten und bei erkannten negativen Auswirkungen auf das Gemeinwohl korrigierend einzugreifen.

5. Die grundsätzliche Bereitschaft des Staates, die Gemeinwohlverantwortung mit privaten Akteuren zu teilen, erfordert einen rechtlichen Rahmen, mit dessen Hilfe das private Engagement in staatliches Handeln integriert werden kann. Unter den hier zur Verfügung stehenden rechtlichen Regelungsformen ist die privatverbandliche Regulierung der Rechnungslegung als *„staatlich veranlasste gesellschaftliche Selbstregulierung"* zu fassen, die sich durch einen weitgehenden Rückzug des Staates auf seine Gewährleistungsverantwortung und die bloße Vorgabe eines Handlungsrahmens, innerhalb dessen die privaten Akteure weitgehend autonom agieren können, auszeichnet.

   Der Staat kann sich dieses Instrumentes zur Verantwortungsteilung jedoch nur bedienen, wenn es zu den rechtlich denkbaren Rechtssetzungsalternativen zu zählen ist. Dies kann nur gelingen, sofern von einer privatverbandlichen Standardisierung positive Gemeinwohlbeiträge ausgehen und durch organisatorische Vorgaben und nachschauende Überprüfungen des Staates deren Überwiegen gegenüber negativen Auswirkungen sichergestellt werden kann. Nicht übersehen werden darf, dass der wertende Vergleich der staatlichen und privaten Gemeinwohlbeiträge im politischen Raum des den staatlichen Rückzug zu beschließenden Parlamentes erfolgen muss.

6. Auch private Akteure können gemeinwohlfördernd tätig werden. Eine selbstregulatorische Standardisierung ist dabei besonders geeignet, dem überlasteten Staat externen Sachverstand zuzuführen, die von einer Regelung Betroffenen an deren Entstehung partizipieren zu lassen, die Standardisierung zu flexibilisieren und wirksamer am privaten internationalen Harmonisierungsprozess teilzunehmen. Daneben dürfen aber auch die möglichen Gemeinwohlgefährdungen durch eine im Vergleich zu staatlichen Entscheidungsprozessen einseitige Interessen-

durchsetzung in privaten Verfahren nicht übersehen werden. Dies bedroht nicht nur die Akzeptanz der Standards, sondern stellt auch eine Gefahr für die allgemeine Autorität des Rechts dar. Die *„staatlich veranlasste gesellschaftliche Selbstregulierung“* stellt nur dann eine rechtliche Gestaltungsalternative für eine Verantwortungsteilung dar, sofern durch eine Begrenzung der negativen Folgen die privatverbandliche Standardisierung insgesamt als gemeinwohlfördernd bezeichnet werden kann.

7. Die Privilegierung eines privaten Vereins durch eine vertragliche Vereinbarung mit dem Staat zur Standardisierung hat, insbesondere unter Einschluss einer gesetzlichen Vermutungsanordnung, vielfältige Auswirkungen auf dessen binnenverbandliche Strukturen. Ein Verlassen der Organisation bei Zielkonflikten zwischen dem einzelnen Mitglied und der Mehrheitsauffassung ist den Verbandsmitgliedern nur unter Aufgabe jeder Einflussmöglichkeit auf die künftige Standardisierung möglich. Für eine effektive Arbeit eines derart privilegierten Verbandes ist daher ein hohes Maß an innerverbandlicher Demokratie erforderlich.

8. Ein weiteres Problem für ein privates Regulierungsgremium stellt der Charakter der zu erarbeitenden Standards als öffentliche Güter dar. Die Verbandsmitglieder werden ihre Ressourcen dem Gremium nur dann zur Verfügung stellen, wenn der Staat zum einen den Standards bereits im Vorfeld ein hohes Maß an rechtlicher Verbindlichkeit in Aussicht stellt und er andererseits mit eigenen Interventionen im Falle unterlassender Standardisierungen droht.

9. Die häufig vorgenommene Gleichsetzung einer privatverbandlichen Regulierung der Rechnungslegung mit der technischen Normung des DIN e.V. vernachlässigt den unterschiedlichen Charakter der Standardisierungsprozesse. Während die Normalternativen der technischen Normung den Naturgesetzen und den technischen Umsetzungsmöglichkeiten entspringen und anschließend vor allem an ihrer Wirtschaftlichkeit gemessen werden, entstammen die Rechnungslegungsalternativen den am Gesetzeszweck orientierten betriebswirtschaftlichen Bilanztheorien. Daher sind die im Technikrecht möglicherweise berechtigten Forderungen nach einer partizipativen Beteiligung breiter gesellschaftlicher Kreise am Normierungsverfahren nicht auf die Rechnungslegung übertragbar.

10. Einem privaten Rechnungslegungsgremium kann nach deutschem Recht keine Rechtssetzungsmacht übertragen werden. Die von ihm entwickelten Standards können nur durch Verweisungen in staatlichen Gesetzen in den allgemeinen Normkanon aufgenommen werden. Dabei bieten der statische Verweis keinen entscheidenden Vorteil zu heutigen

Situation, ein normergänzender Verweis, der die Bestimmung der Rechtsfolgen vollkommen den privaten Akteuren überließe, ist mit der grundgesetzlichen Ordnung nicht vereinbar. Daher verbleibt dem Gesetzgeber allein der normkonkretisierende Verweis auf die privaten Standards. Hierbei bietet die Verwendung einer gesetzlichen Vermutungsanordnung die Möglichkeit, eine materielle Überprüfung der Standards seitens der Judikative stark zu reduzieren, sofern der Standardisierungsprozess den aufgezeigten demokratischen Determinanten entspricht. Die privaten Standards erlangen so eine faktische Bindungswirkung über den Kreis der Verbandsmitglieder hinaus.

11. Allerdings kann trotz einer gesetzlichen Ordnungsmäßigkeitsvermutung kein Rechtsanwender gezwungen werden, die privat entwickelten Standards zu beachten. Bei ihrer Nichtanwendung unterliegt er der Beweispflicht, dass er durch seine abweichende Bilanzierungspraxis den gesetzlichen Anforderungen nachkommt.

12. Wertungen sind ein konstitutiver Bestandteil jedes nicht rein naturwissenschaftlichen Regelwerkes. Damit ist jeder Standardisierungsprozess für einseitige Interessendurchsetzungen anfällig. Dem Staat obliegen dabei in der grundgesetzlichen Ordnung der Schutz der Minderheiten und die Sorge für einen allgemeinen gemeinwohlfördernden Interessenausgleich. Eine staatlich veranlasste gesellschaftliche Selbstregulierung kann nur dann zu den staatlichen Rechtssetzungsalternativen gezählt werden, wenn dieser Interessenausgleich, festgemacht an den Ausprägungen demokratischer Strukturdeterminanten, durch den Staat gewährleistet wird.

13. Hinsichtlich seiner Verfahrensverantwortung wurde zwischen den Arbeiten zum Einzelabschluss und zum Konzernabschluss, die sich vor allem auf eine Mitarbeit im IASC beziehen dürfte, differenziert. Während bei Letzterer aufgrund der fehlenden direkten rechtlichen Folgen geringere Anforderungen zu stellen sind, muss der Staat hinsichtlich der Entwicklung von Standards für den Einzelabschluss durch entsprechende Vorgaben über die Struktur der Gremien und deren Finanzierung eine einseitige Durchsetzung von Interessen zu verhindern suchen. Im Gegensatz zur technischen Normung ist eine breite gesellschaftliche Mitentscheidung bei der Standardisierung der Rechnungslegungsvorschriften für den handelsrechtlichen Einzelabschluss nicht notwendig, die Mitwirkungsmöglichkeit sollte sich auf den als relevant angesehenen Teilnehmerkreis beschränken. Staatlichen Teilnehmern sollte, außer im Falle unmittelbarer Selbstbetroffenheit als Rechnungsleger, nur ein Beobachterstatus eingeräumt werden.

Gegenüber den notwendigen umfangreichen Vorgaben zur Organisation der Gremienarbeit, die die private Standardisierung erst zu einer rechtlichen Auswahlalternative werden lassen, tritt die materielle Verantwortung des Staates für privat entwickelte Standards in den Hintergrund. Umfassende Überprüfungen würden nicht nur das Ziel einer Staatsentlastung konterkarieren, sie würden bei einer materiellen Nachschau seitens der Bundesregierung vor der Veröffentlichung der privaten Standards eigenständige Wertungen erfordern. Diese kommen in der grundgesetzlichen Ordnung aber allein dem Gesetzgeber und der Rechtsprechung zu.

14. Der Europäische Gerichtshof gilt als Hüter der Europäischen Verträge. Mithilfe des Vorabentscheidungsverfahrens des Art. 234 EGV soll er die einheitliche Anwendung des harmonisierten Gemeinschaftsrechts innerhalb der EU sicherstellen. Hinsichtlich der rechtlichen Folge unterlassener Vorlagen durch die einzelstaatlichen Gerichte ist in kommunitären und nationalen Konsequenzen zu unterscheiden. Das gemeinschaftsrechtlich vorgesehene Vertragsverletzungsverfahren kann aufgrund der Unabhängigkeit der nationalen Gerichte für den Fall unterlassener Vorlagen keine Wirkung entfalten. Im nationalen deutschen Bereich kann ein unterlassenes Vorabentscheidungsersuchen eine Verfassungsbeschwerde auslösen. Allerdings stellt das Bundesverfassungsgericht hohe Anforderungen an eine Urteilsaufhebung aufgrund eines Entzuges des gesetzlichen Richters. Damit besteht auch auf der nationalen Ebene kein wirksames Instrument, Vorlagen an den EuGH rechtlich durchzusetzen.

15. Weder aus gemeinschaftsrechtlicher noch aus nationaler Perspektive heraus ist eine Verpflichtung zur Berücksichtigung der 4. EG-Bilanzrichtlinie bei der Auslegung des Steuerrechts und des Handelsrechts für Nicht-Kapitalgesellschaften feststellbar. Da die 4. EG-Richtlinie allein das Handelsrecht der Kapitalgesellschaften zum Inhalt hatte, würde eine Ausdehnung der richtlinienkonformen Auslegung auf andere Gesellschaftsformen den Anwendungsbereich der Richtlinie rechtsverstößlich erweitern. Auch die Art der nationalen Umsetzung der Bilanzrichtlinie im 3. Buch des HGB und das im Steuerrecht verankerten Maßgeblichkeitsprinzip eröffnen nicht die Möglichkeit einer richtlinienkonformen Auslegung. Durch die Gesetzesbegründung zum BiRiLiG steht fest, dass der Gesetzgeber dem Schutz der nicht vom Geltungsbereich der Richtlinie erfassten Gesellschaftsformen Vorrang vor einer einheitlichen Bilanzierung aller Rechtsformen einräumen wollte. Damit entfällt die Vorlagemöglichkeit vor den EuGH im Wege des Vorabentscheidungsverfahrens. Dem EuGH verbleibt damit, wie in der 4. EG-Richtlinie vorgesehen, das Entscheidungsrecht für den Einzelabschluss der Kapitalgesellschaften. Allerdings sind von ihm auch zukünftig auf-

grund der fehlenden Systematik einer europäisierten Rechnungslegung keine Einzelfallentscheidungen zu erwarten.

16. Für ein selbstregulatorisches Rechnungslegungsgremium hat dies zur Folge, dass es seiner Arbeit je nach Rechtsform der Anwender unterschiedliche Erkenntnisquellen zugrunde legen muss. Hinzu tritt, dass die im deutschen Recht wohl mögliche weit zurückgenommene Gerichtskontrolle auf die europäische Ebene nicht übertragbar ist, da die Mitgliedstaaten mithife dieses Instrumentes vertragswidrig die Aufgaben der europäischen Instanz beschränken könnten. Die Standards zum Abschluss der Kapitalgesellschaften unterliegen also der vollen materiellen Überprüfung durch den EuGH.

17. Folgen der Bundesfinanzhof und das Bundesverfassungsgericht der hier vertretenden Auffassung zur richtlinienkonformen Auslegung des Einzelabschlusses der Nicht-Kaptialgesellschaften und der Steuerbilanz nicht, so muss vor zu hohen Erwartungen an die EuGH-Rechtsprechung gewarnt werden. Bislang hat sich der EuGH den in den bilanzrechtlichen Vorlagen deutscher Gerichte geforderten Detailentscheidungen stets verweigert. Ursächlich hierfür dürfte einen das Fehlen einer gemeinschaftsrechtlichen Bilanzierungsdogmatik sein. Hinzutritt aber auch das Selbstverständnis des EuGH, der sich selbst als Auslegungsinstanz versteht, die die konkrete Rechtsanwendung den einzelstaatlichen Gerichte überlässt.

Rechtsprechungsverzeichnis

Entscheidungen des Europäischen Gerichtshofs

Datum	Aktenzeichen	Fundstelle
EuGH v. 27.03.63	Rs. 28-30/62, (Da Costa)	Slg. 1963, S. 63-99
EuGH v. 24.06.69	Rs. 29/68, (Milch- Fett- und Eierkontor)	Slg. 1969, S. 165-191
EuGH v. 16.01.74	Rs. 166/73, (Rheinmühlen)	Slg. 1974, S. 33-49
EuGH v. 08.04.76	Rs. 43/75, (Defrenne)	Slg. 1976, S. 455-493
EuGH v. 24.05.77	Rs. 107/76, (Hoffmann-La Roche)	Slg. 1977, S. 957-986
EuGH v. 18.01.79	Rs. 110-111/78, (van Wesemael)	Slg. 1979, S. 35-68
EuGH v. 16.06.81	Rs. 126/80, (Salonia)	Slg. 1981, S. 1563-1591
EuGH v. 06.10.82	Rs. 283/81, (C.I.L.F.I.T.)	Slg. 1982, S. 3415-3442
EuGH v. 22.02.84	Rs. 70/83, (Kloppenburg)	Slg. 1984, S. 1075-1087
EuGH v. 13.03.84	Rs. 16/83, (Prantl)	Slg. 1984, S. 1299-1339
EuGH v. 10.04.84	Rs. 14/83, (von Colson und Kamann)	Slg. 1984, S. 1891-1920
EuGH v. 10.04.84	Rs. 79/83, (Harz)	Slg. 1984, S. 1921-1944
EuGH v. 26.09.85	Rs. C-166/84, (Thomasdünger)	Slg. 1985, S. 3001-3012
EuGH v. 18.10.90	Rs. C-297/88 und C-197/89, (Dzodzi)	Slg. 1990 I, S. 3763-3802
EuGH v. 08.11.90	Rs. C-231/89, (Gmurzynska-Bscher)	Slg. 1990 I, S. 4003-4022
EuGH v. 13.11.90	Rs. C-106/89, (Marleasing)	Slg. 1990 I, S. 4135-4161
EuGH v. 25.06.92	Rs. C-88/91, (Federconsorzi)	Slg. 1992 I, S. 4035-4069
EuGH v. 12.11.92	Rs. C-73/89, (Fournier)	Slg. 1992 I, S. 5621-5660
EuGH v. 14.02.95	Rs. C-279/93, (Schumacker)	Slg. 1995 I, S. 249-268
EuGH v. 28.03.95	Rs. C-346/93, (Kleinwort-Benson)	Slg. 1995 I, S. 615-642
EuGH v. 27.06.96	Rs. C-234/94, (Tomberger)	Slg. 1996 I, S. 3133-3157
EuGH v. 04.12.97	Rs. C-97/96, (Daihatsu Deutschland)	Slg. 1997 I, S. 6843-6867
EuGH v. 17.07.97	Rs. C-28/95, (Leur-Bloem)	Slg. 1997 I, S. 4161-4208
EuGH v. 17.07.97	Rs. C-130-95, (Giloy)	Slg. 1997 I, S. 4291-4314

EuGH v. 16.07.98	Rs. 264/96, (ICI)	Slg. 1998 I, S. 4695-4727
EuGH v. 14.09.99	Rs. C-275-97, (DE + ES)	Slg. 1999 I, S. 5331-5362
EuGH v. 07.01.03	Rs. C-306/99, (BIAO)	DB 2003, S. 181-186

Entscheidungen des Bundesverfassungsgerichtes

Datum	Aktenzeichen	Fundstelle
BVerfG v. 30.05.56	1 BvF 3/53	BVerfGE 5, S. 25-34
BVerfG v. 16.01.57	1 BvR 134/56	BVerfGE 6, S. 45-54
BVerfG v. 12.11.58	2 BvL 4, 26, 40/56, 1,7/57	BVerfGE 8, S. 275-332
BVerfG v. 28.02.61	2 BvG 1, 2/60	BVerfGE 12, S. 205-262
BVerfG v. 19.12.62	1 BvR 541/57	BVerfGE 15, S. 235-244
BVerfG v. 02.06.64	2 BvL 23/62	BVerfGE 18, S. 52-65
BVerfG v. 11.05.65	2 BvR 259/63	BVerfGE 19, S. 38-49
BVerfG v. 11.01.66	2BvR 424/63	BVerfGE 19, S. 354-370
BVerfG v. 15.11.67	2 BvL 7,20,22/64	BVerfGE 22, S. 330-349
BVerfG v. 30.01.68	2 BvL 15/65	BVerfGE 23, S. 72
BVerfG v. 15.07.69	2 BvF 1/64	BVerfGE 26, S. 338-400
BVerfG v. 30.07.70	2 BvR 48/70,	BVerfGE 29, S. 45-51
BVerfG v. 13.10.70	2 BvR 618/68,	BVerfGE 29, S. 198-213
BVerfG v. 09.05.72	1 BvR 518/62 und 308/64	BVerfGE 33, S. 125-171
BVerfG v. 10.10.72	2 BvL 51/69,	BVerfGE 34, S. 52-62
BVerfG v. 17.07.74	1 BvR 51, 160, 285/69; 1 BvL 16, 18, 26/72	BVerfGE 38, S. 61-102
BVerfG v. 28.10.75	2 BvR 883/73 und 379, 497, 526/74	BVerfGE 40, S. 237-261
BVerfG v. 08.06.77	2 BvR 499/74 und 1042/75	BVerfGE 45, S. 142-186

BVerfG v. 22.06.77	2 BvR 799/76	BVerfGE 45, S. 400-421
BVerfG v. 21.12.77	1 BvL 1/75, 1 BvR 147/75,	BVerfGE 47, S. 47-87
BVerfG v. 01.03.78	1 BvR 786, 793/70, 168/71 und 95/73	BVerfGE 47, S. 285-327
BVerfG v. 15.03.78	2 BvR 927/76	BVerfGE 48, S. 48-64
BVerfG v. 01.08.78	2 BvR 1013, 1019, 1034/77	BVerfGE 49, S. 24-70
BVerfG v. 08.08.78	2 BvL 8/77, (Kalkar)	BVerfGE 49; S. 89-147
BVerfG v. 25.07.79	2 BvL 6/77,	BVerfGE 52, S. 187-203
BVerfG v. 11.06.80	1 PBvU 1/79 (Plenumsbeschluß)	BVerfGE 54, S. 277-300
BVerfG v. 08.01.81	2 BvL 3,9/77	BVerfGE 56, S. 1-22
BVerfG v. 03.11.82	2 BvL 28/81	BVerfGE 62, S. 203-216
BVerfG v. 14.06.83	2 BvR 488/80	BVerfGE 64, S. 208-216
BVerfG v. 18.12.84	2 BvE 13/87	BVerfGE 68, S. 1-132
BVerfG v. 23.04.86	2 BvR 487/80	BVerfGE 73, S. 261-274
BVerfG v. 22.10.86	2 BvR 197/83, (Solange II)	BVerfGE 73, S. 339-388
BVerfG v. 08.04.87	2 BvR 687/85,	BVerfGE 75, S. 223-246
BVerfG v. 14.07.87	1 BvR 537/81, 195/87	BVerfGE 76, S. 171-196
BVerfG v. 01.10.87	2 BvR 1178, 1179, 1191/86,	BVerfGE 77, S. 1-64
BVerfG v. 09.11.87	2 BvR 808/82	NJW 1988, S. 1456-1459
BVerfG v. 25.02.88	2 BvL 26/84	BVerfGE 78, S. 32
BVerfG v. 06.06.89	1 BvR 727/84,	BVerfGE 80, S. 124-137
BVerfG v. 03.10.89	2 BvR 440/87	HFR 1990, S. 446-447
BVerfG v. 31.05.90	2 BvL 12, 13/88, 2 BvR 1436/87 (Absatzfonds)	BVerfGE 82, S. 159-198
BVerfG v. 10.07.90	1 BvR 984, 985/87	BVerfGE 82, S. 286-305
BVerfG v. 31.10.90	2 BvF 3/89	BVerfGE 83, S. 60-81
BVerfG v. 27.08.91	2 BvR 276/90 (3. Kammer)	NJW 1992, S. 678

BVerfG v. 27.12.91	2 BvR 27/90,	BStBl. 1992, S. 212-215
BVerfG v. 12.10.93	2 BvR 2134, 2159/92, (Maastricht)	BVerfGE 89, S. 155-213
BVerfG v. 07.03.95	1 BvR 1564/92	BVerfGE 92, S. 191-203
BVerfG v. 24.05.95	2 BvF 1/92	BVerfGE 93, S. 37-85

Entscheidungen des Bundesverwaltungsgerichtes und nachgeordneter Gerichte

Datum	Aktenzeichen	Fundstelle
BVerwG v. 29.08.61	I C 14/61 (Münster)	DVBl. 1962, S. 137-139
BVerwG v. 19.12.85 (Whyl)	7 C 65.82 (Mannheim)	BVerwGE 72, S. 300-332
BVerwG v. 22.10.86	3 B 43/86 (Münster)	NJW 1988, S. 664
BVerwG v. 22.05.87	4 C 33-35.83 (Mannheim)	BVerwGE 77, S. 285-295
BVerwG v. 10.12.87	3 C 18.87 (Berlin)	ZLR 1988, S. 556-563
BVerwG v. 18.12.90	4 N 6.88 (München)	DVBl. 1991, S. 442-445
BVerwG v. 12.07.93	7 B 114.92 (Lüneburg)	DVBl. 1993, S. 1149-1151
BVerwG v. 30.09.96	4 B 175/96 (Lüneburg)	NVwZ-RR 1997, S. 214-215
BVerwG v. 17.12.97	6 C 2.97 (Münster)	BVerwGE 106, S. 64-85
VerfGH Nordrhein-Westfalen v. 15.09.86	VerfGH17/85	OVGE 39, S. 292-299

Entscheidungen des Bundesfinanzhofs und nachgeordneter Gerichte

Datum	Aktenzeichen	Fundstelle
GrS-BFH v. 03.02.69	GrS 2/68	BStBl. 1969 II, S. 291-294
BFH v. 05.04.84	V R 51/82	BFHE 140, S. 393-396
BFH v. 13.12.84	V R 32/74	BFHE 142, S. 327-332
BFH v. 25.04.85	V R 123/84	BFHE 143, S. 383-391
BFH v. 03.02.87	VII B 129/86	BStBl. 1987 II, S. 305-306
BFH v. 25.06.91	VII B 33/91	BFH/NV 1992, S. 286-287
BFH v. 21.10.93	IV R 87/92	BStBl. 1994 II, S. 176-179
BFH v. 25.10.94	VIII R 65/91	BStBl. 1995 II, S. 312-315
BFH v. 09.01.96	VII B 169/95	BFH/NV 1996, S. 652-654
BFH v. 02.04.96	VII R 119/94	BFHE 180, S. 231-238
BFH v. 15.07.98	I R 24/96	BStBl. 1998 II, S. 728-731
BFH v. 09.09.98	I R 6/96	BFHE 187, S. 215-223 (Vorlagebeschluß GrS 1/99)
BFH v. 16.12.98	I R 50/95	BStBl. 1999, S. 551-559 (Vorlagebeschluß GrS 2/99)
BFH v. 17.11.99	I R 6/96	DB 2000, S. 25 (Klarstellung des Beschlusses vom 9.9.98)
BFH v. 28.03.00	VIII R 77/96	BFHE 191, S. 340-347
GrS-BFH v. 07.08.00	GrS 2/99	BFHE 192, S. 339-352
BFH v. 08.11.00	I R 6/96	BFHE 193, S. 398 (Rücknahme der Vorlage GrS 1/99)
BFH v. 08.11.00	I R 6/96	BFHE 193, S. 399-406

FG Köln Vorlagebeschluß v. 16.07.97	13 K 812/97	EFG 1997, S. 1166-1167 (EuGH Rs. C-275/97)
FG Hamburg, Vorlagebeschuß v. 22.04.99	II 23/97	EFG 1999, S. 1022-1034 (EuGH Rs. C- 306/99)

Entscheidungen des Bundesgerichtshofs und nachgeordneter Gerichte

Datum	Aktenzeichen	Fundstelle
BGH v. 12.10.67	VII ZR 8/65 (KG)	NJW 1968, S. 43-44
BGH v. 03.11.75	II ZR 67/73 (Hamm)	BGHZ 65, S. 230-238
BGH v. 10.03.87	VI Z R 144/86 (Hamburg)	NJW 1987, S. 2222-2225
BGH v. 26.4.1990	I ZR 79/88 (KG)	GRUR 1990, S. 1003-1005
BGH v. 21.04.94	I ZR 31/92 (Hamburg)	BGHZ 125, S. 382-394
BGH v. 27.09.94	VI ZR 150/93 (Karlsruhe)	NJW 1994, S. 3349-3351
BGH v. 12.01.98	II Z 82/93 (Köln)	BGHZ 137, S. 378-387

OLG Düsseldorf v. 29.11.96	22 U 72/96 (rk.)	NJW 1997, S. 2333-2334
OLG Köln v. 17.2.98	22 U 163/97	DB 1998, S. 1855
OLG Köln v. 16.2.2001	6 U 179/00	AfP 2001, S. 149-151

Literaturverzeichnis

Beiträge in Kommentaren werden nicht gesondert aufgeführt, die Bearbeiter sind jeweils in der Quellenangabe genannt. Die fett gedruckten Titelbestandteile geben die Zitierweise in der Arbeit wieder.

Achleitner, Ann-Kristin: Die **Normierung** der Rechnungslegung - Eine vergleichende Untersuchung unterschiedlicher institutioneller Ausgestaltungen des nationalen und internationalen Standardsetzungsprozesses, Treuhand-Kammer, Zürich 1995

Ahmann, Karin-Renate: Die **Bilanzrichtlinie** und die steuerliche Gewinnermittlung - Eine Zwangsehe? in: Arndt Raupach, Adalbert Uelner (Hrsg.), Ertragsbesteuerung, Zurechnung - Ermittlung - Gestaltung, Festschrift für Ludwig Schmidt zum 65. Geburtstag, Verlag C.H. Beck, München 1993, S. 269-289

American Institute of Certified Public Accountants (Hrsg.): Establishing Financial Accounting Standards, Report of the Study on Establishment of Accounting Principles, New York 1972 (**Wheat-Bericht**)

Arbeitskreis Externe Unternehmensrechnung der Schmalenbach-Gesellschaft für Betriebswirtschaft: Die **Zukunft der Rechnungslegung** aus Sicht von Wissenschaft und Praxis – Fachprogramm des Arbeitskreises Externe Unternehmensrechnung im Rahmen des 54. Deutschen Betriebswirtschafter-Tags, DB 2001, S. 160-161

Arndt, Gottfried: **Die dynamische Rechtsverweisung** in verfassungsrechtlicher Sicht - BVerfGE 47, 285 -, JuS 1979, S. 784-789

Arndt, Hans-Wolfgang/Wiesbrock, Michael R.: **Der EuGH als gesetzlicher Richter** in ertragsteuerlichen Rechtsstreitigkeiten? –Zu den möglichen Konsequenzen für die nationale Steuerrechtsordnung-, DStR 1999, S. 350-354

Arpan, Jeffrey S./Al Hashim, Dhia D.: International **Dimensions of Accounting**, Kent Publishing Company, Boston 1984

Arpan Jeffrey S./Radebaugh, Lee H.: **International Accounting** and Multinational Enterprises, 2. Edition, John Wiley & Sons, New York et al. 1985

Auer, Kurt Vinzenz: **International harmonisierte Rechnungslegungsstandards** aus Sicht der Aktionäre, Vergleich von EG-Richtlinien, US-GAAP und IAS, 2., überarbeitete und erweiterte Auflage, Gabler, Wiesbaden 1999

Augustin, Reinhard R.: **Ausschüttungspolitik** deutscher und amerikanischer börsennotierter Unternehmen, RIW 1996, S. 659-662

Backherms, Johannes: Zur Einführung: **Recht und Technik**, JuS 1980, S. 9-14

Backherms, Johannes: **Das DIN** Deutsches Institut für Normung e.V. als Beliehener, zugleich ein Beitrag zur Theorie der Beleihung, Carl Heymanns Verlag, Köln, Berlin, Bonn, München 1978

Badura, Peter: **Staatsrecht**, Systematische Erläuterung des Grundgesetzes für die Bundesrepublik Deutschland, 2., neu bearbeitete Auflage, Verlag C.H. Beck, München 1996

Badura, Peter: **Gestaltungsfreiheit** und Beurteilungsspielraum der Verwaltung, bestehend aufgrund und nach Maßgabe des Gesetzes in: Günter Püttner (Hrsg.), Festschrift für Otto Bachof zum 70. Geburtstag, Verlag C.H. Beck, München 1984, S. 169-189

Baetge, Jörg: **Harmonisierung der Rechnungslegung** - haben die deutschen Rechnungslegungsvorschriften noch eine Chance? in: Schmalenbach-Gesellschaft für Betriebswirtschaft e.V. (Hrsg.), Internationalisierung der Wirtschaft, Verlag, Stuttgart, 1993, S. 109-127

Baetge, Jörg/Apelt, Bernd: **Publizität** kleiner und mittelständischer Kapitalgesellschaften und Harmonisierung der Rechnungslegung, BFuP 1992, S. 393-411

Baetge, Jörg/Dörner, Dietrich/Kleekämper, Heinz/Wollmert, Peter (Hrsg.): Rechnungslegung nach International Accounting Standards (IAS), Kommentar auf der Grundlage des deutschen Bilanzrecht, Schäffer-Poeschel Verlag, Stuttgart 1997 (zitiert als ***Bearbeiter* in: Baetge, IAS**)

Baetge, Jörg/Kirsch, Hans-Jürgen/Thiele, Stefan: **Bilanzen**, 6. aktualisierte Auflage, IDW-Verlag, Düsseldorf 2002

Ballwieser, Wolfgang: **HGB-Konzernabschlußbefreiung** und privates Rechnungslegungsgremium, in: Karlheinz Küting/Günther Langenbucher (Hrsg.), Internationale Rechnungslegung, Festschrift für Professor Dr. Claus-Peter Weber zum 60. Geburtstag, Schäffer-Poeschel Verlag, Stuttgart 1999, S. 433-449

Bärenz, Christian: **Die Auslegung der überschießenden Umsetzung von Richtlinien** am Beispiel des Gesetzes zur Modernisierung des Schuldrechts, DB 2003, S. 375-376

Bärenz, Christian: **Gemeinschaftsrechtliche und nationale Vorlagepflichten** des BFH im Handelsbilanzrecht, StuB 2001, S. 862-865

Bärenz, Christian: **Keine gemeinschaftsrechtliche Vorlagepflicht** des BFH gemäß Art. 234 EGV im Bilanzsteuerrecht, DStR 2001, S. 692-696

Bartelt, Michael: **Subsidiaritätsprinzip** in: Theodor Schober/Martin Honecker/Horst Dahlhaus (Hrsg.), Evangelisches Soziallexikon, 7., vollständig neu bearbeitete und erweiterte Auflage, Kreuz Verlag, Stuttgart/Berlin 1980, Spalten 1298-1299

Basedow, Jürgen: Der **Bundesgerichtshof**, seine Rechtsanwälte und die Verantwortung für das europäische Privatrecht in: Gerd Pfeiffer, Joachim Kummer, Silke Scheuch (Hrsg.), Festschrift für Hans Erich Brandner zum 70. Geburtstag, Verlag Otto Schmidt, Köln 1996, S. 651-681

Battis, Ulrich/Gusy, Christoph: **Technische Normen** im Baurecht, Werner-Verlag, Düsseldorf 1988

Bauer, Hartmut: **Privatisierung von Verwaltungsaufgaben**, VVDStRL 54 (1995), S. 243-286

Baumgartner, Alois: „Jede **Gesellschaftstätigkeit** ist ihrem Wesen nach subsidiär" – Zur anthropologischen und theologischen Begründung der Subsidiarität in: Knut Wolfgang Nörr/Thomas Oppermann (Hrsg.), Subsidiarität: Idee und Wirklichkeit, Zur Reichweite eines Prinzips in Deutschland und Europa, J.C.B. Mohr, Tübingen 1997, S. 13-22

Beck´scher Bilanz-Kommentar: Handels- und Steuerrecht -§§ 238 bis 339 HGB-, hrsg. von Axel Berger, Helmut Ellrott, Gerhart Förschle, Burkhard Hense, 5., völlig neubearbeitete Auflage, Verlag C.H. Beck, München 2003 (zitiert als ***Bearbeiter*** **in: Beck´scher Bilanz-Kommentar**)

Beisse, Heinrich: **Die paradigmatischen GoB** in: Peter Hommelhoff, Roger Zätsch, Bernd Erle (Hrsg.), Gesellschaftsrecht, Rechnungslegung, Steuerrecht; Festschrift für Welf Müller zum 65. Geburtstag, Verlag C.H. Beck, München 2001, S. 730-753

Beisse, Heinrich: **Normqualität und Normstruktur** von Bilanzvorschriften und Standards – Adolf Moxter zum 70. Geburtstag, BB 1999, S. 2180-2186

Beisse, Heinrich: **„True and fair view"** in der Steuerbilanz? -Keine Anrufung des EuGH in steuerbilanzrechtlichen Fragen-, DStZ 1998, S. 310-317

Beisse, Heinrich: Wandlungen der Grundsätze ordnungsmäßiger Bilanzierung, **Hundert Jahre „GoB"** in: Wolfgang Schön (Hrsg.), Gedächtnisschrift für Knobbe-Keuk, Verlag Otto Schmidt, Köln 1997, S. 385-409

Beisse, Heinrich: Die steuerliche Bedeutung der neuen deutschen **Bilanzgesetzgebung**, StVj 1989, S. 295-310

Beisse, Heinrich: **Zum Verhältnis von Bilanzrecht und Betriebswirtschaftslehre**, StuW 1984, S. 1-14

Belkouli, Ahmed/Kahl, Alfred/Pyrad, Josette: **Information Needs of Financial Analysts**: An International Comparison in: The International Journal of Accounting, Spring 1977, S. 19-27

Beutler, Bengt/Bieber, Roland/Piphorn, Jörg/Streitl, Jochen (Hrsg.): Die **Europäische Union**, 5., vollständig neubearbeitete und erweiterte Auflage, Nomos Verlagsgesellschaft, Baden-Baden 2001

Biener, Herbert: Die Standardisierung als neue Möglichkeit zur **Fortentwicklung der Rechnungslegung** in: Karlheinz Küting/Günther Langenbucher (Hrsg.), Internationale Rechnungslegung, Festschrift für Professor Dr. Claus-Peter Weber zum 60. Geburtstag, Schäffer-Poeschel Verlag, Stuttgart 1999, S. 451-462

Biener, Herbert: **Diskussionsbeitrag** in: Jörg Baetge (Hrsg.), Aktuelle Entwicklungen in Rechnungslegung und Wirtschaftsprüfung -Reformbedarf, Perspektiven, Internationale Einflüsse-, IDW-Verlag, Düsseldorf 1997, 135-152

Biener, Herbert: **Offene Fragen** zur Qualität der Abschlußprüfung in: Jörg Baetge (Hrsg.), Aktuelle Entwicklungen in Rechnungslegung und Wirtschaftsprüfung -Reformbedarf, Perspektiven, Internationale Einflüsse-, IDW-Verlag, Düsseldorf 1997, S. 3-12

Biener, Herbert: **Fachnormen statt Rechtsnormen** - Ein Beitrag zur Deregulierung der Rechnungslegung in: Wolfgang Ballwieser, Adolf Moxter, Rolf Nonnenmacher (Hrsg.), Rechnungslegung - warum und wie, Festschrift für Hermann Clemm zum 70. Geburtstag, Verlag C.H. Beck, München 1996, S. 59-79

Biener, Herbert: Bilanzierung im **Spannungsfeld** von Europa-, Umwandlungs- und Steuerrecht, StBJb 1995/96, S. 29-52

Biener, Herbert: Die **Erwartungslücke** - eine endlose Geschichte in: Josef Lanfermann (Hrsg.), Internationale Wirtschaftsprüfung, Festschrift zum 65. Geburtstag von Prof. Dr. Dr. h.c. Hans Havermann, IDW Verlag GmbH, Düsseldorf 1995, S. 37-63

Biener, Herbert: Bedeutung und Chancen der **IASC-Vorschriften** als internationale Rechnungslegungsnormen in: Dietrich Dörner/Peter Wollmert (Hrsg.), IASC-Rechnungslegung -Beiträge zu aktuellen Problemen-, IDW-Verlag, Düsseldorf 1995, S. 9-25

Biener, Herbert: Die **Rechnungslegungsempfehlungen** des IASC und deren Auswirkungen auf die Rechnungslegung in Deutschland, BFuP 1993, S. 345-356

Bierich, Marcus: **Podiumsgespräch** „Die Aufgaben des Wirtschaftsprüfers: Möglichkeiten der Entwicklung oder Notwendigkeit der Reform?" in: Busse von Colbe und Marcus Lutter (Hrsg.), Wirtschaftsprüfung heute: Entwicklung oder Reform?, Ein Bochumer Symposion, Gabler, Wiesbaden 1977, Seite 143-162

Birk, Dieter: **Besteuerungsgleichheit** in der Europäischen Union in: Moris Lehner (Hrsg.), Steuerrecht im Europäischen Binnenmarkt, Einfluß des EG-Rechts auf die nationalen Steuerrechtsordnungen, herausgegeben im Auftrag der Deutschen Steuerjuristischen Gesellschaft e.V., DStJG Band 19, Verlag Otto Schmidt, Köln 1996, S. 63-80

Bitz, Michael/Schneeloch, Dieter/Wittstock, Wilfried: Der **Jahresabschluß** - Rechtsvorschriften, Analysen, Politik-, 2., überarbeitete Auflage, Franz Vahlen, München 1995

Blake, John/Amat, Orial: **European Accounting**, Pitman Publishing, London 1993

Blaum, Ulf/Kessler, Harald: Das Ende der phasengleichen **Vereinnahmung von Beteiligungserträgen** in der Steuerbilanz? –Zum Beschluß des Großen Senats vom

7.8.2000 und zu seinen Konsequenzen für die Bilanzierungspraxis-, StuB 2000, S. 1233-1246

Bloom, Robert/Naciri, M.A.: Accounting **Standard Setting and Culture**: A Comparative Analysis of the United States, Canada, England, West Germany, Australia, New Zealand, Sweden, Japan, and Switzerland, IJA 1989, S. 70-97

Blumberg, Christel: **Amtsgerichte** wollen widerspenstige GmbH´s dichtmachen, Impulse 6/91, S. 138-142

Böckem, Hanne: Die **Durchsetzung von Rechnungslegungsstandards** in Deutschland – Zur Notwendigkeit institutioneller Neuerungen, DB 2000, S. 1185-1191

Böckenförde, Ernst-Wolfgang: **Demokratie als Verfassungsgebot** (§ 22) in: Josef Isensee und Paul Kirchhof (Hrsg.), Handbuch des Staatsrechts der Bundesrepublik Deutschland, Band I, Grundlagen von Staat und Verfassung, C.F. Müller Juristischer Verlag, Heidelberg 1987 (**HbStR I**)

Böcking, Hans-Joachim: **IAS für Konzern- und Einzelabschluß!** – Replik zum Beitrag von Zabel, IAS zwingend für Konzern- und Einzelabschluß?, zugleich Würdigung der Aussagen der Deutschen Bundesbank zur Umsetzung der Mitgliedsstaaten-Wahlrechte im Rahmen der EU-Verordnung und eine Empfehlung an den Gesetzgeber, WPg 2002, S. 925-928

Böcking, Hans-Joachim: **IAS für Konzern- und Einzelabschluß?**, WPg 2001, S. 1433-1440

Böcking, Hans-Joachim/Orth, Christian: **Offene Fragen** und Systemwidrigkeiten bei den neuen Rechnungslegungs- und Prüfungsvorschriften des KonTraG und des KapAEG, DB 1998, S. 1873-1879

Bonner Kommentar zum Grundgesetz: herausgegeben von Rudolf Dolzer und Klaus Vogel, Band 7 (Art. 75-91b), C.F. Müller Juristischer Verlag, Heidelberg, Loseblatt, Stand: 103 Ergänzungslieferung Dezember 2003 (zitiert als ***Bearbeiter* In: BK-GG**)

Bormann, Michael: **Internationale Harmonisierung** der Rechnungslegung, RIW 1996, S. 35-44

Born, Karl: **Rechnungslegung International**, Konzernabschluß nach IAS, US-GAAP, HGB und EG-Richtlinien, 3., aktualisierte und ergänzte Auflage, Schäffer-Poeschel Verlag, Stuttgart 2002

Böttger, J.: **Ursachen und Wirkungen** des Vertrages zwischen der Bundesrepublik Deutschland und dem DIN Institut für Normung e.V. in: DIN Deutsches Institut für Normung e.V. (Hrsg.), Technische Normung und Recht, Normungskunde Heft 14, Beuth Verlag, Berlin/Köln 1979, 31-42

Brechmann, Winfried: Die **richtlinienkonforme Auslegung** –zugleich ein Beitrag zur Dogmatik der EG-Richtlinie-, Verlag C.H. Beck, München 1994

Breidenbach, Karin: **Normensetzung** für die Rechnungslegung, Bisherige Ausgestaltungen und mögliche Fortentwicklung in Deutschland, Deutscher Universitäts Verlag, Wiesbaden 1997

Breuer, Rüdiger: Direkte und indirekte **Rezeption** technischer Regeln durch die Rechtsordnung, AöR, Band 101 (1976), S. 46-88

Britz, Gabriele: **Die Mitwirkung Privater** an der Wahrnehmung öffentlicher Aufgaben durch Einrichtungen des öffentlichen Rechts, VerwA 2000, S. 418-437

Brohm, Winfried: **Sachverständige Beratung des Staates** (§ 36) in: Josef Isensee und Paul Kirchhof (Hrsg.), Handbuch des Staatsrechts der Bundesrepublik Deutschland, Band II, Demokratische Willensbildung - Die Staatsorgane des Bundes, C.F. Müller Juristischer Verlag, Heidelberg 1987 (**HbStR II**)

Brugger, Winfried: **Rechtsprobleme der Verweisung** im Hinblick auf Publikation, Demokratie und Rechtsstaat, VerwA 1987, S. 1-44

Brunner, Andreas: **Technische Normen** in Rechtsetzung und Rechtsanwendung, Helbig & Lichtenhahn, Basel/Frankfurt am Main 1991

Buck, Petra: **Anmerkung zu EuGH v. 4.12.97 (Daihatsu),** WuB II N. (Stand Mai 1998), S. 443-444

Budde, Wolfgang Dieter: **Konzernrechnungslegung** nach IAS und US-GAAP und ihre Rückwirkungen auf den handelsrechtlichen Einzelabschluß in: Wolfgang Dieter Budde/Adolf Moxter/Klaus Offerhaus (Hrsg.), Handelsbilanzen und Steuerbilanzen,

Festschrift zum 70. Geburtstag von Prof. Dr. h.c. Heinrich Beisse, IDW-Verlag, Düsseldorf 1997, S. 105-121

Budde, Wolfgang Dieter: **Müssen die börsennotierten Gesellschaften eigene Wege gehen?** in: Wolfgang Ballwieser, Adolf Moxter, Rolf Nonnenmacher (Hrsg.), Rechnungslegung - warum und wie, Festschrift für Hermann Clemm zum 70. Geburtstag, Verlag C.H. Beck, München 1996, S. 81-106

Budde, Wolfgang Dieter/Steuber, Elgin: **Rückwirkung des Konzernabschlusses** auf den Einzelabschluss, BB 2000, S. 971-977

Budde, Wolfgang Dieter/Steuber, Elgin: **Normsetzungsbefugnis** eines deutschen Standard Setting Body, DStR 1998, S. 1181-1187

Budde, Wolfgang Dieter/Steuber, Elgin: Verfassungsrechtliche Voraussetzungen zur **Transformation internatonaler Rechnungslegungsgrundsätze**, DStR 1998, S. 504-508

Budde, Wolfgang Dieter/Steuber, Elgin: **Rechnungslegung nach dem HGB** und der verfassungsrechtliche Grundsatz der Gleichbehandlung in: Thomas Fischer/Reinhold Hömber (Hrsg.), Jahresabschluß und Jahresabschlußprüfung -Probleme, Perspektiven, internationale Einflüsse-, Festschrift zum 60. Geburtstag von Jörg Baetge, IDW-Verlag, Düsseldorf 1997, S. 3-35

Buhleier, Claus/Helmschrott, Harald: Die neue Strategie der Europäischen Union zur **Harmonisierung der Rechnungslegung** und ihre möglichen Auswirkungen auf Deutschland, DStR 1996, S. 354-360

Bulling, Manfred: **Kooperatives Verwaltungshandeln** (Vorverhandlung, Arrangements, Agreements und Verträge) in der Verwaltungspraxis, DÖV 1989, S. 277, 289

Bundesministerium für Umwelt, Naturschutz und Reaktorsicherheit (Hrsg.): Umweltgesetzbuch (**UGB-KomE**), Entwurf der Unabhängigen Sachverständigenkommission zum Umweltgesetzbuch beim Bundesministerium für Umwelt, Naturschutz und Reaktorsicherheit, Duncker & Humblot, Berlin 1998

Burggraaff, J.A: The **political dimensions** of accounting standards setting in Europe, in: Michael Bromwich, Anthony Hopwood, (Ed.), Accounting Standards Setting - An International Perspective -, Pitman Books Ltd., London 1983, S. 1-12

Burgi, Martin: **Funktionale Privatisierung** und Verwaltungshilfe, Staatsaufgabendogmatik – Phänomentologie – Verfassungsrecht, Mohr Siebeck, Tübingen 1999

Burmeister, Joachim: Grundgesetzliche **Verfahrensstrukturierungsgebote** komplexer Verwaltungsentscheidungen in: Schriftenreihe der Forschungsstelle für Umwelt- und Technikrecht an der Universität Trier (Hrsg.), Jahrbuch des Umwelt- und Technikrechts (UTR) 1988, Band 5, S. 121-159

Busse von Colbe, Walter: **Podiumsgespräch**: Künftige Anpassung der Rechnungslegungsvorschriften an geänderte Bedürfnisse in: Marcus Bierich, Walter Busse von Colbe, Gert Laßmann, Marcus Lutter (Hrsg.), Rechnungslegung nach neuem Recht, Zeitschrift für Unternehmens- und Gesellschaftsrecht, Sonderheft 2, Walter de Gruyter, Berlin New York 1980, S. 105-154

Busse von Colbe, Walter/Lutter, Marcus (Hrsg.): **Wirtschaftsprüfung heute**: Entwicklung oder Reform? Ein Bochumer Symposion, darin Podiumsgespräch und Diskussion zum Thema „Die Aufgaben des Wirtschaftsprüfers: Möglichkeiten der Entwicklung oder Notwendig der Reform?" Gabler, Wiesbaden 1977, Seite 143-173,

Bydlinski, Franz: Juristische **Methodenlehre** und Rechtsbegriffe, 2., ergänzte Auflage, Springer-Verlag, Wien/New York 1991

Calliess, Christian/Ruffert, Mathias (Hrsg.): Kommentar des Vertrages über die Europäische Union und des Vertrages zur Gründung der Europäischen Gemeinschaft - EUV/EGV-, 2., vollständig überarbeitete und aktualisierte Auflage, Luchterhand, Neuwied/Kriftel 2002 (zitiert als ***Bearbeiter* in: Calliess/Ruffert, EUV/EGV)**

Carsberg, Bryan: **The Role and Future Plans** of the International Accounting Standard Committee in: Lothar Schruff, Bilanzrecht unter dem Einfluß internationaler Reformzwänge - Bericht über die Göttinger Bilanztage „10 Jahre BiRiLiG: Bilanzrecht vor neuen Reformzwängen" am 7. und 8. Dezember 1995, IDW-Verlag, Düsseldorf 1995, S. 41-60

Chetkovich, Michael N.: An Appeal for Unity in **Establishing Financial Accounting Standards**, The International Journal of Accounting, Fall 1972, S. 99-107

Chmielewicz, Klaus: **Diskussion** zum Podiumsgespräch: Künftige Anpassung der Rechnungslegungsvorschriften an geänderte Bedürfnisse in: Marcus Bierich, Walter Busse von Colbe, Gert Laßmann, Marcus Lutter (Hrsg.), Rechnungslegung nach neuem Recht, Zeitschrift für Unternehmens- und Gesellschaftsrecht, Sonderheft 2, Walter de Gruyter, Berlin New York 1980, S. 105-154

Choi, Frederick D.S./Mueller, Gerhard G. (Ed.): **International Accounting**, Second Edition, Prentice-Hall, Englewood Cliffs 1992

Coenenberg, Alfred: **Jahresabschluß** und Jahresabschlußanalyse, Betriebswirtschaftliche, handelsrechtliche, steuerrechtliche und internationale Grundsätze – HGB, IAS, US-GAAP-, 17., völlig neu bearbeitete und erweiterte Auflage, Verlag moderne Industrie, Landsberg/Lech 2000

Costede, Jürgen: Die **Aktivierung von Wirtschaftsgütern** im Einkommensteuerrecht, StuW 1995, S. 115-123

D´Illiers, Bertrand: **Gegenseitige Anerkennung** der Abschlüsse zwischen der EG und Drittländern, in: Kommission der Europäischen Gemeinschaften, Die Zukunft der Angleichung der Vorschriften der Rechnungslegung in den Europäischen Gemeinschaften, Konferenz vom 17.-18.1.90 in Brüssel, CM-60-90-296-DE-C Brüssel, Luxemburg, 1990, S. 42-43

Dagtoglou, Prodromos: **Der Private** in der Verwaltung als Fachmann und Interessenvertreter, Carl Winter Universitätsverlag, Heidelberg 1964

Dauses, Manfred A.: **Aufgabenteilung** und judizieller Dialog zwischen den einzelstaatlichen Gerichten und dem EuGH als Funktionselemente des Vorabentscheidungsverfahrens in: Ole Due, Marcus Lutter, Jürgen Schwarze (Hrsg.), Festschrift für Ulrich Everling, Band 1, Nomos Verlagsgesellschaft, Baden-Baden 1995, S. 223-243

Dauses, Manfred A.: Das **Vorabentscheidungsverfahren** nach Art. 177 EG-Vertrag, 2., neu bearbeitete Auflage, Verlag C.H. Beck, München 1995

Dautzenberg, Norbert: **Anmerkung zu EuGH v. 17.7.97 (Leur-Bloem),** Rs. C-28/95, FR 1997, S. 690-692

de Weerth, Jan: **Anmerkung zu EuGH v. 17.7.97 (Leur-Bloem),** Rs. C-28/95, IStR 1997, S. 539-544

Denninger, Erhard: Verfassungsrechtliche Anforderungen an die **Normsetzung** im Umwelt- und Technikrecht, Nomos Verlagsgesellschaft, Baden-Baden 1990

Deutsche Bundesbank: **Rechnungslegungsstandards für Kreditinstitute im Wandel** in: Monatsbericht Juni 2002, S. 41-57

Deutsche Bundesbank: **Die Aktie als Finanzierungs- und Anlageinstrument** in: Monatsbericht Januar 1997, S. 27-41

Deutsche Bundesbank: **Zur Bedeutung der Aktie als Finanzierungsinstrument** in: Monatsbericht Oktober 1991, S. 22-29

Deutscher Bundestag, Ausschuss für Bildung, Wissenschaft, Forschung, Technologie und Technikfolgenabschätzung (19. Ausschuß): **Bericht** v. 9.12.1996, „Möglichkeiten und Probleme bei der Verfolgung und Sicherung nationaler und EG-weiter Umweltschutzziele im Rahmen der europäischen Normung, BT-Drs. 13/6450

Deutscher Bundestag, Rechtsausschuss: **Beschlußempfehlung** v. 13.11.1985 zum Regierungsentwurf eines Bilanzrichtlinie-Gesetz und zum Regierungsentwurf eines Gesetzes zur Durchführung der Siebten und Achten Richtlinie, BT-Drs. 10/4268, abgedruckt bei: Biener/Berneke, BiRiLiG, IDW-Verlag, Düsseldorf 1986, S. 1-14

Deutsches Rechnungslegungs Standards Committee e.V.: **Aufgaben und Ziele** des DRSC/DSR, http://www.drsc.de/ger/gasc/_task.html

Deutsches Rechnungslegungs Standards Committee e.V: **Satzung** des Vereins „DRSC - Deutsches Rechnungslegungs Standards Committee

Di Fabio, Udo: **Verwaltung und Verwaltungsrecht** zwischen gesellschaftlicher Selbstregulierung und staatlicher Steuerung, 2. Bericht, VVDStRL 1997 (Heft 56), S. 235-277

DIN Deutsches Institut für Normung e.V.: **Geschäftsbericht 2001**

DIN Deutsches Institut für Normung e.V.: **Geschäftsbericht 1997/98**

DIN Deutsches Institut für Normung e.V.: **Satzung** v. 29.10.1997

DIN Deutsches Institut für Normung e.V.: DIN-**Normenheft 10**, Grundlagen der Normungsarbeit, 6., geänderte Auflage, Beuth Verlag, Berlin/Wien/Zürich 1995

Dreier, Horst (Hrsg.): Grundgesetz-Kommentar, Band 2 (Art. 20-82), Mohr Siebeck, Tübingen 1998 (zitiert als ***Bearbeiter* in: Dreier, GG**)

Drescher, Sebastian: Gründung eines privaten Rechnungslegungsgremiums in Deutschland – „**public versus private standard setting**"?, StuW 1998, S. 240, 253

Drüen, Klaus-Dieter: Der **Maßgeblichkeitsgrundsatz im Wechselspiel** zwischen Gesetzgeber und Rechtsprechung, FR 2001, S. 992-999

Dücker, Reinhard: **Aktuelle Entwicklungen** des europäischen Bilanzrechts, -Harmonisierung durch Internationalisierung?-, StuB 2003, S. 70-74

Ebert, Elke: **Private Normsetzung** für die Rechnungslegung, Möglichkeiten und Grenzen, Verlag Wissenschaft und Praxis, Sternenfels 2002

Ebke, Werner, F.: Der Deutsche Standardisierungsrat und das Deutsche Rechnungslegungs Standards Committee: **Aussichten für eine professionelle Entwicklung** von Rechnungslegungsgrundsätzen, ZIP 1999, S. 1193-1203

Eichener, Volker/Heinze, Rolf G./Voelzkow, Helmut: **Techniksteuerung** im Spannungsfeld zwischen staatlicher Intervention und verbandlicher Selbstregulierung in: Rüdiger Voigt (Hrsg.), Abschied vom Staat - Rückkehr zum Staat?, Nomos Verlagsgesellschaft, Baden-Baden 1993, S. 393-421

Ekkenga, Jens: **Neuordnung des Europäischen Bilanzrechts** für börsennotierte Unternehmen: Bedenken gegen die Strategie der EU-Kommission, BB 2001, S. 2362, 2369

Emde, Ernst Thomas: Die demokratische Legitimation der funktionalen **Selbstverwaltung**. Eine verfassungsrechtliche Studie anhand der Kammern, der Sozialversicherungsträger und der Bundesanstalt für Arbeit, Duncker & Humblot, Berlin 1991

Engisch, Karl: **Einführung in das juristische Denken**, 9. Auflage, herausgegeben und bearbeitet von Thomas Würtenberger und Dirk Otto, Verlag W. Kohlhammer, Stuttgart/Berlin/Köln 1997

Engisch, Karl: Die **Einheit der Rechtsordnung**, unveränderter reprographischer Nachdruck der 1935 bei Winter, Heidelberg, erschienenen Ausgabe, Wissenschaftliche Buchgesellschaft, Darmstadt 1987

Erle, Bernd: Das **Maßgeblichkeitsprinzip – ein Phantom?** in: Detlef Kleindiek/Wolfgang Oehler (Hrsg.), Die Zukunft des deutschen Bilanzrechts im Zeichen internationaler

Rechnungslegung und privater Standardsetzung, Schriften zur Rechnungslegung, Wirtschaftsprüfung und Unternehmensberatung, Band 7, Verlag Otto Schmidt, Köln 2000, S. 177-191

Ernst, Christoph: **EU-Verordnungsentwurf** zur Anwendung von IAS: Europäisches Bilanzrecht vor weitreichenden Änderungen, BB 2001, S. 823-825

Ernst, Christoph: KonTraG und KapAEG sowie **aktuelle Entwicklungen zur Rechnungslegung** und Prüfung in der EU, WPg 1998, S. 1025-1035

Euler, Roland: **Paradigmenwechsel** im handelsrechtlichen Einzelabschluß: Von den GoB zu den IAS?, BB 2002, S. 875-880

Euler, Roland: **Steuerbilanzielle Konsequenzen** der internationalisierten Rechnungslegung, StuW 1998, S. 15-24

Euler, Roland: Das System der **Grundsätze ordnungsmäßiger Bilanzierung**, Schäffer-Poeschel Verlag, Stuttgart 1996

Europäische Union: Verordnung des Europäischen Parlaments und des Rates betreffend die **Anwendung internationaler Rechnungslegungsstandards** v. 27. Mai 2002, PE-CONS 3626/02

Europäische Union: **Schlußerklärung zur Erweiterung der Union** zum Vertrag von Nizza zur Änderung der Vertrages über die Europäische Union, der Verträge zur Gründung der Europäischen Gemeinschaften sowie einiger damit zusammenhängender Rechtsakte, abgedruckt in: Klemens H. Fischer, Der Vertrag von Nizza, Text und Kommentar einschließlich der konsolidierten Fassung des EUV und EGV sowie des Textes der EU-Charta der Grundrechte, Nomos Verlagsgesellschaft, Baden-Baden 2001

Europäischer Gerichtshof: **Hinweise zur Vorlage von Vorabentscheidungsersuchen durch die innerstaatlichen Gerichte**, NJW 1997, S. 1765-1766

Everling, Ulrich: Zur **Auslegung** des durch EG-Richtlinien angeglichenen nationalen Rechts, ZGR 1992, S. 376-395

Faber, Angela: Gesellschaftliche Selbstregulierungssysteme im Umweltrecht – unter besonderer Berücksichtigung der Selbstverpflichtungen, Verlag W. Kohlhammer/Deutscher Gemeindeverlag, Köln 2001

Fechner, Harry E./Kilgore, Alan: The **Influence of Cultural Factors** on Accounting Practice, IJA 1994, S. 265-277

Feldhaus, Gerhard: **Umweltnormung und Deregulierung** in: Hans-Werner Rengeling (Hrsg.), Umweltnormung: Deutsche, europäische und internationale Rechtsfragen, Carl Heymanns Verlag, Köln/Berlin/Bonn/München 1998, S. 137-157

Financial Accounting Foundation: Annual Report 2002

Fischer, Klemens H.: Der **Vertrag von Nizza,** Text und Kommentar einschließlich der konsolidierten Fassung des EUV und EGV sowie des Textes der EU-Charta der Grundrechte, Nomos Verlagsgesellschaft, Baden-Baden 2001

Fischer, Precht: **Umweltschutz durch technische Regelungen** – Zur Bedeutung der Grenzwertfestsetzungen und Verfahrensbeschreibungen des Immissions- und Atomrechts, Duncker & Humblot, Berlin 1989

Fitzgerald, Richard D.: **International Harmonization** of Accounting and Reporting, The International Journal of Accounting, Fall 1981, S. 21-32

Folz, Hans-Peter: **Demokratie und Integration**, Der Konflikt zwischen Bundesverfassungsgericht und Europäischem Gerichtshof über die Kontrolle der Gemeinschaftskompetenzen, Springer, Berlin/Heidelberg 1999

Frenkel, Max: **Besser – Billiger – Bürgernäher** in: Max Frenkel, Besser? Billiger? Bürgernäher? – Ein Beitrag zur Privatisierungs- und Aufgabenteilungsdiskussion, Peter Lang, Bern/Frankfurt am Main/Las Vegas 1981, S. 5-20

Frenz, Walter: **Das Duale System** zwischen öffentlichem und privatem Recht, GewA 1994, S. 145-157

Fresl, Karlo D.: Die **Europäisierung des deutschen Bilanzrechts**, Deutscher Universitätsverlag, Wiesbaden 2000

Fröhler, Ludwig: **Die Genehmigung technischer Anlagen** im Kielwasser industrieller Erneuerung, WiVerw 1991, S. 2-20 (Vierteljahresbeilage zum Gewerbearchiv)

Führ, Matthias: **Technische Normen** in demokratischer Gesellschaft –Zur Steuerung der Technikanwendung durch private Normen-, ZUR 1993, S. 99-102

Gail, Winfried: Rechtliche und faktische **Abhängigkeiten von Steuer- und Handelsbilanzen** in: Josef Lanfermann (Hrsg.), Internationale Wirtschaftsprüfung, Festschrift zum 65. Geburtstag von Prof. Dr. Dr. h.c. Hans Havermann, IDW Verlag GmbH, Düsseldorf 1995, S. 109-141

Garrido, Pascual/León, Ángel/Zorio, Ana: **Measurement** of formal harmonization progress: The IASC experience, IJA 2002, S. 1-26

Geiger, Rudolf: Kommentar zu dem Vertrag zur Gründung der Europäischen Gemeinschaft, 2., neu bearbeitete Auflage, Verlag C.H. Beck, München 1995 **(EG-Vertrag)**

Gilling, D. M: **Accounting and Social Change**, The International Journal of Accounting, Spring 1976, S. 59-71

Glaum, Martin: Die **Internationalisierung der deutschen Rechnungslegung**, KoR 2001, S. 124134

Göthel, Stephan R.: **Europäisches Bilanzrecht** im Umbruch, DB 2001, S. 2057-2061

Grabitz, Eberhard/Hilf Meinhard (Hrsg.): Kommentar zur Europäischen Union, Vertrag über die Europäische Union, Vertrag zur Gründung der Europäischen Gemeinschaft, 3. Auflage, Loseblattsammlung, Verlag C.H. Beck, München, Stand: 30. Ergänzungslieferung August 2002 (zitiert als ***Bearbeiter* in: Grabitz/Hilf, KommEU)**

Gray, Sidney: International Accounting Research: The **Global Challenge**, International Journal of Accounting 1989, S. 291-307

Grimm, Dieter: **Verbände** (§ 15) in: Ernst Benda, Werner Maihofer, Hans Jochen Vogel (Hrsg.), Handbuch des Verfassungsrechts der Bundesrepublik Deutschland, 2., neubearbeitete und erweiterte Auflage, Walter de Gruyter, Berlin/New York 1994, S. 657, 673 (**HbVerfR**)

Grimm, Dieter: Die **Zukunft der Verfassung**, Suhrkamp, Frankfurt am Main 1991

Groh, Manfred: **Der Fall Tomberger** – Nachlese und Ausblick, DStR 1998, S. 813-819

Groh, Manfred: **Bilanzrecht** vor dem EuGH, DStR 1996, S. 1206-1211

Großfeld, Bernhard: **Vergleichendes Bilanzrecht**, AG 1995, S. 112-119

Großfeld, Bernhard: **Bilanzziele und kulturelles Umfeld**, WPg 1994, S. 795-803

Großfeld, Bernhard: **Diskussion** zum Podiumsgespräch: Künftige Anpassung der Rechnungslegungsvorschriften an geänderte Bedürfnisse in: Marcus Bierich, Walter Busse von Colbe, Laßmann, Gert; Lutter, Marcus (Hrsg.), Rechnungslegung nach neuem Recht, ZGR, Sonderheft 2, Walter de Gruyter, Berlin New York 1980, S. 133-154

Grund, Matthias: **Internationale Entwicklung** und Bilanzrecht -Reform oder Resignation, DB 1996, S. 1293-1296

Grund, Matthias: Zum Entwurf eines Gesetzes zur **Kapitalaufnahmeerleichterung** - Flucht oder Pflicht des Gesetzgebers?, ZIP 1996, S. 995-999

Grüter, Manfred: **Umweltrecht und Kooperationsprinzip** in der Bundesrepublik Deutschland, Umwelt- und Technikrecht, Schriftenreihe des Instituts für Umwelt- und Technikrecht der Universität Trier, Band 10, Werner-Verlag 1990

Gusy, Christoph: **Wertungen und Interessen** in der technischen Normung, UPR 1986, S. 241-250

Habersack, Mathias: **Europäisches Unternehmensrecht** -Einführung für Studium und Praxis-, Verlag C.H. Beck, München 1999

Habersack, Mathias/Mayer, Christian: **Die überschießende Umsetzung von Richtlinien** - Normauslegung und Rechtsweg im Grenzbereich zwischen deutschem und europäischem Privatrecht-, JZ 1999, S. 913-921

Hagenah, Evelyn: **Prozedualer Umweltschutz** - Zur Leistungsfähigkeit eines rechtlichen Regelungsinstruments, Nomos Verlagsgesellschaft, Baden-Baden 1996

Hagenah, Evelyn: **Neue Instrumente** für eine neue Staatsaufgabe: Zur Leistungsfähigkeit prozeduralen Rechts im Umweltschutz in: Dieter Grimm (Hrsg.) unter Mitarbeit von Evelyn Hagenah, Staatsaufgaben, Nomos Verlagsgesellschaft, Baden-Baden 1994, S. 487-521

Haller, Axel: Wesentliche **Ziele und Merkmale US-amerikanischer Rechnungslegung** in: Wolfgang Ballwieser (Hrsg.), US-amerikanische Rechnungslegung, Grundlagen und Vergleiche mit dem deutschen Recht, 4., überarbeitete und erweiterte Auflage, Schäffer-Poeschel Verlag, Stuttgart 2000, S. 1-27

Hammer, Felix: **Private Sicherheitsdienste**, staatliches Gewaltmonopol, Rechtstaatsprinzip und „schlanker Staat", DÖV 2000, S. 613-621

Hanks, Sara: **Globalization of World Financial Markets**: Perspective of the U.S. Securities and Exchange Commission, in: Frederick D.S. Choi,(Ed.), Handbook of International Accounting, John Wiley & Sons Inc., New York et al. 1991, Kapitel 11, S. 1-18

Haratsch, Andreas: **Verweisungstechniken** und gemeinschaftsgerichtete EG-Richtlinien, EuR 2000, S. 42-61

Haselmann, Detlev/Schick, Rainer: **Phasengleiche Aktivierung** von Dividendenansprüchen: Das Verwirrspiel im EuGH-Verfahren ist noch nicht beendet, DB 1996, S. 1529-1532

Hatfield, Henry R.: Some **Variations in Accounting Practices** in England, France, Germany and the United States (1911), nachgedruckt in: Journal of Accounting Research, Autumn 1966, S. 169-182

Hauschild, Malte: **Das neue Komitologie-Verfahren**, Neue Regeln für das Ausschußverfahren der EG, ZG 1999, S. 248-252

Havermann, Hans: **Private Regelsetzung** aus der Sicht des Handelsbilanzrechts, ZGR 2000, S. 693-701

Havermann, Hans: Der **Aussagewert des Jahresabschlusses**, WPg 1988, S. 612-617

Havermann, Hans: **Diskussion** zum Podiumsgespräch „Die Aufgaben des Wirtschaftsprüfers: Möglichkeiten der Entwicklung oder Notwendig der Reform?" in: Busse von Colbe und Marcus Lutter (Hrsg.), Wirtschaftsprüfung heute: Entwicklung oder Reform?, Ein Bochumer Symposion, Gabler, Wiesbaden 1977, Seite 163-173

Hayn, Sven: **Internationale Rechnungslegung**, Ursachen, Wirkungen und Lösungsansätze zur Überwindung internationaler Rechnungslegungsdivergenzen, Schäffer-Poeschel Verlag, Stuttgart 1997

Heintzen, Markus: **EU-Verordnungsentwurf** zur Anwendung von IAS: Kein Verstoß gegen Unionsverfassungsrecht, BB 2001, S. 825-829

Heintzen, Markus: **Verfassungsrechtliche Anforderungen** an das Rechnungslegungsrecht für börsennotierte Unternehmen, KoR 2001, S. 150-154

Heintzen, Markus: Zur **Verfassungsmäßigkeit** von § 292a Nr. 2a HGB, DB 1999, S. 1050-1054

Heißenberg, Lutz: **Europäischer Gerichtshof** in Steuersachen, KÖSDI 1996, S. 10825-10832

Hellermann, Johannes: **Private Standardsetzung im Bilanzrecht** - öffentlich-rechtlich gesehen, NZG 2000, S. 1097-1103

Hennrichs, Joachim: **Maßgeblichkeitsgrundsatz oder eigenständige Prinzipien** für die Steuerbilanz? in: Iris Ebling (Hrsg.), Besteuerung von Einkommen, Veröffentlichungen der Deutschen Steuerjuristischen Gesellschaft e.V., DStJG Band 24, Verlag Otto Schmidt, Köln 2001, S. 301-328

Hennrichs, Joachim: Der steuerrechtliche sog. **Maßgeblichkeitsgrundsatz** gem. § 5 EStG - Stand und Perspektive-, StuW 1999, S. 138-153

Hennrichs, Joachim: Die Bedeutung der **EG-Bilanzrichtlinie** für das Handelsbilanzrecht, ZGR 1997, S. 66-88

Herber, Rolf: **Diskussion** zum Podiumsgespräch „Die Aufgaben des Wirtschaftsprüfers: Möglichkeiten der Entwicklung oder Notwendig der Reform?“ in: Busse von Colbe und Marcus Lutter (Hrsg.), Wirtschaftsprüfung heute: Entwicklung oder Reform?, Ein Bochumer Symposion, Gabler, Wiesbaden 1977, Seite 163-173

Herkenroth, Klaus/Körner, Julia/Rodewald, Jörg: **Vorlagefähigkeit bilanzsteuerlicher Fragen** an den EuGH am Beispiel von Teilwertabschreibungen auf Beteiligungen, DStR 1999, S. 9-14

Herlinghaus, Andreas: **„Tomberger“** und die Folgen - ein Beitrag zur Frage der Entscheidungskompetenz des EuGH im Handels- und Steuerbilanzrecht, IStR 1997, S. 529-539

Hermanns, Tillmann: Ist der EuGH für **Fragen des deutschen Bilanzrechts** zuständig? GmbHR 1999, S. 1123-1132

Herrmann, Carl/Heuer, Gerhard/Raupach, Arndt: Einkommensteuer- und Körperschaftsteuergesetz, Kommentar, 21. Auflage, Verlag Otto Schmidt, Köln, Loseblattsammlung, Stand: 206. Ergänzungslieferung, Juni 2002 (zitiert als ***Bearbeiter* in: H/H/R, EStG**)

Herzig, Norbert: **Internationalisierung der Rechnungslegung** und steuerliche Gewinnermittlung, WPg 2000, S. 104-119

Herzig, Norbert: Ausweis der Gewinne der Tochtergesellschaft in der Bilanz der Muttergesellschaft für das Geschäftsjahr, in dem sie von der Tochtergesellschaft zugewiesen wurden?, **Anmerkung** zu EuGH vom 27.6.96, Rs. C 234/94, DB 1996, S. 1401-1402

Herzig, Norbert/Bär, Michaela: **Die Zukunft der steuerlichen Gewinnermittlung** im Licht des europäischen Bilanzrechts, DB 2003, S. 1-8

Herzig, Norbert/Rieck, Ulrich: **Europäisierung der** handels- und steuerrechtlichen **Gewinnermittlung** im Gefolge der Tomberger-Entscheidung, IStR 1998, S. 309-320

Herzog, Roman: **Subsidiaritätsprinzip** in: Roman Herzog, Hermann Kunst, Klaus Schlaich, Wilhelm Schneemelcher, Evangelisches Staatslexikon, 3., neu bearbeitete Auflage, Band II (N-Z), Kreuz Verlag, Stuttgart 1987, Spalten 3564-3571

Herzog, Roman: Allgemeine **Staatslehre,** Athenäum Verlag, Frankfurt am Main 1971

Heß, Burkhard: Die Einwirkungen des **Vorabentscheidungsverfahrens** nach Art. 177 EGV auf das deutsche Zivilprozeßrecht, ZZP 1995, S. 59-107

Hesse, Joachim Jens: **Selbst-Beherrschung** als politische Idee in: Michael Kloepfer (Hrsg.), Selbst-Beherrschung im technischen und ökologischen Bereich - Selbststeuerung und Selbstregulierung in der Technikentwicklung und im Umweltschutz, Dunker & Humblot, Berlin 1998, S. 49-64

Hesse, Konrad: **Grundzüge des Verfassungsrechts** der Bundesrepublik Deutschland, 20., neubearbeitete Auflage, C.F. Müller, Juristischer Verlag, Heidelberg 1995

Hirsch, Günter: Das **Vorabentscheidungsverfahren** nach Art. 177 EGV in der Finanzgerichtsbarkeit in: Paul Kirchhof, Wolfgang Jakob, Albert Beermann (Hrsg.), Steuerrechtsprechung, Steuergesetz, Steuerreform, FS für Klaus Offerhaus zum 60. Geburtstag, Verlag Otto Schmidt, Köln 1999, S. 103-115

Hirsch, Günter: Wichtige Einflüsse der **EuGH-Rechtsprechung** auf das deutsche Steuerrecht, DStZ 1998, S. 489-495

Höffe, Otfried: **Subsidiarität als staatsphilosophisches Prinzip** in: Knut Wolfgang Nörr/Thomas Oppermann (Hrsg.), Subsidiarität: Idee und Wirklichkeit, Zur Reichweite eines Prinzips in Deutschland und Europa, J.C.B. Mohr, Tübingen 1997, S. 49-67

Hoffmann, Wolf-Dieter: Von der phasengleichen Dividendenvereinnahmung zu den **Grundsätzen ordnungsmäßiger steuerlicher Bilanzierung** – Anmerkungen zum BFH-Beschluß vom 7.8.200, GrS 2/99, DStR 2000, 1682 -, DStR 2000, S. 1809-1816

Hoffmann, Wolf-Dieter: Der EuGH als **Mentor deutschen Bilanzrechts** – Anmerkungen zum EuGH-Urteil vom 14.9.1999, DStR 1999, S. 1686-1688

Hoffmann, Wolf-Dieter: Das deutsche **Bilanzverständnis** auf dem Prüfstand des EuGH, DB 1996, S. 1051-1056

Hoffmann, Wolf-Dieter/Sauter, Wolfgang: **Vom Gipfel der Rechtsprechung zur Beerdigung dritter Klasse**, Anmerkungen und Beratungshinweise zur abschließenden BGH-Entscheidung im Falle „Tomberger" wegen phasengleicher Dividendenvereinnahmung, GmbHR 1998, S. 318-322

Hoffmann-Riem, Wolfgang: **Finanzkontrolle als Steuerungsaufsicht** im Gewährleistungsstaat, DÖV 1999, S. 221-227

Hoffmann-Riem, Wolfgang: **Telekommunikationsrecht** als europäisches Verwaltungsrecht, DVBl. 1999, S. 125-134

Hoffmann-Riem, Wolfgang: **Verfahrensprivatisierung** als Modernisierung, DVBl. 1996, S. 225-232; auch veröffentlicht in: Wolfgang Hoffmann-Riem/Jens-Peter Schneider (Hrsg.), Verfahrensprivatisierung im Umweltrecht, Nomos Verlagsgesellschaft, Baden-Baden 1999, S. 9-30

Hoffmann-Riem, Wolfgang: Tendenzen in der **Verwaltungsrechtsentwicklung**, DÖV 1997, S. 433-442

Hoffmann-Riem, Wolfgang: **Öffentliches Recht und Privatrecht** als wechselseitige Auffangordnungen –Systematisierung und Entwicklungsperspektiven in: Wolfgang Hoffmann-Riem/Eberhard Schmidt-Aßmann (Hrsg.), Öffentliches Recht und Privatrecht als wechselseitige Auffangordnungen, Nomos Verlagsgesellschaft, Baden-Baden 1996, S. 261-336

Hoffmann-Riem, Wolfgang: **Konfliktmittler** in Verwaltungsverhandlungen, C.F. Müller, Juristischer Verlag, Heidelberg 1989, S. 23

Hofmann, Hans/Meyer-Teschendorf, Klaus G.: **Modernisierung von Staat und Verwaltung** im Zeichen der Globalisierung, ZG 1997, S. 338-349

Hofmann, Hans/Meyer-Teschendorf, Klaus G.: Ein Kongreß zur **Verschlankung des Staates** – Erkenntnisse zur Reform der öffentlichen Verwaltung und zur Gesetzgebungsmethodik, ZG 1997, S. 283-294

Hofstede, Geert H.: **Lokales Denken, Globales Handeln**: Kulturen, Zusammenarbeit und Management, aktualisierte Ausgabe der deutschen Übersetzung, Deutscher Taschenbuch Verlag, München 1997 (Titel der Originalausgabe: Culture´s Consequences)

Hollerbach, Alexander/Rausch, Anton: **Subsidiarität** in: Staatslexikon, herausgegeben von der Görres-Gesellschaft, 7., völlig neu bearbeitete Auflage, 5. Band (Sozialindikatoren-Zwingli), Spalten 386-390

Hommelhoff, Peter: **Diskussionsbeitrag** in: Jörg Baetge (Hrsg.), Aktuelle Entwicklungen in Rechnungslegung und Wirtschaftsprüfung -Reformbedarf, Perspektiven, Internationale Einflüsse-, IDW-Verlag, Düsseldorf 1997, 135-152

Hommelhoff, Peter: **Zum Ersatz des deutschen Konzernabschlusses** durch den internationalen Konzernabschluß in: Jörg Baetge (Hrsg.), Aktuelle Entwicklungen in Rechnungslegung und Wirtschaftsprüfung -Reformbedarf, Perspektiven, Internationale Einflüsse-, IDW-Verlag, Düsseldorf 1997, S. 109-133

Hommelhoff, Peter: **Deutscher Konzernabschluß**: International Accounting Standards und das Grundgesetz in: Reinhard Böttcher, Götz Hueck, Burghard Jähnke (Hrsg.), Festschrift für Walter Odersky zum 65. Geburtstag am 17. Juli 1996, Walter de Gruyter, Berlin/New York 1996, S. 779-797

Hommelhoff, Peter/Schwab, Martin: Gesellschaftliche **Selbststeuerung im Bilanzrecht** - Standard Setting Bodies und staatliche Regulierungsverantwortung nach deutschem Recht, BFuP 1998, S. 38-56

Hommelhoff, Peter/Schwab, Martin: Zum Stellenwert betriebswirtschaftlicher Grundsätze ordnungsgemäßer Unternehmensleitung und -überwachung im Vorgang der **Rechtserkenntnis**, ZfbF Sonderheft 36 (1996), S. 149-178

Honsell, Heinrich: Vom heutigen Stil der **Gesetzgebung**, Salzburger Universitätsreden, Band 67, Universitätsverlag A. Pustet, Salzburg-München 1979

Hopwood, Anthony G.: **Angleichung der Vorschriften** der Rechnungslegung der EG und ihre Zukunftsperspektiven - Ein Ausblick auf die Zukunft -, in: Kommission der Europäischen Gemeinschaften, Die Zukunft der Angleichung der Vorschriften der Rechnungslegung in den Europäischen Gemeinschaften, Konferenz vom 17.-18.1.90 in Brüssel, CM-60-90-296-DE-C Brüssel, Luxemburg, 1990, S. 44-73

Horngren, Charles: The Marketing of **Accounting Standards**, Journal of Accountancy, October 1973, S. 61

Hunscha, Axel: **Die starre Verweisung** aus der Sicht der Wissenschaft in: Bernd Hartlieb (Bearb.), Verweisung auf technische Normen in Rechtsvorschriften, Normungskunde Band 17, hrsg. vom DIN Deutsches Institut für Normung e.V., Beuth Verlag, Berlin/Köln 1982, S. 75-78

Hütten, Christoph/Brakensiek, Sonja: **„Deutsche US-GAAP"** ohne ein SEC – Auto ohne Bremsen? BB 2000, S. 870-872

Institut der Wirtschaftsprüfer (IDW): **Stellungnahme** v. 23.4.2001: **Vorschläge des Deutschen Standardisierungsrates zur Reform der Rechnungslegungsvorschriften** der 4. und 7. EU-Richtlinie, WPg 2001, S. 620-623

Institut der Wirtschaftsprüfer (IDW): **Stellungnahme** zu dem Entwurf des Deutschen Rechnungslegungsstandards Nr. 4 (**E-DRS 4**): Unternehmenserwerbe im Konzernabschluß v. 31. 05.2000, WPg 2000, S. 615-626

Isensee, Josef: **Gemeinwohl und Staatsaufgaben** (§57) in: Josef Isensee und Paul Kirchhof (Hrsg.), Handbuch des Staatsrechts der Bundesrepublik Deutschland, Band I,

Grundlagen von Staat und Verfassung, C.F. Müller Juristischer Verlag, Heidelberg 1987 (**HbStR III**)

Isensee, Josef: **Subsidiaritätsprinzip** und Verfassungsrecht -Eine Studie über das Regulativ des Verhältnisses von Staat und Gesellschaft-, Duncker und Humblot, Berlin 1968

Jaggi, B.L.: **The Impact of Cultural Environment** on Financial Disclosure, The International Journal of Accounting, Spring 1975, S. 75-84

Janke, Madeleine: Dauerschuldverhältnisse und **Grundsätze ordnungsmäßiger Bilanzierung**, Gabler Verlag, Wiesbaden 1997

Jarass, Hans D.: Bundes-Immissionsschutzgesetz, Kommentar unter Berücksichtigung der Bundes-Immissionsschutzverordnung und der TA Luft sowie der TA Lärm, 5., vollständig überarbeitete Auflage, Verlag C.H. Beck, München 2002 (zitiert als ***Jarass,* BImSchG**)

Jarass, Hans D.: **Grundfragen** der innerstaatlichen Bedeutung des EG-Rechts: Die Vorgaben des Rechts der Europäischen Gemeinschaften für die nationale Rechtsanwendung und die nationale Rechtssetzung nach Maastricht, Carl Heymanns Verlag, Köln 1994

Jarass Hans D./Pieroth, Bodo: Grundgesetz für die Bundesrepublik Deutschland, 6. Auflage, Verlag C.H. Beck, München 2002 (zitiert als ***Bearbeiter* in: J/P, GG**)

Jensen, Michael, C.: **Takeovers**: Their Causes and Consequences, Journal of Economic Perspectives, Winter 1988, S. 21-48

Jesse, Lenhard: **Einspruch und Klage im Steuerrecht**, 2., neubearbeitete und erweitere Auflage, Verlag C.H. Beck, München 2002

Kahle, Holger: **Europarechtliche Einflüsse** auf den Maßgeblichkeitsgrundsatz, StuW 2001, S. 126-136

Kam, Vernon: **Accounting Theory**, 2. Auflage, New York 1990

Karpen, Hans-Ulrich: **Die Verweisung** als Mittel der Gesetzgebungstechnik, Walter de Gruyter, Berlin 1970

Kellersmann, Dietrich: **Zur Diskussion um die Vorlagepflicht** in bilanzsteuerlichen Fragen – geklärte und offene Fragen, StuB 2001, S. 122-132

Kempermann, Michael: **Kommentar zu GrS-BFH v. 7.8.00**, FR 2000, S. 1130-1131

Kenis, Patrick: The **Social Construction** of an Industry – A World of Chemical Fibres, Campus/Westview, Frankfurt am Main/Boulder 1992

Kenis, Patrick: Die **Selbstregulierung der Industrie**: Welche Rollen für den Staat? ÖZS 1991, Heft 2, S. 3-17

Kessler, Harald: Das **Vorabentscheidungsverfahren des FG Hamburg** v. 22.4. 99 in Sachen Bilanzierung von Kreditrisiken: Paradebeispiel für einen mißlungenen Vorlagebeschluß, IStR 2000, S. 531-542

Kieso, Donald E./Weygardt, Jerry J./Warfield, Terry D.: **Intermediate Accounting,** 10th Edition, John Wiley & Sons, New York et al. 1998

Kindler, Peter: **Karlsruhe und das Europäische Gemeinschaftsrecht** – Kritisches zur Nichtannahme der Verfassungsbeschwerde im Video-Urteil, NJW 1993, S. 3120-3121

Kirchhof, Ferdinand: **Private Rechtsetzung**, Schriftenreihe der Hochschule Speyer, Band 98, Duncker & Humblot, Berlin 1987

Kirchhof, Paul: **Gesetzgebung und private Regelsetzung** als Geltungsgrund für Rechnungslegungspflichten?, ZGR 2000, S. 681-692

Kißler, Leo: **Privatisierung von Staatsaufgaben**. Kriterien und Grenzen aus sozialwissenschaftlicher Sicht in: Christoph Gusy (Hrsg.), Privatisierung von Staatsaufgaben: Kriterien-Grenzen-Folgen; Nomos Verlagsgesellschaft, Baden-Baden 1998, S 57-72

Kleber, Herbert: **Amerikanische Rechnungslegungsgrundsätze**: Vorbild für Europa?, BFuP 1993, S. 380-399

Kleekämper, Heinz: **Aktuelle Entwicklungen** beim IASC, BFuP 1995, S. 414-431

Klein, Hans Hugo: **Der Bundestag** (§ 40) in: Josef Isensee und Paul Kirchhof (Hrsg.), Handbuch des Staatsrechts der Bundesrepublik Deutschland, Band II, Demokratische Willensbildung - Die Staatsorgane des Bundes, C.F. Müller Juristischer Verlag, Heidelberg 1987 (**HbStR II**)

Klein, Martin: Einführung in die DIN-Normen, herausgegeben vom DIN Deutsches Institut für Normung e.V., 9., neubearbeitete und erweiterte Auflage, B.G. Teubner, Stuttgart und Beuth Verlag, Berlin/Köln 1985 (zitiert als ***Bearbeiter* in: Klein, DIN-Normen**)

Klestil, Thomas: **Normung als Rückgrat der Gesellschaft**, Festrede beim Festakt des 75jährigen Bestehens des Österreichischen Normungsinstitutes (ON) am 27. September 1995, DIN-Mitteilungen 75, 1996, S. 1-2

Kloepfer, Michael/Elsner, Thomas: **Selbstregulierung** im Umwelt- und Technikrecht - Perspektiven einer kooperativen Normsetzung, DVBl. 1996, S. 964-975

Kloepfer, Michel/Rehbinder, Eckhard/Schmidt-Aßmann, Eberhard: Umweltgesetzbuch - Allgemeiner Teil-, herausgegeben im Auftrag des Umweltbundesamtes im Rahmen des Umweltforschungsplans des Bundesministeriums für Umwelt, Naturschutz und Reaktorsicherheit, Erich Schmidt Verlag, Berlin 1990 (**UGB-ProfE**)

Kluth, Winfried: **Funktionale Selbstverwaltung**, Verfassungsrechtlicher Statusverfassungsrechtlicher Schutz, Mohr Siebeck, Tübinger 1997

Knobbe-Keuk: **Bilanz- und Unternehmenssteuerrecht**, 9., völlig überarbeitete und erweiterte Auflage, Verlag Otto Schmidt, Köln 1993

Kommentar zum Grundgesetz für die Bundesrepublik Deutschland, Reihe Alternativkommentare, herausgegeben von Eberhard Denninger, Wolfgang Hoffmann-Riem, Hans-Peter Schneider, Ekkehard Stein, 3. Auflage, Luchterhand, Neuwied, Loseblatt Stand: 2. Aufbaulieferung August 2002 (zitiert als ***Bearbeiter* in: AK-GG**)

Kommission der Europäischen Gemeinschaften: Mitteilung der Kommission an den Rat und das Europäische Parlament v. 13.6.2000: **Rechnungslegungsstrategien für die Zukunft,** KOM (2000) 359 endgültig

Kommission der Europäischen Gemeinschaften, Mitteilungen der Kommission: **Harmonisierung** auf dem Gebiet der Rechnungslegung: Eine neue Strategie im Hinblick auf die internationale Harmonisierung, KOM(95) 508 endgültig vom 14.11.1995, S. 1-14

Kommission Rechnungswesen im Verband der Hochschullehrer für Betriebswirtschaft e.V.: Reformvorschläge zur handelsrechtlichen Rechnungslegung, DBW 1979, S. 1-70

König, Klaus/Benz, Angelika: Zusammenhänge von **Privatisierung und Regulierung** in: Klaus König/Angelika Benz (Hrsg.), Privatisierung und Regulierung – Bahn, Post und Telekommunikation, Rundfunk, Nomos Verlagsgesellschaft, Baden-Baden 1997, S. 11-79

Korinek, Karl: **Normung im Spannungsfeld** von Effizienz und demokratischer Legitimation, DIN-Mitteilungen 75, 1996, S. 436-438

Koslowski, Peter: Subsidiarität als Prinzip der **Koordination der Gesellschaft** in: Knut Wolfgang Nörr/Thomas Oppermann (Hrsg.), Subsidiarität: Idee und Wirklichkeit, Zur Reichweite eines Prinzips in Deutschland und Europa, J.C.B. Mohr, Tübingen 1997, S. 39-48

Kraft, Gerhard: **Schlußfolgerungen** aus der Entscheidung des Großen Senats des Bundesfinanzhofs zur phasengleichen Dividendenaktivierung für die Rechnungslegungspraxis, WPg 2001, S. 2-11

Kraft, Gerhard: Steuer-, bilanz- und gesellschaftliche **Überlegungen zur phasengleichen Dividendenaktivierung** nach der Entscheidung des Großen Senats des BFH 2/99 in: Peter Hommelhoff, Roger Zätsch, Bernd Erle (Hrsg.), Gesellschaftsrecht, Rechnungslegung, Steuerrecht; Festschrift für Welf Müller zum 65. Geburtstag, Verlag C.H. Beck, München 2001, S. 755-772

Kreile, Reinhold: Zum **Vorentwurf einer EG-Richtlinie** über die Harmonisierung der steuerrechtlichen Gewinnermittlungsvorschriften, DB 1988, Beilage 18, S. 1-19

Kremer, Thomas: **Bericht über die Diskussion**, ZGR 1992, S. 396-400

Kropff, Bruno: Phasengleiche **Gewinnvereinnahmung** aus der Sicht des Europäischen Gerichtshofs - zugleich Besprechung der Entscheidung EuGH ZIP 1996, 1168-, ZGR 1997, S. 115-128

Kubin, Konrad W.: **Diskussionsbeitrag** in: Jörg Baetge (Hrsg.), Aktuelle Entwicklungen in Rechnungslegung und Wirtschaftsprüfung -Reformbedarf, Perspektiven, Internationale Einflüsse-, IDW-Verlag, Düsseldorf 1997, 135-152

Kunig, Philip: **Alternativen** zum einseitig-hoheitlichen Verwaltungshandeln in: Wolfgang Hoffmann-Riem/Eberhard Schmidt-Aßmann (Hrsg.), Konfliktbewältigung durch Verhandlungen, Band 1: Informelle und mittlerunterstützte Verhandlungen im Verwaltungsverfahren, Nomos Verlagsgesellschaft, Baden-Baden 1990, S. 43-66

Kunig, Philip/Rublack, Susanne: **Aushandeln statt Entscheiden** -Das Verwaltungsverfahrensrecht vor neuen Herausforderungen-, JURA 1990, S. 1-11

Kußmaul, Heinz/Klein, Nicole: **Überlegungen zum Maßgeblichkeitsprinzip** im Kontext jüngerer nationaler sowie internationaler Entwicklungen, DStR 2001, S. 546-552

Küting, Karlheinz: Die **Rechnungslegung in Deutschland** an der Schwelle zu einem neuen Jahrtausend - Bestandsaufnahme und Ausblick, DStR 2000, S. 38-44

Küting, Karlheinz: **Die phasengleiche Dividendenvereinnahmung** nach der EuGH-Entscheidung „Tomberger", DStR 1996, S. 1947-1952

Küting, Karlheinz: US-amerikanische und deutsche **Bilanzierung im Vergleich** - unter besonderer Berücksichtigung der Konzernrechnungslegung und des Daimler-Benz-Listing in New York, BFuP 1993, S. 357-373

Küting, Karlheinz/Hayn, Sven: Der internationale **Konzernabschluß als Eintrittskarte** zum weltweiten Kapitalmark, BB 1995, 662-672

Lamb, Irene: **Kooperative Gesetzeskonkretisierung** -Verfahren zur Erarbeitung von Umwelt- und Technikstandards-, Nomos Verlagsgesellschaft, Baden-Baden 1995

Lamb, Irene: Die **Bedeutung technischer Normen** im Umweltrecht, ZUR 1993, S. 97-102

Lanfermann, Josef: Meinungen zum Thema: Neue **Entwicklungen** in der Harmonisierung der Rechnungslegung, BFuP 1992, S. 441-455

Lange, Klaus: **Staatliche Steuerung** durch offene Zielvorgabe im Lichte der Verfassung, VerwA 1991, S. 1-24

Lange, Klaus: **Die Legitimationskrise des Bundesrats** in: Dieter Wilke und Bernd Schulte, Der Bundesrat. Die staatsrechtliche Entwicklung des föderalen Verfassungsorgans, Wissenschaftliche Buchgesellschaft Darmstadt 1990, S. 226-251

Lange, Klaus: **Normvollzug und Vernormung** in: Erhard Blanckenburg und Klaus Lenk (Hrsg.) Organisation und Recht - Organisatorische Bedingungen des Gesetzesvollzuges -, Jahrbuch für Rechtssoziologie und Rechtstheorie, Band 7, Westdeutscher Verlag 1980, S. 268-288

Langenbucher, Günther/Blaum, Ulf: Ist ein deutsches **Rechnungslegungsgremium** notwendig? -Ein Organisationsvorschlag auf der Grundlage einer Analyse ausländischer Standard Setting Bodies-, DB 1995, S. 2325-2335

Larenz, Karl/Canaris, Claus-Wilhelm: **Methodenlehre der Rechtswissenschaft**, Dritte, neu bearbeitet Auflage, Springer, Berlin u.a. 1995

Laßmann, Gert: **Podiumsgespräch**: Künftige Anpassung der Rechnungslegungsvorschriften an geänderte Bedürfnisse in: Marcus Bierich, Walter Busse von Colbe, Gert Laßmann, Marcus Lutter (Hrsg.), Rechnungslegung nach neuem Recht, Zeitschrift für Unternehmens- und Gesellschaftsrecht, Sonderheft 2, Walter de Gruyter, Berlin New York 1980, S. 105-154

Lausterer: **Anmerkung zum Vorlagebeschluß FG Hamburg** v. 22.4.99, IStR 1999, S. 639-640

Lauth, Bernd: Endgültiger **Abschied von der Einheitsbilanz?** DStR 2000, S. 1365-1372

Leffson, Ulrich: Die Grundsätze ordnungsmäßiger Buchführung, 7., revidierte und erweiterte Auflage, IDW-Verlag, Düsseldorf 1987 (**GoB**)

Leitz, Franz J.P.: **Partnerschaft** - Zum Normenvertrag zwischen der Bundesrepublik Deutschland und dem DIN Deutsches Institut für Normung e.V. in: DIN Deutsches Institut für Normung e.V., DIN-Normenheft 10, Grundlagen der Normungsarbeit, 6., geänderte Auflage, Beuth Verlag, Berlin/Wien/Zürich 1995, S. 57-63

Lenz, Carl Otto (Hrsg.): **EG-Vertrag**, Kommentar zu dem Vertrag zur Gründung der Europäischen Gemeinschaften, in der durch den Amsterdamer Vertrag geänderten Fassung, 2. Auflage 1999, Rechtsstand: 1. März 1999, Bundesanzeiger, Köln 1999 (zitiert als ***Bearbeiter*** **in: Lenz, EG-Vertrag**)

Lübbe-Wolff, Gertrude: Verfassungsrechtliche **Fragen der Normsetzung** und Normkonkretisierung im Umweltrecht, ZG 1991, S. 219-248

Lübbe-Wolff, Gertrude: **Konfliktmittlung** beim Erlaß technischer Regeln in: Wolfgang Hoffmann-Riem/Eberhard Schmidt-Aßmann (Hrsg.), Konfliktbewältigung durch Verhandlungen, Band 2: Konfliktmittlung in Verwaltungsverfahren, Nomos Verlagsgesellschaft, Baden-Baden 1990, S. 87-108

Ludwig Schmidt (Hrsg.) : Einkommensteuergesetz, 21., völlig neubearbeitete Auflage, Verlag C.H. Beck, München 2002 (zitiert als ***Bearbeiter* in: Schmidt, EStG**)

Ludwig, Frank: **Privatisierung staatlicher Aufgaben** im Umweltschutz, Schriften zum Umweltrecht, Band 82, Duncker & Humblot, Berlin 1998

Luik, Hans: **Podiumsgespräch**: Künftige Anpassung der Rechnungslegungsvorschriften an geänderte Bedürfnisse in: Marcus Bierich, Walter Busse von Colbe, Gert Laßmann, Marcus Lutter (Hrsg.), Rechnungslegung nach neuem Recht, Zeitschrift für Unternehmens- und Gesellschaftsrecht, Sonderheft 2, Walter de Gruyter, Berlin New York 1980, S. 105-154

Lukes, Rudolf: **Technischer Sachverstand** und Rechtsentscheidung in: Gesellschaft für Rechtspolitik Trier (Hrsg.), Bitburger Gespräche, Jahrbuch 1981, Verlag C.H. Beck, München 1981, S. 117-130

Lukes, Rudolf: Die Bedeutung der sog. **Regeln der Technik** für die Schadenersatzpflicht von Versorgungsunternehmen in: Regeln der Technik und Schadenersatz, Veröffentlichungen des Instituts für Energierecht an der Universität zu Köln, Band 23/24, Verlag Handelsblatt, Düsseldorf 1969

Lutter, Marcus (Hrsg.): Umwandlungsgesetz, Kommentar, 2. überarbeitete und erweiterte Auflage, Band I, Verlag Otto Schmidt, Köln 2000 (zitiert als ***Bearbeiter* in: Lutter: UmwG**)

Lutter, Marcus: **Europäisches Unternehmensrecht** - Grundlagen, Stand und Entwicklung nebst Texten und Materialien zur Rechtsangleichung-, Vierte, vollständig überarbeitete und erweiterte Auflage, ZGR Sonderheft 1, De Gruyter, Berlin New York 1996

Lutter, Markus: **Im Mahlstrom der Interessen**: Das Bilanzrecht, NJW 1996, S. 1945-1946

Lutter, Marcus: Die **Auslegung angeglichenen Rechts**, JZ 1992, S. 583-607

Lutter, Marcus: **Rechnungslegung nach künftigem Recht**, DB 1979, S. 1285-1296

Lutter, Marcus: **Diskussion** zum Podiumsgespräch „Die Aufgaben des Wirtschaftsprüfers: Möglichkeiten der Entwicklung oder Notwendigkeit der Reform?“ in: Busse von Colbe und Marcus Lutter (Hrsg.), Wirtschaftsprüfung heute: Entwicklung oder Reform?, Ein Bochumer Symposion, Gabler, Wiesbaden 1977, Seite 163-173

Luttermann, Claus.: **Kommentar zu GrS-BFH v. 7.8.00**, FR 2000, S. 1131-1132

Luttermann, Claus: **Unternehmen, Kapital und Genußrechte** - Eine Studie über Grundlagen der Unternehmensfinanzierung und zum internationalen Kapitalmarkt, Mohr Siebeck, Tübingen 2000

MacArthur, John B.: An Investigation into the **Influence of Cultural Factors** in the International Lobbying of the International Accounting Standards Committee: The Case of E 32, *Comparability of Financial Statements*, IJA 1996, S. 212-237

Mandler, Udo: **Harmonisierung der Rechnungslegung**: Bridging the GAAP?, ZfB 1996, S. 715-733

Marburger, Peter: **Formen, Verfahren und Rechtsprobleme** der Bezugnahme gesetzlicher Regelungen auf industrielle Normen und Standards in: Peter-Christian Müller-Graff (Hrsg.), Technische Regeln im Binnenmarkt, Schriftenreihe des Arbeitskreises Europäische Integration e.V., Band 28, Nomos Verlagsgesellschaft, Baden-Baden 1991, S. 24-55

Marburger, Peter: **Die gleitende Verweisung** aus Sicht der Wissenschaft in: Bernd Hartlieb (Bearb.), Verweisung auf technische Normen in Rechtsvorschriften, Normungskunde Band 17, hrsg. vom DIN Deutsches Institut für Normung e.V., Beuth Verlag, Berlin/Köln 1982, S. 11-23

Marburger, Peter: Die **Regeln der Technik** im Recht, Carl Heymanns Verlag, Köln/Berlin/Bonn/München 1979

Marburger, Peter/Gebhard, Thomas: Gesellschaftliche **Umweltnormierungen** in: Alfred Endres, Peter Marburger (Hrsg.), Umweltschutz durch gesellschaftliche Selbststeuerung: gesellschaftliche Umweltnormierungen und Umweltgenossenschaften, Economica Verlag, Bonn 1993, S. 1-48,

Martens, Wolfgang: **Öffentlich als Rechtsbegriff**, Verlag Gehlen, Bad Homburg v.d.H/Berlin/Zürich 1969

Maunz, Theodor/Düring, Günter (Hrsg.): Grundgesetz, Kommentar, Verlag C.H. Beck, München, Loseblattsammlung, Stand: 41. Lieferung, Oktober 2002 (zitiert als ***Bearbeiter* in: M/D, GG**)

Maunz, Theodor/Zippelius, Reinhold: **Deutsches Staatsrecht**, Ein Studienbuch, begründet von Theodor Maunz, völlig neubearbeitet von Reinhold Zippelius, 30. Auflage, Verlag C.H. Beck, München 1998

Mayntz, Renate: **Interessenverbände** und Gemeinwohl - Die Verbändestudie der Bertelsmannstiftung in: Renate Mayntz (Hrsg.), Verbände zwischen Mitgliederinteressen und Gemeinwohl, Verlag Bertelsmann Stiftung, Gütersloh 1992, S. 11-35

Mehde, Veit: **Ausübung von Staatsgewalt** und Public Private Partnership, VerwA 2000, S. 540-565

Meier, Gert: **Zur Einwirkung des Gemeinschaftsrechts** auf nationales Verfahrensrecht im Falle höchstrichterlicher Vertragsverletzungen, EuZW 1991, S. 11-15

Meilicke, Wienand: **Zur Vorlagepflicht des BFH** in Bilanzierungsfragen von Personengesellschaften und Einzelunternehmen, BB 2001, S. 40-41

Meilicke, Wienand: Zur **Bedeutung der richtlinienkonformen Auslegung** für das deutsche Steuerrecht, BB 1992, S. 969-975

Mensching, Christian: **Der neue Komitologie-Beschluß** des Rates, EuZW 2000, S. 268-271

Meyer-Arndt, Lüder: Die **Zuständigkeit des Europäischen Gerichtshofs** für das Bilanzrecht, BB 1993, S. 1623-1627

Möller, Klaus: Der **Europäische Gerichtshof** als gesetzlicher Richter i.S.d. Art. 101 Abs. 1 S. 2 GG im Vorlageverfahren gemäß Art. 177 Abs. 3 EWGV unter besonderer Berücksichtigung der Vorlagepflichtverletzung durch deutsche Gerichte, Dissertation Universität Osnabrück 1987

Moxter, Adolf: Die **Zukunft der Rechnungslegung**? - Anmerkung zu den Thesen eines Arbeitskreises der Schmalenbach-Gesellschaft, DB 2001, S. 605-606

Moxter, Adolf: Deutsches Rechnungslegungs Standards Committee: **Aufgaben und Bedeutung**, DB 1998, S. 1425-1428

Moxter, Adolf: **Pauschalrückstellungen** in der Steuerbilanz unzulässig? - Zum Vorlagebeschluß des FG Köln vom 16.7.1997 13 K 812/97, DB 1998, S. 269-272

Moxter, Adolf: Zum Umfang der **Entscheidungskompetenz** des Europäischen Gerichtshofs im Bilanzrecht, BB 1995, S. 1463-1466

Moxter, Adolf: **Fundamentalgrundsätze** ordnungsmäßiger Rechenschaft in: Jörg Baetge, Adolf Moxter und Dieter Schneider (Hrsg.), Bilanzfragen, Festschrift zum 65. Geburtstag von Prof. Dr. Ulrich Leffson, IDW-Verlag, Düsseldorf 1976, S. 87-100

Mueller, Gerhard/Gernon, Helen/Meek, Gary: **Accounting**, 3. Edition, Irwin, Burr Ridge 1994

Müller, Welf: **Der Europäische Gerichtshof** und die deutschen Grundsätze ordnungsmäßiger Buchführung in: Klaus-Peter Martens, Harm Peter Westermann, Wolfgang Zöllner (Hrsg.), Festschrift für Carsten Peter Claussen zum 70. Geburtstag, Carl Heymanns Verlag, Köln/Berlin/Bonn/München 1997, S. 707-723

Müller, Welf: Der Europäische Gerichtshof und die Grundsätze ordnungsmäßiger Buchführung in: Norbert Herzig (Hrsg.), Europäisierung des Bilanzrechts, Konsequenzen der Tomberger-Entscheidung des EuGH für die handelsrechtliche Rechnungslegung und die steuerliche Gewinnermittlung, Verlag Otto Schmidt, Köln 1997, S. 87-93 (zitiert als **EuGH und GoB**)

Müller-Foell, Martina: Die **Bedeutung technischer Normen** für die Konkretisierung von Rechtsvorschriften, C.F. Müller, Juristischer Verlag, Heidelberg 1987

Musgrave, Richard A./Musgrave, Peggy B./Kullmer, Lore: **Die öffentlichen Finanzen** in Theorie und Praxis, 1. Band, 6., aktualisierte Auflage, J.C.B. Mohr (Paul Siebeck), Tübingen 1994

Nicklisch, Fritz: **Technische Regelwerke** - Sachverständigengutachten im Rechtssinne?, NJW 1983, S. 841-850

Nickusch, Karl-Otto: § 330 StGB als Beispiel für eine unzulässige **Verweisung** auf die Regeln der Technik, NJW 1967, S. 811-813

Nicolaysen, Gert: Der **Streit** zwischen dem deutschen Bundesverfassungsgericht und dem Europäischen Gerichtshof, EuR 2000, S. 495-511

Niehus, Rudolf J.: Die **Zukunft der Standards** des DRSC, DB 2001, S. 53-59

Niessen, Hermann: **Bindungen und Freiheiten** der Mitgliedsstaaten der Europäischen Union bei der Umsetzung von Richtlinien am Beispiel der Angleichung des Bilanzrechts in: Ole Due, Markus Lutter, Jürgen Schwarze (Hrsg.), Festschrift für Ulrich Everling, Band 2, Nomos Verlagsgesellschaft, Baden-Baden 1995, S. 971-1000

Nobes, Christopher W. (Ed.): **International Harmonization of Accounting**, Edgar Elgar Publishing, Cheltenham UK 1996

Nobes, Christopher W.: International **Classification** of Financial Reporting, Second Edition, Routledge, London/New York 1992

Nobes ,Christopher W./Parker, Robert (Ed.): **Comparative International Accounting**, Fourth edition, Prentince Hall, New York et al. 1995

Nobes, Christopher W./Parker, Robert (Ed.): **International Accounting**: general issues and classification, Edgar Elgar Publishing, Cheltenham UK 1996

Nothelfer, Robert: Die **Auswirkungen** der GmbH & Co.-Richtlinie auf die Praxis - Eine empirische Analyse, BB 1996, S. 1655-1658

O´Malley, Shaun F, : Commentary on: **Legal liability** is having a chiling effect on the auditor´s role, Accounting Horizon, No. 2 1993, S.82-87

Offe, Claus: **Sozialwissenschaftliche Aspekte** der Diskussion in: Joachim Jens Hesse/Christoph Zöpel (Hrsg.), Der Staat der Zukunft, Nomos Verlagsgesellschaft, Baden-Baden 1990, S. 107-126

Oppermann, Thomas: **Europarecht**, Verlag C.H. Beck, München 1991

Organisation for Economic Co-operation and Development: Recommendation of the council of the OECD on **improving the quality of government regulation**, OECD working papers N° 74, Paris 1995

Ossenbühl, Fritz: **Gesetz und Verordnung** im gegenwärtigen Staatsrecht in: Gunnar Folke Schuppert (Hrsg.), Das Gesetz als zentrales Steuerungsinstrument des Rechtsstaates, Symposion anläßlich des 60. Geburtstages von Christian Starck, Nomos Verlagsgesellschaft, Baden-Baden 1998, S. 27-44

Ossenbühl, Fritz: **Vorrang und Vorbehalt des Gesetzes** (§ 62) in: Josef Isensee und Paul Kirchhof (Hrsg.), Handbuch des Staatsrechts der Bundesrepublik Deutschland, Band III, Das Handeln des Staates, C.F. Müller Juristischer Verlag, Heidelberg 1987 (**HbStR III**)

Ossenbühl, Fritz: **Die Rechtsquellen im demokratischen Rechtsstaat** (§ 64) in: Josef Isensee und Paul Kirchhof (Hrsg.), Handbuch des Staatsrechts der Bundesrepublik Deutschland, Band III, Das Handeln des Staates, C.F. Müller Juristischer Verlag, Heidelberg 1987 (**HbStR III**)

Ossenbühl, Fritz: Die Erfüllung von **Verwaltungsaufgaben** durch Private, VVDStRL, Band 29 (1971), S. 137-209

Ossenbühl, Fritz: Die verfassungsrechtliche **Zulässigkeit der Verweisung** als Mittel der Gesetzgebungstechnik, DVBl. 1967, S. 401-408

Palm, Daniela: **Staatliche Regulierung und gesellschaftliche Selbstregulierung** im Datenschutzrecht in: Klaus Vieweg (Hrsg.), Spektrum des Technikrechts, Referate eines Symposiums aus Anlaß des 10jährigen Bestehens des Instituts für Recht und Technik in Erlangen, Carl Heymanns Verlag, Köln/Berlin/Bonn/München 2002, S. 215-236

Papier, Hans-Jürgen: Bedeutung der Verwaltungsvorschriften im **Recht der Technik** in: Herbert Leßmann, Bernhard Großfeld, Lothar Vollmer (Hrsg.), Festschrift für Rudolf Lukes zum 65. Geburtstag, Carl Heymanns Verlag, Köln/Berlin/Bonn/München 1989, S. 159-168

Papier, Hans-Jürgen: **Rechtskontrolle** technischer Großprojekte in: Gesellschaft für Rechtspolitik Trier (Hrsg.), Bitburger Gespräche, Jahrbuch 1981, Verlag C.H. Beck, München 1981, S. 81-99

Parker, R.H.: Stichwort: **Harmonization** in: R.H. Parker (Ed.), Macmillan Dictionary of Accounting, Second Edition, The Macmillan Press Ltd., London 1992

Pellens, Bernhard: **Internationale Rechnungslegung**, 4., überarbeitete und erweiterte Auflage, Schäffer-Poeschel Verlag, Stuttgart 2001

Pellens, Bernhard/Bonse ,Andreas/Gassen, Joachim: **Perspektiven** der deutschen Konzernrechnungslegung –Auswirkungen des Kapitalaufnahmeerleichterungsgesetz und des neuen Gesetzes zur Kontrolle und Transparenz im Unternehmensbereich-, DB 1998, S. 785-792

Pellens, Bernhard/Füllbier, Rolf Uwe/Gassen, Joachim: **Unternehmenspublizität** unter veränderten Marktbedingungen in: Clemens Börsig/Adolf G. Coenenberg (Hrsg.), Controlling und Rechnungswesen im internationalen Wettbewerb, Kongress-Dokumentation, 51. Deutscher Betriebswirtschaftlertag 1997, Schäffer-Poeschel, Stuttgart 1998, S. 56-69

Pellens, Bernhard/Fülbier, Uwe/Ackermann, Ulrich: International Accounting Standards Committee: **Deutscher Einfluß** auf Arbeit und Regelungen, DB 1996, S. 285-291

Pellens, Bernhard/Gassen, Joachim: **EU-Verordnungsentwurf** zur IAS-Konzernrechnungslegung - Gestaltungsmöglichkeiten des deutschen Gesetzgebers, KoR 2001, S. 137-142

Perera, M.H.B.: Towards a Framework to Analyse the **Impact of Culture** on Accounting, IJA 1989, S. 42-56

Peters, Hans: **Öffentliche und staatliche Aufgaben** in: Rolf Dietz/Heinz Hübner (Hrsg.), Festschrift für Hans Carl Nipperdey zum 70. Geburtstag 21. Januar 1965, Band II, Verlag C.H. Beck, München/Berlin 1965, S. 877-894

Peters, Hans/Ossenbühl, Fritz: Die **Übertragung** von öffentlich-rechtlichen Befugnissen auf die Sozialpartner unter besonderer Berücksichtigung des Arbeitsschutzes, Verlag Franz Vahlen, Berlin/Frankfurt a. M. 1967

Pezzer, Heinz-Jürgen: **Bilanzierungsprinzipien** als sachgerechte Maßstäbe der Besteuerung in: Werner Doralt (Hrsg.), Probleme des Steuerbilanzrechts, Veröffentlichungen der Deutschen Steuerjuristischen Gesellschaft e.V., DStJG Band 14, Verlag Otto Schmidt, Köln 1991, S. 3-27

Pius XI.: **Enzyklika „*Quadragesimo anno*"** vom 15. Mai 1931, Acta Apostolicae Sedis 23 (1931), S. 177-228

Porter, Michael E.: **Capital Disadvantage**: Americas Failing Capital Investment System, Harvard Business Review, September/October 1992, S. 65-82

Potthof, Erich/Trescher, Karl: **Das Aufsichtsratsmitglied**, Ein Handbuch für seine Aufgaben, Rechte und Pflichten, 3. überarbeitete und ergänzte Ausgabe, Schäffer-Poeschel Verlag, Stuttgart 1995

Pratt, Jamie/Behr, Giorgio: **Entwicklung von Grundsätzen** der Rechnungslegung und Rechnungsprüfung - Ein Beitrag zur Aktienrechtsrevision und zur internationalen Harmonisierung der Rechnungslegung -,Die Schweizerische Aktiengesellschaft, 1983, S. 72-80

Presse- und Informationszentrum des Deutschen Bundestages (Hrsg.): **Datenhandbuch** zur Geschichte des Deutschen Bundestages **1983 bis 1991**, mit Anhang: Volkskammer der Deutschen Demokratischen Republik, verfaßt und bearbeitet von Peter Schindler, eine Veröffentlichung der Wissenschaftlichen Dienste des Deutschen Bundestages, Nomos Verlagsgesellschaft, Baden-Baden 1994

Presse- und Informationszentrum des Deutschen Bundestages (Hrsg.): **Datenhandbuch** zur Geschichte des Deutschen Bundestages **1949 bis 1982**, verfaßt und bearbeitet von Peter Schindler, Abteilung Wissenschaftliche Dokumentation des Deutschen Bundestages, Dritte durchgesehene Auflage, Nomos Verlagsgesellschaft, Baden-Baden 1984

Probst, Herbert: Mehr **angloamerikanische Rechnungslegung** in der EG durch geänderte Verfahren?, BFuP 1992, S. 426-440

Radebaugh, Lee. H./Gray, Sidney J.: **International Accounting** and Multinational Enterprises, Fouth Edition, John Wiley & Sons, New York et al. 1997

Rainer, Anno: **Anmerkung zu EuGH v. 17.7.97 (Leur-Bloem),** Rs. C-28/95, IStR 1997, S. 539-544

Rappaport, Alfred: **Economic impact** of accounting standards - implications for the FASB, Journal of Accountancy, May 1977, S. 89-98

Rat der Europäischen Union (EU-Rat): Beschluß des Rates vom 28. Juni 1999 zur Festlegung der Modalitäten für die Ausübung der der Kommission übertragenden Durchführungsbefugnisse, Beschluß 1999/468/EG, ABl. EG 1999, L 184, S. 23-26 (zitiert als : **Komitologie**)

Rat der Europäischen Gemeinschaft (EG-Rat): Entschließung des Rates und der im Rat vereinigten Vertreter der Regierungen der Mitgliedstaaten vom 1. Februar 1993 über ein Gemeinschaftsprogramm für Umweltpolitik und Maßnahmen im Hinblick auf eine dauerhafte und umweltgerechte Entwicklung (93/C 138/01), Für eine dauerhafte und umweltgerechte Entwicklung, Ein Programm der Europäischen Gemeinschaft für Umweltpolitik und Maßnahmen im Hinblick auf eine dauerhafte und umweltgerechte Entwicklung, ABl. EG 1993, C 138, S. 1-98 (zitiert als **Gemeinschaftsprogramm für Umweltpolitik**)

Reihlen, Helmut: Private technische Regelwerke - Tatsächliche **Erscheinungsformen** und ökonomische Aspekte in: Michael Kloepfer (Hrsg.), Selbst-Beherrschung im technischen und ökologischen Bereich - Selbststeuerung und Selbstregulierung in der Technikentwicklung und im Umweltschutz, Dunker & Humblot, Berlin 1998, S. 75-87

Reihlen, Helmut: **Europäische und internationale Normung** mit ihren Einwirkungen auf das deutsche Recht in: Hans-Werner Rengeling (Hrsg.), Umweltnormung - Deutsche, europäische und internationale Rechtsfragen, Carl Heymanns Verlag, Köln/Berlin/Bonn/München 1997

Riahi-Belkaoui, Ahmed/Picur, Ronald D.: **Cultural Determinism** and the Perception of Accounting Concepts, IJA 1991, S. 118-130

Ritter, Ernst-Hasso: **Das Recht als Steuerungsmedium** im kooperativen Staat in: Dieter Grimm (Hrsg.), Wachsende Staatsaufgaben – sinkende Steuerungsfähigkeit des Rechts, Nomos Verlagsgesellschaft, Baden-Baden 1990, S. 69-112

Ritter, Ernst-Hasso: **Staatliche Steuerung** bei vermindertem Rationalitätsanspruch? Zur Praxis der politischen Planung in der Bundesrepublik Deutschland in: Thomas Ellwein/Joachim Jens Hesse/Renate Mayntz/Fritz W. Scharpf (Hrsg.), Jahrbuch zur Staats- und Verwaltungswissenschaft, Band 1, Nomos Verlagsgesellschaft, Baden-Baden 1987, S. 321-352

Rittstieg, Andreas: Die Konkretisierung technischer Standards im **Anlagenrecht**, Carl Heymanns Verlag, Köln/Berlin/Bonn/München 1982

Röhl, Hans Christian: Der **Wissenschaftsbeirat** - Kooperation zwischen Wissenschaft, Bund und Ländern und ihre rechtliche Determinanten, Nomos Verlagsgesellschaft, Baden-Baden 1994

Ronellenfitsch, Michael: **Staat und Markt**: Rechtliche Grenzen einer Privatisierung kommunaler Aufgaben, DÖV 1999, S. 705-711

Ronen, Joshua/M. Schiff: The Setting of Financial **Accounting Standards** - Private or Public?, Journal of Accountancy, March 1978, S. 66-73

Roquette, Andreas J./W. Stanger, Christopher: Das **Engagement** ausländischer Gesellschaften im US-amerikanischen Kapitalmarkt -Rechtliche Erwägungen für deutsche Gesellschaften, erläutert am Beispiel Daimler-Benz-, WM 1994, S. 137-147

Rost, Peter: Der internationale **Harmonisierungsprozeß** der Rechnungslegung, Theorie, Praxis, Perspektiven, Peter Lang, Frankfurt am Main et. al 1994

Ruffert, Dietmar: An der **Rechnungslegungspraxis** scheiden sich die "Kulturen", Sparkasse 1996, S. 166-167

Ruffing, Loraine: **Anstrengungen der Vereinten Nationen** um eine weltweite Angleichung bei Jahresabschlüssen von Gesellschaften: 1973-1990, in: Kommission der Europäischen Gemeinschaften, Die Zukunft der Angleichung der Vorschriften der Rechnungslegung in den Europäischen Gemeinschaften, Konferenz vom 17.-18.1.90 in Brüssel, CM-60-90-296-DE-C Brüssel, Luxemburg, 1990, S. 29-37

Ruhnke, Klaus: **Internationale Einflüsse** auf die deutsche Prüfungspraxis, KoR 2002, S. 155-165

Rupp, Hans Heinrich: **Die Unterscheidung von Staat und Gesellschaft** (§ 28) in: Josef Isensee und Paul Kirchhof (Hrsg.), Handbuch des Staatsrechts der Bundesrepublik Deutschland, Band I, Grundlagen von Staat und Verfassung, C.F. Müller Juristischer Verlag, Heidelberg 1987 **(HbStR I)**

Sachs, Michael: Grundgesetz-Kommentar, 3. Auflage, Verlag C.H. Beck, München 2003 (zitiert als ***Bearbeiter* in: Sachs, GG**)

Sachverständigenrat "Schlanker Staat" (Hrsg.): **Abschlußbericht**, Bundesdruckerei GmbH, Bonn 1997

Schäfer, Michael: Verfassungsrechtliche Rahmenbedingungen für die Konkretisierung unbestimmter Sicherheitsstandards durch die **Rezeption von Sachverstand**, Nomos Verlagsgesellschaft, Baden-Baden 1998

Schauhoff, Stephan: Einholung einer **Vorabentscheidung** beim Europäischen Gerichtshof - Zur Anwendung des Art. 177 Abs. 2 EGV durch die Gerichte, IStR 1996, S. 494-498

Scheffler, Eberhard: **Der deutsche Standardisierungsrat** – Struktur, Aufgaben und Kompetenzen, BFuP 1999, S. 407-417

Scheffler, Eberhard: **Internationale Rechnungslegung** und das deutsche Bilanzrecht, DStR 1999, S. 1285-1292

Schenke, Wolf-Rüdiger: **Die verfassungsrechtliche Problematik dynamischer Verweisungen**, NJW 1980, S. 743-749

Schildbach, Thomas: **Das private Rechnungslegungsgremium** gemäß § 342 HGB und die Zukunft der Rechnungslegung in Deutschland, DB 1999, S. 645-652

Schildbach, Thomas: Der handelsrechtliche **Jahresabschluß**, 5. Auflage, Verlag Neue Wirtschafts-Briefe, Herne/Berlin 1997

Schmidt, J.: **Diskussionsbeitrag** in: Jörg Baetge (Hrsg.), Aktuelle Entwicklungen in Rechnungslegung und Wirtschaftsprüfung -Reformbedarf, Perspektiven, Internationale Einflüsse-, IDW-Verlag, Düsseldorf 1997, 135-152

Schmidt-Aßmann, Eberhard: **Zur Reform des Allgemeinen Verwaltungsrechts** – Reformbedarf und Reformansätze in: Wolfgang Hoffmann-Riem/Eberhard Schmidt-Aßmann/Gunnar Folke Schuppert (Hrsg.), Reform des Allgemeinen Verwaltungsrechts - Grundfragen, Nomos Verlagsgesellschaft, Baden-Baden 1993, S. 11-63

Schmidt-Aßmann, Eberhard: **Verwaltungslegitimation** als Rechtsbegriff, AöR 1991, S. 329-390

Schmidt-Preuß, Matthias: Funktionsbedingungen selbstregulativer **Gemeinwohlverwirklichung**, DVBl. 2001, S. 1095-1102

Schmidt-Preuß, Matthias: **Private** technische **Regelwerke** - Rechtliche und politische Fragen in: Michael Kloepfer (Hrsg.), Selbst-Beherrschung im technischen und ökologischen Bereich - Selbststeuerung und Selbstregulierung in der Technikentwicklung und im Umweltschutz, Dunker & Humblot, Berlin 1998, S. 89-101

Schmidt-Preuß, Matthias: **Normierung und Selbstnormierung** aus der Sicht des Öffentlichen Rechts, ZLR 1997, S. 249-267

Schmidt-Preuß, Matthias: **Verwaltung und Verwaltungsrecht** zwischen gesellschaftlicher Selbstregulierung und staatlicher Steuerung, 1. Bericht, VVDStRL 1997 (Heft 56), S. 160-234

Schneider, Hans: **Gesetzgebung** – Ein Lehrbuch, 2., verbesserte und erweiterte Auflage, C.F. Müller Juristischer Verlag, Heidelberg 1991

Schoch, Friedrich: **Privatisierung von Verwaltungsaufgaben**, DVBl 1994, S. 962-977

Schoenfeld, Hans-Martin: Grundsätze der **Rechnungslegung in den USA**, ZfB 1981, S. 290-311

Scholz, Rupert: **Privatisierung im Baurecht** -Bauordnungs- und verfassungsrechtliche Zulässigkeit der Verlagerung staatlicher Bauaufsicht auf private Eigenverantwortung-, Baurecht und Bautechnik, Band 8, Erich Schmidt Verlag, Berlin 1997

Scholz, Rupert: **Verkehrsüberwachung durch Private?**, NJW 1997, S. 14-18

Scholz, Rupert: **Vorwort** in: Sachverständigenrat "Schlanker Staat" (Hrsg.), Abschlußbericht, Bundesdruckerei GmbH, Bonn 1997, S. 5-6

Scholz, Rupert: **Staatliche Sicherheitsverantwortung** zu Lasten Privater? in: Rudolf Wendt, Wolfgang Höfling, Ulrich Karpen, Martin Oldiges (Hrsg.), Staat, Wirtschaft, Steuern, Festschrift für Karl Heinrich Friauf zum 65. Geburtstag, C.F. Müller Juristischer Verlag, Heidelberg 1996, S. 439-454

Scholz, Rupert: **Technik und Recht** in: Dieter Wilke (Hrsg.), Festschrift zum 125 jährigen Bestehen der Juristischen Gesellschaft zu Berlin, Walter de Gruyter, Berlin New York 1984, S. 691-714

Scholz, Rupert: **Rechtsfragen zur Verweisung** zwischen Gesetz und Tarifvertrag, in: Arbeitsleben und Rechtspflege, Festschrift für Gerhard Müller, Duncker & Humblot, Berlin 1981, S. 509-536

Scholz, Rupert: **Das Verhältnis von technischer Norm und Rechtsnorm** unter besonderer Berücksichtigung des Baurechts in: DIN Deutsches Institut für Normung e.V.

(Hrsg.), Technische Normung und Recht, Normungskunde Heft 14, Beuth Verlag, Berlin/Köln 1979, S. 85-107

Scholz, Rupert: **Grenzen staatlicher Aktivität** unter der grundgesetzlichen Wirtschaftsverfassung in: Dieter Duwendag (Hrsg.), Der Staatssektor in der sozialen Marktwirtschaft, Schriftenreihe der Hochschule Speyer, Band 59, Duncker & Humblot, Berlin 1976, S. 113-133

Scholz, Rupert: Das Wesen und die **Entwicklung** der gemeindlichen öffentlichen Einrichtungen, Schriften zum öffentlichen Recht, Band 52; Duncker & Humblot, Berlin 1967

Schön, Wolfgang: Steuerliche **Einkünfteermittlung**, Maßgeblichkeitsprinzip und Europäische Bilanzrichtlinie in: Franz Klein, Hans Peter Stihl, Franz Wassermeyer (Hrsg.), Unternehmen Steuern, Festschrift für Hans Flick zum 70. Geburtstag, Verlag Otto Schmidt, Köln 1997, S. 573-586

Schön, Wolfgang: Aktuelle Fragen zum europäischen **Handels- und Steuerrecht**, JbFfSt 1996/97, S. 77-84

Schön, Wolfgang: Die **Steuerbilanz zwischen Handelsrecht und Grundgesetz**, StuW 1995, S. 366-377

Schreiber, Ulrich: Hat das **Maßgeblichkeitsprinzip** noch eine Zukunft? in: Wolfgang Dieter Budde/Adolf Moxter/Klaus Offerhaus (Hrsg.), Handelsbilanzen und Steuerbilanzen, Festschrift zum 70. Geburtstag von Prof. Dr. h.c. Heinrich Beisse, IDW-Verlag, Düsseldorf 1997, S. 491-509

Schreyögg, Georg/Steinmann, Horst: Zur **Trennung von Eigentum und Verfügungsgewalt** – Eine empirische Analyse der Beteiligungsverhältnisse in deutschen Großunternehmen, ZfB 1981, S. 533-543

Schroller, Wolfgang: Die **Zukunft des Maßgeblichkeitsgrundsatzes** im Hinblick auf das Steuerentlastungsgesetz 1999/2000/2002 und die geplante Unternehmenssteuerreform in: Jens Poll (Hrsg.), Bilanzierung und Besteuerung der Unternehmen, Das Handels- und Steuerrecht auf dem Weg in das 21. Jahrhundert, Festschrift für Dr. iur. Dr. rer. pol Herbert Brönner zum 70. Geburtstag, Schäffer-Poeschel Verlag, Stuttgart 2000, S. 361-375

Schulte, Martin: Verfassungsrechtliche Beurteilung der **Umweltnormung** in: Hans-Werner Rengeling (Hrsg.), Umweltnormung: Deutsche, europäische und internationale Rechtsfragen, Carl Heymanns Verlag, Köln/Berlin/Bonn/München 1998, S. 165-186

Schulze-Osterloh, Joachim: Das deutsche **Gesellschaftsrecht im Banne der Globalisierung**, ZIP 2001, S. 1433-1440

Schulze-Osterloh, Joachim: **Handels- und Steuerbilanz**, ZGR 2000, S. 594-603

*Schulze-*Osterloh, *Joachim:* **Phasengleiche Aktivierung** von Dividendenansprüchen, Besprechung des Beschlusses des Großen Senats des Bundesfinanzhofs BStBl. II 2000, 632; ZGR 2001, S. 497-513

Schulze-Osterloh, Joachim: **Bilanzrecht** und Steuerrecht vor dem EuGH, DStZ 1997, S. 281-286

Schulze-Osterloh, Joachim: Der Europäische Gerichtshof zur phasengleichen **Aktivierung von Dividendenansprüchen**, ZIP 1996, S. 1453-1457

Schulze-Osterloh, Joachim: **Vorabentscheidungen** des Europäischen Gerichtshofs zum Handelsbilanzrecht, ZGR 1995, S. 170-189

Schulze-Osterloh, Joachim: Handelsbilanz und steuerliche **Gewinnermittlung**, StuW 1991, S. 284, 296

Schulze-Osterloh, Joachim: **Zivilrecht und Steuerrecht**, AcP 1990, S. 139-164

Schulze-Osterloh, Joachim: **Jahresabschluß, Abschlußprüfung und Publizität** der Kapitalgesellschaften nach dem Bilanzrichtlinien-Gesetz, ZHR 150 (1986), S. 532-569

Schulze-Osterloh, Joachim: **Alternativen** zum Bilanzrichtlinie-Gesetzentwurf, Alternativentwurf zur Rechnungslegung der Einzelkaufleute und Personenhandelsgesellschaften mit einer Einführung und Begründung sowie ein Beitrag zur Registerpublizität, Verlag Otto Schmidt, Köln 1981

Schüppen, Matthias: Die „Zuweisung von Gewinnen im Jahresabschluß" - Delphisches **Orakel oder** Salomonische **Lösung**?, DB 1996, S. 1481-1484

Schuppert, Gunnar Folke: Jenseits von **Privatisierung** und „schlankem Staat": Vorüberlegungen zu einem Konzept von Staatsentlastung durch Verantwortungsteilung in: Christoph Gusy (Hrsg.), Privatisierung von Staatsaufgaben: Kriterien-Grenzen-Folgen; Nomos Verlagsgesellschaft, Baden-Baden 1998, S. 72-115

Schuppert, Gunnar Folke: Die öffentliche Verwaltung im **Kooperationsspektrum** staatlicher und privater Aufgabenerfüllung - Erscheinungsformen von Public Private Partnership als Herausforderung an Verwaltungsrecht und Verwaltungswissenschaft in: Dietrich Budäus/Peter Eichhorn (Hrsg.), Public Private Partnership - Neue Formen öffentlicher Aufgabenerfüllung, Nomos Verlagsgesellschaft, Baden-Baden 1997, S. 93-124

Schuppert, Gunnar Folke: Vom produzierenden zum gewährleistenden Staat: **Privatisierung als Veränderung staatlicher Handlungsformen** in: Klaus König/Angelika Benz (Hrsg.), Privatisierung und Regulierung - Bahn, Post und Telekommunikation, Rundfunk, Nomos Verlagsgesellschaft, Baden-Baden 1997, S. 539-575

Schuppert, Gunnar Folke: **Rückzug des Staates?** -Zur Rolle des Staates zwischen Legitimationskrise und politischer Neubestimmung-, DÖV 1995, S. 761-770

Schuppert, Gunnar Folke: Die **Privatisierungsdiskussion** in der deutschen Staatsrechtslehre, Staatswissenschaften und Staatspraxis 1994, S. 541-564

Schuppert, Gunnar Folke: Die **Steuerung des Verwaltungshandelns** durch Haushaltsrecht und Haushaltskontrolle, VVDStRL 1984 (42), S. 216-266

Schuppert, Gunnar Folke: Die **Erfüllung öffentlicher Aufgaben** durch verselbständigte Verwaltungseinheiten, Göttinger Rechtswissenschaftliche Studien, Band 109, Verlag Otto Schwartz & Co, Göttingen 1981

Schuppert, Gunnar Folke/Bumke, Christian: **Verfassungsrechtliche Grenzen** privater Standardsetzung, Vorüberlegungen zu einer Theorie der Wahl rechtlicher Regelungsformen (Regulatory Choice) in: Dieter Kleindiek/Wolfgang Oehler (Hrsg.), Die Zukunft des deutschen Bilanzrechts im Zeichen internationaler Rechnungslegung und privater Standardisierung, Verlag Otto Schmidt, Köln 2000, S. 71-126

Schwab, Michael: Der Deutsche Rechnungslegungsstandard Nr. 7 im **Widerspruch zum geltenden deutschen Bilanzrecht**, DB 2001, S. 880-882

Schwab, Martin: Der **Standardisierungsvertrag für das DRSC** – Eine kritische Würdigung (**Teil I**), BB 1999, S. 731-738

Schwab, Martin: Der **Standardisierungsvertrag für das DRSC** – Eine kritische Würdigung (**Teil II**), BB 1999, S. 783-788

Schwarze, Jürgen (Hrsg.): EU-Kommentar, Nomos Verlagsgesellschaft, Baden-Baden 2000 (zitiert als ***Bearbeiter* in: Schwarze, EU-Kommentar**)

Schwierz, Matthias: **Die Privatisierung des Staates** am Beispiel der Verweisungen auf die Regelwerke privater Regelgeber im technischen Sicherheitsrecht, 1986, Peter Lang, Frankfurt a.M. et al. 1986

Semler, Johannes: **Diskussion** zum Podiumsgespräch: Künftige Anpassung der Rechnungslegungsvorschriften an geänderte Bedürfnisse in: Marcus Bierich, Walter Busse von Colbe, Gert Laßmann, Marcus Lutter (Hrsg.), Rechnungslegung nach neuem Recht, Zeitschrift für Unternehmens- und Gesellschaftsrecht, Sonderheft 2, Walter de Gruyter, Berlin New York 1980, S. 133-154

Sendler, Horst: **Selbstregulierung** im Konzept des Umweltgesetzbuches, UPR 1997, S. 381-387

Siegel, Theodor: **Mangelnde Ernsthaftigkeit** des Gläubigerschutzes als offene Flanke der deutschen Rechnungslegungsvorschriften in: Jahresabschluß und Jahresabschlußprüfung -Probleme, Perspektiven, internationale Einflüsse-, Festschrift zum 60. Geburtstag von Jörg Baetge, IDW-Verlag, Düsseldorf 1997, S. 117-149

Sodan, Helge: **Der Grundsatz des Vorrangs privater Lebensgestaltung** im öffentlichen Wirtschaftsrecht in: Jan Ziekow (Hrsg.), Wirtschaft und Verwaltung vor den Herausforderungen der Zukunft, Vorträge im Rahmen der Speyerer Gespräche zum öffentlichen Wirtschaftsrecht vom 29. September bis 1. Oktober 1999 an der Deutschen Hochschule für Verwaltungswissenschaften Speyer, Dunker & Humblot, Berlin 2000, S. 35-65

Sodan, Helge: **Kollegiale Funktionsträger** als Verfassungsproblem -dargestellt unter besonderer Berücksichtigung der Kunststoffkommission des Bundesgesundheitsamtes und der Transparenzkommission, Alfred Metzner Verlag, Berlin 1987

Solomons, David: **Synthesis**, in: Michael Bromwich, Anthony Hopwood, (Ed.), Accounting Standards Setting - An International Perspective -, Pitman Books Ltd., London 1983, S. 174-180

Solomons, David: **The politicization of accounting** - The impact of politics on accounting standards, Journal of Accountancy, November 1978, S. 65

Sonnenschein, Jürgen: **Podiumsgespräch**: Künftige Anpassung der Rechnungslegungsvorschriften an geänderte Bedürfnisse in: Marcus Bierich, Walter Busse von Colbe, Gert Laßmann, Marcus Lutter (Hrsg.), Rechnungslegung nach neuem Recht, Zeitschrift für Unternehmens- und Gesellschaftsrecht, Sonderheft 2, Walter de Gruyter, Berlin New York 1980, S. 105-154

Spanheimer, Jürgen: Spezifische **Problemfelder des gesetzlichen Standardisierungsauftrages** an den DSR gemäß § 342 Abs. 1 Nr. 1 HGB, WPg 2000, S. 997-1007

Stein, Heinz-Gerd: Meinungsspiegel zum Thema: Amerikanische **Rechnungslegungsgrundsätze**: Vorbild für Europa, BFuP 1993, S. 427-443

Stern, Klaus: Das Staatsrecht der Bundesrepublik Deutschland, Band I, Grundbegriffe und Grundlagen des Staatsrechts, Strukturprinzipien der Verfassung, 2., völlig neubearbeitete Auflage, Verlag C.H. Beck, München 1984 (zitiert als ***Stern*, Staatsrecht, Bd. I**)

Stern, Klaus: Das Staatsrecht der Bundesrepublik Deutschland, Band II, Staatsorgane, Staatsfuktionen, Finanz- und Haushaltsverfassung, Notstandsverfassung, Verlag C.H. Beck, München 1980 (zitiert als ***Stern*, Staatsrecht, Bd. II**)

Stobbe, Thomas: Die **Verknüpfung handels- und steuerrechtlicher Rechnungslegung** - Maßgeblichkeitsausprägungen des lege lata et ferenda-, Schriften zum Steuerrecht, Band 39, Duncker & Humblot, Berlin 1991

Storz, Cornelia: **Standards und Kommunikation**: Zum ökonomischen Problem von Mehrdeutigkeit und Kontrolle, Universität Witten/Heidecke, Wittener Diskussionspapiere, Januar 2001

Streck, Michael/Olgemöller: Herbert, **Das Recht der Europäischen Gemeinschaften** und seine Durchsetzung in der Steuerberaterpraxis, DStR 1999, S. 417-425

Streim, Hannes: Meinungen zum Thema: Neue **Entwicklungen** in der Harmonisierung der Rechnungslegung, BFuP 1992, S. 441-455

Streinz, Rudolf: Der "effet utile in der **Rechtsprechung des Gerichtshofs** der Europäischen Gemeinschaften in: Ole Due, Markus Lutter, Jürgen Schwarze (Hrsg.), Festschrift für Ulrich Everling, Band 2, Nomos Verlagsgesellschaft, Baden-Baden 1995, S 1491-1510

Stüer, Bernhard/Hermanns, Caspar David: Deutsche, europäische und internationale **Umweltnormung**, UPR 1997, S. 361-363

Subcommittee on Reports, Accounting and Management of the Committee on Governmental Affairs United State Senat: **Improving** the Accountability of Public Owned Corporations and Their Auditors, JoA January 1978, S. 88-96

Tay,J.S.W./Parker, R.H.: Measuring International **Harmonization and Standardization**, ABACUS, March 1990 (Vol. 26), S.71-88

Teubner, Gunther: **Neo-korporatistische Strategien** rechtlicher Organisationssteuerung: Staatliche Strukturvorgaben für die gesellschaftliche Verarbeitung politischer Konflikte, ZParl 1979, S. 487-502

Theisen, Manuel René: **Grundsätze ordnungsgemäßer Kontrolle** und Beratung der Geschäftsführung durch den Aufsichtsrat, AG 1995, S. 193-203

Thiel, Jochen: **Bilanzrecht** -Handelsbilanz, Steuerbilanz-, 4., völlig neubearbeitete und erweiterte Auflage, C.F. Müller Juristischer Verlag, Heidelberg 1990

Thiele, Carsten: **Maßgeblichkeitsprinzip**, europäisches und internationales Bilanzrecht: die Bilanzierung bei der GmbH und GmbH & Co. KG im Umbruch (II), GmbHR 1999, S. 1241-1248

Thiele, Carsten: **Zeitkongruente Aktivierung** von Dividendenansprüchen und Realisationsprinzip - Konsequenzen aus der EuGH-Entscheidung im Verfahren *Tomberger*, IStR 1996, S. 395-400

Thömmes, Otmar: **EG-rechtlicher Rahmen** - Auswirkungen von Auslegungsentscheidungen des EuGH nach Art. 177 EG-Vertrag auf das nationale Recht in: Norbert Herzig (Hrsg.), Europäisierung des Bilanzrechts, Konsequenzen der Tomberger-

Entscheidung des EuGH für die handelsrechtliche Rechnungslegung und die steuerliche Gewinnermittlung, Verlag Otto Schmidt, Köln 1997, S. 75-85

Tipke, Klaus: Die **Steuerrechtsordnung**, Band I, Wissenschaftsorganisatorische, systematische und grundrechtlich-rechtsstaatliche Grundlagen, 2., völlig überarbeitete Auflage, Verlag Otto Schmidt, Köln 2000

Tipke, Klaus: Die **Steuerrechtsordnung**, Band II, Steuerrechtfertigungstheorie, Anwendung auf alle Steuerarten, sachgerechtes Steuersystem, Verlag Otto Schmidt, Köln 1993

Tipke, Klaus/Lang, Joachim: **Steuerrecht**, 17. völlig überarbeitete Auflage, Verlag Otto Schmidt, Köln 2002

Tomuschat, Christian: **Die Europäische Union** unter Aufsicht des Bundesverfassungsgerichts, EuGRZ 1993, S. 489-496

Trute, Hans-Heinrich: Die Verwaltung und das Verwaltungsrecht zwischen gesellschaftlicher **Selbstregulierung** und staatlicher Steuerung, DVBl. 1996, S. 950-964

Trute, Hans-Heinrich: **Verzahnungen von öffentlichem und privaten Recht** - anhand ausgewählter Beispiele in: Wolfgang Hoffmann-Riem/Eberhard Schmidt-Aßmann (Hrsg.), Öffentliches Recht und Privatrecht als wechselseitige Auffangordnungen, Nomos Verlagsgesellschaft, Baden-Baden 1996, S. 167-224

Ulmer: **Diskussion** zum Podiumsgespräch „Die Aufgaben des Wirtschaftsprüfers: Möglichkeiten der Entwicklung oder Notwendig der Reform?" in: Busse von Colbe und Marcus Lutter (Hrsg.), Wirtschaftsprüfung heute: Entwicklung oder Reform?, Ein Bochumer Symposion, Gabler, Wiesbaden 1977, Seite 163-173

van der Tas, Leo G.: Measuring international **harmonization and standardization**: A comment, ABACUS, September 1992 (Vol. 27), S. 211-216

van der Tas, Leo G.: **Measuring Harmonisation** of Financial Reporting Practice, Accounting and Buisness Research, Spring 1988, S. 157-169

van Hulle, Karel: Die **Zukunft der europäischen Rechnungslegung** im Rahmen einer sich ändernden internationalen Rechnungslegung, BB 1998, S. 138-153

van Hulle, Karel: Harmonization of **accounting standards in the EC** - Is it the beginning or is it the end?, EAR 1993, S. 387-396

Vertrag zwischen der Bundesrepublik Deutschland und dem DIN Deutsches Institut für Normung e.V v. 5. 6.1975, BA 1975, Beilage 19

Vieweg, Klaus: Produktbezogener **Umweltschutz** und technische Normung in: Schriftenreihe der Forschungsstelle für Umwelt- und Technikrecht an der Universität Trier (Hrsg.), Band 27, Jahrbuch des Umwelt- und Technikrechts 1994, S. 509-543

Vieweg, Klaus: **Normsetzung** und -anwendung deutscher und internationaler Verbände - Eine rechtstatsächliche und rechtliche Untersuchung unter besonderer Berücksichtigung der Sportverbände, Duncker und Humblot, Berlin 1990

Voelzkow, Helmut: **Ist die technische Normung demokratisch?** Anmerkungen zum Verhältnis von Staat und Verbänden in der technischen Normung aus demokratietheoretischer Perspektive, DIN-Mitteilungen 75 (1996), S. 193-200

Voelzkow, Helmut: **Private Regierungen** in der Techniksteuerung. Eine sozialwissenschaftliche Analyse der technischen Normung, Schriften des Max-Planck-Instituts für Gesellschaftsforschung Köln, Band 24, Campus Verlag, Frankfurt/New York 1996

Voelzkow, Helmut: **Staatliche Regulierung der verbandlichen Selbstregulierung** - Schlüssel für eine gesellschaftliche Techniksteuerung? in: Herbert Kubicek/Peter Seeger (Hrsg.), Perspektive Techniksteuerung - Interdisziplinäre Sichtweisen eines Schlüsselproblems entwickelter Industriegesellschaften, Edition Sigma, Verlag Rainer Bohn, Berlin 1993, S. 105-128

von Arnim, Hans Herbert: **Staatslehre** der Bundesrepublik Deutschland, Verlag Franz Vahlen, München 1984

von Beyme, Klaus: **Interessengruppen** in der Demokratie, 5., völlig überarbeitete Auflage, R. Piper & Co. Verlag, München 1980

von der Groeben, Hans/Tiesing, Jochen/Ehlermann Claus-Dieter(Hrsg.): Kommentar zum EU-/EG-Vertrag, Band 4 (Art. 137-209a EGV), 5., neubearbeitete Auflage, Nomos Verlagsgesellschaft, Baden-Baden 1997 (zitiert als ***Bearbeiter* in: von der Groeben, EU/EG-Vertrag)**

von Hagemeister, Adrian: Die **Privatisierung** öffentlicher Aufgaben – Eine verfassungs- und verwaltungsrechtliche Abhandlung unter Zugrundelegung des Verfassungs- und

Verwaltungsrechts der Republik Österreich und der Bundesrepublik Deutschland, Verlag V. Florentz, München 1992

von Heimburg, Sibylle: **Verwaltungsaufgaben und Private**, Duncker & Humblot, Berlin 1982

von Mangoldt, Hermann/Klein, Friedrich/Starck, Christian (Hrsg.): Das Bonner Grundgesetz, Kommentar, Band 3 (Art. 79-146), 4., vollständig neubearbeitete Auflage, Verlag Franz Vahlen, München 2001 (zitiert als ***Bearbeiter* in: M/K/S, GG**)

von Münch, Ingo: **Staatsrecht**, Band 1, 6., neubearbeitete Auflage, Verlag W. Kohlhammer, Stuttgart/Berlin/Köln 2000

von Münch, Ingo/Kunig, Philip (Hrsg.): Grundgesetz Kommentar, Band 2 (Art. 20-69), 5., neubearbeitete Auflage, Verlag C.H. Beck, München 2001 (zitiert als ***Bearbeiter* in: v. Münch, GG**)

von Münch, Ingo/Kunig, Philip (Hrsg.): Grundgesetz Kommentar, Band 3 (Art. 70-146), 3., neubearbeitete Auflage, Verlag C.H. Beck, München 1996 (zitiert als ***Bearbeiter* in: v. Münch, GG**)

von Nell-Breuning, Oswald: **Subsidiaritätsprinzip** in: Wilhelm Bernsdorf (Hrsg.), Wörterbuch der Soziologie, Ferdinand Enke Verlag, Stuttgart 1969

von Wysocki, Klaus: **Research** into the processes of accounting standard setting in the Federal Republic of Germany in: Michael Bromwich, Anthony Hopwood (Ed.), Accounting Standards Setting - An International Perspective -, Pitman Books Limited, London 1983

Voßkuhle, Andreas: Gesetzgeberische **Regelungsstrategien** der Verantwortungsteilung zwischen öffentlichem und privatem Sektor in: Gunnar Folke Schuppert (Hrsg.), Jenseits von Privatisierung und „schlankem" Staat, Nomos Verlagsgesellschaft, Baden-Baden1999, S. 47-90

Walz, Rainer W.: **Ökonomische Regulierungstheorien** vor den Toren des Bilanzrechts in: Franz W. Wagner (Hrsg.), Ökonomische Analyse des Bilanzrechts - Entwicklungslinien und Perspektiven -, ZfbF Sonderheft 32 (1993), S. 85-107

Wassermeyer, Franz: Die Verpflichtung der obersten Bundesgerichte zur **Vorlage von Bilanzierungsfragen** an den EuGH in: Uwe Schneider, Peter Hommelhoff, Karsten Schmidt, Wolfram Timm, Barbara Grunewald, Tim Drygla (Hrsg.), Festschrift für Marcus Lutter zum 70. Geburtstag –Deutsches und europäisches Gesellschafts-, Konzern- und Kapitalmarktrecht-, Verlag Otto Schmidt, Köln 2000, S. 1633-1648

Watrin, Christoph: Sieben **Thesen zur künftigen Regulierung** der Rechnungslegung - Anmerkungen zu den Vorschlägen des Arbeitskreises Externe Rechnungslegung der Schmalenbach-Gesellschaft -, DB 2001, S. 933-938

Weber-Grellet, Heinrich: **Anmerkung zu EuGH v. 7.1.03 (BIAO)**, DStR 2003, S. 67-69

Weber-Grellet, Heinrich: **Anmerkung zu EuGH v. 14.9.1999 (DE + ES)**, DStR 1999, S. 1646

Weber-Grellet, Heinrich: Der **Maßgeblichkeitsgrundsatz** im Lichte aktuelle Entwicklungen, BB 1999, S. 2659-2666

Weber-Grellet, Heinrich: **Steuerbilanzrecht**, Verlag C.H. Beck, München 1996

Weber-Grellet, Heinrich: **Anmerkung 1 zu EuGH v. 27.6.1996 (Tomberger)**, DStR 1996, S. 1094-1095

Weber-Grellet, Heinrich: **Bilanzrecht** im Lichte, Bilanzsteuerrecht im Schatten des EuGH, DB 1996, S. 2089-2092

Weber-Grellet, Heinrich: **Europäisiertes Steuerrecht?** -Stand und Entwicklung-, StuW 1995, S. 336-351

Wellisch, Dietmar: **Finanzwissenschaft I,** Rechtfertigung der Staatstätigkeit, Verlag Franz Vahlen, München 2000

Welsch, Johann: Soziale Technikgestaltung durch **Demokratisierung technischer Normung** - Einige Überlegungen aus gewerkschaftlicher Sicht -, WSI Mitteilungen 1990, S. 650-660

Wiedmann, Harald: Meinungsspiegel zum Thema: **IASC-Standards** - ein Weg zur Harmonisierung der Rechnungslegung in Europa, BFuP 1995, S. 432-446

Wilke, Dieter: Der Zusammenhang von **Rechtsnormen** und technischer Normen in: Bernd Hartlieb (Bearb.), Verweisung auf technische Normen in Rechtsvorschriften, Normungskunde Band 17, hrsg. vom DIN Deutsches Institut für Normung e.V., Beuth Verlag, Berlin/Köln 1982, S. 11-23

Wöhe, Günter: **Bilanzierung** und Bilanzpolitik: Betriebswirtschaftlich - Handelsrechtlich - Steuerrechtlich-, unter Mitarbeit von Ulrich Döring, 9., völlig überarbeitete Auflage, Verlag Franz Vahlen, München 1997

Zabel, Martin: **IAS zwingend für Konzern- und Einzelabschluß?** – Stellungnahme zu Böcking, WPg 2001, S. 1433ff.: zugleich ein Plädoyer für eine intensive Diskussion der Vor- und Nachteile kapitalmarktorientierter Rechnungslegungs- und Publizitätsgrundsätze für nicht kapitalmarktorientierte Unternehmen, WPg 2001, S. 919-924

Zaß, Manfred: Amerikanische und deutsche **Bilanzkultur** - Ein Wechsel wäre mehr als ein technischer Vorgang, Der langfristige Kredit, 1997, S. 190-193

Zimmermann, Horst/Henke, Klaus-Dirk: **Finanzwissenschaft**, 8., völlig überarbeitete Auflage, Verlag Franz Vahlen, München 2001

Zippelius, Reinhold: Juristische **Methodenlehre**, 7., neubearbeitete Auflage, Verlag C.H. Beck, München 1999

Zippelius, Reinhold: Allgemeine **Staatslehre**, 13., neu bearbeitete Auflage, Verlag C.H. Beck, München 1999

Zitzelsberger, Siegfried: Überlegungen zur **Einrichtung eines nationalen Rechnungslegungsgremiums** in Deutschland, WPg 1998, S. 246-259

Gespräch mit *Frau Liesel Knorr*, Generalsekretärin des DRSC

Gespräch mit *Herrn Bernd Hartlieb*, Leiter der Stabsabteilung Technik des DIN

Kolibri 360 GmbH
Ferdinand-Jühlke-Straße 7
99095 Erfurt, Deutschland
produktsicherheit@kolibri360.de

Druck:
CPI Druckdienstleistungen GmbH
im Auftrag der
Kolibri 360 GmbH
Ferdinand-Jühlke-Str. 7
99095 Erfurt